兰州大学马克思主义学院"马克思主义理论学术著作丛书"
丛书总主编◎张新平

儒家教化思想研究

刘华荣◎著

中国社会科学出版社

图书在版编目(CIP)数据

儒家教化思想研究 / 刘华荣著 . —北京：中国社会科学出版社，2018.8
(兰州大学马克思主义学院"马克思主义理论学术著作丛书")
ISBN 978-7-5203-2915-6

Ⅰ.①儒⋯　Ⅱ.①刘⋯　Ⅲ.①儒家教育思想-研究-中国　Ⅳ.①G40-092

中国版本图书馆 CIP 数据核字(2018)第 172902 号

出 版 人	赵剑英
责任编辑	任　明
责任校对	李　莉
责任印制	李寡寡

出　　版	中国社会科学出版社
社　　址	北京鼓楼西大街甲 158 号
邮　　编	100720
网　　址	http：//www.csspw.cn
发 行 部	010-84083685
门 市 部	010-84029450
经　　销	新华书店及其他书店
印刷装订	北京君升印刷有限公司
版　　次	2018 年 8 月第 1 版
印　　次	2018 年 8 月第 1 次印刷
开　　本	710×1000 1/16
印　　张	24
插　　页	2
字　　数	397 千字
定　　价	95.00 元

凡购买中国社会科学出版社图书，如有质量问题请与本社营销中心联系调换
电话：010-84083683
版权所有　侵权必究

《马克思主义理论学术著作丛书》
编审委员会

主　任：张新平
副主任：蔡文成　杨宏伟
编　委：（按姓氏笔画）
　　　　马云志　王学俭　王维平
　　　　刘先春　汪金国　张新平
　　　　倪国良　蔡文成　蒙　慧

序　言

一个多世纪以前，马克思提出科学论断：问题是时代的声音、实践的起点。马克思主义最可贵的理论品格是与时俱进，作为科学的理论和开放的理论体系，马克思主义是随着时代的发展、在回答时代提出的问题中不断的丰富和发展的。马克思主义之所以具有强大的生命力、感召力和影响力，就在于它能在不断发展的实践的基础上深刻地洞察时代本质，科学地回答时代问题，及时地拓展时代视野，正确地把握时代方向。马克思主义的每一次创新发展都带来了世界社会主义运动的发展和进步，都推动了世界历史的发展进程。

中国化的马克思主义，是马克思主义的科学理论同中国革命、建设和改革的时代特征和历史实践相结合的产物，是中国共产党人把马克思主义基本原理应用于中国所处的时代和中国的实际，在解决中国革命、建设和改革的历史进程中所面临的重大时代问题和现实问题中所形成的科学的理论体系。因此，它正确地回答了中国所面临的问题、科学地把握了中国发展的方向，推动了中国社会的发展与进步。

仅就中国改革开放的历史来看，今年，中国的改革开放已经走过了40年的历程，40年来中国人民在中国共产党的领导下，以一往无前的进取精神和波澜壮阔的创新实践，谱写了中华民族自强不息、顽强奋进的壮丽史诗。中国的面貌发生了历史性的变化。这是一个中华民族发展的时代，创新的时代。早在1982年党的十二大上，邓小平就坚定地宣告："把马克思主义的普遍真理同我国的具体实际结合起来，走自己的路，建设有中国特色的社会主义。"此后，我们党的理论创新和实践探索，都是紧紧围绕中国特色社会主义这个主题展开的。可以说，中国特色社会主义是改革开放以来我们党的全部理论和实践的主题。党的十三大提出"沿着有中国特色的社会主义道路前进"，十四大将"加快改革开放和现代化建设步伐，夺取有中国特色社会主义事业的更大胜利"作为主题，十五大的主题是"高举邓小平理论伟大旗帜,把建设有中国特色事业全面推向二十一世纪",十六大的主题是"全面建设小康社会,开创中国特色社会主义事业的新局面",十七大的主题是"高举中国特色社会主义伟大旗帜,为夺取全面建设小康社会新胜利而奋斗",十八大的主题是"坚定不移沿着中国特色社会主义道路前进,为全面建成小康社会而奋斗",去年召开的十九大则明确提出"决胜全面建成小康社会,夺取新时代中国特色社会主义伟大胜利"。从十三大到十九大,中国特色社会主义这一主题一以贯之!

回顾40年来中国共产党的理论创新和实践探索,可以清晰地看到,40年来,中国共产党坚持把马克思主义基本原理应用于中国实际,团结带领全国各族人民不懈奋斗,推动我国经济实力、科技实力、国防实力、综合国力进入世界前列,推动我国国际地位实现前所未有的提升,党的面貌、国家的面貌、人民的面貌、军队的面貌、中华民族的面貌发生了前所未有的变化。经过长期努力,中国特色社会主义进入了新时代。40年来,中国共产党和中国人民始终坚持与时俱进的精神状态,围绕着"什么是社会主义、如何建设社会主义?""建设一个什么样的党、怎样建设党?""实现什么样的发展、如何发展?""坚持和发展什么样的中国特色社会主义、怎样坚持和发展中国特色社会主义?"等重大理论和现实问题,不断推进马克思主义中国化,使马克思主义理论在与中国现代化建设丰富实践相结合的进程中不断创新发展,先后形成了邓小平理论、"三个代表"重要思想、科学发展观、习近平新时代中国特色社会主义思想等重大理论成果,中国特色社会主义理论体系得以不断丰富发展。特别是党的十八大以来,以习近平同志为核心的党中央创立的习近平新时代中国特色社会主义思想,作为马克思主义中国化的最新成果、作为中国特色社会主义理论体系的重要组成部分,为新时代中国的进一步发展奠定了坚实的理论基础,指明了前进的方向。40年改革开放的历史事实也进一步证明,中国特色社会主义的深化过程,是改革开放和社会主义现代化建设不断发展的实践探索过程,也是马克思主义理论与中国实际不断结合的理论创新过程,每一次的思想突破和理论创新,都带来了中国经济的腾飞和社会的进步。

显然,中国改革开放40年波澜壮阔的历史进程是中国社会不断进步的历史进程,也是马克思主义在中国不断丰富发展、马克思主义中国化取得重大成果的进程。面向未来,中国共产党要带领全国各族人民继续奋斗，实现"两个一百年"的奋斗目标和中华民族伟大复兴"中国梦"，这一进程还任重而道远。为此，习近平指出："我国哲学社会科学的一项重要任务就是继续推进马克思主义中国化、时代化、大众化，继续发展21世纪马克思主义、当代中国马克思主义。"从这一历史任务和时代要求出发，用马克思主义和中国化的马克思主义统领我国的哲学社会科学工作，坚持把马克思主义基本原理与当今时代和中国发展的实际结合起来，开展创新性研究就成为中国哲学社会科学工作者义不容辞的责任。

以高度的文化自觉和坚定的文化自信，建设具有中国特色、中国风格、中国气派的哲学社会科学、引领中国经济社会发展和文明进步，是兰州大学哲学社会科学工作者始终不渝的追求和义不容辞的责任。110年来，一代代兰大人秉承"自强不息、独树一帜"的兰大精神，直面清贫、乐于奉献、淡泊名利、严谨治学，书写出百年兰大辉煌的历史篇章，奠定了兰州大学百年厚重的人文底蕴。作为西部地区马克思主义研究和教学的重镇，兰州大学马克思主义学院经过改革开放以来40年的建设和发展，学院目前已经发展为拥有马克思主义理论一级学科博士后科研流动站、博士点、硕士点和两个本科专业的教学和科研实体，形成了层次完整、学科完备的人才培养体系。在长期的教学科研实践中，学院汇集了一支结构合理、教学科研能力突出的马克思主义理论专业人才队伍，产出了一批充分反映马克思主义中国化最新成果、充分反映中国特色社会主义丰富实践、充分反映马克思主义理论学科发展前沿的研究成果，特别是在马克思主义基本原理、中国特色社会主义理论与实践、党的建设、思想政治教育、马克思主义国际关系理论与中国对外关系研究等方面，形成了一批有特色、有影响的高质量研究成果。

为了深入推进马克思主义中国化、时代化、大众化，坚持和发展中国特色社会主义，构建具有中国特色、中国风格、中国气派的哲学社会科学体系，进一步提升兰州大学哲学社会科学研究能力和水平，促进兰州大学马克思主义理论学科内涵建设，为繁荣国家哲学社会科学事业、为国家马克思主义理论人才培养做出自己的贡献，兰州大学马克思主义学院以学院教师为主体，联合相关高校及研究机构的专家学者，组织研究团队，开展学术攻关，主要围绕马克思主义原理、党的建设、思想政治教育、中国外交等选题，编写"马克思主义理论学术著作丛书"。目前，列入该套丛书主要有：《马克思、恩格斯、列宁、斯大林论共产主义》、《中国共产党论共产主义》、《现当代西方思想家论共产主义》、《中国共产党科学化建设研究》、《中国共产党文化自觉研究》、《改革开放以来中国共产党干部教育研究》、《科学发展观的伦理蕴涵研究》、《彷徨与呐喊——青年信仰危机与信仰教育研究》、《思想政治教育协同论》、《社会主义核心价值观仪式化传播研究》、《当代社会生命道德教育研究》、《儒家教化思想研究》、《时尚文化与青年发展》、《中华人民共和国对外关系重要文献导读》、《当代中国外交理念发展研究》等十余部。

为了促进兰州大学马克思主义理论学科的进一步发展，我们将这套丛书设定为研究性、开放性和学术性的丛书，不断吸纳新的学术研究成果，丰富和拓展研究内容。我们希望这套丛书能充分反映兰州大学马克思主义学院的学术发展历程，展示学院科学研究成果，凸显学院的研究特色，增进与同行的学术交流，推动马克思主义理论研究的发展，为我国马克思主义理论学科的繁荣做出贡献。

当然，我们深知，科学研究是永无止境的事业，学科建设与发展、理论探索与创新绝非一朝一夕之事，它需要我们坚持不懈地努力和一代又一代人的接续奋斗。值得欣慰地是，我们处于一个国家创新发展伟大时代，正如习近平指出的，"当代中国正经历着我国历史上最为广泛而深刻的社会变革，也正在进行着人类历史上最为宏大而独特的实践创新。这种前无古人的伟大实践，必将给理论创造、学术繁荣提供强大动力和广阔空间"。我们坚信，只要坚持马克思主义的基本立场、基本观点和基本方法，坚持以马克思主义和中国化的马克思主义为指导，坚定中国特色社会主义道路自信、理论自信、制度自信、文化自信，积极投身中国特色社会主义伟大实践，潜心研究、勇于探索、自强不息，就一定能够取得更加丰硕的成果，为马克思主义理论研究和哲学社会科学的繁荣贡献我们一份力量。

丛书编审委员会主任　张新平
2018 年 8 月 20 日

目 录

绪论 ………………………………………………………………… (1)
  一 论题缘起和研究意义 ……………………………………… (1)
  二 国内外研究现状述评 ……………………………………… (3)
  三 研究的主要内容、基本思路和方法 ……………………… (17)
  四 重点与难点 ………………………………………………… (19)
  五 创新之处 …………………………………………………… (20)
  六 不足之处 …………………………………………………… (20)

上篇 思想演进篇

第一章 儒家教化思想的起源 …………………………………… (23)
  第一节 教化思想的概念和发端 ……………………………… (23)
    一 教化概念解析 …………………………………………… (24)
    二 教化思想的发端 ………………………………………… (30)
  第二节 教化思想的提出和创立 ……………………………… (34)
    一 孔子的教化思想 ………………………………………… (35)
    二 孟子的教化思想 ………………………………………… (39)
    三 荀子的教化思想 ………………………………………… (42)

第二章 儒家教化思想的发展时期 ……………………………… (48)
  第一节 秦汉时期的儒家教化思想 …………………………… (48)
    一 "焚书坑儒"与"无为而治" ………………………… (48)
    二 董仲舒的教化思想与实践 ……………………………… (54)
    三 两汉教化群体的具体实践 ……………………………… (61)
  第二节 魏晋南北朝时期的儒家教化思想 …………………… (64)
    一 魏晋南北朝时期儒家教化思想发展概略 ……………… (65)

二　魏晋南北朝时期儒家教化思想的突破 …………………… (70)
　　三　魏晋南北朝时期儒家教化思想实践的意义 ……………… (73)
 第三节　隋唐时期的儒家教化思想 ………………………………… (76)
　　一　隋代科举制的建立和取士标准的儒家化 ………………… (76)
　　二　唐代科举取士标准与儒家教材的丰富完善 ……………… (78)
　　三　唐代儒家教化思想的具体实践 …………………………… (80)

第三章　儒家教化思想的完善时期 …………………………………… (84)
 第一节　宋代的教化思想 …………………………………………… (84)
　　一　两宋时期儒家教化思想发展概略 ………………………… (84)
　　二　宋代儒家教化思想实践的发展完善 ……………………… (89)
　　三　朱熹的教化思想和实践 …………………………………… (94)
 第二节　元代教化思想发展与实践 ………………………………… (100)
　　一　元代儒学及教化思想发展概略 …………………………… (100)
　　二　元代书院的教化实践和影响 ……………………………… (104)
　　三　元杂剧的教化意蕴分析 …………………………………… (106)
 第三节　明代的教化思想 …………………………………………… (108)
　　一　明代文教政策对儒家教化思想的推动 …………………… (108)
　　二　明代女性伦常教化概述 …………………………………… (111)
　　三　乡约推广与地方士绅群体的教化之功 …………………… (112)
　　四　王守仁的教化理论及实践 ………………………………… (115)
 第四节　清代的教化思想 …………………………………………… (120)
　　一　清代统治阶级的教化思想和制度设计 …………………… (120)
　　二　清代社会教化体系的建成 ………………………………… (124)
　　三　边远落后及民族地区的教化扩展 ………………………… (126)

第四章　儒家教化思想的危机时期 …………………………………… (129)
 第一节　近代"西学"的挑战 ……………………………………… (129)
　　一　"西学东渐"浪潮与儒家教化思想的衰微 ……………… (130)
　　二　自强求变思潮与儒家教化思想的衰落 …………………… (132)
　　三　教育改革带给儒家教化的制度冲击 ……………………… (136)
 第二节　五四新文化运动与现代性教化的生成 …………………… (138)
　　一　现代性教化理念的滥觞 …………………………………… (139)
　　二　现代性教化的对象、目的与实践 ………………………… (144)

中篇　思想内涵篇

第一章　儒家教化的理念论 ……………………………………（151）
 第一节　核心：修己安人 ……………………………………（151）
  一　教化主体的自我提升——修己 …………………………（152）
  二　教化主体的价值实现——安人 …………………………（154）
 第二节　原则：仁义忠信 ……………………………………（161）
  一　仁的涵义与原则要求 ……………………………………（161）
  二　义的涵义与基本要求 ……………………………………（167）
  三　忠的内涵及其三个层次 …………………………………（172）
  四　信的含义与实践应用 ……………………………………（178）
 第三节　目的：成己成物 ……………………………………（183）
  一　成己成物的内涵与要求 …………………………………（183）
  二　成己成物的路径 …………………………………………（187）

第二章　儒家教化的方法论 ……………………………………（194）
 第一节　礼教：克己复礼 ……………………………………（194）
  一　以礼约人的教化准备 ……………………………………（195）
  二　以礼化人到以礼立人的教化完成 ………………………（198）
 第二节　乐教：致中和 ………………………………………（203）
  一　乐致中和的内在逻辑 ……………………………………（204）
  二　乐致中和的教化意义 ……………………………………（206）
 第三节　政教：正己正人 ……………………………………（209）
  一　政教目的：己修民安的圣人治世 ………………………（209）
  二　以民为本的政教方法论实践 ……………………………（212）
  三　正己正人、尊礼守度的政教原则 ………………………（216）
 第四节　刑教：抑恶扬善 ……………………………………（219）
  一　刑教依据——人性善恶的理论预设 ……………………（219）
  二　刑教意义——抑恶扬善的教化之功 ……………………（224）

第三章　儒家教化的实践论 ……………………………………（228）
 第一节　知行合一 ……………………………………………（228）
  一　知行合一的理论主张 ……………………………………（229）

二　知行合一的特点和意义 …………………………………（231）
第二节　官学与私学 ………………………………………………（234）
　　一　上古三代时期的学校教化 …………………………………（234）
　　二　孔子的私学教化之功 ………………………………………（235）
　　三　官学的教化特点 ……………………………………………（238）
　　四　私学教化体系的特点和作用 ………………………………（240）
第三节　家训与乡约 ………………………………………………（242）
　　一　家训与人的德行成长 ………………………………………（242）
　　二　乡约的制度性教化与人的德性成长 ………………………（248）
第四节　日用民俗中的儒家教化 …………………………………（255）
　　一　民俗教化功能及本质 ………………………………………（255）
　　二　岁时节令中的教化思想——以清明节为例 ………………（259）
　　三　地方民歌的教化实践——以西北"花儿"为例 …………（261）

下篇　思想对话篇

第一章　教化与教育的区别 …………………………………（267）
第一节　目的：成人与成物 ………………………………………（267）
　　一　当代教育目的 ………………………………………………（268）
　　二　儒家教化与当代教育的目的差异及原因 …………………（272）
第二节　本质：生命实践与智性活动 ……………………………（275）
　　一　当代教育本质的认识 ………………………………………（275）
　　二　当代教育本质的异化及原因 ………………………………（279）
　　三　当代教育本质与儒家教化本质的差异 ……………………（282）
第三节　方法：总体性与专业性 …………………………………（287）
　　一　当代教育方法的专业性特征分析 …………………………（287）
　　二　儒家教化与当代教育在方法上的差异及原因 ……………（291）
　　三　当代专业化教育的合理性与局限性 ………………………（295）
第二章　中西教化理论的比较 ………………………………（298）
第一节　苏格拉底教化思想评析 …………………………………（299）
　　一　苏格拉底的教化思想 ………………………………………（299）
　　二　苏格拉底教化思想与孔子教化思想比较 …………………（306）

第二节　伽达默尔教化思想评析 ………………………………（313）
　　　一　伽达默尔的教化思想 …………………………………（314）
　　　二　伽达默尔教化思想与儒家教化思想比较 ……………（318）
第三章　功过得失与新生 …………………………………………（323）
　　第一节　穿越历史时空的文明光芒 ……………………………（323）
　　　一　儒家教化对中国政治文明的贡献 ……………………（323）
　　　二　儒家教化与诚信商业伦理的兴起 ……………………（327）
　　　三　儒家教化与中国传统文化的昌盛 ……………………（331）
　　　四　儒家教化与社会的和谐友善 …………………………（336）
　　　五　儒家教化与天地万物的和合与共 ……………………（340）
　　第二节　面向未来世界的变革重构 ……………………………（345）
结语 …………………………………………………………………（349）
参考文献 ……………………………………………………………（353）
后记 …………………………………………………………………（368）

绪　　论

一　论题缘起和研究意义

(一) 论题缘起

孔子曾经感慨："周监于二代，郁郁乎文哉！吾从周。"[①] 孔子之所以如此感慨，一方面表达了对春秋乱世的一种无奈，另一方面也明确了一种态度，那就是希望以自己的努力来恢复上古时期的良风美俗。为此，他以一个文化知识分子的自觉、自省，删诗书、定礼乐、序春秋、兴教育，创儒家学派，立一家之言，勇敢承担起厚人伦、美教化、易风俗的历史使命。孔子创立的儒家教化思想，作为儒家学说的一个重要组成部分，在后继儒者的创新与实践中获得了丰富、完善，于无声无形处滋养着华夏民族的成长，成为中华文明源远流长的重要保证。总之，由孔子创立、后世儒家接力完成的儒家教化思想和实践，其理论意义和现实意义都是非常鲜明的，对我们当代中国社会文明发展具有重要的启迪和借鉴意义。因为当代中国在思想文化以及伦理道德领域面临着一系列复杂难解的问题，儒家教化思想有助于推动解决当前社会人伦道德价值观混乱问题、社会秩序的失范问题、社会成员的道德培育塑造等问题。所以，梳理儒家教化思想的历史流变，分析儒家教化思想的理论特征，将其与当代中国教育和西方社会教化思想予以比较，以便为当代中国伦理道德建设和包括思想政治教育在内的中国教育发展提供可资参考的建议，既是本书的出发点，也是本书的落脚点。

(二) 研究意义

本书研究的理论意义。自 20 世纪 80 年代末以来，学界对儒家教化问题的理论研究呈现出逐渐上升的态势。主要表现是研究成果数量逐年

[①] 《论语·八佾》。

增多，研究视域不断扩大，与现实相结合的探讨逐渐细化。这种态势充分说明，越来越多的学者和机构认识到儒家教化思想对于当代社会发展的意义。有学者言："一个国家、一个民族，如果没有现代科学，没有先进技术，一打就垮；而如果没有优秀历史传统，没有人文精神，不打自垮。"[①] 的确，儒家教化思想所倡导的礼乐规范、忠信仁义的精神追求等品格塑造，对于当代健康社会风气、良好人际关系、和谐家庭关系的形成，对修齐治平、立公为民、廉洁自律等为官之德的养成等方面都具有重要的启示意义。这种理论与现实的互动态势，是理论主动适应社会发展要求的表现。学界通过梳理教化理论的发展脉络、考查历史上具体的教化活动、反思教化理论与实践的发展，以期达到有教于现世、警醒于后人的目的。所以，分析儒家教化思想对中国社会、中国传统政治文化发展、特别是人的道德成长等方面的影响力，最终借鉴其思想资源，给当代思想道德教育工作和社会主义新人的培养提供借鉴，实为笔者选此问题首先看重的地方。

本书研究的现实意义是期望在前人基础上有所突破。这种突破主要体现为教化思想历史的纵向梳理和总结，同时也体现为对其进行理论的横向剖析，另外还体现为将儒家教化思想和当代中国教育及西方教化思想的对比，以发现各自的利弊得失，从而给人以思考，即在当今时代，该以什么样的态度对待儒家教化思想，发展儒家教化思想。首先，通过此种全景、交叉式研究有助于当代思想文化和伦理道德建设的可持续发展，从儒家教化思想和实践中吸取更为有效的思想精华和实践方法，从而有助于当代精神文明建设。其次，在人文关怀相对缺失的现代教育环境中，重新整理挖掘儒家教化思想、教化之道的积极方面，对打破以往对传统文化的狭隘和偏见，帮助国人重拾文化自信，树立中国精神，培养中国智慧也是功不可没的。最后，接续学界已有的研究成果，在思想政治教育（特别是社会主义核心价值观培育问题）、历史学、伦理学、教育学等学科的交叉区域继续就此问题予以探索，无疑将对上述各学科的交叉探索和它们的繁荣发展有所帮助。

---

① 田建国：《立世德为首》，《人民日报》2000年4月9日。

二　国内外研究现状述评

（一）研究形势梗概

当前国内学界关于儒家教化思想的研究蔚为大观。截至2013年4月，根据中国知网在线统计，以"教化"关键词为篇名搜索发现相关文章1191篇。除去其中少数通讯报道类和其他无关联文章，粗略算来大概有1000篇。最早一篇是冯友兰先生1956年发表在《北京大学学报》第1期的《评判梁漱溟所谓"周孔教化"》。自此以后，由于众所周知的原因，直到1980年，刘文刚在《辽宁师院学报》上发表了《试论孔子的文学教化观与现实主义的关系》，有关研究方才实现历史接续。当然，由于恰逢改革开放初期，国内学界无不把主要学术视角放眼西洋，以至于整个20世纪80年代只有区区10篇相关文章见诸学术期刊，探讨主题以文学、美学作品的教化观以及董仲舒和"二程"的教化思想为主。到了20世纪90年代，计有120篇左右的文章探讨儒家教化问题。探讨学科涉及文学、美学、历史学、教育（史）学、社会学以及伦理学等。值得注意的是，一方面，此一阶段思想政治教育专业的学者开始接触此类选题，借助儒家教化理论展开探讨大学生思想政治教育和素质教育问题；另一方面，探讨议题扩展到教化概念的本源性议论和儒家先秦经典作家及作品，对历朝历代各位实践代表人物的教化活动也开始触及。纵观20世纪90年代关于该课题的研究，已经呈现出逐步繁荣的特点，不过相较2000年以后的研究来说，限于研究群体数量不足，整体研究依然单薄。

进入21世纪以后，此论题的期刊文章数量逐年递增，以年均十余篇的数量增长。2009年以后，年度发表即已超过100篇，探讨范围和视野扩及社会科学和生活的各方面。与此同时，部分高等学校特别是师范类高等院校的硕士、博士类论文逐渐面世。根据不完全统计，从2000年到2012年，就儒家教化问题的硕士、博士论文至少有104篇。相关课题亦获准立项。专业涉及文学、教育（史）学、历史（文献）学、伦理学等。可见，诸多学科的学者越来越为该论题所吸引而参与进来。究其原因，一方面在于社会的需要，因为"理论在一个国家实现的程度，总是决定于理论满足这个国家的需要的程度"[①]；另一方面也证明了儒家教化思想本

[①] 《马克思恩格斯选集》第一卷，人民出版社1995年版，第11页。

身具有强大的生命力。鉴于该论题集中于20世纪90年代之后,所以,笔者结合20世纪90年代以来的研究成果,试从不同视角加以总结提炼,以对该问题的研究现状作一个比较全面的梳理。

(二) 国内研究的基本路向

1. 教化基础理论研究方兴未艾。当代学界在此方面多以儒家经典文本为研究载体,侧重孔子、孟子、荀子等儒家主要代表人物的教化思想,以期对其起源、流变和确立问题有一个明晰的认识。

(1) 教化思想起源、概念和内容的讨论。一方面,基于教化思想起源和内容角度的考察。朱克良运用历史唯物论的观点分析指出:周公在总结夏、商两代兴亡教训基础上,提出了"以德配天"、"敬德保民"的观点,从而突破了"原始的、具体形态的教化活动",使教化活动实现了由自发到自觉的飞跃,教化思想由此变成一个"从属于政治"的"大教育概念"。作为一种特殊的政教合一统治术,其目的在于统治者希望"调动政治的、道德的、礼仪的、宗教的、风俗的、教育的等各种手段,影响人们道德心理的形成,以建立稳固的统治秩序"[①]。他特别指出:"教化的实践活动是教化思想的来源",这些实践活动出于人们社会生存的本能,在没有阶级统治和法律规范的条件下,靠共同的风俗习惯、"图腾舞"的娱乐活动、敬天祭神的祭祀活动、各种神话传说、酋长贤人的示范作用等来维持、调整人们之间的相互关系,增强共同体观念,建立基本礼仪规制,在国家建立等政治基础稳固以及主客观条件都具备的情况下,教化思想实现了从自发到自觉的飞跃,并最终在周代形成了围绕"礼"而予以初步实践的基本教化网络。

陈宗章接续此种观点,确定教化思想是社会实践的产物,萌芽于西周、发展于春秋战国、政治实践肇始于西汉、实施贯穿整个封建社会。他站在前人研究基础上,将其与教育、社会教化、政治教化、道德教化等概念比较之后,认为"它既是一种方法和手段,又体现了一种境界和理想,表现为合工具性与合目的性的统一;它既关涉德性的养成,又关涉政治的取向,本质上表现为道德性与政治性的统一"。总之,它"是在个体与社会交往互动的基础上,使一定的价值理念、道德规范和政治要求,有效传递给社会中的个体并内化为自我的内在品质,在普遍性认同的基础上最终

---

① 朱克良:《试论中国教化思想的萌芽》,《琼州大学学报》(哲社版)1994年第2期。

通过外在的行为表现出来的一项社会实践活动"①。

以上两位学者站在历史唯物主义角度对教化思想起源和内容的认定，应该说是符合该思想的基本发展规律的，特别是对于认识教化思想起源及其后来流变转换的原因具有非常重要的启示意义。但不可否认，一种理论不断发展的原因除了社会生产实际的需要之外，分析理论家们是如何应对这种要求的，也是观察一种理论发展轨迹的重要方面，或许是由于内容篇幅的问题，两位学者对此并没有予以详细解释。

另一方面，基于历史文献文本，对教化概念、功能与作用的分析。张惠芬、许家星等借助《战国策·卫策》、《荀子·议兵》、《说文解字》中关于"教化"词语的使用及"教"、"化"二字的解释，将教化看成一个完整的有机系统。认为教化之道"包括教化者、教化理念、受教化者三大主题，礼乐、祭祀、刑教三方面主要内容；以身传道、反求诸己、上下互动三大特色；身体力行、重建礼制、回归民间三条根本途径"②。申绪璐则将孔、孟与荀子的教化思想予以对比，认为教化所关注的是自我德性以及他人德性的成就，恰与《大学》之"明明德"和"新民"思想互为映衬。孔、孟坚持为政者的德性成就对民众之德性培育起着关键作用，并且认为只有在满足民众生存需要的前提下，才有可能成就一个人人有德的理想社会。③

（2）教化功能与作用解读。此类研究认为儒家教化思想对政治控制、人的德行培育和社会良风美俗的形成起着积极作用。张月中等指出："教化是意识形态对人们的规范作用这个关系和过程的一个原始又准确的概念。"孔子以仁释礼，用仁政将道德与政治连接在一起，"通过重教化的方式使人类文明化，使政治人类化"，其"最高成就、最后结果，不是造就了礼教、道统、诗教、乐统，而是教给了中国人生活的艺术，应该说这是人类智慧的最后目的"，作为政治文化，给华夏文明带来了危机，作为个体文化让"中国人生活在了延长了的幼儿症中"④。李建认为教化是

---

① 陈宗章：《"教化"：一个需要澄清的概念》，《河海大学学报》（哲学社会科学版）2011年第12期。
② 许家星：《略论儒学的教化之道》，《南昌大学学报》（人文社会科学版）2009年第1期。
③ 申绪璐：《论先秦儒家的教化思想》，《江淮论坛》2011年第4期。
④ 张月中、周月亮：《传统教化的秘密与魅力》，《东岳论丛》1992年第8期。

"指通过运用一定的道德、礼教内容的教育手段或方式,是社会按照统治者的意图形成符合其治理目的的社会风尚和道德行为规范"。教化对象乃全体社会成员,在内容及形式上远远超出一般学校教育的范围,"是调节那乃至解决社会成员之间诸种关系,维系社会存在的一种重要精神手段"①。杨朝明从人的个体发展完善角度认为,人为了成为具有健全人格的社会人,特别是道德人格的养成,需要借助教化"上施下效,长善救失,使有改变"的功能,教化人心,通过为政者的身教力行,以法治为保证,"使得人们知修身、敢担当、讲仁爱、重和谐",人人都能"教行迁善",最终达到社会至善的目的。②刘文勇从儒家教化精神对社会大化的意义角度论说,认为孔子开出诗书礼乐教化传统的人文基调,培植人的价值理性而"成人","为天下而教化"而不是为"一家一姓"而教化是它强固存在的根本原因③。曹影从教化的政治功能和道德提升角度认为,"教化是与道德教育、教养紧密相关的概念,突出的是政治和道德方面的教育和感化",统治者需要以身作则才有实现社会"广教化"、"美风俗"的可能。④张国强认为孔子道德教化的目标分为君子、贤人、仁人、圣人等层次,只有通过博学慎思、内省自克、慎言力行、择师慎交等自修之道,以及身教示范、因材施教、循循善诱等良好的施教之法的主观和客观方面的共同努力才能实现。⑤程志华指出,孔子将前人的"礼乐之教"化转为"成德之教",以"性相近,习相远"作为道德教化的人性论基础,以"文"、"行"、"忠"、"信"为基本内容,通过"中庸"方法,达到"内圣外王"的目标,是一个内容丰富的义理体系。⑥赵清文在考察荀子教化思想之后,指出:"所谓道德教化,就是施教者通过自身的言传身教,向受教者传授价值观念和道德知识,施加道德影响,以期影响他们的思想和行为,在他们内心形成正确的价值观念和道德意识,并最终达到提

---

① 李建:《论孔孟的教化思想及其意义》,《齐鲁学刊》2006 年第 4 期。
② 杨朝明:《刍议儒家的教化文化》,《孔子研究》2008 年第 6 期。
③ 刘文勇:《为天下而教化:儒家教化说之精神再检讨》,《西南大学学报》(社会科学版)2007 年第 7 期。
④ 曹影:《教化的缘起及其意蕴》,《东北师大学报》(哲学社会科学版)2006 年第 3 期。
⑤ 张国强:《论孔子的道德教化观》,《湘潭大学学报》(哲学社会科学版)2007 年第 5 期。
⑥ 程志华:《孔子道德教化思想的义理体系》,《河北大学学报》(哲学社会科学版)2010 年第 5 期。

高受教者的素质和修养、端正社会风习、维护社会稳定目的的一种活动。"①

上述分析从各个角度对儒家教化思想的功能与作用予以解读,表明该议题获得了学界肯定,并且从中隐约透出了该思想对当代社会也具有积极意义。但是,上述研究依然有值得推进的地方,即儒家教化思想作为农耕时代的伦理道德教化理念与手段,如何适应当代工业、信息社会的文明发展诉求,为当前中国发展提供优秀传统文化所拥有的积极能量。

(3) 先秦儒家主要代表人物教化思想及其比较研究。詹世友梳理了先秦儒家教化的不同范型,认为周公对血缘亲情纽带的重视和把情感作为道德教化的核心,为儒家教化奠定了两个理论基础;孔子"以仁成礼"的教化范型,强调"仁"是礼乐的核心价值,在此基础上探索了教化对于德性成长的更一般意义;孟子以存养扩充为范型,在确认人们体证本心之善后,扩充仁、义、礼、智"四端",走出了一条教化论的新路;荀子站在孟子的对立面,突出人性本恶,把天道客观规律化,二分天道与人道,凸显"本恶之性"与"为善"之间的内在紧张。他认为仁义皆外,主张所有道德价值都没有内在的基础,只有通过不断地学习、实践才能获得善的价值的情感、欲望品质和行为倾向。虽然孔子、孟子、荀子的教化范型各有不同,教化方法各有侧重,但教化目标大体一致。② 李树琴认为孟子继承并发展了孔子的性善论思想,肯定了教化的基础。在孟子眼中,君主和士人由于其地位的重要和经济基础的稳固,自我道德教化是可以实现的,而对于庶民来说,必须通过以保障庶民的基本生活为基础的社会教化才可实现。③ 阮航在分析孟子道德教化思想时,也注意到民众道德教化的前提和条件是处理好"恒产"、"恒心"的关系问题,不但要树立"恒心",更要让民众有"恒产"、"不违农时",注重从对象的心理情感入手,有力引导民众的"业余"文化生活,才能有效完成道德教化全过程。④ 此类从先秦儒家教化思想及其相互之间的比较角度切入进行的研究,应该说

---

① 赵清文:《荀子对儒家道德教化思想发展的理论贡献》,《北京青年政治学院学报》2010年第1期。
② 詹世友:《先秦儒家道德教化的不同范型之分析》,《哲学研究》2008年第2期。
③ 李树琴:《孟子的道德教化思想探微》,硕士学位论文,南昌大学,2007年。
④ 阮航:《孟子的道德教化思想及其现代价值》,《光明日报》2003年。

是该论题研究中非常深入和成熟的一部分，对学界在此议题展开可持续研究提供了基础，本书在写作过程中对此亦有很多借鉴。

（4）教化思想及实践的发展流变研究。这类研究一方面以各个朝代的教化思想发展及实践为特定研究对象，重点集中在汉代、宋代、明代、清代等封建王朝，偏重于对各个朝代教化实践的社会推广和运用。根据教化发展流变的特殊性，以两汉、两宋及元、明、清等朝代为重点。具体来说，这些研究除了对董仲舒、"二程"兄弟、朱熹、王阳明等主要代表人物的思想予以探讨外，更着重于探讨中央政府在"大一统"思想指导下的全国性教化实践和推广。学界对教化实践的社会推广宗旨和目的、推广形式和方法、实践效果和影响等问题基本形成一致认识，即儒家教化是治国理政，顺利推进统治阶级意志在全社会贯彻的重要保证，历代统治者都在前代基础上建立发展了一套完备的教化推广体系，重视官员的道德示范作用，健全各级各类教育、教化推广机构，奖惩并用，法德结合，旌表先进，礼、乐、政、刑等方法综合运用，全方面引领社会良风美俗的形成和提升人们的德性修养。[1]

另一方面，从全时空下的历史流变出发，学界研究的焦点旨在揭示儒家教化思想何以退出历史舞台，现代教育又如何走进历史中心，它们各自又面临着怎样的困境和挑战；思考作为替代传统教化的现代教育，如何在新的时代条件下接续儒家教化的功能，作为教化载体的儒学未来发展方向又在哪里，等等。黄书光先生对传统教化在近代以来的演变用"解构"表达其变化特点。他指出，社会变迁使传统教化结构发生松动和变异，随着包括维新派与传教士的"交互促进"、"清末新学、学制建立和科举废除所带来的连环冲击波"，以及"新国民"意识和"开民智"观念的高涨，最终导致中国传统教化向现代性教化转变。[2] 这种现代性教化，在刘铁芳看来不同于传统道德教化方式，而是"基于平等、自主、个性的对

---

[1] 相关论文可参见王有英的《清前期社会教化研究》（博士学位论文，华东师范大学，2005年）、张雪红的《传播与转型：走向生活世界的宋代社会教化研究》（博士学位论文，华东师范大学，2010年）、张延昭的《下沉与渗透：多元文化背景下的元代教化研究》（博士学位论文，华东师范大学，2010年）、郭建萍的《西汉的教化思想与教化形式》（硕士学位论文，福建师范大学，2007年）以及赵毅、刘晓东的《明代"社学"之社会属性辨析——兼及"乡村教化"与社会软性控制》（《东北师大学报》2007年第1期）等。

[2] 黄书光：《中国社会教化的传统与变革》，山东教育出版社2005年版，第366—367页。

话性的追求"的交往对话，迥异于传统的"独白性教化"，突破了一元道德价值的基础设定，打破了个体人格的依附性，改变了以往"个体对既定伦理目标的接受、认同、贯彻为目的，以威权性、灌输性为其基本特征"的局面。① 当然，这种转变在有些学者看来并不乐观。王晴认为"教化"的实质是"通过各种方式将外在的社会意识形态、礼制规范和风尚习俗内化为个体的思想观念和行为方式"。虽然在时代变迁的大环境下，以"教化"为突出特征的传统教育逐渐向注重个体主动性、个性、自主理性等以"培育"为突出特征的现代教育转型，但转型过程比较曲折并陷入困境，其原因就在于"传统的思想羁绊"、"现实的各种教育难题"、"时代的道德迷失"以及出现的文化认同危机等四个方面。②

2. 教化方式、方法、途径的研究全面扩展至各个学科，是当前该研究领域呈现鲜活生命力的一个突出表现。

（1）以家训、家诫为载体的家庭教化方式方法研究。家训、家诫是指以儒家思想为宗，以"历代先贤大儒语录教导"、"名人模范事迹、美德懿行"及"帝、后训谕皇室、宫闱的诏浩"等为主要内容的一系列启蒙读物，常常以"家书、诗词、篇言、碑铭等简明训示"及"道德律令性质的家法、家规、家禁"等形式出现，是儒家士人"围绕教子立身、睦亲治家、处世之道"等多个方面展开的道德教化载体与凭籍。为了发掘此类具体教化方法的特点和功用，陈延斌及其团队多年来一方面搜集整理了历代家训格言类著作，编纂著述《中国历代家训大全》、《中国家训史》等专著，同时在多篇论述中分别就宋、明、清等朝代的家训代表作予以梳理分析，总结出了中国古代家训的教化特点。③ 他们普遍认为，传

---

① 刘铁芳：《从独白到对话：传统道德教化的现代性转向》，《北京大学教育评论》2004年第1期。

② 王晴：《从"教化"到"培育"——中国重教传统的演变及当代困境》，华东师范大学，2011年。

③ 此类观点分别参见《论传统家训文化对中国社会的影响》（《江海学刊》1998年第2期）、《〈袁氏世范〉的伦理教化思想及其特色》（《道德与文明》2000年第5期）、《〈郑氏规范〉的家庭教化及其对后世的影响》（《齐鲁学刊》2001年第6期）、《中国传统家训的孝道教化及其现代意蕴》（《陈延斌孝感学院学报》2011年1月）、《试论明清家训的发展及其教化实践》（《齐鲁学刊》2003年第1期）、《论司马光的家训及其教化特色》（《南京师大学报》2001年第4期）等文章。

统家训强大的渗透力和约束力是儒家思想文化得以有效扩展至中国社会基层民众的主要原因。其中，政治教化和德育培养的伦理纲常宣教处于核心地位。这种教化方法对"封建意识形态家庭化"、"儒家伦理道德世俗化"、选拔优秀人才、网罗知识精英、延续封建社会生命力、稳定封建社会秩序都产生了积极影响。此种观点在其他学者的类似研究中均得到了一致赞同。如陈志勇的《唐宋家训研究》、王有英的《宋代家训研究》、王瑜的《明清士种家训研究（1368—1840）》、付元琼的《汉代家训研究》、梁加花的《魏晋南北朝家训研究》等硕博论文，他们都对家训"以身立教、注重践履、家风陶冶"之类的润物无声、细水长流之功给予肯定，对传播儒家教化思想所起的积极作用给予认可。

（2）将其他载体形式与教化（教育）联合起来进行多维视角的研究。学界将蒙童读物（《三字经》、《百家姓》、《千字文》及杂字等）、戏曲、书法绘画艺术、诗歌、民间俚曲、书院、祠堂、牌坊、礼制建筑、民间宅第、家谱、对联以及祭祀、讲会、乡约类活动等作为研究对象，充分认识到这些载体和活动的教化意蕴，体现了多渠道、多形式的特点，展现出儒家思想在宏大社会空间中的立体教化格局。这类文章的作者由于来自各个学科，视野开阔、见识广博，为研究教化思想开辟了更为广阔的审视空间。潘伟娜对宋代《童蒙训》、《十七史蒙求》、《名物蒙求》等博物类蒙童读物予以系统归类分析，指出蒙童读物结合儿童身心特点，采用了当时流行"语录体"的形式，用简朴自然的文本风格，宣扬"尽孝"、"明礼"、"诚信"、"仁慈"、"谨慎"、"庄重"、"勤劳"等儒家传统道德，此类读物的研究和出版对当代儿童德育教育具有积极的借鉴意义。[①] 江净帆以云南大理喜洲白族传统民居为例，分析了该地区明清以来传统建筑所体现出来的礼治教化特色。他认为这种蕴藏在民居中的非正规的教育感化形式分为"外向教化"与"内向教化"两种体系，"以建筑的门楼、照壁、间数、屋顶以及台基等不同规格的使用"来"明确家族集体在一个等级社会中的身份与地位"，从而达到"辨贵贱、明等威"的目的属于"外向教化"；而四合院以"方"为民居形态的基本母题，则蕴含着家族

---

① 潘伟娜：《宋代新编童蒙读物初探》，硕士学位论文，四川大学，2005年。

成员"方正无邪",按原则做人的理想意向则是"内向教化"的体现。①

乡约的教化意蕴是比较集中的探讨议题。学者以宋代以来各个地区、各个乡约实践的代表人物为对象,探讨其中的教化方法和思想特征。总体来说,学者普遍认为乡约是以一美风俗、安里弥盗为宗旨而自发订立的乡规民约。自宋代吕氏兄弟创发以来,经过几百年的实践探索,到清代初期演变为一套规范的基层自治体系,甚至在一定程度上承担了基层行政单位的功能。由约正、约副等在乡约所开展的"讲读约规、劝善纠恶、息讼止争、稽查奸究盗贼和组织约众互助"等职能活动成为宣传儒家伦理、行教化之道的一套完整体系。② 相比上述侧重"教"而言,龙佳解特别强调乡约对基层民众的"化"的功夫。他认为对民众实施道德教化的方式和途径可通过五个方面实现,一是"以礼治国来教化民众";二是兴办教育,且将道德教育置于首位,实现对民众的普遍教化;三是将家庭视为道德教化的起点,重视和强化其教育职能;四是重视环境作用,通过移风易俗来教化民众;五是表彰优秀,通过榜样力量实现教化目的。③ 学界对乡约社会教化功能的认识应该说比较符合社会历史实际。究其原因在于这类研究借助地方史志资料,在真实和具体的史料支撑下,专门就某一个乡约或某一地区的乡约活动展开个案研究,从而保证了研究结论的正确性和科学性。

3. 以封建儒家知识分子的教化思想为对象的研究也是国内学界的主要关注点。这些知识分子既有为社会向善鼓与呼而名留青史的高洁大儒,也有在社会基层以一己之力默默为一方一域的风俗美化而亲历亲为的循吏郡守。学界肯定了他们对社会进步与民众道德水平提升所作出的努力。就前者而言,研究侧重董仲舒、贾谊、陆贾、朱熹、"二程"等人的理论贡献。例如就董仲舒的理论而言,认为他的卓越贡献在于提出了"性三品"

---

① 江净帆:《空间中的社会教化——以喜洲白族传统民居为例》,博士学位论文,西南大学,2010年。

② 分别见段自成《清代前期的乡约》,《南都学坛》(哲学社会科学版)1996年第5期;谢长法《乡约及其社会教化》,《史学集刊》1996年第3期;卞利《明清时期徽州的乡约简论》,《安徽大学学报》(哲学社会科学版)2002年第6期;秦海滢《明代山东乡约与社会教化》,《东岳论丛》2011年第8期等文章。

③ 龙佳解:《历史上儒家关于民众道德教化方式的省察》,《湖南大学学报》(社会科学版)2004年第1期。

说，强调"待外教然后能善"，从而在"性善论"与"性恶论"之后，又一次就教化的必要性和可能性进行了论证，在教化思想的基础理论方面实现了发展，其"天道教化的理念经由信仰的建构渗透到社会人心之中"，其"大一统"思想凸显政治化、伦理化意蕴。① 也有学者认为，他的教化理论存在"天道教化、人性教化和王道教化三个不同的思想向度"，其中，天是社会道德教化和政治教化的终极价值根源；基于人性存在差等的事实，因此"教化成性"是可能的也是必要的，站在历史大环境中，唯有实现王道教化才是理论的现实归宿。②

就后者而言，学界侧重研究两汉循吏、王守仁、左宗棠等人的具体教化活动。认为两汉的循吏群体、王守仁等人均是教化思想的具体践行者，教化思想从理论发端到融入百姓日常生活，为普通民众所掌握，是一个坚持不懈大众化的过程。历朝历代统治者均在此着力颇多，具有家国情怀的各级士大夫，甚至包括科举不进的基层乡绅，都以"富之"、"教之"为自身职责所在，期望通过兴办学校、主讲书院、兴办乡约等活动推广儒学教化，以达到劝善惩恶、广教化、厚风俗的目的。③ 各级各类儒家知识分子的教化实践被学界所重视，说明儒家教化思想在历史上具有旺盛的生命力，能够被社会所接纳，对社会进步发展的积极性是不言而喻的。此类研究为论文纵向梳理儒家教化思想流变提供了巨大帮助。

4. 时代问题视域下的反思与比较研究。该研究视角主要集中在现代市场经济条件下的儒家教化思想与实践，探究其在什么方面、何种程度上对当代思想政治教育和公民道德建设具有启示意义。由于时代发展的需要，这种反思、对比研究越来越为人们所重视，研究层次不断提升，内涵挖掘不断深入。需要指出的是，在这类研究中，很多学者并未明确使用"儒家教化"概念，而常常使用"道德教化"、"伦理教化"等概念，但

---

① 邵龙宝：《董仲舒思想的基本特征及其精华》，《齐鲁学刊》2011年第4期。
② 朱人求：《董仲舒教化哲学研究》，《福建师范大学学报》（哲学社会科学版）2007年第5期。
③ 曹国庆的《明代乡约推行的特点》（《中国文化研究》总第15期）、张亮的《先秦及两汉循吏与儒家文化传播》（硕士学位论文，陕西师范大学，2007年）、孟彦的《汉代循吏初探》（硕士学位论文，山东师范大学，2012年）、董柏林的《乡野精英与教化威权——明清士绅的教化图式研究》（硕士学位论文，南京师范大学，2008年）等都就榜样代表人物的教化实践予以探讨，他们在教化条件、教化效用等方面得出的结论大致相同。

其讨论基点仍然体现出鲜明的儒家特色。杨育明站在哲学角度反思到,市场经济在微观上将人的"私欲"作为社会经济发展驱动力是无可厚非的,但它也是造成社会冲突的最终原因,道德教化介入的目的即是让"私欲"、"道德化",以节制其无限膨胀,从而"成为人类内在精神世界和外在现实世界的联接方式",达到规范市场经济社会有序运行的目的。① 金生鈜、陈宗章等人认为随着"个人主义和纯粹工具理性已经渗透进现代社会的政治、经济和文化领域"②,"世界的有用性价值凌驾于奠基性的生命价值,生命与物的价值自在性让位于人的感觉的惬意性",导致"道德教化在社会各领域全方位退场,从而陷入现代性困境之中"。所以,"只有将道德教化根植于以交往实践为基础的生活世界,通过完善道德教化实施的内在机制,积极重构中国传统的德性道德,才能完成对现代性道德教化困境的超越"③。

对比研究中,将儒家教化的社会化和马克思主义大众化作对比是学者比较感兴趣的领域。如刘华认为,儒家意识形态之所以通过教化取得了成功,除了本身的科学性与合理性之外,传播手段的有效性也是关键。对于当前马克思主义传播中出现的理论研究不足、实际践行缺失、受道者主动性缺位等情况,应该借鉴儒家教化"制度化的教化网络",学习古代"官师结合,以身传道"的做法,将"分层次育人,启发内省"等作为提高马克思主义理论传播有效性的一个手段予以应用。④ 在构建现代法治国家过程中,周赟认为,中国自古以来在儒家所提倡和通过教化推行的"非制度性的道"的基础上实现了社会共识和稳定,为此,应该发掘儒家教化机理,"以法律为中介对主体进行教化","对主体进行以法律为内容的教化",以求贡献于当今法治建设。⑤

最后,将传统教化和现代思想政治教育进行比较研究也是一个新动

---

① 杨育民:《市场经济与道德教化》,《哲学研究》1997年第9期。
② 陈宗章:《现代性之维与"道德教化"之思》,《齐鲁学刊》2011年第3期。
③ 金生鈜:《现代性价值位移与现代人的道德困境》,《西北师大学报》(社会科学版)2003年第2期。
④ 刘华:《马克思主义与教化——以儒家教化理念为视角反思马克思主义社会教化的缺失》,《思想政治教育研究》2011年第2期。
⑤ 周赟:《法律与教化——从儒家的教化理念吁归法治工程中的教化》,《太平洋学报》2008年第1期。

向，其现实意义不言自明，部分学者正在积极推进。这类研究旨在从教化思想的产生、理论基础、目标、内容、方法、本质、结构和功能等诸多方面，完成对先秦儒家教化思想的系统梳理，力争呈现其理论体系的全貌。同时，在深化理论建构的基础上，结合现代社会的结构转型和文化变迁，积极探讨先秦儒家教化思想的当代转化问题，以重新呈现先秦儒家教化思想所承载的现代性价值，为现代社会的意识形态建设、和谐社会建设、社会主义精神家园构建等提供有力的理论支撑。①

（三）国外研究的基本情势

国外儒家教化思想研究大多指向儒家教育课题。换言之，国外学者将儒家教育和教化当成同一事物来探讨。马克斯·韦伯指出，相较人文主义时代的欧洲和德国，中国将人文教育作为社会评价的标准更为突出，中国士人是体现文化统一性的决定性人物，该阶层通过高贵的"俗人教育"来培养，特别是区别于西方的考试制度，并不在于确定某种专业资格，而是"在于考查学生是否完全具备经典知识以及由此产生的、适合于一个有教养的人的思考方式"。"这种教育的性质一方面是纯世俗性的，另一方面则受到正统解释的经典作者的固定规范的约束，因而是极度封闭且墨守经文的教育。"② 这种教育"不仅考虑到俸禄利益，而且受到经书的束缚，但它是一种纯粹的俗人教育，一方面具有仪式、典礼的性质，另一方面又具有传统主义的、伦理的特性"③。韦伯此处对儒家教育的评价和认知，显然与教化在基本层面上具有一致性。但是他的论述仅此而已，并没有在更广阔的范围内探讨"伦理的特性"和"有教养的人的思考方式"到底是什么样的方式。但最后他对儒教的总结倒是颇符合儒家教化的基本目的。他说："儒教，就像佛教一样，只不过是一种伦理，即道（Tao）……不过，与儒教形成强烈对比的是，儒教纯粹是俗世内部的一种俗人道德……

---

① 可参见唐国军系列文章：《"修身"与"教化"：儒家思想政治教育体系论——儒家传统思想政治教育理论模式研究之一》，《广西社会科学》2007 年第 11 期；《"君子"与修身：儒家思想政治教育主体论——儒家传统思想政治教育理论模式研究之二》，《广西社会科学》2007 年第 12 期；《"亲民"与教化：儒家思想政治教育的客体论——儒家传统思想政治教育理论模式研究之三》，《广西社会科学》2008 年第 1 期。

② ［德］马克斯·韦伯：《儒教与道教》，洪天富译，江苏人民出版社 2010 年版，第 130 页。

③ 同上书，第 135 页。

儒教所要求的是对俗世及其秩序与习俗的适应,归根结底,它只不过是为受过教育的世人确立社会准则与社会礼仪的一部大法典。"[①] 不得不说,韦伯的观点仅仅是站在现代教育的角度来解读儒家教化,难免会产生一些"误读",例如他仅将儒教视作对俗人道德提升的手段,而忽视儒教在社会文明进步方面所具有的超越性,在一定意义上对中国人精神信仰方面具备的宗教性,等等。究其缘由,是因为他对儒家的理解仅仅局限于孔孟之道,或者儒教的一般性认识,而没有发现儒家教化思想在2000多年的历史长河中,对中国社会各个层面产生的深入而广泛的影响。

需要指出一个问题,当前学界探讨的西方学理意义下的教化思想,与本书提出的儒家教化思想是两个概念。部分学者在论及现代教育问题的时候,会采用西方学理含义下的教化概念来比照当前的教育发展和人的发展问题,但又自觉不自觉地揉和进儒家教化思想,这在一定程度上混淆了两者的内涵及外延。出现这种混淆也是可以理解的,因为东西方智者自从人类轴心期开始,对人类的文明史研究即存在着一些相似的价值指向。例如在人的社会性成长和道德涵养提升层面,儒家教化思想和西方教化思想的暗合之处确实存在。古希腊文"παιεια"(拉丁文为paideia)因含有"教化"之意而常被翻译为"教育"。"paideia"本义是指对儿童的抚育和教育,也含有"习于一事"及"矫正"、"惩戒"的意思,这和儒家所说的"教化"词意有部分类似。苏格拉底作为古希腊教化思想的代表人物,其教化思想在目的指向、方法使用等方面也和先秦儒家教化思想有相似之处。而现当代西方教化思想的代表人物伽达默尔,则将"教化"(Bildung)看成是一个经历了从最初自然形成的完美到后来与修养概念紧密联系的发展过程。他说:"人之为人的显著特征就在于,他脱离了直接性和本能性的东西,而人之所以能脱离直接性和本能性的东西,就在于他的本质具有精神的理性的方面。'根据这一方面,人按其本性就不是他应当是的东西'——因此,人就需要教化。黑格尔称之为教化的形式本质的东西,是以教化的普遍性为基础的。从某种提升到普遍性的概念出发,黑格尔就能够统一地把握他的时代对于教化所作的理解。向普遍性的提升并不是局限于理论性的教化,而且一般来说,它不仅仅是指一种与实践活动相对立

---

① [德]马克斯·韦伯:《儒教与道教》,洪天富译,江苏人民出版社2010年版,第161页。

的理论活动,而是在总体上维护人类理性的本质规定。人类教化的一般本质就是使自身成为一个普遍的精神存在。"① 用威廉·冯·洪堡的话来说,"教化"是一种由知识以及整个精神和道德所追求的情感而来的,并和谐地贯彻到感觉和个性之中的情操,它对人的德性、品格和情操进行养成、培育和塑造,与教育概念天然联系。② 据此,与儒家教化思想相比较,可以发现西方的教化思想更多偏重个体人自身对自然性的摆脱和扬弃,而走向一种人之为人的合理存在,这显然和儒家教化在教化理念、目的、方式方法等方面存在差异。正如有学者通过比较后指出的那样,在教化目的上,儒家"教化更多着眼于政治统治和社会群体,它本身是统治者实施统治的工具,Bildung 则首先立足于个体的自我提高,不具有外在的工具性"。从实施者的角度讲,儒家教化"是一种政府行为,它是从上到下的,而后者(指 Bildung。笔者注)则是主体自身积极主动的自我塑造,并且这一行为是在与他者平等的对话中实现的"。从实现方式来讲,"中文的'教化'是一个潜移默化的过程,旨在通过外在环境的影响提升人的道德情操",而 Bildung "虽然要通过和他者的平等对话来实现,但主要是主体个人内在的精神活动"③。

综合分析学界对儒家教化思想的总体研究态势,可以发现该议题的研究仍然存在可以拓展的空间,这也是笔者在本书中准备尝试解决的。总而言之,该议题研究角度非常丰富,教育(史)学、伦理学、历史学等学科的学者对此着力颇多,这给人们全面认识儒家教化思想提供了方便,但由于角度过于分散,导致目前综合性解读的理论文章相对少见。其中,特别突出的一个问题是没有抓住儒家教化思想在政治层面所具有的意义,没有看到儒家教化思想在意识形态培育层面对封建统治阶级的意义。所以,相比较当代伦理道德建设和意识形态建设问题,如何借鉴儒家教化思想在上述两个方面的经验教训,进一步将儒家教化思想与现当代教育、儒家教化与西方教化相对比,对它们进行全方位审视,分析各自的优长利弊,并在审视现当代教育的基础上,发掘儒家教化思想的特点和实践路径,为信

---

① [德] 伽达默尔:《真理与方法》,洪汉鼎译,上海译文出版社 1999 年版,第 14 页。
② 龚群:《生命与实践理性》,中国社会科学出版社 2004 年版,第 46—47 页。
③ 张颖慧:《"Bildung"和"教化"概念辨析》,《中南大学学报》(社会科学版) 2012 年第 2 期。

息时代开展思想政治教育和公民道德培养工作提出建设性意见，为当代伦理道德建设和意识形态建设工作提供参考，是值得继续研究的地方。

三 研究的主要内容、基本思路和方法

（一）主要内容

本书结合历史文献和国内外相关研究成果，拟从儒家教化思想的历史演进、理论内涵和思想对话的角度展开讨论，以求在前人研究基础上有所突破。

1. "思想演进篇"侧重纵向分析，拟按照儒家教化思想的起源、发展、完善、危机的历史轨迹分为四章。起源阶段作为第一章，将儒家教化思想的发端、提出和创立，儒家教化概念等作为论述的重点，明确探讨的范围。通过历史唯物主义的考察，找到儒家教化思想的真正源头，为其成长与演变脉络找到比较合理的答案。发展阶段的论述安排在第二章。重点探讨先秦时期孔、孟、荀等儒家早期代表人物的教化原理和主张，这是儒家教化思想内涵辨析的前提。秦汉时期的教化思想侧重贾谊、董仲舒的教化思想及两汉循吏的一些教化实践，特别是董仲舒的教化理论为儒家教化思想的完成奠定了坚实基础。魏晋南北朝作为一个大分裂、大动荡的时代，儒家教化思想伴随儒学的沉浮而发展演变。在此一时期，探讨它的实践和社会应用问题，如家训、家诫的流行是显示其发展完善的一个标志。隋唐时期的儒学在和佛学相互激荡、交锋过程中得到了发展，特别是科举制的全面推行，为儒家伦理和思想在基层社会的推广，为儒家教化思想最终得以实现体系与理论两方面的完善提供了人力资源条件和制度措施保障。

儒家教化思想的完善时期作为第三章，从宋朝至清代1840年开始沦为半殖民地半封建社会为界。宋代朱熹、程氏兄弟等理学大儒辈出，他们为儒家教化思想从理论走向实践开辟了一条全新的思想理路和实践理路。当然，这一时期也在完善儒家教化思想的同时，为其衰落埋下了不可挽回的隐患。元代教化思想重在实践，缺乏宋朝时期的大儒圣贤，更多是在政治统治中践行最基本的人伦与家国理念。明代教化思想因为朱元璋、王守仁等的倡导和实践，在前贤士人理论准备的基础上，加强了社会控制，对基层民众的思想引导力度也更加明显，此一时期在创造完备的教化理路的同时，也为清代的教化僵滞带来了负面影响。为此，在第四章儒家教化思

想危机时期的论述中，需要说明此种僵化的体制和封闭的理论，最终造成教化思想近代以来逐渐式微。伴随西方各类思潮的涌入，中国的一批知识分子，痛感儒家教化学说的无力和腐朽，纷纷讨伐批判之，儒家教化思想和理论也终于在新文化运动的冲击下，伴随现代教育的兴起而衰落了。

2. 中篇作为本书的重点，侧重论述儒家教化思想的内涵。第五章探讨儒家教化的理念论。儒家教化思想的目的在于成己成物，希望以一个秩序的遵守和安定来实现各安其分、各守其职的人伦社会与道德秩序。讲求忠、信、仁、义的原则，核心在于修己安人。第六章以儒家教化方法论为题，重点通过礼、乐、刑、政四种方法和思路，以求克己复礼、致中和、抑恶扬善和正己正人。儒家士人在社会各个层面推广礼、乐、刑、政四种教化过程中，必须借助具体的实践载体和方法，为此，第七章作为儒家教化实践论的探讨，在知行合一理念指导下，将礼、乐、刑、政四教彻底与百姓日用生活联系在一起，完善的官学、私学教育体系，家训与乡约的互补互成，以及日用民俗中的儒家教化实践，使儒家教化思想完成了从理论到实践的飞跃。

3. 下篇作为书中的拓展和创新，将儒家教化思想和现当代教育思想以及西方教化思想进行横向比较。第八章从目的、本质和方法三个层面比较了教化与教育的古今差异，试图发现各自的利弊短长。第九章从回顾苏格拉底以及以伽达默尔为代表的西方教化思想出发，比较中西教化的异同。第十章在前述两章比较的基础上，反思儒家教化对中国社会发展的积极意义和消极影响。通过中西古今全方位的宏观关照，以求为当代中国教育，特别是思想道德教育有所启示。

（二）研究思路

书中站在历史唯物主义和辩证唯物主义立场上，结合思想政治教育学的部分原理，认识儒家教化思想在其产生、发展和社会化过程中所体现出来的特点，以发现该思想理论带给当代思想政治教育、思想道德建设、意识形态建设的启示意义。据此，将本书从三个步骤来展开研究。第一个步骤主要依据历史文献和当代学界已有成果，就儒家教化思想的缘起流变进行纵向观察，全景展现该思想在各个历史时期发展演变的主要表现，它们是儒家教化思想不断完善、进步、下沉、渗透，在全社会逐渐获得认可的过程。第二个步骤分析儒家教化思想理论内涵。对该理论的前提、原则和目的进行分析。相较已有研究，本书就此问题的探索显现出综合性和全面性特点，是对儒家教化思想理论内在逻辑和特征的讨论。第三个步骤旨在体现研究儒家教化思想的现实意义。通过与现当代教育和西方教化思想的比较，展示儒家教化思想在伦理道德教育方面以及人的全面发展方面所具有的优势和长处，并在本书最后站在客观的立场，唯物辩证地就儒家教化思想的功过得失作一总结。

（三）研究方法

第一，本书的上篇和中篇部分，主要采取历史与逻辑相统一的方法，基于儒家教化思想发展的历史，通过逻辑和抽象分析，全面展示该思想的发展过程与逻辑理路，揭示其发展的趋势，总结其理论特征。

第二，本书下篇主要采取比较研究的方法，从各个角度的比较看出儒家教化思想和现当代教育与西方教化思想的不同，体现出儒家教化思想对现时代的启示意义和价值。

第三，本书全篇还采用了文献研究法，通过梳理相关的历史资料，对儒家教化思想发生、发展的态势和特点等予以展现。

四　重点与难点

1. 孔子、孟子、荀子、董仲舒、朱熹、王阳明等儒家代表人物的教化思想及实践是论文展开的基础，没有他们的理论学说支撑，儒家教化思想无从谈起。所以，分析梳理上述几位圣贤的思想是论文研究的重点之一。

2. 儒家教化思想的理念论、方法论及实践论内容是论文的重点，也是难点。特别是作为抽象的理论，如何结合孔子、孟子等儒家先贤的思想，予以逻辑整合与建构，是本书能否实现理论跨越的关键。

3. 将儒家教化思想与现当代教育和西方教化思想的对比作为本书研究的重点，是保证本书研究目的获得最大体现的关键，只有通过对比才能体现出儒家教化思想对当代的启示意义。

4. 本书最大难点在于对古典文献资料的理解可能不准确，由此造成意义理解的偏差，从而造成个别论证稍显不足，同时，在前人研究基础上深入解读教化思想也是一件非常困难的事情。

5. 由于涉及学科多样，对某些基础理论存在把握不够、不深的问题，从而会在一定程度上影响研究的理论深度。

五　创新之处

1. 鉴于学界尚未完整梳理儒家教化思想发展的历史脉络，所以，本书上篇对其发展演变进行的纵向梳理和全景式展现是一个创新之处。

2. 从教化思想的理念论、方法论和实践论三个层面进行探讨，从综合性角度来说，也具有创新性。前人研究多笼而统之讲教化，而且侧重于探讨工具性与目的性，从而衍生出社会教化、伦理教化等不同概念，其实这是一个基于价值性问题的不同面向而已，不可舍本逐末，需要回归教化思想本身，将整体与部分、历史与现实统一起来，进而实现对该理论的科学审视。

3. 在比较研究中，通过审视现代教育问题和西方教化思想，来指出各自理论的长处和不足，突破单一维度的研究视角，在各个学科的交叉对比中，在更广阔的时空范围内，能够显示出儒家教化思想更为久远的意义。

4. 教化概念的创新式理解。笔者借鉴当代思想政治教育四要素说，认为教化思想同样存在着教化主体、教化客体、教化介体、教化环体等要素，并在论证过程中以此为逻辑指导，采取明暗相交的方式对教化思想进行了解读。

六　不足之处

1. 本书在梳理儒家教化思想发展过程中，对于各个历史时期教化思想的发展演变认识仍然存在不够全面的问题，只能就其发展演变的主要表现作一宏观概括，对各个时期的发展演变状况无法从同一角度展开全面论述，如此一来，就会使人们对儒家教化思想的历史发展产生一种断层之感。

2. 在理论内涵分析部分，由于理解能力和视角的差异，可能存在与学界已有观点不符合甚至相矛盾的问题，此一问题应该是本书需要继续改进的主要方面，以求站在前人肩膀上，为该议题的理论研究发挥出承前启后的作用。

3. 总体上由于涉及学科多样，论述过程中可能出现对某些专有概念以及部分文本的理解缺乏精确性，这些应该是此一研究进一步改进的重点。

上篇　　思想演进篇

第一章　儒家教化思想的起源

马克思曾经指出，"理论在一个国家实现的程度，总是决定于理论满足这个国家的需要的程度"。① 儒家教化思想在黄河流域孕育、提出、创立和发展完善的过程，充分说明该理论对中国古代社会文明发展具有积极作用；反之，也说明中国古代社会本身对儒家教化思想的依赖和认可，二者是一个相互需要、互为存在的历史统一体。

第一节　教化思想的概念和发端

孔子开儒家思想之先河，然其思想渊源则是"祖述尧舜"、"宪章文武"，大力继承周公的思想，所谓"周监于二代，郁郁乎文哉！吾从周"② 说的就是这个意思。面对春秋乱世之礼乐不兴、王道衰落的现实，他毅然承担起删诗书、定礼乐的任务，对三皇、五帝以来的文化去粗取精，批判继承，为中华文明接续流传作出了前无古人、后无来者的巨大贡献。钱穆对此评价称："孔子为中国历史上第一圣人。在孔子以前，中国历史文化当已有两千五百年以上之积累，而孔子集其大成。在孔子以后，中国历史文化又复有两千五百年以上之演进，而孔子开其新统。在此五千多年，中国历史进程之指示，中国文化理想之建立，具有最深影响最大贡献者，殆无人堪与孔子相比伦。"③ 教化思想作为儒家理论的重要组成部分，自孔子始，经过孟子、荀子、董仲舒等儒家历史上众多思想家和实践者的努力，终于形成为一套完整的思想道德教育体系。换句话说，儒家教化思想和教化实践是封建王朝意识形态教育的主导性思想。作为一套完善的道德

---

① 《马克思恩格斯选集》第一卷，人民出版社1995年版，第11页。
② 《论语·八佾》。
③ 钱穆：《孔子传·序言》，生活·读书·新知三联书店2002年版，第1页。

教育体系，它因社会实践的需要而产生、发展和传承，它具备基本的思想道德教育四要素，也有着自己独特的教化目的以及教育方法。

一 教化概念解析

何为"教化"？[①] 这是学界多年来一直探讨的问题。诚如绪论部分学界对"教化"概念的总结与分析，学者均从各个角度出发，通过阐释教化的功用，来解答教化是什么。有从政治学角度出发的，认为它"是一种特殊的政教合一的统治术"，是为建立稳固的统治秩序，由统治者调动政治的、道德的、礼仪的、宗教的、风俗的、教育的等各种手段，以影响人们道德心理的形成。[②] 也有从社会学角度出发的，认为它是"以教道民"、"以教化民"的别称，旨在"通过道德教育来感化人民，转移世间的人心风俗"[③]。也有从文献考据角度分别统计"教"和"化"的使用及"教化"一词的产生过程，认为"教化"作为不断被儒家构建的系统理论，由尧舜发明、政府推动，旨在通过法令制度这种外在强制性的约束手段以及道德教育的劝谕性方式，促使臣民改恶从善，进而移风易俗的理念和行为。[④] 梁漱溟也在《中国文化要义》中从"教化"对于中国政治、社会发展的功用角度认为，周孔教化虽非宗教，但中国自孔子以来，即走上"以道德代宗教之路"，"安排伦理名分以组织社会"，"设为礼乐揖让以涵养理性"。作为"礼"的一面，是借着"具体的礼乐，直接作用于身体，作用于血气；人的心理情致随之顿然变化于不觉，而理性乃油然现前，其效最大最神"。至于如何组织社会，他指出"孔子学派以敦勉孝悌和一切仁厚肫挚之情为其最大特色。孝子、慈父……在个人，为完成他自己；在社会，则某种组织与秩序亦即由此而得完成"[⑤]。另外，还有学者从教育学、历史学、哲学等角度就教化概念展开过详细论述。鉴于绪论部分已有阐述，故在此不再罗列讨论。

上述观点，从词源学的发生角度来说，也得到了比较好的印证。"教

[①] 为了避免误解和混淆，需要指出本书在没有将其与西方教化（Bildung）思想对比论证之前，文中所有的"教化"及"教化思想"都是儒家教化思想的简称。
[②] 朱克良：《试论中国教化思想的萌芽》，《琼州大学学报》（哲社版）1994年第2期。
[③] 张锡勤：《试论儒家的教化思想》，《齐鲁学刊》1998年第2期。
[④] 张德文：《教化考》，《职大学报》2009年第3期。
[⑤] 梁漱溟：《中国文化要义》，上海人民出版社2011年版，第99—115页。

化"并不是从一开始就存在于儒家经书典籍中，它的确经过了一个漫长的过程才合而为一。许慎在《说文解字》中将"教"解释为"上所施，下所效也。教效叠韵"。段玉裁注："上施故从攵，下效故从孝。故曰：教学相长也。《兑命》曰：'学学半。'"另外，"教"在《说文解字》中为一部首字，与古文"敩"为同部字，其义为"觉悟也"。段注："详古之制字，作敩，从教，主于觉人。秦以来去攵，作学，主于自觉。《学记》之文，学、教分列，已与《兑命》统名为学者殊矣。"① 在段玉裁看来，"教"和"学"本是相互融合的存在，教中含学。自秦以后，随着两字的分化，也就有了不同的意义。"教"侧重主体先知先觉的施动，"学"侧重客体的仿效学习。"化"在许慎笔下解释为"教行也"。段玉裁将此注为："教行于上，则化成于下。贾生曰：'此五学者既成于上，则百姓黎民化辑于下矣。'老子曰：'我无为而民自化。'"② 该解释即是指对于主体作用于客体的影响，受教者无不因为这种影响而产生施教者所期望的改变。这种改变是因为教化之"教"在方法、理念、实践等方面有别于现代教育之"教"，而对人的道德养成、德行培育、社会风气改善、和谐美善秩序以及政治伦理规约等方面无不具有润物无声之效。

综上所述，学者们的已有见解从各方面均触及了教化的实质，对于我们进一步全方位理解教化思想提供了重要的理论依据。综合已有观点，鉴于教化思想是一个集基本理念和实践过程为一体的完整体系，笔者尝试总结如下。

儒家教化，是儒家思想的一部分，它是以孔子、孟子等为代表的先秦儒家在探索王道政治、和谐社会、大同世界过程中，基于天、地、人性的思考，为追求良风美俗，社会的和谐向化，政治上的安定团结，人与人之间的和美与共，从而以修己安人为核心，以忠、信、仁、义为原则，以礼、乐、政、刑为方法，以成己成物为目的而建构的思想体系。后世儒家接续发扬这一理论基础，从知行合一的角度在家庭、学校和社会层面开始推动教化实践，实施思想道德教育系列活动。这个系列活动以儒学思想为尊，在注重政治和道德感化的实践中不断完善和补充，从而在理论指导实践、实践发展理论的逻辑循环中，形成了一套丰富的、融思想道德教育和

---

① 许慎撰，段玉裁注：《说文解字注》，上海古籍出版社1981年版，第127页。
② 同上书，第384页。

思想政治教育为一体的思想体系。在实践和发展这个思想体系过程中，封建统治阶级扮演着极其关键的角色，意识形态色彩逐渐加重，政治控制逐渐严厉，最终将这套以对人的道德教化为重心的理论，转移到了集思想道德教育与意识形态建设为一体的范畴。该思想理论体系在发展过程中，教化主体从最初具有高尚品格的天命君师，转向了更广意义上的君子圣贤，教化客体亦不断扩展下移，从孔子的有教无类开始，主张"人皆可为尧舜"，体现出了社会成员基本道德素养的不断提高。教化介体不断丰富，教化思想和内容不断扩充，教化手段和方法逐渐丰富，整个教化环境和氛围也因为封建统治者的大力提倡和建设而显得规范与有效。

鉴于本书将在中篇部分详细介绍教化的基本理念、方法和实践理论，故在此先就教化过程的基本要素予以明晰，以保证行文的理论基础。

1. 教化主体

一般来说，儒家眼中的教化主体是那些饱读圣贤之书，追慕先贤，自觉承担历史使命，具有君子修养、高尚品格和天下情怀，能够感化民众的圣贤君子士大夫。在儒家看来，只有具备这种条件，才能担当起教化天下的职责。尧、舜、禹、周公等上古先贤就是典型的教化主体群像。朱熹在《大学章句序》中说："盖自天降生民，则既莫不与之以仁义礼智之性矣。然其气质之禀或不能齐，是以不能皆有以知其性之所有而全之也。"故"一有聪明睿智能尽其性者出于其间，则天必命之以为亿兆之君师，使之治而教之，以复其性"[1]。尧的高尚品格，既可以"光被四表，格于上下"，也能够使"百姓昭明，协和万邦，黎民于变时雍"[2]。所以，在司马迁眼中，尧帝"生而神灵……顺天之义，知民之急。仁而威，惠而信，修身而天下服……日月所照，风雨所至，莫不从服"[3]。可见德高自威，品德修养到了一定程度，不但能教化百姓，也能感天动地，使百姓大化，天下安宁。作为儒家学说的创始人，孔子对中华文化昌明兴盛之功，亦被后世学者所赞叹。所谓"天不生仲尼，万古如长夜"即是对孔子开创教化思想，践行教化实践的赞誉。无论韩愈将儒家学者的教化谱系列编为尧、舜、禹、汤、文、武、周公、孔子、孟子，还是朱熹将伏羲、神农、

---

[1] 朱熹：《四书章句集注·大学章句序》，中华书局2011年版，第2页。
[2] 《尚书·虞夏书》。
[3] 司马迁：《史记·五帝本纪第一》，韩兆琦评注，岳麓书社2012年版，第5页。

黄帝、皋陶、伊尹、傅说、周公、召公补充列，并且将同时代的邵雍、周敦颐、张载、二程兄弟编列为新的传道之人，① 无不表明在儒家心目中，只有那些因德才兼备而著称的士人贤人，才能获得历史和民众的认可。该谱系中的每一位大德之士，既是儒家思想发展史上的榜样人物，也是具有开拓创新之功的思想巨擘，所以也才有了教化万民的资格。

除了上述这些"亿兆之君师"以外，由广大基层官吏和儒学士子、乡绅组成的教化群体则是推动教化活动不断走向深入的主力军。佼佼者如两汉循吏的代表文翁，在其担任蜀郡太守之后，针对蜀地夷蛮之风，大力选拔"郡县小吏开敏有材者张叔等十余人亲自饬厉，遣诣京师，受业博士，或学律令"。同时，"修起学官于成都市中，招下县子弟以为学官弟子，为除更繇，高者以补郡县吏，次为孝悌力田"。数年而"由是大化，蜀地学于京师者比齐鲁焉"②。此举开各地方兴学先例，为加速民族文明进程产生了极大的促进作用。另外，活跃于地方基层社会的布衣学子虽说仕进无望，处江湖之远，但也同样具有浓厚的家国情怀，忧国忧民。他们或在家乡开私塾传圣人之道；或发愤著书立说，弘扬文教理念；或聚众讲学，办书院，兴学校。例如在中国历史上影响深远的各种书院，大多由体制外的儒学士人参与创办，基于"伦理本位型的人才培养目标，书院往往将儒家的伦常道德观念及日常生活中的待人处事接物之道作为教育的基本内容"，这些士子"终身以推行教化、传播知识文化为业，成为民间礼仪、乡规民约的制订、推行者，及社会舆论与道德评判的主导者，在民间社会担当着精神领袖的角色，其自身的言行、处事接物的方式，也在民间社会发挥着范导作用"③，从而为基层民众伦理道德水平提升，为仁、义、礼、智、信价值观的传播作出了卓越贡献。

2. 教化客体

教化客体是儒家教化思想的接受者，也是教化主体的作用对象。首先，他们作为儒家伦理道德思想的教育对象，自孔子开"有教无类"之先河后，文化教育的社会普及力度空前增强，广大平民百姓皆有权利和机会接受儒家经典教育，教化客体数量和范围因此而被推广至全社会各个阶

---

① 许家星：《略论儒学的教化之道》，《南昌大学学报》（人文社会科学版）2009年第1期。
② 《汉书》卷八九《循吏传》。
③ 肖永明、刘平：《书院社会教化的实施途径》，《教育评论》2003年第3期。

层。"朝为田舍郎，暮登天子堂"就是知识文化普及并走向民间的生动反映。其次，孟子提倡"人皆可为尧舜"，这就为普通群体提供了在思想道德修养方面不断上进的理据，也为民族整体道德素养的提升开辟了广阔的实践空间。当然，由于儒家思想在后期发展过程中日趋僵化与保守，对于教化客体的分类也是非常明显的。比如对女子的教化在内容、方式方法等方面迥异于男子，这是男权社会的必然产物。但就道德修养水平和人伦社会秩序的目标来说，教化思想在对客体的影响过程中，实质并没有什么不同。

有一点需要指出，儒家并不主张在教化过程中将主体和客体绝对割裂开来。因为此一关系中的主体和客体，在彼一关系中就有可能发生颠倒和改变。"子曰：'三人行，必有我师焉。择其善者而从之，其不善者而改之。'"① 就是对教化过程中主、客体关系的生动阐释。北宋学者张载之所以说"为天地立心，为生民立命，为往圣继绝学，为万世开太平"②，就是因为在儒家教化体系中，受教化者并不仅仅将自己放在被教育的位置上，相反，他们念兹在兹，穷尽毕生所追求的，恰恰是与上古先贤一致的价值。所以，换言之，儒家士子常常将自我价值和社会价值统一于读书、生活、工作的全过程，在这个学与教、理论与实践相互推磨激荡的道路上，一方面获得主体精神向度的升华，一方面以这种升华了的道德人格和品行继续去影响周边和未来的人。所以说，儒家教化体系中，主体和客体是相互依存的共同体，两者并不存在绝对的分割界限。

3. 教化介体

教化介体是指主体与客体相互联系、相互作用的中介因素，主要指儒家学说的思想内容和方式方法。借鉴思想政治教育介体的划分方法，可以将教化介体划分为直接介体与间接介体。直接介体就是儒家一系列不断被总结、编撰、注疏的经、史、子、集等经典文本。在信息传播手段尚不发达的古代社会，书籍成为思想和文明最为直接和有效的传播介质，历代士人无论是以董仲舒、朱熹为代表的思想引领者，还是屡试不第、终老于乡村的布衣学人，均将著书立说活动作为自己生命价值凸显的标志。前有"天人感应论"、《四书章句集注》的主流思想和标准教材问世，后者也有

---

① 《论语·述而》。
② 黄宗羲：《宋元学案·横渠学案上》。

《三字经》《千字文》等影响深远的蒙学读物流传至今。所以，依据儒家思想所编撰的书籍是推行教化思想的主要介质。教化所依赖的间接介体内容更为丰富和多样。礼乐制度就是间接介体的代表。面对礼崩乐坏的现实，孔子对季氏"八佾舞于庭"的行为忍无可忍，主张维护基本的礼乐制度，以免破坏和谐的伦理和社会秩序。《礼记》言："道德仁义，非礼不成。教训正俗，非礼不备。分争辨讼，非礼不决。君臣、上下、父子、兄弟，非礼不定……是故圣人作，为礼以教人，使人以有礼，知自别于禽兽。"[①] 为此，儒家将丧葬、祭祀、入学、嫁娶等生活的各个方面都加以礼仪化、制度化，形成一套完整的生活规约，它们对于人们道德习惯的养成具有不可磨灭之功。另外，为了对人们实施全方位的道德伦理秩序教化，儒家教化思想也渗透进了社会生活的各个方面。建筑规制的严格规定就体现了这种要求。刊行于北宋1103年的《营造法式》强调："材有八等，度屋之大小因而用之。"一等材高9寸，厚6寸，用于九间或十一间大殿的建造。二等材高8.25寸，厚5.5寸，用于五间或七间大殿的建造……材料尺寸规定和规模大小体现出了封建社会鲜明的身份意识和等级意识，也是儒家礼乐思想的外化表现。可见，儒家教化介体形式丰富多样，它们对于传播儒家思想，培养封建统治者所希望的理想人格的作用是非常显著的。

4. 教化环体

教化环体作为教化思想和内容能够准确传递和灌输的环境因素，会对教化效果产生直接影响。千百年来，儒家教化思想得以有效推广和内化到日用生活及民众心理深处，与严密、全方位的教化环境塑造密不可分。自汉武帝"罢黜百家、独尊儒术"以后，封建王朝的用人制度和文化政策为儒家教化思想全面渗透提供了环境保障。中国文官制度建立之后，从两汉时期的举孝廉，到魏晋时期的九品中正制度，再到隋唐科举制度的确立，最终到明清时期的八股取士，千余年间，对官吏选拔的形式虽有变换和更迭，但标准几乎没有什么大的改变。举孝廉是选拔有德之士，九品中正制同样期待鸿儒君子服务于朝廷，科举教材的规定和八股取士的思想钳制就更不用说是统治阶级意志的直接体现。单一的用人标准和教材大纲使万千学子必须按照统治阶级的要求学习，此种灌输式教育及其可能取得的

---

① 《礼记·曲礼上》。

向上层社会流动的机会，使全社会意识到"书中自有黄金屋"的"书"就是儒家经典，必须按照儒家经典才有得到物质回报的可能。就文教政策来说，历朝历代深知"为政莫大于移风，移风莫要于兴学"①的道理，因此封建朝廷非常重视从中央到地方的教化工程。即使改朝换代，战乱频仍，社会不定，统治阶级依旧会及时作出安排。例如顺治元年，南明小王朝尚未平定，清廷即颁布诏谕，恢复乡试、会试制度，号召天下士子赶赴应考。同时，积极恢复战乱中被破坏的地方各级各类学校。据统计，自顺治九年到康熙十三年的 22 年间，广西作为边远省份即先后恢复府、州、县各级官学 51 所，基本覆盖广西全境，初步建成了教化所需的硬件设施。② 这种政府推动的教化环境建设，在迅速有效推广儒家思想的同时，也为构建良风美俗社会作出了积极贡献。

综上所述，"儒学是有虚有实的学问，它关切形而上的终极本体，也关切形而下的发用流行"③。儒家教化恰好体现了其思想和实践是一个相互结合、相互推进，有着完整教育要素参与的系统过程。在这个严密的体系中，没有纯粹的教化思想和内容，也不存在没有理论依据的教化实践。作为统治阶级大力提倡的儒家思想，因为教化实践的推行，而不断发扬光大，使民众在不知不觉中"徙善远罪"、"平好恶而反人道之正"，为最终实现"天地位焉，万物育焉"的理想社会秩序奠定了坚实基础。

二 教化思想的发端

教化思想何以发端，究其缘由还是因为现实社会给思想界提出了问题。春秋乱世，礼乐制度遭到严重损坏，如何对人、对执政者进行系统的伦理道德教育是必须思考的问题。为此，孔子兴教化，期望以此美风俗、序人伦。孟子接力孔子思想，为了论证教化的可行性，提出了性善论，从而证明了人性的可教，进而指向社会的可化。荀子则从性恶论入手，首倡教化之思。虽然孟、荀二人切入角度不同，但共同指向人的道德品行是可以改变的，于是教化始出，并分别经过秦朝"三老掌教化"、西汉全面推

---

① 徐毅：《绥服远人——清帝国治理广西的教化策略》，社会科学文献出版社 2013 年版，第 50 页。

② 同上书，第 49 页。

③ 牟钟鉴：《儒学价值的新探索》，齐鲁书社 2001 年版，第 31 页。

向社会政治实践等一系列积累，而逐步完成了由道德教育向政治范畴的转变。按照马克思主义的判断，"在不同的占有形式上，在社会生存条件上，耸立着由各种不同的、表现独特的情感、幻想、思想方式和人生观构成的整个上层建筑"[①]。结合马克思的论述，简略分析孔子、孟子、荀子三位圣贤的出发点，可以看出用社会存在决定社会意识的历史唯物论来解释教化思想的发端起源是科学而合理的。

尧、舜以降，周公制礼，社会尚未礼崩乐坏之前，中国历史是一个逐渐步入有文字记载的历史阶段。虽然在平王东迁之前，各个年代的起讫时间只能大概推定（甚至到目前仍未解决），但人们对该阶段社会风清气正、文脉兹盛昌明的盛景却相当肯定，对当时社会贵仁、尚义、明礼的良风美俗，特别是榜样人物所体现出来的"仁如天"、"知如神"、"布五教于四方，父义，母慈，兄友，弟恭，子孝，内平外成"[②] 之类的德行操守和社会秩序无不赞誉有加。上古之时为何能够衍生出原始的礼乐教化思想，又为何能够得到人们的推崇而被继承并不断发扬光大呢？在笔者看来，儒家教化思想的起源与当时的具体社会实践密不可分，与传统中国农业文明的主要生产方式相伴相随。作为社会实践的产物，儒家教化思想即是这种生产实践的反映，反之亦服务于这种生产实践。

特定阶段的生产条件、生存方式决定了中国顺天应人、天人合一的思维方式。自尧、舜至周公时代，中国从奴隶社会的初级阶段走向高级阶段，在此期间，各部落主要围绕黄河中、下游灌溉区进行农业生产活动。农业生产讲求天时地利，在人口繁殖并不迅速，生产力相当低下的古代，为了获取更多的生产资料和生活必需品，还必须具备人和的条件。所以，为了顺应天时地利的要求，促使人们必须掌握和遵循自然规律，以求"顺天之义"，而为了获得更快、更好的发展，保护自己的部落免遭其他部落的兼并和伤害，促使部落首领思考"知民之急"，以求"百姓昭明，合和万国"。

首先，从黄帝开始，人们已经认识到顺天理、化万物的智者对部落发展的重要性。黄帝面对当时诸侯相互侵伐的乱局，司马迁说他"修德振兵，治五气，艺五种，抚万民，度四方，"、"顺天地之纪，幽冥之占，死

[①] 《马克思恩格斯选集》第一卷，人民出版社 1995 年版，第 611 页。
[②] 《史记·五帝本纪第一》。

生之说，存亡之难。时播百谷草木，淳化鸟兽虫蛾，旁罗日月星辰，水波土石金玉，劳勤心力耳目，节用水火材物"①。由是而振神农氏一族，经颛顼而传至帝尧、高辛。

尧作为智慧有为的首领，"富而不骄，贵而不舒"，"乃命羲和，敬顺昊天，数法日月星辰，敬授民时。分命羲仲，居郁夷，曰旸谷……岁三百六十六日，以闰月正四时。信饬百官，众功皆兴"②。

通过分析可以发现，无论是黄帝"顺天地之纪"，还是尧命令羲和、羲仲二人定历法、辨四季，都说明古时人们已经通过观察天体运行和物候变化，对自己生存环境的时空概念有了初步确认。对规律认知和把握基础上的趋利避害行为，也使人们同时明白，只有把人纳入自然的轨道，以合乎自然规律的方式生产生活才是有意义的，才能得到上天的眷顾而保持个体和部落的持续发展。

其次，仅追求天时地利不能满足部落和社会的持续发展，作为主体能动性的存在，部落首领能否在恶劣的自然环境和艰难的生存条件下，给部落成员以必要的生存发展条件，关系到部落的人心向背，也关系到部落的未来发展。为此，道德修养的高尚与品行的高洁成为判断部落首领能否带领部落成员继续发展壮大的标准。尧、舜、禹禅让制度的确立就是对这一选贤任能标准的最佳诠释。尧并没有将首领之位传与丹朱，而是传位给以孝名闻天下的虞舜。舜帝在位期间，"布五教于四方"，"命十二牧论帝德，行厚德，远佞人，则蛮夷率服"③。与尧相同，舜在年老之时亦没有将首领之位传给儿子商均，而是传给治水有功的禹。通过观察部落权力的传递事实，我们发现，上古之时，人们对争取民心重要性的认识是非常到位的。没有使人钦佩的德行操守是不行的，没有带领民众战胜自然灾害，救万民于水火的能力也是难以胜任部落首领的。德才兼备才是众望所归之人。这种观念在汤武革命过程中进一步被人们所尊崇和认可。

"帝桀之时……桀不务德而武伤百姓，百姓弗堪"。"汤修德"，故"诸侯皆归汤，汤遂率兵以伐夏桀。桀走鸣条，遂放而死。"④ 殷纣王比之

---

① 《史记·五帝本纪第一》。
② 同上。
③ 同上。
④ 《史记·夏本纪第二》。

夏桀有过之而无不及，他"好酒淫乐……妲己之言是从……厚赋税以实鹿台之钱，而盈钜桥之粟"，以致发展到"以酒为池，悬肉为林"的荒淫无耻地步。虽有箕子、微子、比干等忠义之臣加以劝诫，可惜无法挽回，最终将自己变成为独夫民贼。相反，西伯侯修德行善，得到天下诸侯拥戴，最终经武王牧野一役，奴隶倒戈，天下归心而一举伐纣功成。① 通过司马迁对汤武革命过程的描述，发现在这个朝代更迭关头最重要的一个字就是"德"，无德之君无法治国，无论夏桀还是殷纣，皆因失德而失国。而商汤和文王、武王父子也因修德而得天下。

有感于商纣王失德亡国的教训，周朝统治者特别是武王和周公念兹在兹的即是如何使国家安定，万民归顺。为此，周公在辅佐成王期间，除了用武力维护统治之外，更多情况下是自觉意识到了"为政以德"才是安定天下的最好办法。他在给前往殷地上任的康叔的信中谆谆告诫道："别求闻由古先哲王，用康保民，弘于天，若德裕乃身，不废在王命。"、"往尽乃心，无康好逸豫，乃其囗民。我闻曰：'怨不在大，亦不在小。惠不惠，懋不懋。'"②"惟民其毕弃咎，若保赤子，惟民其康囗。"、"敬哉！无作怨，勿用非谋，非彝，蔽时忱。丕则敏德，用康乃心，顾乃德，远乃猷裕，乃以民宁，不汝瑕殄。"周公对康叔的这段告诫体现了其鲜明的明德、尚德、以民为本的思想。也正是因为在他的辅佐下，成王、康王二朝"兴正礼乐"，"刑错四十余年不用"③，天下咸和安宁，呈现出一派欣欣向荣景象。

周公实施礼乐教化，崇尚文教道德，是有深厚历史传统和积淀的。早在周部落祖先周太王古公定居岐下之时，周朝贵族就已经开始建辟雍，修灵台，"积德行义"，"贬戎狄之俗"④ 的礼乐教化工作。同时，作五官有司，专命司徒掌管赋税产殖、徒隶教化以及宗庙祭祀等事关国家大体的工作。为此，《诗·鲁颂·閟宫》指出："后稷之孙，实维太王，居岐之阳，实始翦商。"也就是说，将礼乐教化与政治实践相结合，在周部落的成长壮大过程中起着关键的作用。由此可见，殷纣王失德于天下，导致国败生

---

① 《史记·殷本纪第三》。
② 《尚书·康诰》。
③ 《史记·周本纪第四》。
④ 同上。

死，既是自身原因所致，也是周朝贵族制礼作乐，累积文武数年之德，以致昭明世人、纲纪天下，影响人心向背的结果。

周公有感于此，始作《周礼》，制礼作乐，将文治教化工程推向全国。在《周礼》中，他将"天官冢宰"、"地官司徒"、"春官宗伯"、"夏官司马"、"秋官司寇"、"冬官考工"等机构编制和岗位职责条分缕析，要求各色人等各安其责、各守其分，将社会纳入到一个统一有序的规范之中。同时，借用"礼辨异"、"乐统同"的功能，用"大礼三百，小礼三千"从外部规范社会生活的方方面面；为了人心的统合，社会不至于僵死呆板，他又根据各种仪式典礼，创制了相应的雅乐，如《小雅》之《鹿鸣》，《大雅》之《文王》等，用以调节人与人之间的关系，使民众从内心深处去感受天人合一，物我调适。这种礼乐相合的教化，不但给人以外部的约束性规范，而且通过乐来引导人们的情感世界实现自我和合，走向自律、自化。《礼记》为此以"乐者，天地之和也。礼者，天地之序也。和，故百物皆化。序，故群物皆别"[①]来称赞礼乐之兴给社会文明进步带来的积极意义。

综上所述，传统农耕文明的生产生活方式，要求人们必须处理好人与自然的关系、部落之间的战乱纷争，也使人们逐渐明白人心向背的利害，顺天应人、修德以教、天下咸归的理念也逐渐在统治阶级的实践中不断被发扬光大。可以说，教化思想从上古黄帝轩辕氏起，就已经为人们所重视和领悟，其间经过尧、舜、禹、商汤、文、武的积累和总结，至周公之时，完成了一种思想的自发到自觉的飞跃，这是生产生活方式和长期政治实践的结果。至此，由上古历代圣王积累演变而成的教化思想在周公这里因为礼乐制度的订立而孕育成型。

第二节 教化思想的提出和创立

平王东迁之后，中国历史进入到了春秋战国时期。天子式微，诸侯并立，周公时期所确定的礼乐制度逐渐坍塌，各个诸侯国家，甚至包括一些掌握实权的大夫也常常改变和抛弃礼乐文教，而做出专事征伐等违背礼制的僭越之举。孔子对诸如季氏八佾舞于庭、私伐颛臾等做法忍无可忍，认

[①] 《礼记·乐记》。

为"礼乐征伐自诸侯出"的形势对于国家命运无疑是一种灾难,称:"天下无道,则礼乐征伐自诸侯出。自诸侯出,盖十世希不失矣;自大夫出,五世希不失矣;陪臣执国命,三世希不失矣。"朱熹对之注解称:"逆理愈甚,则其失之欲速。大约世数,不过如此。"① 眼见乱世春秋,生灵涂炭,孔子、孟子、荀子等先哲前后相继,勇敢承担起他们的历史使命,逐渐提出、明确并创立了儒家教化思想体系。②

一 孔子的教化思想

钱穆说:"孔子一生主在教"③,生活于"天下无道"之春秋乱世,孔子主张只有施行全面的教化才能实现"天下有道"。但是他并没有明确提出"教化"主张,而是强调通过推行庶民教育,培养为师、为政之德,恢复周代礼乐文教之制,使人人涵养起恭、宽、敬、信、忠、厚、慈、惠、孝、悌、恕、义的高洁品行,从而具备"仁人"之心,那么天下有道的理想就不再遥远。

1. 坚持"有教无类"的原则,广泛招收门徒,兴办私学,改革周代教育体制机制,为天下培养君子士人,对社会文明进步产生了积极意义。首先,由于周代教育"学在官府",不平等的教育权利严重阻碍了人的发展和社会的文明进步,所以,从对人的培养、发展角度而言,孔子或许是中国最早提倡以民为本的教育家了。孔子认为,人虽有"上智"与"下愚"之分,但通常却是一个"性相近也,习相远也"④的存在,所以,人人皆有教育向善的可能。用朱熹的话来说,就是"气质之性,固有美恶不同矣。然以其初而言,则皆不胜相远也。但习于善则善,习于恶则恶,于是始相远尔"⑤。为此,孔子一改周代教育只面向贵族的弊端,提出"有教无类"的原则,面向全社会开门办教育。终其一生,盖有生徒三千,七十二贤人,其中如颜回、原宪等贫寒学子,孔子因为他们品行的高洁而格外赞赏和器重。其次,针对西周教育内容的缺陷和贵族养成教育的

---

① 朱熹:《四书章句集注》,中华书局2011年版,第160页。
② 鉴于本书中篇部分将对教化思想做理论的整体论述,故本节内容从纵向历史梳理的角度对孔子、孟子、荀子的教化思想予以概观。
③ 钱穆:《论语新解》,巴蜀书社1985年版,第3页。
④ 《论语·阳货》。
⑤ 朱熹:《四书章句集注·阳货第十七》,中华书局2011年版,第164页。

衰败，适时推进教育改革。西周教育内容包括德、行、艺、仪四个方面，以礼、乐、射、御、书、数六艺为基本内容，但也不过是学习一些君臣、父子、上下之道和进退、揖让、周旋之节。孔子突破了贵族养成教育缺乏实用性的局限，"设立了德行、言语、政事、文学四科，有针对性地培养从政的专门人才和理想化的仁人君子。在教学内容方面，孔子没有放弃旧传统，但却突出了其中的诗、书、礼、乐，把仁作为教育的核心贯穿始终，把六艺只看作造就高尚品格的手段，从而使教学重心在实质上发生了转移"①。上述所言孔子开门办教育，大力推进教育改革的实践，为春秋时期诸子百家的繁荣、学术思想的争鸣做出了榜样。古人言："天不生仲尼，万古如长夜"，除了褒奖孔子在儒家思想创制方面的功勋之外，或许这种广泛推行平民教育的实践活动才是更为重要的。

2. 强调教化主体身教示范的榜样带动作用，如果人格和道德品行不够完善，则无从行教化之道。一方面，孔子及其弟子要求教化主体即为师、为政者必须内省自克，笃学慎思，以实际言行推动社会教化。"曾子曰：'吾日三省吾身：为人谋而不忠乎？与朋友交而不信乎？传不习乎？'"② 孔门弟子的这种内省是将道德理念内化到自身血液、思想中的绝佳途径，唯有将外在规约内化，才能做到对自身言行的严格要求和自觉监督，否则无法遵从礼的规定，而做不到"非礼勿视、非礼勿听、非礼勿言、非礼勿动"③了。孔子认为作为传道、授业、解惑的老师，不但需要掌握扎实的理论知识，博闻强识，还要有正确的学习态度，所谓"温故而知新，可以为师矣"。"知之为知之，不知为不知，是知也。"④ 而且最为重要的是具备高尚的道德品行，能够弘道导人，以实际行动引导学生成就君子人格。他认为，"君子谋道不谋食。耕也，馁在其中矣；学也，禄在其中矣。君子忧道不忧贫"。⑤ 言下之意是要求人们对学习须有正确的认知，分清本末，否则"知及之，仁不能守之，虽得之，必失之"⑥。

关于为政者的执政方式方法、理念等的培养，孔子从道德角度出发，

---

① 韩素荣：《孔子对西周贵族教育的改革》，硕士学位论文，陕西师范大学，2008年。
② 《论语·学而》。
③ 《论语·颜渊》。
④ 《论语·为政》。
⑤ 《论语·卫灵公》。
⑥ 同上。

要求教化主体必须具备仁民爱物的君子情怀，学习圣人品德，行仁义之教，反对专事征伐，如若达不到相关的要求，则与历史上的独夫民贼无异。"子曰：为政以德，譬如北辰，居其所而众星拱之。"朱熹对此引用范氏的注解，称："为政以德，则不动而化、不言而信、无为而成。所守者至简而能御烦，所处者至静而能制动，所务者至寡而能服众。"① 他对季氏私讨颛臾一事，批评弟子没有尽到臣子职责，对于治国理政中遇到的远人不服情况，当"修文德以来之，既来之，则安之"②。当然，孔子也并不简单认为治国理政完全依靠道德教化就能实现天下大治，在讲求礼乐的同时，也不忘刑政的积极作用，诛杀少正卯一事就体现出了这个思想。

3. 以培养君子圣贤为目标，礼乐教化并行，让人具备高尚道德品格是孔子教化思想的终极追求。一方面，孔子推崇"礼"对人在高尚品格培养方面的积极性。孔子崇礼，"礼也者，理也"③。在此他推崇的不仅是礼的外在形式，更推崇蕴含于形式之下的对人道德成长的规约作用。他说："恭而无礼则劳，慎而无礼则葸，勇而无礼则乱，直而无礼则绞"，所以，他认为人是一个"兴于诗，立于礼，成于乐"的自我提升过程。④ 在与子路关于何为"成人"的对话中，他表示"成人"的标准是"若臧武仲之知，公绰之不欲，卞庄子之勇，冉求之艺，文之以礼乐，亦可以为成人矣"⑤。朱熹深为赞叹孔子的"礼乐"之最后要求，称"言兼此四子之长，则知足以穷理，廉足以养心，勇足以力行，艺足以泛应，而又节之以礼，和之以乐，使德成于内，而文见乎外"⑥。也就是说，人仅有知、廉、勇、艺是不够的，如果在此之上辅之以礼乐教化，则可成德才兼备者。这与其"贫而乐"，"富而好礼"之要求是一致的。其次，孔子对"礼"的推崇在道德要求基础上进一步上升到为政一路，所谓"安上治民莫善于礼"⑦，从而构成政教一体之理路。"子曰：'道之以政，齐之以刑，

---

① 朱熹：《四书章句集注》，中华书局2011年版，第55页。
② 《论语·季氏》。
③ 《礼记·仲尼燕居》。
④ 《论语·泰伯》。
⑤ 《论语·宪问》。
⑥ 朱熹：《四书章句集注》，中华书局2011年版，第142页。
⑦ 《礼记·经解》。

民免而无耻；道之以德，齐之以礼，有耻且格。'"① 相较于刑教，他认为礼乐道德对百姓之醇化作用更为明显，百姓在礼乐教化下的自化比外在强制力更有利于推动社会安平之治。

另一方面，孔子也注重"乐教"的社会教化功能，作为一门主情主美的情感艺术教育形式，乐教有利于培养人们的审美情感，陶冶高尚的思想情操，从而有利于营造良好的社会风尚，实现全社会的安宁与和谐。②《周礼·春官宗伯大司乐/小师》云："以六律、六同、五声、八音、六舞、大合乐。以致鬼、神、示，以和万邦，以谐万民，以安宾客，以说远人，以作动物。"孔子在此领悟到了乐教对于国家和社会和谐、百姓安定的积极意义，从而主张用实际行动发挥乐教在此一方面的促进作用。《史记·孔子世家》所载孔子跟随师襄子学习鼓琴的事迹，不但说明孔子刻苦求学的精神，而且表明其学习音乐的目的超越了技术层面，而将思想性情的陶冶和道德人格的培养放在首位。徐复观对此评价道："'曲'与'数'，是技术上的问题；'志'是形成一个乐章的精神。'人'是呈现某一精神的人格主体。孔子对音乐的学习，是要由技术以深入于技术后面的精神，更进而要把握到此精神具有者的具体人格。这正可以看出一个伟大艺术家的艺术活动的过程。对乐章后面的人格的把握，即是孔子自己人格向音乐中的深浸、融合。"③ 除此之外，孔子将乐安排在礼、乐、射、御、书、数六门课程的第二位，作为必修课程以达到培养人的善良品德和完善人格的目的。在他看来，判断一个社会及其民众的良风美俗，"入其国，其教可知也……广博易良，《乐》教也"④。移风易俗，莫善于乐；他提出"安上治民，莫善于礼。"⑤。当颜渊求教治国之道时，他说："行夏之时，乘殷之辂，服周之冕，乐则韶舞。"言下之意是说提倡尽善尽美的雅颂之声，能够帮助人们达到真善美的和谐统一，同时也需要"放郑声，远佞人"，因为"郑声淫，佞人殆"的危乱局面是儒家所不待见的。⑥

综上所述，孔子作为儒家学派创始人，以"有教无类"的原则发展

---

① 《论语·为政》。
② 田小军：《中国音乐》（季刊）2008年第2期。
③ 徐复观：《中国艺术精神》，商务印书馆2010年版，第17页。
④ 《礼记·经解》。
⑤ 《说苑·修文》。
⑥ 《论语·卫灵公》。

教育事业，大力提倡礼乐教化，培养君子人格，把政教作为国家社会治理过程中的一项重要事务，主张发挥为政官员的榜样力量；把乐教作为人们道德品性陶冶的重要凭借，以期实现天地人之间的和谐与共。总而言之，孔子在周公制礼作乐的基础上，大力提倡教化，以求为纠正春秋乱世的失序性秩序提供补益，他所提出来的一系列主张使儒家教化思想初步显现出系统化特点，为后世儒家在此一方面实现进一步发展开辟了广阔道路。①

二 孟子的教化思想

孔子之后，儒分为八，孟子从子思学派接续儒家正统，就教化问题予以推进，在孔子基础上继续强调仁义之说，并将此主张应用于国家社会治理层面，提倡为政者需要培养仁民爱物之心，置恒产，养恒心，以求兼善天下。而在个体成长层面，孟子基于性善论的假设而强调只有涵养本心，扩充"四端"，通过内在理路的塑造，培养起贤人义士所具备的高尚品德，最终达德天下，教化四方。

概而言之，无论是个人的品德塑造，还是在治国理政方面的仁义天下，孟子的教化思想皆以"仁"为出发点，他在孔子推崇"仁"的基础上，依然认为具备仁心、仁行才是教化天下的前提。他说："君子所以异于人者，以其存心也。君子以仁存心，以礼存心。仁者爱人，有礼者敬人。爱人者人恒爱之，敬人者人恒敬之。"②可见，具备仁人之心是处理好自我和他人关系的第一步，"仁，人之安宅也；义，人之正路也"③。倘不如此，各方面都将难以立足。所谓"天下之本在国，国之本在家，家之本在身"④，就是强调以修身为基础，并进一步在家国一体层面获得可持续的保证。孟子在和齐宣王的对话中，将桀纣视作贼仁残义之徒，以他们失国败身的反面例子来告诫齐宣王应该怎么为政才能实现天下大化。所以在孟子看来，上至君王，下至普通士庶，如果丢掉仁心，就会丢掉最基本的安身立命之本。于是他进一步告诫称："三代之得天下也以仁，其失

---

① 鉴于论文中篇部分将予以详细论述，故仅在此作一历史概观，以表示历史脉络是一个完整的存在。
② 《孟子·离娄下》。
③ 《孟子·离娄上》。
④ 同上。

天下也以不仁。国之所以废兴存亡者亦然。天子不仁，不保四海；诸侯不仁，不保社稷；卿大夫不仁，不保宗庙；士庶人不仁，不保四体。"① 反之，如果具备了尧舜一样的仁德，则可以"匹夫而有天下"②，从政教角度而言，这是因为以德服人、百姓心悦诚服的结果。

在个人道德成长层面，孟子主张性善论，这为人心、人性的教化提供了前提。他称："人性之善也，犹水之就下也。人无有不善，水无有不下。"③ 他以水之本然规律比拟人性的天然至善，他把"教化的基点置于人心之上，主张不须外求，只要涵养本心"。作为其教化理论的一个基本特色，"孟子心性之学的主要目标在于加强自身的修养，促进道德自我的实现，使人们成为一个有道德的人"④。故曰："仁，人心也；义，人路也。舍其路而弗由，放其心而不知求，哀哉！"、"仁义礼智，非由外铄我也，我固有之也，弗思耳矣。故曰：'求则得之，舍则失之。'或相倍蓰而无算者，不能尽其才者也。"⑤ 但是这种道德性自我涵养并不能凭空实现，为了实现"一种切实的涵养和形塑，所以道德教化就是指通过领悟人人相与之道和处己之道，并涵容于心，形成了德性，其着眼点就在于帮助人成为他自己"⑥。如何帮助人成就自己呢？孟子在此以"人皆有不忍人之心"为基础，以"四端"说为切入点，讲了一个涵养本心的基本理路。孟子说："恻隐之心，仁之端也；羞恶之心，义之端也；辞让之心，礼之端也；是非之心，智之端也……苟能充之，足以保四海；苟不充之，不足以事父母。"⑦ 即如果人失去恻隐、羞恶、辞让和是非之心，则失去了做人的资格。以涵养恻隐之心为例，他举例称，当人们看到小孩子将要掉进水井的刹那，人人须有"怵惕恻隐之心"，这并不是出于想"内交于孺子父母"、"要誉于乡党朋友"等因素的考虑，而是人之善之天性所发，人性本就善良所导致的结果。

---

① 《孟子·离娄上》。
② 《孟子·万章上》。
③ 《孟子·告子上》。
④ 郭燕华、詹世友：《存养扩充：孟子道德教化思想之理路》，《南昌大学学报》（人文社会科学版）2006年第7期。
⑤ 《孟子·告子上》。
⑥ 詹世友：《道德教化与经济技术时代》，江西人民出版社2002年版，第60页。
⑦ 《孟子·公孙丑上》。

在国家社会治理层面，孟子希望通过善教和善政来实现社会和谐人心向化。为此，他主张执政者在自我修为基础上通过帮助百姓置恒产、养恒心的路径以化民成俗。孟子曰："民为贵，社稷次之，君为轻。"① 历史上首次明确提出民本思想。为了践行民本理念，首先需要善教。他称："仁言，不如仁声之入人深也。善政，不如善教之得民也。善政民畏之，善教民爱之；善政得民财，善教得民心。"② 因为在他看来，"民之为道也，有恒产者有恒心，无恒产者无恒心。苟无恒心，放辟邪侈，无不为已"③。所以，只有先帮助民众解决最基本的民生问题，才能够实现国家的强大，也才能将惠民与化民融合为一，从而实现顺民化俗的可能。对此他强调，只有"施仁政于民，省刑罚，薄税敛，深耕易耨。壮者以暇日修其孝悌忠信，入以事其父兄，出以事其长上，可使制梃以挞秦、楚之坚甲利兵矣"④。也只有"五亩之宅，树之以桑，五十者可以衣帛矣，鸡豚狗彘之畜，无失其时，七十者可以食肉矣。百亩之田，勿夺其时，数口之家可以无饥矣"。有了这类物质基础，百姓方可"仰足以事父母，俯足以畜妻子，乐岁终身饱，凶年免于死亡"。在此基础上，孟子认为民本思想的最终体现是要对民众"驱而之善"⑤，故"人之有道也，饱食、暖衣、逸居而无教，则近于禽兽。圣人有忧之，使契为司徒，教以人伦：父子有亲，君臣有义，夫妇有别，长幼有序，朋友有信……分人以财谓之惠，教人以善谓之忠，为天下得人者谓之仁"⑥。朱熹对此分析称："分人以财，小惠而已。教人以善，虽有爱民之实，然其所及亦有限而难久。惟若尧之得舜，舜之得禹、皋陶，即所谓为天下得人者，而其恩惠广大，教化无穷矣，此其所以为仁也。"⑦ 由此可见，善教和善政在孟子笔下是相互统一的，善政保障善教的实现，而民众的教化又必须以贯彻善政为基础，两者互相推进，才能帮助民众提高道德修养，进而推动社会走向和谐与美善。

孟子的教化思想在孔子基础上有所进步。一方面，他进一步将教化思

---

① 《孟子·尽心下》。
② 《孟子·尽心上》。
③ 《孟子·滕文公上》。
④ 《孟子·梁惠王上》。
⑤ 《孟子·梁惠王下》。
⑥ 《孟子·滕文公上》。
⑦ 朱熹：《四书章句集注》，中华书局2011年版，第242页。

想系统化，特别是提出的"性善论"假设回答了人为什么可以实现教化，也回答了在全社会推行教化何以可能的问题。另一方面，他在治国理政方面对于教化思想的应用，较之孔子愈加完善和规范，从而在孔子礼乐教化实践基础上，为政教的发展开辟了道路。这种以善政、善教为核心的教化思想，为后世儒家士人关于此一教化思想的丰富和成长提供了理论基础和思想源泉。

三　荀子的教化思想

荀子作为战国后期儒家学派的主要代表人物，在孔孟教化学说的基础上，于《荀子·王制》、《荀子·正论》等篇章明确使用了"教化"，并最终完成了儒家教化思想从萌芽到产生并开始系统化的理论飞跃。他以"化性起伪"和"人性本恶"为道德教化的理论基础，认为人作为有欲望的机体，并不存在孟子所说的善之"四端"，为此，"只有藉圣王所作的'礼义'、'法度'之教化，方能'化性起伪'，改变人的恶之本性"[①]。这种迥异于孟子的教化思想理路，为教化思想的进一步发展提供了一个新视角。

1. 荀子仍然提倡仁、义、礼、智，他认为这些品德是君子行走于天地间的基础，如果将这些德行运用于治国理政，那么对国家发展、社会进步、百姓安康幸福无疑具有积极意义。对于个人的生活来说，他称："体恭敬而心忠信，术礼义而情爱人；横行天下，虽困四夷，人莫不贵。劳苦之事则争先，饶乐之事则能让，端悫诚信，拘守而详；横行天下，虽困四夷，人莫不任。"[②] 相反，如果道德败坏，心术不轨，即使显耀四方，也会被人所鄙夷抛弃。同时，如果具备高尚的道德修养，那么对于治理国家而言，作为臣子，为国尽忠，则上能尊君，下能爱民，"政令教化，刑下如影，应卒遇变，齐给如响，推类接誉，以待无方，曲成制象，是圣臣者也"[③]。如果为国家所用，则可助力君主王天下。作为君王，治国理政，"道德之威"所体现出来的效果也是明显的。所谓"礼乐则修，分义则明，举错则时，爱利则行，如是，百姓贵之如帝，高之如天，亲之如父

[①] 黄书光：《中国社会教化的传统与变革》，山东教育出版社2005年版，第3页。
[②] 《荀子·修身》。
[③] 《荀子·臣道》。

母，畏之如神明，故赏不用而民劝，罚不用而威行，夫是之谓道德之威"①。

2. 荀子反对孟子的性善论，而认为人性生来为恶，人人皆有利欲之心，所以需要用"礼义之道"加以教化，方可以成就贤人品德和圣人之治。也就是说，性恶论是其倡导教化的前提和依据。荀子言："人之性恶，其善者伪也。今人之性，生而有好利焉，顺是，故争夺生而辞让亡焉；生而有疾恶焉，顺是，故残贼生而忠信亡焉……然则从人之性，顺人之情，必出于争夺，合于犯分乱理，而归于暴。"② 面对这种人性恶的现实，不能放纵人的本性，否则世界就会充满暴虐、淫乱等扰乱社会秩序和损害社会风化的事，"故必将有师法之化，礼义之道，然后出于辞让，合于文理，而归于治"③。但是"礼义之道"是否能达到教化百姓的目的呢？他为此提出了"化性起伪"之说。他所说的"性"是人之天然所具备，似乎有些难以捉摸，但却通过好、恶、喜、怒、哀、乐等种种"情"表现出来，对于外在的"情"则是可以通过"虑"和"习"的礼义教化来规约的。为此他说："散名之在人者：生之所以然者谓之性；性之和所生，精合感应，不事而自然谓之性。性之好、恶、喜、怒、哀、乐谓之情。情然而心为之择谓之虑。心虑而能为之动谓之伪；虑积焉，能习焉，而后成谓之伪。正利而为谓之事。正义而为谓之行。所以知之在人者谓之知；知有所合谓之智。"④ 至此，荀子认为虽然人性天生为恶，但并不是无法改变，只要通过积虑、练习等理智的方法就能"化性起伪"。故他得出结论称："性也者，吾所不能为也，然而可化也；情也者，非吾所有也，然而可为也。"⑤ 如何"为"就成为荀子讨论的另外一个重点了。

3. 对于"化性起伪"之法，荀子在孔、孟礼乐教化基础上，高扬"义"的原则，强调以礼、乐、刑教的综合教化方法推动社会文明进步。

首先，"礼义之道"既是规范体系，又是追求的一种价值存在。在他看来，义是治国理政，安身立命之本，最为天下贵。对于治国理政来说，

---

① 《荀子·强国》。
② 《荀子·性恶》。
③ 同上。
④ 《荀子·正名》。
⑤ 《荀子·儒效》。

"夫义者，内节于人而外节于万物者也，上安于主而下调于民者也。内外上下节者，义之情也。然则凡为天下之要，义为本，而信次之。古者禹、汤本义务信而天下治，桀、纣弃义倍信而天下乱。故为人上者，必将慎礼义、务忠信，然后可。此君人者之大本也"①。对于人类社会的发展来说，人相比较于水火、草木和禽兽，有气、有生、有知、有义，故知义是人能群能分的根本原因。换言之，荀子之所以强调"义"对于社会秩序形成和人的发展的重要性，是因为人有"义"而有"分"，由有"分"再有"礼"，循礼养义，持义守礼，礼义化人，这样就形成了礼义教化的内在逻辑理路。所以他接着称："少事长，贱事贵，不肖事贤，是天下之通义也。"② 由此他推论出，人固守各自的社会地位，做到知分守礼是有助于社会发展和秩序和谐的。这一切结果都是因为制欲守礼，才可能得到。为此，他称："亲亲、故故、庸庸、劳劳，仁之杀也；贵贵、尊尊、贤贤、老老、长长，义之伦也。行之得其节，礼之序也。仁，爱也，故亲；义，礼也，故行；礼，节也，故成。仁有里，义有门。仁非其里而虚之，非仁也。义，非其门而由之，非义也。推恩而不理，不成仁；遂礼而不敢，不成义；审节而不和，不成礼；和而不发，不成乐。故曰：仁义礼乐，其致一也。君子处仁以义，然后仁也；行义以礼，然后义也；制礼反本成末，然后礼也。三者皆通，然后道也。"③

其次，荀子在继承孔子乐教理论基础上，继续就乐教对人的教化功用予以论证，提出"以乐制情"说。在荀子看来，乐教有助于进一步帮助人们"化性起伪"。他重视人之乐情的客观存在，称："夫乐者，乐也。人情之所必不免也，故人不能无乐。"乐作为人情的外在显现，它会遇到一个矛盾，那就是"人不能不乐，乐则不能无形，形而不为道，则不能无乱"。为此，"先王恶其乱也，故制雅颂之声以道之，使其声足以乐而不流"④。在这里，荀子提出"雅颂之声"就是以乐制情的乐教核心，其目的在于，导引人的性情向合乎礼义道德的方向发展。乐何以能制情？这是理解荀子提倡乐教功用的前提之一。在荀子看来，雅颂之乐之所以具备

---

① 《荀子·强国》。
② 《荀子·仲尼》。
③ 《荀子·大略》。
④ 《荀子·乐论》。

道德教化功能，盖由于雅颂之乐乃出于天人之道的自然阐发，在欣赏理解过程中，实现一种天人相通的和谐美感，进而起到感动人之善念的作用。① 他说："声乐之象：鼓大丽，钟统实，磬廉制，竽、笙、箫和，筦籥发猛，埙箎翁博，瑟易良，琴妇好，歌清尽，舞意天道兼。鼓其乐之君邪！故鼓似天，钟似地，磬似水，竽笙箫和、筦籥似星辰日月，鞉、柷、拊、鞷、椌、楬似万物。"② 那么君子的道德修养问题，就应该符合天人一道之理，故"君子以钟鼓道志，以琴瑟乐心。动以干戚，饰以羽旄，从以磬管。故其清明象天，其广大象地，其俯仰周旋有似于四时。故乐行而志清，礼修而行成，耳目聪明，血气和平，移风易俗，天下皆宁，美善相乐。故曰：乐者，乐也。君子乐得其道，小人乐得其欲；以道制欲，则乐而不乱；以欲忘道，则惑而不乐。故乐者，所以道乐也；金石丝竹，所以道德也。乐行而民乡方矣。故乐也者，治人之盛者也"③。以上两个方面体现出了乐的"形道"功能，也就是说，音乐既能"再现宇宙、天地、自然的运动规律，表现出'天之道'"，也能"运用一定的节奏、声音、形象表现人的情志，展现'人之道'"，"人之道"和"天之道"在乐中得以贯通，因而乐具有了感动人之善心的功能。④ 如此一来，荀子在其性恶论基础上，对于乐在改善和引导人性方面的作用就获得了理论支撑，乐也因为有利于人的道德与情感的平衡，以及道德境界和修养的提升，而成为化性起伪、改变人之恶的本性的重要途径。

再次，化性起伪，化民成俗，不仅需要明礼义之分，借乐教之力，荀子认为更需要施行"隆礼重法"之道，通过综合治理，实现民心教化与良风美俗。所谓"隆礼"就是看重"礼教"在维护社会秩序、提升民众道德素养以及治国理政等方面所产生的积极意义。他说："礼也者，贵者敬焉，老者孝焉，长者弟焉，幼者慈焉，贱者惠焉。"⑤ 此论断意在表明"礼"要求人们遵从各自的义务，做到各守其分、各尽其责，从而有利于人伦社会秩序的和谐。对于人的道德素养提升而言，荀子认为是否具备君

---

① 鄯爱红：《试论荀子乐教与成人之道》，《孔子研究》1999年第4期。
② 《荀子·乐论》。
③ 同上。
④ 鄯爱红：《试论荀子乐教与成人之道》，《孔子研究》1999年第4期。
⑤ 《荀子·大略》。

子修养和品格是判断标准，因为君子是礼的遵守者，是模范和表率。他说："天地者，生之始也；礼义者，治之始也；君子者，礼义之始也……故天地生君子，君子理天地；君子者，天地之参也，万物之总也，民之父母也。无君子，则天地不理，礼义无统，上无君师，下无父子，夫是之谓至乱。"① 从此段论述中可以发现，荀子眼中的君子就是礼的坚决执行者和维护者，没有君子对礼的发扬光大，社会和人心都是不美好的，这就从反面证明了礼教对社会文明进步的重要性。于国家和社会的发展而言，荀子依然强调礼的重要性。他分别提出"国之命在礼"②"国无礼则不正"③"国家无礼不宁"④"隆礼贵义者其国治，简礼贱义者其国乱"⑤ 等主张，其根本目的是建议统治阶级必须昌明礼教之义，这样才有治理好国家的可能。

另一方面，荀子在"隆礼"之外，不忘强调刑罚教化的功能，这就是他所谓的"重法"之道。他称："听政之大分：以善治者待之以礼，以不善治者待之以刑。两者分别，则贤不肖不杂，是非不乱。"在此，他明确指出治国之法要根据实际情况来区别对待。"故古者圣人以人之性恶，以为偏险而不正，悖乱而不治，故为之立君上之势以临之，明礼义以化之，起法正以治之，重刑罚以禁之，使天下皆出于治，合于善也。是圣王之治而礼义之化也。"⑥ 可见，荀子理想中的社会并不能单单依赖礼乐教化来实现，法治、刑罚并用也是必需的一个方法。但要达到和谐美善，教化之功远不止于此，在他看来，"不教而诛，则刑繁而邪不胜；教而不诛，则奸民不惩；诛而不赏，则勤励之民不劝"，所以，赏罚并用，执公执允，才能让百姓信服，从而实现善治，并最终将礼义法度上升到治国理政的最高层面，称："至道大形，隆礼至法则国有常，尚贤使能则民知方，纂论公察则民不疑，赏免罚偷则民不怠，兼听齐明则天下归之。"⑦ 总之，荀子主张的"隆礼重法"的教化之道，强调两者在治国理政中具

---

① 《荀子·王制》。
② 《荀子·强国》。
③ 《荀子·王霸》。
④ 《荀子·大略》。
⑤ 《荀子·议兵》。
⑥ 《荀子·性恶》。
⑦ 《荀子·君道》。

有同等的重要性，所谓"治之经，礼与刑。君子以修百姓宁。明德慎罚，国家既治四海平"① 就是这个意思。

综上可见，荀子从性恶论出发的教化之道，提出了一条新的教化逻辑之路。其提倡的礼、乐、刑、罚教化系统，目的依然在于培养人的良知良能，由于将刑罚教化系统化，从而在方法论上实现了突破。同时，纵观荀子的教化言论，其理论指向由个人的道德修养进一步发展到君子人格，并将其在治国理政方面的重要意义加以凸显，所谓"君子以德，小人以力"②"义立而王，信立而霸"即为此旨归的表现。③

儒家教化思想作为儒家学说的重要组成部分，起源和发展与中国古代的生产生活方式直接相关。出于现实生产生活实践的需要，人的道德素养被看作是否能够承担起带领部落和国家不断发展的前提条件。当周公将此认识加以总结，提出礼乐教化思想，并应用于治国理政实践之后，使得孔子、孟子、荀子等儒家早期代表人物将其作为上古治世人心向善、社会和谐的根本原因。因此之故，孔子主张以教化序春秋、正人伦，人人当以君子圣贤为榜样，为国为政者"为政以德"，在各自治下不但要使民众"富之"，更要"教之"。读书人亦要坚持有教无类的原则，为提高民众的道德修养和社会和谐贡献力量。孟子提出了"性善论"的理论假设，为推广教化提供了逻辑支持，其所倡导的"置恒产，养恒心"的主张，遵循人之教化的内在规律，既是善政的表现，也为善教提供了基础。荀子提出了"性恶论"假设，与孟子殊途同归，都为人可以教化提供了理论支持，从而为儒家教化思想的推广提供了可能性依据。他们三人前后提出的礼、乐、刑、政等教化理念和方法基本完成了儒家教化思想体系的理论建构，成为后世儒家千百年加以遵循的基本思想内核，并不断予以发展和完善。

---

① 《荀子·成相》。
② 《荀子·富国》。
③ 《荀子·王霸》。

第二章 儒家教化思想的发展时期

从秦汉至隋唐，是儒家教化思想的发展时期，也是儒家教化思想确立主流地位的时期。在这个过程中，伴随儒家学说在意识形态方面统治地位的确立，教化思想也在发展起伏中呈现出一个不断向上的趋势。具体来说，秦汉时期是一个从谷底到谷峰的过程，并随着儒术独尊而确立了在国家思想文化领域中的主流地位。魏晋南北朝时期则是曲折中前进，其间既有与佛教之间的交锋角力，也有相互融合的共处和调适。隋唐时期随着科举制度的完全确立，儒家教化思想则从制度上得到了保证，逐步走上了建设的正轨。

第一节 秦汉时期的儒家教化思想

战国争雄时期，诸侯间战争频繁和激烈，各国为求自保，纷纷展开富国强兵的变法活动。儒家学派自荀子以降，其所提倡的王道政治因不合于情势而逐渐衰微，其实从荀子大力提倡刑罚之教就可窥见这种端倪。单一的礼乐教化如果无法保证国家的生存，又如何引导百姓走向良风美俗呢？所以，当生存成为执政者考虑的首要问题之后，法家思想逐步成为社会的主流思潮，儒家学说及其教化思想不可避免遭到了排挤，以至于有些衰落。然而秦朝以法得天下，却未实现以法守天下、治天下的凤愿。待及汉朝建立，在吸取秦代二世而亡教训的基础上，伴随陆贾、贾谊、公孙弘等人对儒家学说的弘扬和提倡，直至汉武帝"罢黜百家，独尊儒术"，儒家学说被确立为正统治国思想之后，儒家教化思想也随之迎来了第一个大发展时期。

一 "焚书坑儒"与"无为而治"

有秦一代和汉初六十余年，法家思想和黄老思想先后被统治阶级作为治国理政的主要指导思想。其间儒家学说被压制，但因为秦朝的速亡以及黄老无为思想的包容，使得儒家教化思想一定程度上得以保留并发展。

1. "焚书坑儒"与儒家教化思想的式微

秦孝公时期，商鞅进谏德教仁义王道而不用，遂转而上奏集法、术、势为一体的霸道主张，孝公旋即采纳而走上变法强兵之路。待至嬴政时期，秦国已经发展为"并巴、蜀、汉中，越宛有郢，置南郡矣；北收上郡以东，有河东、太原、上党郡；东至荥阳，灭二周，置三川郡"①的七雄最强国。后经过26年的征伐，"六王咸伏其辜，天下大定"。废分封，置郡县，一法度，车同轨，书同文，以始皇帝名，望成就子孙万世帝王之业。然二世而亡，究其原因，实乃不能因时制宜，背离基本治国之道也。这种背离，最鲜明的体现就是"焚书坑儒"，与之相伴随的就是儒家教化思想也被弃之不用。

秦始皇意识到法家思想对于剿灭东方六国的重要性，故在建国之后继续推崇。但作为最高统治者，为彰显帝德，仍然重视宣化教民之道，他在巡游全国的过程中，刻意通过一系列拜山刻石活动，宣传安国教民之道，其中多采儒家教化之说，以表示对上古圣人王道的追寻之意。如泰山封禅勒石刻碑云："皇帝躬圣，既平天下，不懈于治。夙兴夜寐，建设长利，专隆教诲。训经宣达，远近毕理，咸承圣志……化及无穷，遵奉遗诏，永垂承戒。"琅琊刻石宣教曰："皇帝之功，勤劳本事。上农除末，黔首是父……匡饬异俗，陵水经地……皇帝之明，临察四方。尊卑贵贱，不逾次行。奸邪不容，皆务贞良……皇帝之德，存定四极。诛乱除害，兴利致福。节事以时，诸产繁殖。黔首安宁，不用兵革。六亲相保，终无寇贼。欢欣奉教，尽知法式。"② 这些带有教化色彩的宣教表明秦始皇并不完全依赖法家思想，儒家学说作为众多流派的一支，仍然在一定程度上获得统治阶级的认可。但是"焚书坑儒"事件直接导致儒家学说式微，成为儒家教化思想暂时退居历史舞台幕后的直接诱因。

秦始皇三十四年，丞相李斯奏曰："今诸生不师今而学古，以非当世，惑乱黔首……古者天下散乱，莫之能一，是以诸侯并作，语皆道古以害今，饰虚言以乱实，人善其所私学，以非上之所建立……臣请史官非秦

---

① 《史记·秦始皇本纪第六》。
② 同上。

记皆烧之；非博士官所职，天下敢有藏《诗》、《书》、百家语者，悉诣守、尉杂烧之；有敢偶语《诗》、《书》者弃市；以古非今者族。吏见知不举者与同罪……若欲有学法令，以吏为师。"① 秦始皇听奏之后，立即以挟书令颁行全国，儒家典籍遭到毁灭性损坏，由此导致儒家学说的影响力遭到严重削弱。"屋漏偏逢连夜雨"，三十五年，因为方士卢生等借海上寻仙一事，欺骗和诽谤秦始皇，秦始皇于是"使御史悉案问诸生，诸生传相告引，乃自除。犯禁者四百六十馀人，皆坑之咸阳，使天下知之，以惩后。益发谪徙边"②。就连为儒生求情的扶苏也被命令出咸阳，往上郡监军。这就是历史上著名的"焚书坑儒"事件，其影响直接导致儒家经典和传承人在数量和质量上遭受极大损失。秦始皇焚书坑儒的出发点，在于追求思想上的大一统，但通过残酷的杀戮和思想言行的禁绝手法，则显得残暴无知。自此以后，及至二世胡亥，愈加抛弃儒家提倡的圣王之道，"用法益刻深"，礼乐教化思想弃之不用，转而是严刑峻法，大兴土木，修阿房、筑长城，导致百姓徭役繁重，民不聊生。最终导致陈胜、吴广起于大泽乡，旋而为刘邦所灭。纵观有秦一代，由于焚书坑儒的影响，儒家思想不为世用，教化思想亦不昌明，实为其在成长发展过程中遭遇到的第一次严重危机。

2. 汉初"无为而治"与儒家教化思想的薪火相传

经历秦末农民大起义和楚汉之争之后，社会凋敝，土地荒芜，刘氏政权认识到了社会不可承受之痛，在这种现实约束下，统治阶级用黄老无为思想，兼采法家、儒家，采取了休养生息、轻徭薄赋政策，以图尽快恢复秩序，安定百姓。至于儒家学说，虽然刘邦轻蔑儒生到"溲溺"儒生帽子的程度，使汉初儒家学说一时难以与黄老学说相抗衡，但依赖叔孙通、陆贾等儒生的努力，从而为汉武帝时期儒学独尊及弘扬儒家教化思想奠定了坚实基础。

黄老思想最根本的特点就是"无为而治"。该学说尊黄帝、老子。刘向在《列子新书目录》中称其"秉要执本，清虚无为，及其治身接物，务崇不竞"。但是司马迁认为"其为术也，因阴阳大顺，采儒墨之善，撮名法之要，与时迁移，应物变化"。"以虚无为本，以因循为用。无成势，

---

① 《史记·秦始皇本纪第六》。
② 同上。

第二章 儒家教化思想的发展时期

无常形，故能究万物之情。不为物先，不为物后，故能为万物主。有法无法，因时为业；有度无度，因物与合。故曰：'圣人不朽，时变是守'。"①可见，黄老之术在司马迁眼里是一个具有内在扩张力和包容性的理论，其兼容并包的特点为汉初统治者因地制宜、因时制宜的统治带来了理论依据，不失为特殊时期的一种权变之术。正是因为这个特点，才使儒家学说及教化思想在一定程度上获得了发展空间。有学者据此认为，"汉初统治者崇尚黄老，从表面上看并不重视儒家。但是这不等于说儒家就不存在和已停止活动"②。徐复观先生也认为，儒家在焚书以后，借着一个反弹作用而拥有了比较强大的势力，在五经博士尚未成立，阴阳五行对儒家的掺杂不深，对学术评判没有受到朝廷直接、间接影响而委之于各人自由的时期，③儒家思想相对获得了比较宽松的生存空间。为什么说无为而治的宽松大环境，为儒家教化思想的发展提供了契机和条件呢？这要从黄老思想本身的特点说起。

"黄老思想的两大基本原则是既要维护中央集权的有效统治，又要照顾到广大农民的利益，使他们安居乐业，吃饱肚子。"④ 此种理念与儒家提倡的礼乐教化及置恒产、养恒心思想具有内在的一致性。如黄老思想的主要代表作《淮南子》，（虽然该书主宗思想历来有所争议，但学界大都持老庄为本，杂糅各家的观点。）其《主术》篇全面论证了君主的治国之道，认为根本原则是"无为而治"，但还必须辅以仁、义、礼、乐的教化才能使国家安定，百姓安宁。该文指出："圣王至精形于内，而好憎忘于外；出言以副情，发号以明旨；陈之以礼乐，风之以歌谣；叶贯万世而不壅，横肩四方而不穷；禽兽昆虫，与之陶化，又况于执法施令乎！"这就清楚表明，统治者具备高尚的道德，所起的榜样风范作用对于国家治理而言意义分外重大。其《缪称》篇同样讲了君主高尚的道德修养、仁爱之心等品质对于百姓生活和社会风俗向善的重要性。称："圣人在上，化育如神。"、"积薄为厚，积卑为高，故君子日孳孳以成辉。"徐复观先生针对《淮南子》思想的驳杂，曾就《淮南子》的《要略》篇以老庄思想开

---

① 《史记·太史公自序第七十》。
② 赵吉惠等：《中国儒学史》，中州古籍出版社1991年版，第225页。
③ 徐复观：《两汉政治思想史》第二卷，华东师范大学出版社2001年版，第114—115页。
④ 任继愈：《寿命最短的黄老学派，效应长久的黄老思想》，《齐鲁学刊》2006年第1期。

端,而《泰族》篇以儒家思想为主所表现出的特点指出:《泰族》篇使全书中的老庄思想"在儒道两家的边际思想上脱胎换骨,都总结到儒家思想方面。而所谓'穷道德之意'的道德,不是以虚无虚静为体的道德,却成为以仁义为体的道德。于是在全书内容的结构上,显得是以老庄思想开其端,且似乎是全书思想的主流;却以儒家思想竟其尾"[①]。按照徐复观先生的结论,笔者以为《淮南子》在不知觉间完成了承先启后的作用,黄老思想的兼容并包特色,其所创造的宽松环境,为叔孙通、陆贾、贾谊等儒生分别在实践与理论上接续发展儒家教化思想提供了条件。

汉惠帝四年三月,朝廷废除"挟书律",儒家经典得以在社会上重新流传,儒生们日益活跃起来,因所提倡的大一统思想符合时代需要,而渐渐为统治阶级在更深层次上接受。儒生叔孙通秦时以文学博士待诏,楚汉战争期间率弟子百余人降汉,当他看到刘邦因为群臣武将缺少礼仪教化而烦恼时,进言曰:"夫儒者难与进取,可与守成。臣愿征鲁诸生,与臣弟子共起朝仪。"得到刘邦首肯后,随即按照儒家礼制订立朝仪,月余而成。当刘邦体验到威严的礼仪带来的尊贵感之后,高兴地答应了叔孙通为弟子求得的封赏。叔孙通则一路升迁,先后徙太子太傅,惠帝时代,徙太常,定宗庙礼法。司马迁故而评价道:"希世度务,制礼进退,与时变化,卒为汉家儒宗。"叔孙通作为汉初的儒生代表,在"天下初定,死者未葬,伤者未起"之时,因时制宜,建言高祖、惠帝征用儒生,起草朝仪及制定宗庙仪法等具体事务的礼乐教化实践工作,极大扭转了儒家思想在秦以后衰落的趋势。特别是随着儒生地位的不断提高,人人皆向往儒学之心,儒家教化思想也在这种氛围中进一步获得了认可和提倡。

虽然叔孙通在儒家教化实践方面具有开先之功,但限于理论水平,仍然无法帮助儒家教化思想在国家社会政治生活中确立主流地位,这个任务是由陆贾完成的。陆贾为楚人,以能言善辩闻名,居高祖左右,"时时前说称《诗》、《书》",高祖为此非常生气,以马上得天下反驳,陆贾遂以汤、武和秦朝的败亡进行劝谏,让高帝明白了"逆取"和"顺守"之间的不同。自此之后,乃"粗述存亡之征,凡著十二篇,每奏一篇,高帝未尝不称善,左右皆呼万岁,号其书曰《新语》"。在班固眼里,"陆贾造《新语》"是与"萧何次律令,韩信申军法,张苍定章程,叔孙通制

---

① 徐复观:《两汉政治思想史》第二卷,华东师范大学出版社2001年版,第176—177页。

礼仪"等同等重要的重大举措,但是相比较后者具体的政治制度建设而言,陆贾的《新语》则是"指导具体政治制度建设的普遍原则"①。

陆贾在《新语》中提倡教化,主张偃武修文,以仁义为基,以民为本。他站在人性善的角度,认为统治者在国家治理过程中,如果高扬道德的力量,修道德,循礼教,民心自然向善,百姓亦会心悦诚服。陆贾说:"仁者道之纪,义者圣之学。学之者明,失之者昏,背之者亡。"② 为此,他一方面赞美黄帝、神农等上古圣王,告诫当代统治者需要力行仁政,体恤民情,另一方面又将倡导仁义道德的禹、舜、伯夷、叔齐、姜尚等仁义之人与倡导刑罚滥征的知伯进行对比,称因为"虞舜蒸蒸于父母,光耀于天地;伯夷、叔齐饿于首阳,功美垂于万代;太公自布衣升三公之位,累世享千乘之爵",而"知伯仗威任力,兼三晋而亡",这种对比旨在倡导仁政,劝诫统治者需要以民为本,因为"欲富国强威,辟地服远者,必得之于民"③。在以民为本基础上,他提倡教化对国家发展的益处,他认为"曾、闵之孝,夷、齐之廉,岂畏死而为之哉?教化之所致也?故尧、舜之民,可比屋而封,桀、纣之民,可比屋而诛,何者?教化使然也"④。他也坚信,通过道德教化可以"正上下之仪,明父子之礼,君臣之义,使强不凌弱,众不暴寡,弃贪鄙之心,兴清洁之行",能够达到"强弱相扶,小大相怀,尊卑相承,雁行相随,不言而信,不怒而威"⑤的境界。如此一来,民风美,国安泰,上古圣王所提出的理想社会自是可期。

总体来看,陆贾根据时势所需,通过总结秦亡汉兴的经验教训,弘扬儒学的同时,强调以仁义为体,以德刑为用,来加强对民众的道德教化,"作为新时期力倡以儒学治国的第一位思想家,以其特有的身份,适用的主张,不仅扩大了儒学的影响,而且也促进了儒学与现实政治,特别是与官方权力的结合"⑥。这对汉武帝"罢黜百家,独尊儒术",兴太学、置明师、重选举、广取士等汉代文教政策产生了积极影响,从而为发展儒家教

---

① 李存山:《秦后第一儒——陆贾》,《孔子研究》1992年第3期。
② 《新语·道基》。
③ 同上。
④ 《新语·无为》。
⑤ 《新语·至德》。
⑥ 刘周堂:《汉初儒学演进史略》,《江西社会科学》1998年第2期。

化思想提供了力所能及的帮助。

就在陆贾昌明儒学之际,因分封而带来的中央和地方权力斗争逐渐显现出来。类似于春秋时期,社会奢靡之风和地方权力过大而造成的僭越礼制之事时常发生。贾谊作为文帝时期的儒生代表,认识到礼制破坏、道德滑坡给国家带来的威胁,于是不无遗憾地称,"今世贵空爵而贱良,俗靡而尊奸;富民不为奸而贫,为里骂;廉吏释官而归,为邑笑;居官敢行奸而富,为贤吏;家处者犯法为利,为材士",① 社会走到了笑贫不笑娼的地步,人心是何等卑劣,整个社会到了"夫抱大厝之积薪之下而寝其上"② 的危险地步。为此,他主张加强礼制教化,试图改变这种情况。但是,窦太后和汉文帝及一批老臣大力提倡黄老之学,在思想意识形态领域依然占据着治国理政的主导地位,导致贾谊的主张不为所用,最终被贬长沙,抑郁而终,也使他的教化主张并未大行于世。然而,无为而治的治国理念终究无法纠正逐渐被破坏的社会伦理秩序,也无法为国家与社会的动荡提供可以解决的思路,所以,恢复正统,讲究秩序,让社会回归正轨乃大势所趋,故而儒家思想及其教化理念在此时为中央政府正式接受,并确立主导性地位已是不可避免。这就有了后来雄才大略的汉武帝诏令天下,征招方正贤良文学之士数百人,试图从儒家思想那里听取更适合现实发展的意见。董仲舒因应时势,借此机会将儒家教化思想提到了一个新的高度。

二 董仲舒的教化思想与实践

《汉书·武帝纪》称:"汉承百王之弊,高祖拨乱反正,文、景务在养民,至于稽古礼文之事,犹多阙焉。孝武初立,卓然罢黜百家,表章《六经》。遂畴咨海内,举其俊茂,与之立功。兴太学。"从这段记载可以看出,汉武帝一改承袭已久的黄老治国传统,重用儒士,原因在于"稽古礼文之事,犹多缺焉",何为礼文之事呢?礼者,制度,文者,思想文化。即如董仲舒所言:"今师异道,人异论,百家殊方,指意不同,是以上亡以持一统。"③ 当思想文化无法统一,自然就会威胁大一统的中央统

---

① 《新书·俗激》。
② 《汉书·贾谊传》。
③ 《汉书·董仲舒传》。

治。如何解决这个问题，董仲舒提出了自己的看法和意见。

1. 董仲舒教化思想的逻辑

一方面，他提出天人合一、天人相副理念，以天道释人道，以阴阳释性情，说明人道顺时教化的必要性。董仲舒所说的"天"是包括天、地、阴、阳、火、金、木、水、土、人等在内的"十端"之天，① 也就是一个包含万物全体的存在，它既是百神之大君，王者之所最尊，又是万物之祖，万物非天不生的主宰。② 所谓的"人"是指人所具有的性情、血气和德行，它们皆由天出，即"人之形体，化天数而成；人之血气，化天志而仁；人之德行，化天理而义；人之好恶，化天之暖清；人之喜怒，化天之寒暑；人之受命，化天之四时"③。既然人为天所出，那么人之性就要符合天之性，特别是统治者要遵循这种理路。为此他称："天高其位而下其施，藏其形而见其光。高其位所以为尊也，下其施所以为仁也；藏其形所以为神，见其光所以为明。故位尊而施仁，藏神而见光者，天之行也。故为人主者法天之行。"④

在此基础上，他进一步将天分为阴阳两部分，称其具有阴阳两方面的性质、功能和特征。所谓"天之大道者在阴阳。阳为德，阴为刑。刑主杀而德主生"。意思是说，天像人一样体现出喜怒哀乐的性情，尊阳卑阴，任德不任刑，"天地之常，一阴一阳。阳者，天之德也；阴者，天之刑也。迹阴阳终岁之行，以观天之所亲而任……天亦有喜怒之气、哀乐之心，与人相副。以类合之，天人一也……与天同者，大治；与天异者，大乱。故为人主之道，莫名于在身之与天同者而用之，使喜怒必当义而出，如寒暑之必当其时乃发也，使德之厚于刑也，如阳之多于阴也"⑤。至此，董仲舒完全将"人主"应该做什么，不应该做什么，按照什么标准做，都在天人合一理论中阐发清楚了，这就为施行教化理论找到了最基本的形上依据。

另一方面，董仲舒在批判、继承、综合前贤人性论基础上，为了提振

---

① 《春秋繁露·官制象天》。
② 《春秋繁露·郊语》、《春秋繁露·顺命》。
③ 《春秋繁露·四时之副》。
④ 《春秋繁露·离合第十八》。
⑤ 《春秋繁露·阴阳义》。

日渐颓丧的社会风气，提出了"性三品"说，以期为人性教化提供逻辑支持。首先，他指出了人性教化的必要性。他说："天令之谓命，命非圣人不行。质朴之谓性，性非教化不成。人欲之为情，情非度制不节。是故王者上谨于承天意，以顺命也；下务明教化民，以成性也；正法度之宜，别上下之序，以防欲也。修此三者，而大本举矣。"[①] 他还说："凡以教化不立而万民不正也。夫万民之从利也，如水之走下，不以教化堤防之，不能止也。是故教化立而奸邪皆止者，其堤防完也；教化废而奸邪并出，刑罚不能胜者，其堤防坏也。古之王者明于此，是故南面而治天下，莫不以教化为大务。"[②] 此处他从国家社会发展角度论证教化人性与顺天命、正法度在治国理政中具有同等地位，若想实现天下大治，人性教化必不可少。其次，他为了论证人性教化的可能性，就"性"作出解释。他说："性者，天质之朴也"[③]，"性之名非生与？如其生之自然之资谓之性。性者，质也"[④]。可见，董仲舒在此并未将"性"作出善恶之分，而只是将其看作无善无恶的质朴之性，既然是质朴之性，那么借用王道教化来改变，使其获得善性则是可能的了。所以他还说："善者，王教之化也。无其质，则王教不能化；无其王教，则质朴不能善。质而不以善性，其名不正，故不受也。"[⑤] 再次，仅仅将"性"看作质朴之性并不能完全论证人性教化何以可能和必要，因为当时的确存在大量败坏社会风气的事实，所以，基于天人相副，董仲舒又提出了人性有仁有贪的观点，这和天地阴阳恰好对应。他说："人之诚，有贪有仁。仁贪之气，两在于身。身之名，取诸天。天两有阴阳之施，身亦两有贪仁之性。天有阴阳禁，身有情欲栣，与天道一也。"[⑥] 那么基于此，对于统治者而言，若想实现王道政治，那就顺天命、行教化，抑制人性中的恶，发展人性中的善。基于以上逻辑，董仲舒最后提出"性三品"说，为王道教化指明了用力方向。在他看来，人性"圣人之性"、"斗筲之性"和"中民之性"三种类型，"圣

---

① 《举贤良 对策三》。
② 《举贤良 对策一》。
③ 《春秋繁露·实性》。
④ 《春秋繁露·深察名号》。
⑤ 《春秋繁露·实性》。
⑥ 《春秋繁露·深察名号》。

人之性不可以名性，斗筲之性又不可以名性，名性者，中民之性"①。圣人之性和斗筲之性之所以不能言"性"，是因为处在不必教和不可教的两个极端，而只有"中民之性"才有防止其在后天滑向恶，转而走向善的教化必要。所以，王道政治就是要通过教化促使人性走向善端，统治者要在这个过程中"任德教而不任刑罚"，通过教化，去除人性中潜在的恶，扩充内涵的善，以成就圣人之性，做到"顺天应人"，实现"天人合一"。综上所述，我们发现董仲舒的教化逻辑并没有完全按照孟子、荀子或者告子的理论来确定人性善恶或不善不恶，而是独辟蹊径，围绕天人相副理论，以"质朴之谓性"为基础，提出"性三品"说，这样一来，不但为教化万民提供了理论依据，也论证了施行教化的必要性和可能性，从此意义上而言，他对儒家教化思想的推动作用是显而易见的。

2. 董仲舒教化思想的内容和主旨

董仲舒根据当时西汉社会秩序失控，社会风气颓丧的实际，他提出了以"三纲五常"为主要内容的教化方针。他将孔、孟礼乐教化所倡导的克己、复礼、明人伦等思想，系统化为"三纲五常"的教化之道，通过政府的推动，在全社会形成了一套严密的教化体系，从而完成了儒家教化思想发展史上的重大飞跃。

首先，为了适应大一统的社会发展要求，他在儒家教材典籍方面提出统一之法，为教化思想和实践的展开提供前提保障。他称："诸不在六艺之科、孔子之术者，皆绝其道，勿使并进。邪辟之说灭息，然后统纪可一而法度可明，民知所从矣。"② 所谓"六艺之科"即诗、书、礼、乐、易、春秋等儒家经典，以"六经"为尊，是因为这些经典具有教化人性的作用，所谓"君子知在位者不能以恶服人也，是故简六艺以赡养之。诗书序其志，礼乐纯其美，《易》、《春秋》明其知，六学皆大，而各有所长。诗道志，故长于质；礼制节，故长于文；乐咏德，故长于风；书著功，故长于事；易本天地，故长于数；春秋正是非，故长于治人"③。可见在董仲舒眼里，统一儒家典籍这种教化介体的作用是明显的，它们能够为大一统社会的正常运行提供思想资源和理论保障。

---

① 《春秋繁露·实性》。
② 《汉书·董仲舒传》。
③ 《春秋繁露·玉杯》。

其次，当教材典籍被统一和指定以后，学习儒家经典的什么内容就被提上了日程。学什么呢？"三纲五常"。冯友兰评价独尊儒术的意义，称"董仲舒的历史任务，不在于制定这个政策，而在于给'六艺之科、孔子之术'以新的内容"①。也就是说要让儒家经典重新焕发出光芒，为统治者所接受和应用，这是弘扬儒家思想的关键。为此，他综合整理与借鉴孔孟思想，对孔子提倡的仁学思想、孝悌思想、忠信仁义之教、君君、臣臣、父父、子子等根本的理念融会贯通；改造和调整孟子的五伦之教（父子有亲，君臣有义，夫妇有别，长幼有序，朋友有信），在仁、义、礼、智四端之说基础上加以"信"，这样就组成了"三纲五常"教化理念的核心内容。同时，为了将这种教化理念神圣化，以求具有更为强大的说服力，他将其与所创制的天人合一、天人相副理论中的"天意"、"阳尊阴卑"思想结合起来，宣称"天子受命于天……子受命于父，臣妾受命于臣，妻受命于夫，诸所受命者，其尊皆天也"②。"君臣、父子、夫妇之义，皆取诸阴阳之道。君为阳，臣为阴；父为阳，子为阴；夫为阳，妻为阴……王道之三纲，可求于天。"③ 在将"三纲"附会天意的基础上，他也特别重视修饬"五常"的重要性。称"夫仁、义、礼、智、信五常之道，王者所当修饬也。五者修饬，故受天之佑而享鬼神之灵，德施于方外，延及群生也"④。为了树立"五常"理念的权威性，他也将"五常"学说和"五行"联系起来，以自然存在的阴阳五行附会"五常"。他在《春秋繁露·五行之义》中明确指出："东方者木，农之本，司农尚仁……南方者火也，本朝，司马尚智……中央者土，君官也，司营尚信……西方者金，大理司徒也，司徒尚义……北方者水，执法司寇也，司寇尚礼。"这样就把"五常"之性，分别与东方的木、西方的金、南方的火、北方的水、中央的土对应，并分别配与仁、智、信、义、礼"五官"。不仅如此，他还将"五常"与四季相配合，仁对春，夏应智，季夏对信，秋应义，冬与礼合。通过这一系列改造，董仲舒顺理成章地将自然赋予了伦理道德色彩，更将伦理道德与天时地理相对应，告诫人们不能违

---

① 冯友兰：《中国哲学史新编》（中册），人民出版社1998年版，第50—51页。
② 《春秋繁露·顺命》。
③ 《春秋繁露·基义》。
④ 《汉书·董仲舒传》。

背"五常"之礼,否则就意味着违背了四时、五行之天理常规。他的这种借天之口表达教化权威的思想不失为一种有效的手段,大大提高了教化效果。"三纲五常"教化纲领是董仲舒建构的教化手段,当它在社会上铺陈开来,作用于普通民众之后,社会就会按照这样的方式运转起来,从而对其中的各种社会关系产生影响,并最终走上统治者期待的局面。

再次,在确定"三纲五常"的核心内容之后,董仲舒的教化主旨也就显而易见了。总起来说,董仲舒教化主旨的出发点是维护封建中央集权统治,他认为应该避免君权削弱、国家四分五裂的危险,为此要保证国家在政治、思想领域的大一统,以"君权神授、天人合一、罢黜百家、独尊儒术、经济一统、政治强化、对外扩张、加强集权,而且强调首先要从皇帝自己做起"思想为指导,以便"通过仁君自己正心,然后正朝廷、正百官、正万民、正四方"①。这一主旨在他通过对忠、孝、仁、义、礼、智、信等道德规约的教化中不断强化和深入。比如他称"仁人者,正其道不谋其利,修其道不谋其功","以仁安人,以义正我",将对自我的要求放在首位,赞扬仁义情怀是君子必须具备的道德品格,如果失去这种品格,即使具有智慧、勇力等才能,也是无益甚至是有害的。他为此辩证指出:"不仁而有勇力才能,则狂而操利兵也;不智而辩慧佞给,则迷而乘良马也。不仁不智有才能,将以其才能辅其邪狂之心,而赞其僻违之行,适足以大其非而甚其恶耳……仁而不知则爱而不别也;知而不仁则知而不为也。故仁者所以爱人类也,智者所以其害也。"②另外,他对"君为臣纲,父为子纲"的维护,主要体现在其对忠孝之道的倡导和阐释,而且同样以天道附人道,以五行之理证明人伦之理的合法性。总之,董仲舒的教化主旨既有调理统治阶级内部伦常秩序,树立皇帝权威,保证政治和谐有序的考虑,也有期望通过"三纲五常"理论规约的教化,切实能够提升官员品德,改造封建吏治,培养出忠孝节义的贤士、具备相当道德自觉的民众,以求开天下太平治世的理想能够实现的愿望。

3. 董仲舒的教化实践

"由于教化是对人的精神的塑造,其目的是要使人获得一种教养,因而,它所关注的东西比单纯地获得某种知识更为重要,也就是说,教化本

---

① 邵龙宝:《董仲舒思想的基本特征及其精华》,《齐鲁学刊》2011年第4期。
② 《春秋繁露·必仁且智》。

质上禀有一种实践目的，教化理论是一种实践哲学学说。"[1] 董仲舒特别注意到这一特性，为此，他在具体的教化实践中，以立太学、设察举、大力培养儒学人才等方式，全方位推行儒家教化之旨，全力将"三纲五常"理念融会贯通于社会成员身上。

首先，他针对当时思想领域的混乱状况，建议武帝"罢黜百家，独尊儒术"，树立儒家学说的正统地位，用"六艺之科、孔子之术"实现思想文化领域的一家独大，以适应封建大一统的政治体制和社会治理策略。既然儒学被统治阶级大力提倡，那么作为统治阶级的代言人，为人君者当成为道德的榜样，担当起引领社会风俗的重任。所以，为了体现出榜样性，统治者当好义而恶利，因为只有"尔好谊，则民乡仁而俗善；尔好利，则民好邪而俗败。由是观之，天子大夫者，下民之所视效，远方之所四面而内望也。近者视而放之，远者望而效之，岂可以居贤位而为庶人行哉！"[2] 换言之，如果在上者能够做到"以仁安人，以义正我"，[3] 才能保证实现"修己以安人"的目标，也唯有如此，方能使"天地动、四时化"，"尽人之变，合之天"，"致无为而习俗大化"。

其次，中央立太学，地方设庠序以培养和选拔人才，培养大量的师儒和贤人，保证推行教化所需的人力资源。针对当时官员队伍出现的"亡教于下，或不承用主上之法，暴虐百姓，与奸为市"以及"廉耻贸乱，贤不肖浑淆"的状况，董仲舒分析认为主要在于人才匮乏，具体来说就是缺少知礼义、明教化的儒学士子。解决此问题的唯一办法就是兴太学、设庠序。他就设置太学的重要性称："养士之大者莫大乎太学。太学者，贤士之所关也，教化之本原也。"为此，他请求武帝"兴太学，置明师，以养天下之士，数考问以尽其材，则英俊宜可得矣"。他还建议各地列侯、郡守及二千石一级的官员，每年荐举茂才孝廉与朝廷，经考察后"量材而授官，录德而定位"，如此，就可区别贤与不肖，"天下之士可得而官使也"。[4] 董仲舒对官吏队伍素质的改造，一方面重在培养，另一方面重在引导，其宗旨就是希望选拔鸿儒，以成就封建大一统之治世需

---

[1] 詹世友：《道德教化与经济技术时代》，江西人民出版社 2002 年版，第 35 页。
[2] 《汉书·董仲舒传》。
[3] 《春秋繁露·仁义法》。
[4] 本段所引皆为《汉书·董仲舒传》。

要。在董仲舒的倡议下，汉武帝于公元前124年，在长安建成当时全国的最高学府，从而建立起以太学为首的中央官学体制。这种制度虽然尚未似隋唐科举制度一样成为定制，但已经明确了明经取士的基本方向和精神，为儒学发展奠定了坚实的制度基础。

再次，发挥"三老"作用，将社会教化渗透进生产生活的各个方面，以保证"三纲五常"等伦理规约的推广。"三老"一词古已有之，大意就是指乡间德高望重者，他们因为具备更丰富的生活经历以及学识而受人推崇。汉高祖二年，朝廷"举民年五十以上，有修行，能率众为善，置以为三老，乡一人，择乡三老一人为县三老，与县丞尉以事相教，复勿徭戍"。董仲舒利用这一制度，强调"三老"在民间社会的教化职责，对于孝子贤孙、品行具优者旌表其门，以兴善行，为的是提高人们的道德素养，保证国家长治久安，以求形成上古治世那样"教化已明，习俗已成，子孙循之，行五六百岁尚未败也"的理想局面。

除此之外，董仲舒也主张在教化过程中遵守和使用必要的刑罚规约、礼制等级，以实现"贵贱有等，衣服有别，朝廷有位，乡党有序，则民有所让而不争"①的良序美俗。总而言之，董仲舒的教化实践在前人基础上实现了全面突破，使形而上的教化理论开始下移渗透到了教育、社会等各个层面，对后世儒家教化思想提供了更为广阔的空间和更为多样的路径，他的教化学说"为大一统的国家如何治理提供了一种新思路，实际形成了后世贯穿中国的，从国家层面进行道德教化的传统。德教为本、刑罚为辅的治国策略，以儒术为内容的学习、考试制度，以'三纲五常'为核心的基本道德规范等，都可以在董仲舒这里找到源头，甚至可以说，董仲舒的教化理论为后世国家教化理论提供了模拟的范本"②。

三　两汉教化群体的具体实践

"独尊儒术"的直接结果是儒学教化思想和模式在全社会铺陈开来。两汉前后相继400多年，儒家士子在两汉政治思想文化领域自始至终发挥着重要作用，儒士治国局面早在汉武帝"招方正贤良文学之士"及窦太

---

① 《春秋繁露·度制》。
② 周春兰：《董仲舒教化哲学思想——儒家教化体系的确立及其在大一统社会的实践开端》，硕士学位论文，上海师范大学，2009年。

后驾崩之后就已形成燎原之势。当时之际,"田蚡为丞相,绌黄老、刑名百家之言,延文学儒者以百数,而公孙弘以治《春秋》为丞相,封侯,天下学士靡然乡风矣。"①。所以说,"罢黜百家,独尊儒术"为儒学和儒家教化思想的发展奠定了基础。于是,伴随更多的儒家士子成为统治阶级之一员,这个群体进而发展成为推行教化思想,推动社会走向教化之治,进一步在更加广阔的范围内传播儒家文化的先进代表。

1. 两汉教化主体的代表人物

大致来说,两汉践行儒学教化事业,推动社会走向和谐有序的代表主要有两大群体。一部分是皇族贵胄及其子弟,一部分是通过举孝廉等选拔而成为儒学士大夫的各级各类基层官吏,史家将这一群体称为"循吏"。这两部分人的共同特点是以儒为尊,提倡礼乐之教。皇亲子弟遵循董仲舒"人主"应该成为社会榜样的理念,在比较好的儒学教育环境中成长,皇家贵族在教育条件和人力方面都付出了相当的努力。在此条件影响下,皇亲子弟虽然难有高儒仁义之士出现,但也不乏醇化良善之子,其中继承大统者,也都努力践行儒家教化之道,成为这一群体的代表。如汉昭帝就是他们的代表。他"知时务之要",行仁义之政,体恤民艰,灾害之年轻徭薄赋,躬耕上林,得悉民之疾苦,"议盐铁而罢榷酤",以求务本抑末,不与天下争利。同时,举贤良文学,赏赐来自基层的仁义之士,并期望他们"务修孝悌以教乡里",在汉武帝"奢侈馀敝师旅","海内虚耗,户口减半"的情况下,仍然做出了比较好的成绩,尊庙号曰"昭",不亦宜乎!② 东汉光武帝作为长沙定王后裔,也是儒生出身,曾受《尚书》于中大夫许子威,略通大义。建国后,即在洛阳城开阳门外起太学讲堂,以示对儒学的尊崇。③ 他对皇室子弟的儒经学习要求甚严,直至明帝、章帝时期,皇家习经之风仍然盛行,为民众和世人做出了榜样。

就基层各级各类官吏而言,他们作为天子派驻地方的牧守之臣,在光明圣德、弘扬儒家礼制规约、传播儒学思想、化民起俗等方面也都作出了巨大贡献。因为他们大多通过了举孝廉制度的考核,饱读儒学经典,所以深察儒学之要,在地方基层社会治理和文教领域均有所建树。其中记入

---

① 《史记·儒林列传第六十一》。
② 《汉书·昭帝纪第七》。
③ 《后汉书·光武帝纪第一上》。

《汉书》和《后汉书》的西汉一代有文翁、王成、黄霸等六人,东汉有卫飒、任延、王景等12人。作为该群体的著名代表,近代学者黄绍竑称他们"有学识"、"有经验"、"有才能"、"有操守",主要品质表现为"忠"、"谦"、"平"、"清"、"慎"、"勤"六个方面。① 他们大都知百姓稼穑之难,为使社会安平有序,或"仁性笃诚,使人不欺",或"委任贤良","导德齐礼"②,以感物而行化,实为两汉之良吏、儒学之代表,对于社会文明进步具有重要的实践推动之功。

2. 教化实践的主要内容及方法

两汉循吏的教化实践重在修孝悌之义,以教乡里,宣扬和提倡"三纲五常"等伦理规约,导民向善。具体实践分为以下几个方面。第一,大力发展文教事业,传播儒家文化,提升地方民众文化水平和道德水平。循吏文翁在汉景帝末年出任蜀地郡守,"见蜀地辟陋有蛮夷风","乃选郡县小吏开敏有才者张叔等十馀人亲自饬厉,遣诣京师,受业博士,或学律令。""又修起学官于成都市中,招下县弟子以为学官弟子……每出行县,益从学官诸生明经饬行者与俱,使传教令,出入闺阁。县邑吏明民见而荣之,数年,争欲为学官子弟,富人至出钱以求之。繇是大化,蜀地学于京师者比齐鲁焉。"他的这种提倡文教之法,促使汉武帝下令各郡国立学校官,以彰文脉。班固评之曰:"至今巴蜀好文雅,文翁之化也。"第二,行仁义教化之道而慎刑罚,宽和为怀,力以"条教"。循吏黄霸"为人明察内敏,又习文法,然温良有让,足知,善御众"。他为河南太守丞时,"力行教化而后诛罚",一方面"使邮亭乡官皆畜鸡豚,以赡鳏寡贫穷者"。另一方面,又设"条教",即"置父老师帅伍长,班行之于民间,劝以为善防奸之意,及务耕桑,节用殖财,种树畜养,去食谷马"。其"以外宽内明得吏民心,户口岁增,治为天下第一"。宣帝当时有感于黄霸的社会教化之功,下诏赞曰:"颍川太守霸,宣布诏令,百姓向化,孝子弟弟贞妇顺孙日以众多,田者让畔,道不拾遗,养视鳏寡,赡助贫穷,狱或八年亡重罪囚,吏民向于教化,兴于行谊,可谓贤人君子矣。……股肱良哉!"③ 第三,体恤民生,务本力耕,置民恒产,从而为养民恒心、

---

① 参见陈德荣《甘棠集:历代循吏汇编》,新中国建设学会,1935年,序2—3。
② 《后汉书·循吏列传第六十六》。
③ 本段以上所引部分均出自《汉书·循吏传第五十九》。

劝化百姓、施行礼乐教化创造物质条件和思想条件。如循吏卫飒每到一地，或"修庠序之教，设婚姻之礼"，以务求"邦俗从化"；或"教民种植柘桑麻纻之属，劝令养蚕织屦，民得利益焉"。循吏任延在武威任上，针对当地干旱少雨的情况，"乃为置水官吏，修理沟渠，皆蒙其利"。而王景善治水通渠，在庐江太守任上，见"百姓不知牛耕，致地力有馀而食常不足"，于是"驱率吏民，修起芜废，教用犁耕，由是垦辟倍多，境内丰给。遂铭石刻誓，令民知常禁。又训令蚕织，为作法制"。循吏秦彭"崇好儒雅，敦明庠序"，在其任职山阳期间，"兴起稻田数千顷，每于农月，亲度顷亩，分别肥瘠，差为三品，各立文簿，藏之县乡。于是奸吏跼蹐，无所容诈"①。

综上可见，汉代教化思想的实践者和开拓者既有皇亲贵胄子弟，也有广大基层循吏，他们通过各方面的努力，用高尚的道德情操和积极入世的精神践行着儒家仁政王道，追求修齐治平之世，"以德化民"，传播了儒家思想理念，提升了民众精神文明素养，推动了社会经济发展，有利于全社会形成尊儒崇文的良好风尚，实现了孔子等儒家先贤"富之"、"教之"的美好愿望，在中国封建社会历史上，掀起了儒家教化的第一个高潮，实乃中国社会文明发展之幸也！

综合来看秦汉时期儒家教化思想的发展态势，我们发现一个基本规律，那就是儒家教化思想是随着儒家学说的衰败而衰败，兴盛而兴盛，儒家学说也会因为儒家教化思想的停滞而停滞，发展而发展。同时，国家政治大环境在两者的发展问题上具有一定的决定性，当儒家学说及教化思想遭到贬低、环境恶劣的时候，两者就处于式微状态；反之，当统治者提倡、发展环境宽松的时候，两者就会在更深层面上发展并巩固。这个规律在儒家学说及教化思想的各个发展历史时段都表现得非常鲜明。

第二节　魏晋南北朝时期的儒家教化思想

就在东汉诸多类似于文翁等良能之士为国操劳，兢兢业业行圣人之道的同时，一些无良宦官和野心勃勃的外戚却趁着皇帝年幼无知，专擅弄权，弄得宫廷内外奸诈并起，政治腐败，土地兼并日趋严重，最终导致东

---

① 卫飒、任延、王景、秦彭等事迹皆引自《后汉书·循吏列传第六十六》。

汉农民大起义，中华民族自此陷入三国两晋南北朝长达 360 余年的乱世洪流中。在此期间，儒、释、道相互斗争与融合，玄学思潮被推崇，儒学由此失去了往日独尊地位，但是出于统治的需要，其正统地位并未丧失。① 因此，儒家教化思想的发展态势也未完全停滞，并且伴随着民族融合与文化交流，儒家教化无论在思想内涵还是教化形式、教化领域都出现了一些新变化。

一 魏晋南北朝时期儒家教化思想发展概略

1. 统治阶级乱世中坚守儒学治国思想，从而延续了儒家教化思想的发展态势

魏晋南北朝各政权，统治阶级为了获得政治合法性，无不在治国思想和理念中坚持儒家思想，总体上保证了其在政治统治中的主流地位。

首先，各政权的统治者大力提倡儒学在治国理政中的重要性，从而保证了教化思想在乱世中得以接续发展。三国时期，曹、刘、孙三家政权的统治者或政策的制定者皆是儒家名士，很多都是经学大师，他们在弘扬儒家忠、孝、仁、义、礼、智、信等道德方面不遗余力，既有人着力于政策的引导，也有人专注于经学的注训释义。梁满仓在《魏晋南北朝五礼制度考论》中以大量史实论证了三国政权倡导儒家之"礼"的事实。比如曹植在纪念魏文帝曹丕的诔文中称："乃眷大行，属以黎元。龙飞启祚，合契上玄。五行定纪，改号革年。明明赫赫，受命于天。仁风偃物，德以礼宣。"② 曹植在此通过仁礼之教表彰父兄所开创的功业是伟大的也是合法的。孔子曰："为政先礼，礼，其政之本欤！"③ 所以说，在统治阶级心目中，行礼乐政教依然是获得政治合法性的根本途径。就连身处边地的西凉诸国统治者亦尊崇儒学之道，在相当程度上为儒学发展作出了巨大贡献。前凉建国者张轨"家世孝廉，以儒学显"，初到凉州刺史任上，即讨破鲜卑叛乱，"威著西州，化行河右"，随之又"征九郡胄子五百人，立

---

① 刘振东：《中国儒学史：魏晋南北朝卷》，广东教育出版社 1998 年版，第 32—33 页。
② 《三国志·魏书》卷 2《文帝纪》裴注引《魏氏春秋》，见梁满仓《魏晋南北朝五礼制度考论》，社会科学文献出版社 2009 年版，第 131 页。
③ 《礼记·哀公问》。

学校，始置崇文祭酒，位视别驾，春秋行乡射之礼"①，以强化儒学教育和礼乐规约，大力施行教化之道。其继任者张寔、张茂兄弟谨遵儒家孝友忠顺之大义，亦兢兢业业，在晋室衰微亡乱之际，教化一隅，对于维护国家统一多有贡献。张茂临终之际，执侄子张骏之手泣曰："昔吾先人以孝友见称。自汉初以来，世执忠顺。今虽华夏大乱，皇舆播迁，汝当谨守人臣之节，无或失坠……上欲不负晋室，下欲保完百姓。"② 可见，由于受到儒家礼义思想的影响，他们虽然在乱世之际贵为一方诸侯，佀依旧认可国家一统之理，体现出人臣之节，当是儒家所提倡的忠君爱国的实际体现。

其次，儒学高士在传注训释方面发扬光大儒学经义，推动了儒家思想的流播传世。魏晋南北朝时期，鸿儒名士辈出，他们在前人基础上，借统治者尊孔重儒的东风，在相对自由的学术环境下，运用新的解经方法，为儒家经学典籍的丰富创新作出了贡献。以《论语》的注训为例，据当今学者考证，此一时期仅注释专著数量计有 84 部，比两汉时期的 18 部多出 3 倍有余。谯周、王肃、崔浩、何晏、王弼、乐肇、皇侃等大儒皆有涉猎。不仅如此，学者们的研究亦呈现出多样化、精细化的格局。注音、辩难之作均有出现，注解体例突破两汉时期"说"、"注"为主的形式，代之以"集解"、"义疏"。其中，何晏等人的《论语集解》和皇侃的《论语义疏》两部典籍不专一说，博采众长，吸收并发挥了汉末采会同异、以简驭繁、力求博通的解经优点，从而大量保留了汉魏经师解经的痕迹和特色，对于后世研究义疏体经学说有重要意义。③ 另外，前文所提及的西凉诸国，虽然遥距中原数千里，但当地在前后五个地方政权尊儒弘儒的大背景下，有影响的儒学士大夫层出不穷。郭瑀、刘昞、昺崇、索靖、泛衷、张翘、索紾、索永、宋纤等或著书立说阐释儒家义理，或聚徒讲学流播儒家精义，在弟子动辄上千的情势下，成为影响当时社会思潮的一支重要力量。综上所言，魏晋南北朝时期的儒家教化思想体现出平稳发展的特点，主要表现为统治阶级为崇儒向善创造了比较好的发展环境，依靠各类教化主体的提倡和保护，儒家经义等教化介体实现了创新和发展，无论在

---

① 房玄龄等撰：《晋书卷八十六·列传第五十六》。
② 《晋书卷八十六·列传第五十六》。
③ 唐明贵：《魏晋南北朝时期〈论语〉学的发展及其原因》，《齐鲁学刊》2006 年第 5 期。

政治实践层面、思想文化层面还是社会公众层面，儒家教化思想都有所渗透和扩展，影响力不断加强。

2. 以儒学为宗的文教政策为培养教化人才奠定了基础

魏晋南北朝虽是乱世，但各个政权的统治者坚持儒家思想正统地位，依然设太学，开庠序，并沿袭两汉察举与征辟的人才选拔制度，并在此基础上开始施行九品中正制，以作为察举和征辟的改进和突破。

首先，无论哪个政权上台，都要在文教政策上表示对儒学的尊崇与维护，并在学校教育层面大力发展儒学。魏文帝曹丕于黄初五年正式恢复太学，并制定五经考核的办法。学生人数由最初的几百人，增加到数千人，为魏国发展提供了基本的人力保障。晋武帝即位之初，即"令诸郡中正以六条举淹滞：一曰忠恪匪躬，二曰孝敬尽礼，三曰友于兄弟，四曰洁身劳谦，五曰信义可复，六曰学以为己"。此令体现了鲜明的用人标准。同时，他也积极恢复太学，太学生人数在泰始八年即达到七千人众。他在泰始四年六月下诏，命令郡守每三年巡行下属各县，是为尊崇古制之"述职宣风展义也"，要求地方官吏"观风俗，协礼律，考度量"，"录囚徒，理冤枉，详察政刑得失，知百姓所患苦"，以及"敦喻五教，劝农务工，勉励学者，思勤正典"，对于"有好学笃道，孝悌忠信，清白异行者，举而进之"，对那些"不孝敬于父母，不长悌于族党，悖理弃常，不率法令者，纠而罪之"①。类似举措在北朝各少数民族政权中亦为常见。《魏书》卷八四《儒林传》载："太祖初定中原，虽日不暇给，始建都邑，便以经术为先，立太学，置五经博士生员千有余人。"次年，又增加三千人，并同时招收国子学生员，完成了太学和国子学的建制。鲜卑族创建的北魏政权，不仅建立中央官学，而且设置州郡学，且建立了州郡学校教育制度，开我国正式实行地方学校教育制度之先河。乡学置博士2人，助教2人，同时遣四门博士明经者，检试诸州学生，三年一校练，此外，北齐、北周各朝也都根据实际设有相当品秩的县学博士以推行儒学教育。②

其次，相对稳定的人才选拔制度为儒学及教化思想的接续发展提供了保证。自九品中正制确定之后，魏晋南北朝的人才选拔主要依靠此制度来

---

① 《晋书卷三·帝纪第三》。
② 陆正林：《继汉开唐：魏晋南北朝时期的教育简述》，《涪陵师范学院学报》2006年第11期。

拔擢德才兼备者。但是，察举和征辟等前朝旧制并未废除，以作为九品中正制的补充，为国家延揽人才。东晋名臣谢尚、谢安兄弟就是太保王导通过征辟制度延揽的治世人才。再比如南梁时期，去汉已远，但察举用人制度并未废除。吴兴乌程人丘迟八岁便能属文，"及长，州辟从事，举秀才，除太学博士"①。与之同样以察举出仕的还有八岁能赋诗的何逊、钟嵘等儒学士子。上述人士皆以文著称于世，由于以儒为宗，并累官至高位，所以社会导向作用非常显著，有助于天下士子向儒求学。至于九品中正制，对于儒学发展的作用需分两面看。九品中正制度设立于公元 220 年，有学者认为该制度旨在消除地方察举带来的弊端，是唯才是举的继续，有利于革除任人唯亲等不正之风，意在巩固中央政府集权，削弱地方大族对中央统治的威胁。到了晋代，则演变为维护世家大族世袭特权的一种选举制度，具有垄断性和封闭性。"西晋之世，凡阀阅之家，膏粱子弟，大都可凭借其门资、世资而获取上品。"表明该制度对贵族势力的维护已经到了无以复加的地步。② 但不可否认，此举带来的客观结果是：该制度保证了儒家及教化思想精义的有效传承。那些世家大族子弟，虽然在计资定品中享受优惠而获得显著地位，但是如果本身没有才华和德行著称于世，那么其影响也是极其有限的。倒是不论出身，一切德才兼备者往往青史留名，为国家和社会作出卓越贡献的同时，也因为其符合儒家一贯倡导的忠孝、节义品德修养和高尚品质而为人传颂，这就在客观上为弘扬儒家教化思想作出了贡献。梁满仓先生就此问题的考据为笔者上述观点提供了充足论据。他在著作中援引大量史实，称各个朝代文教政策的制定者出于国家治理需要，均主张通过办学来弘扬儒学，传承礼学。代表人物如戴邈，他针对学校未立的情况，上书司马睿称："臣闻天道之所大，莫大于阴阳；帝王之至务，莫重于礼学。是以古之建国，有明堂辟雍之制，乡有庠序黉校之仪，皆所以抽导幽滞，启广才思。"③ 王导也对"军旅不息，学校未修"的情况上书，称："夫风化之本在于正人伦，人伦之正存乎设

---

① 《梁书卷四十九·列传第四十三》。
② 关于九品中正制的士子选拔制度，可参见姚培锋、齐陈骏之《魏晋南北朝选举用人制度述论》（《兰州大学学报》2006 年第 1 期）、张旭华之《试论西晋九品中正制的弊病及其作用》（《郑州大学学报》1999 年第 6 期）等文章。
③ 《晋书卷六十九·列传第三十九》。

庠序。庠序设，五教明，德礼洽通，彝伦攸叙，而有耻且格，父子兄弟夫妇长幼之序顺，而君臣之义固矣。"① 这些举措本旨是通过建立学校兴儒隆礼，继而期望达到国家大治，各级学校由此也成为传承礼学、实践礼仪的场所，对推动国家礼学发展起到了良好的示范作用。②

3. 世家大族对儒家教化思想发展的贡献

各世家大族出于维系本族世代隆昌的目的，主动适应国家推崇儒学的文教之策，在弟子的学习和培养方面以教导儒家礼义精神为主导，以便为其谋取举荐征辟之机会，如此一来，他们不但鼓励弟子前往官办学校就读学习，而且纷纷以私学、家学形式推广儒家经学教育，其客观结果就是丰富了儒家教化思想的实践形式，推动了儒学更深层次上的社会化。就实践形式而言，相较前代，此一时期家学、私学不断发展，儒家士人主动开门讲学，教授族内或乡邻子弟识经习礼。这种家学、私学形式，在社会动荡之际，具有较强的稳定性，受政治动乱影响较小，能够有效提高一定区域内的社会精神文明水平，是儒家教化思想扩展渗透至全社会必不可少的一步。如梁朝儒学大家皇侃，为青州刺史皇象的九世孙，其家学渊源颇为深厚，受家庭教化环境影响，"少好学，师事贺玚，尤明《三礼》、《孝经》、《论语》。起家兼国子助教，于学讲说，听者数百人。撰《礼记讲疏》五十卷……性至孝，常日限诵《孝经》二十遍……所撰《论语义》十卷，与《礼记义》并见重于世"③。皇侃出身名门，幼年时期的儒学训练给他以高起点，这就是他为什么能够在经典注疏方面高出其他诸家的原因之一。需要指出，世人多称魏晋南北朝时期的豪门贵胄或奢靡或玄远，但那也只是一个方面。钱穆先生曾就此现象称："今人论此一时代之门第，大都只看在其政治上之特种优势，在经济上之特种凭借，而未能注意及于当时门第中人之生活实况，及其内心想象。因此所见浅薄，无以抉发此一时代之共同精神所在。今所谓门第中人者，亦只是上有父兄，下有子弟，为此门第之所赖以维系而久在者，则必在上有贤父兄，在下有贤子弟。若此二者俱无，政治上之权

---

① 《晋书卷六十五·列传第三十五》。
② 梁满仓：《魏晋南北朝五礼制度考论》，社会科学文献出版社 2009 年版，第 91 页。
③ 《梁书卷四十八·列传第四十二》。

势，经济上之丰盈，岂可支持此门第几百年而不弊不败？"① 钱穆对此现象的判断当是符合实际情形的。无独有偶，陈寅恪先生也说："所谓士族者，其初并不专用其先代之高官厚禄为其唯一之表征，而实以家学及礼法等标异于其他诸姓。凡两晋、南北朝之士族盛门，考其原始，几无不如是……夫士族之特点既在其门风之优美，不同于凡庶，而优美之门风实基于学业之因袭。"② 由此可见，世家大族的家学、私学教育确实对维系儒学发展，推动儒家教化思想起到了重要的促进作用，尤为重要的是，这种形式为儒家教化思想扩展影响至家庭层面提供了契机。

综上所述，儒学在乱世之际的发展虽然相较于盛世为曲折，但是，得益于两汉先后相因400多年的积淀，加之统治阶级的利益需要，使儒学在这时期依然得到较为平稳的发展。需要指出，玄学、佛学在此期间对儒学的冲击比较明显，儒学在此时被视为名实脱节的虚伪教条也的确是学界客观存在的判断。但是，鉴于本书主旨并不在此，所以，笔者不再就三家"恩怨"予以明细了。

二 魏晋南北朝时期儒家教化思想的突破

紧承上文，儒学在家庭领域的拓展，直接为教化思想和实践带来了新的发展契机。家训、家诫等融涵儒家教化思想的读本开始承担起儒家教化的历史任务。

1. 儒家教化思想应用于家学、家教、家训等实践活动中，为儒家教化开辟了实践的新领域

余英时先生在《士与中国文化》中曾经讲道："自汉代一统之局既坏，而儒学遂衰……但此特就汉代儒学经国济世之本质而言耳！而儒学之为物，下可以修身齐家，上可以治国平天下，因未尝拘于一格也。汉社既屋，经国之儒学乃失其社会文化之效用；而宋明理学以前，儒家性命之学未弘，故士大夫正心修身之资，老释二家亦夺孔孟之席。唯独齐家之儒学，自两汉下迄近世，纲维吾国社会者越二千年，固未尝中断也。而魏晋南北朝则尤为以家族为本位之儒学之光大时代，盖应门第社会之实际需要

---

① 钱穆：《中国学术思想史论丛》（卷三），安徽教育出版社2004年版，第144页。
② 陈寅恪：《唐代政治史述论稿》，生活·读书·新知三联书店2001年版，第259—260页。

而然耳！"① 诚哉斯言！如前所述，世家大族在察举、征辟和九品中正制等政策影响下，为了保证家族长盛不衰，必须重视家族子弟的文化教育和操行培养，官宦世族的家学之风由此兴起。正如颜之推在其家训中告诫子弟努力为学那样："自荒乱以来，诸见俘虏。虽百世小人，知读《论语》、《孝经》者，尚为人师；虽千载冠冕，不晓书记者，莫不耕田养马。以此观之，安可不自勉耶？若能常保数百卷书，千载终不为小人也。"② 再者，有学者认为魏晋南北朝时期的古代家族文化建设进入了相对自觉阶段，在纷争乱世，建设家族文化以增强凝聚力是必要和迫切的，为此，主动"以儒家文化价值观念为依托，整合现实的社会价值观念，施教于门户之内，自觉地进行家族文化建设"是更为深层次的原因。③ 家学教育除了让子弟接受最基本的儒家经学教育外，较之前代最突出的特点就是以家训、家诫的形式宣扬儒家思想，教导子弟知礼法制度，明人伦规范，践行儒家圣人教诲。这种教化指向，从家训、家诫的内容中可窥见一二。

首先要求修德笃学。曹魏王昶在《诫子及兄子书》中称："夫孝敬仁义，百行之首，行之而立身之本也。孝敬则宗族安之，仁义则乡党宗之，此行成于内，名著于外者矣。"诸葛亮《诫子书》也说："君子之行，静以修身，俭以养德，非淡泊无以明志，非宁静无以致远。"总之，强调忠、孝、仁、义等德行的重要性是家训、家诫不变的主题之一。就学习来说，颜之推在其家训的《勉学》篇首即告诫子孙曰："自古明王圣帝犹须勤学，况凡庶乎？此事遍于经史，吾亦不能郑重，聊举近世切要，以启寤汝耳。"除了表明读书的重要性，同时他也认为"学者所以求益耳"，反对那种"见人读书十卷书，便自高大，凌忽长者，轻慢同列"的无德之人，"如此以学自损，不如无学也"④。可见，修身养性，德操品行与学习始终连为一体，被士大夫们所重视。

其次要求敦睦宗族，和睦邻里。颜之推在《兄弟》篇谈兄弟亲情的重要性，认为九族之情本于夫妇、父子、兄弟之一家三亲，"故于人伦为重者也，不可不笃……惟友悌至深，不为旁人所移者免夫！"三国人

---

① 余英时：《士与中国文化》，上海人民出版社 1987 年版，第 399 页。
② 《颜氏家训·勉学第八》。
③ 张白茹、李必友：《魏晋南北朝家诫论略》，《安徽史学》2002 年第 3 期。
④ 《颜氏家训·勉学第八》。

士向朗告诫子孙："天地和则万物生；君臣和则国家平；九族和则动得所求、静得所安。是以圣人守和，以存以亡也。"萧巋在《临终诫诸子》中告诫后人："吾之后当共相勉励，笃睦为先，才有优劣，位有通塞，运有富贵，此自然之理，无以相凌侮。"反之，"兄弟不睦，则子侄不爱；子侄不爱，则群从疏薄；群从疏薄，则童仆为仇敌矣。如此，则行路皆蹈其面而蹈其心，谁救之哉？"这种要求家族团结和睦的思想其实是儒家大一统思想在家族范畴内的延续，其旨意既表明了团结互助和维护家长权威的重要性，也是"三纲五常"伦理规约渗透进家庭教化中的具体体现。

2. 女性教化逐渐受到重视，连同家学、家训和家教一道，成为此一时期儒家教化思想拓展的表现

女性教化最早可追至汉代。但是，到了魏晋南北朝时期，由于历史积淀而获得了比较大的发展。根据当时的实际情况，女性教化在此包含两层涵义。一方面是指对女性的教化，即将女性看作教化客体；另一方面是指由女性充当教化主体而进行的教化。

首先，就女性被教化来说，汉代刘向创作的《列女传》、班昭创作的《女诫》、荀爽创作的《女诫》、杜泰姬创作的《诫诸女及妇》、蔡邕创作的《女诫》、《女训》等针对女子德行教化的家训类读本在魏晋南北朝流行开来。这些著作成为此一时期教化女性的主要范本。具体来说，这些读本以"三纲五常"伦理为宗，突出礼教规约，强调男尊女卑、男女有别，宣扬夫为妻纲、夫唱妇随等理念，教导女子修身重行，不可违背了儒家礼教伦理纲常。如荀爽在《女诫》中指出："圣人制礼，以隔阴阳。七岁之男，王母不抱；七岁之女，王父不持。亲非父母，不与同车；亲非兄弟，不与同筵；非礼不动，非礼不行。"班昭则要求女性具备四德，即妇德、妇言、妇容和妇功。她在《女诫》中专门指出"妇德不必才明绝异"，只要保持"清闲贞静，守节整齐，行己有耻，动静有法"就是合理的；"妇言不必辩口利辞"，只要做到"择辞而说，不道恶语，时然后言，不厌于人"就是符合人伦规矩的；"妇容不必颜色美丽"，倘若做到"盥浣尘秽，服饰鲜洁，沐浴以时，身不垢辱"，那就是尊重人的表现；"妇功不必工巧过人"，倘若能"专心纺织，不好戏笑，洁齐酒食，以奉宾客"，则是一个女性拥有高尚道德素养的体现。魏晋南北朝时期的女性教化除了借助这些汉代女性教化范本之外，也有儒家士人编纂新的范本，在继承基础上

继续予以推进。如西晋的裴頠在《女史箴》要求女子"服美动目，行美动神"，也就是要注重内在美和外在美的结合。①

其次，就女性担当教化主体而言，魏晋南北朝时期也在汉代基础上实现了突破。著名医学家皇甫谧的叔母任氏、东晋名臣陶侃之母湛氏等人是女性教化主体的代表。②皇甫谧本是一个游荡无度、不学无术的无知少年，在其叔母任氏的鼓励启发下，悔过自新，变成为努力向学的优秀学子。在这个成长转变过程中，叔母任氏采用多种方法，启发皇甫谧学圣贤之书，走仁义之道。在他身患重疾、心灰意冷之时，叔母又劝他振作精神。皇甫谧在其叔母的教导下，最终通过刻苦努力，完成了我国现存最早的针灸学著作——《黄帝三部针灸甲乙经》，为我国医学事业作出了卓越贡献，此种成就与其叔母对他的苦心教化密不可分。之所以在魏晋南北朝时期有越来越多的女性成为教化主体，是因为经过汉代以来的发展，女性道德素养获得了普遍提升，她们由此具备了教化子弟和乡邻的资格与能力。可见，女性作为教化主体，承担越来越多教化任务的趋势成为儒家教化发展的一个标志，在隋唐、明清各朝代都实现了延续和继承。

三 魏晋南北朝时期儒家教化思想实践的意义

综合前文所述，魏晋南北朝时期的儒家教化无论从思想还是实践上都获得了一定发展，伴随儒学观念逐渐深入人心，儒家教化思想亦在汉代"三纲五常"基础上进一步完善，教化实践手段和领域也愈加丰富和扩大，由此对社会文明进步产生了积极意义。

1. 魏晋南北朝时期儒家教化思想发展的主要表现是对汉代教化思想的坚持和弘扬，各个政权前后实施的一系列文教之策也具有延续性，突出了儒家治国的特点。在此基础上，以九品中正制为代表的人才选拔制度，为全社会树立了道德品质的判断标准，这种具有长期稳定性，具有强制力标准的规范制度有利于引导人们走向儒家士人所期望的那种道德人格，符合儒家圣贤所期望的大同治世目标。与此同时，由于儒家教化思想继续下沉和渗透至社会的各个角落，使家庭层面的教化正式登上历史舞台，由此

---

① 本段内容所包含的引文转引自徐少锦、陈延斌《中国家训史》，陕西人民出版社2011年版，第192、195、253页。

② 具体可分别参见《晋书·皇甫谧传》、《晋书·陶侃传》。

有效扩展了教化环境，提升了教化效果。就教化主体和客体而言，女性教化和被教化都已经成为教化实践的常态，全社会因此形成了浓郁的教化氛围。

2. 儒家教化思想和实践带给社会文明进步的意义。一方面，就文化层面而言，促进和扩大了新文化中心的形成，播扬了儒家文明。乱世交割、人口迁徙带来的副产品就是文化中心的转移、扩大及再生。以最为典型的永嘉南渡为例，南渡之前，身处中原的长安、洛阳及齐鲁大地皆为文脉兹胜之地，然而战乱使中原地区的世家大族不得不背井离乡，前往江南瘴疠之地避难。这种迁徙不但在经济上促进了江南地区的开发，出现了"永明之世，十许年中，百姓无鸡鸣犬吠之警，都邑之盛，士女富逸，歌声舞节，袨服华妆，桃花绿水之间，秋月春风之下，盖以百数"①的繁荣景象，更为重要的是，作为传承儒家文脉的主流，世家大族在江南地区对儒家思想文化的传播，为该地区成为日后中国儒学精神繁盛之地奠定了基础。对于新入驻北方的各少数民族，也因为儒家教化促进了本民族的汉化进程，在相互交流中实现了共同进步。如苻坚在位期间，尊师重教，每月均往太学督导一次，"开庠序之美，弘儒教之风"，与各政权修信讲义，不遗余力推行王化之教，甚至学习儒家士农工商的位阶等级，规定商人"不得乘车马于都城百里之内"。②少数民族政权的这些教化举措，扩大了儒家经义的影响力，"推动了民族融合与文化交流，丰富了各民族的物质生活与精神生活，从而使汉族古老的传统文明具有了强劲的新鲜活力，随着安定统一局面的逐步形成而得到整体升华，成为代表广泛的民族文化的中华文明"③。

另一方面，就政治社会发展层面而言，儒家教化实践推动了少数民族的汉化速度，为最终建成大一统国家奠定了基础。魏晋南北朝虽处乱世，政治割据先后迭起，但"在这漫长的政治形势处于分裂的年代里，大一统思想一直存在着"，"十六国统治者并不满足于建立割据政权，而是凭借自己的力量完成北方的统一，乃至全国的统一"。例如北魏拓跋焘结束

---

① 《南齐书卷五十三·列传第三十四·良政》。
② 《晋书·苻坚载记》。
③ 李凭：《魏晋南北朝时期的移民运动与中华文明的整体升华》，《学习与探索》2007年第1期。

北方割据后，立南北统一之宏愿，视南朝为僭伪，称之为岛夷；魏孝文帝则以迁都洛阳和大胆改革鲜卑旧俗为切入点以完成统一夙愿。① 为了实现这一任务，吸收先进的礼乐教化文明就成为必须具备的精神文化条件。首先，少数民族政权的文教制度有利于保障儒家思想传播和教化实践。如北朝在文教机构设立上大力发展中央官学和地方官学，而且在北齐孝昭帝时期，创建了标志北朝教育管理真正走向独立的国子寺，国子祭酒、国子博士、国子助教、太学博士等教育长官随之脱离太常寺而入国子寺，"训教胄子"。地方官学不仅包括郡国官学和县党黉序，黉序下又涵括县立讲学、党立教学、村立小学等，由此建立了从中央到地方最基层的完备的教育体制，改变了两汉太学的单一局面，为隋唐建立完备教育体制奠定了基础。② 其次，在教学内容上尊崇孔子，礼遇儒者，大力倡导儒学，以至于儒者地位显著提升，经学为之重振，社会上形成了一股强烈的尊孔重教风气，促使北朝政权儒化速度加快加深，最终使儒学在北周武帝时被尊为三教之首。"北朝儒者的学术活动，弘扬了优秀的传统文化，同时也大大地促进了鲜卑政权的汉化及民族融合的历史进程。"③ 再次，北朝向汉崇儒的举措，为少数民族尽快走向文明提供了条件，而且"这种以汉化为基本特征的融合模式代表了历史时期民族融合的一种良性发展模式，符合历史发展和文明演进的客观规律"④。"北朝儒学思想统治地位的确立意味着拓跋鲜卑文化融入了中华民族的主流文化之中。总之，拓跋鲜卑统治者为适应中原文物制度推行汉化所实施的文化政策，为促进这一时期民族融合发挥了巨大作用，为民族融合的发展提供了助推力，加速了拓跋鲜卑族与汉族先进文化融合的进程，促使拓跋鲜卑民族文化整合、发展，从而形成了我国历史上又一次民族大融合。"⑤

综上所述，魏晋南北朝作为一个民族融合交流互动频繁的时代，在300多年的时间里，儒家教化思想和实践都取得了一定进展。通过九品中正制选拔人才，使其示范性作用和影响力不断扩大，特别是家庭教化兴起

---

① 邱久荣：《魏晋南北朝时期的"大一统"思想》，《中央民族学院学报》1993年第4期。
② 李相宁：《北朝文化政策研究》，硕士学位论文，青岛大学，2010年。
③ 同上。
④ 钱国旗：《民族融合的良性发展模式——论南迁拓跋鲜卑与汉族的融合》，《民族研究》1998年第4期。
⑤ 李相宁：《北朝文化政策研究》，硕士学位论文，青岛大学，2010年。

并深入人心，较之前朝在社会层面获得了更多的认同。少数民族在汉化过程中自觉接受了儒家教化思想，尊儒重教成为各个政权获得民众支持的最好办法。伴随儒家教化思想和实践的推广，儒家地位得到了巩固，学理精神得到了弘扬；反过来，随着儒家思想地位的巩固和学说理念的推广，儒家教化思想和实践也在更广泛的范围内被认同。这是一个一体两面、相互促进的过程，正是因为这种相互促进，儒家教化思想获得了在广度和深度得以推进的可能性，从而为其继续走向深入开辟了新路径。

第三节　隋唐时期的儒家教化思想

公元589年，隋朝灭陈统一全国，结束了汉末以来的分裂局面。为了维护中央集权的统一，重新强调并确立了儒学的统治地位。隋文帝称："儒学之道，训教生人，识父子君臣之义，知尊卑长幼之序，升之于朝，任之以职，故能赞理时务，弘益风范。"[①] 以此思想为指导，隋朝诏封孔子后裔，在全国范围内大兴儒学教育，搜集整理儒家经典，重用儒士，特别是以儒家经典作为科举取士的标准。选举制度和政策的改变，有力引导了全社会对儒家思想和学说的尊崇，同时也为儒家教化思想和实践在唐代的继续发展打下了基础。及至唐代，随着科举制度的巩固和完善，儒家经典教材全面修订，科举士子推广实践，使儒家教化思想愈加普及社会的各个层面。总体来说，隋唐时期的儒家教化思想是伴随科举制的建立、巩固和完善而不断发展并兴盛的。

一　隋代科举制的建立和取士标准的儒家化

科举作为"中国帝制时代设科考试、举士任官的制度"，狭义上理解即是在沿袭两汉察举旧制基础上，经过隋朝两代皇帝的改造，于大业元年（公元605年）确立的，影响中国一千多年的主要人才选拔机制。[②] 而在科学制度建构和确立过程中，始终与儒家经典要义保持紧密联系，成为传播和发展儒家教化思想的一个制度性载体。

[①] 《隋书·高祖下》。
[②] 刘海峰：《"科举"含义与科举制的起始年份》，《厦门大学学报》（哲学社会科学版）2008年第5期。

隋朝建立后，为了统治的需要，继承前朝人才选拔机制，开辟了"举贤良"、"僻举"、"荐举"、"九品官人法"等措施选举官吏，此标准仍然重视选拔对象的德行操守，但事无巨细均归吏部的选拔也存在不能尽天下之才的弊端。为此，隋文帝和隋炀帝先后对选拔制度进行了改革，改革核心依然是取士标准。如隋文帝在仁寿三年（公元603年）"诏令州县搜扬贤哲，皆取明知古今，通识治乱，究政教之本，达礼乐之源者，不限多少，不得不举"①。该诏令明确要求地方选举的人必须是贤哲之人，他们的才识与品德均要达到相当高的要求，对"礼乐之源"、"政教之本"的掌握是主要的衡量标准。隋炀帝在其后更进一步，在大业三年（公元607年）诏令"文武有职事者，五品已上，宜令'十科'举人"。②所谓十科，分别有"孝悌有闻"、"德行敦厚"、"节义可称"、"操履清洁"、"强毅正直"、"执宪不挠"、"学业优敏"、"文才秀美"、"才堪将略"、"膂力骁壮"等十科。仔细观察发现，十科中强调德行操守之项竟然占到一半以上，而无论是"孝悌"之德，还是"节义"之行，均是儒家一以贯之强调和弘扬的道德品质。这种选拔标准，摒弃了九品中正制的门第之分，给了有能力读书修德的众学子向上流动的机会，从而带给人们这样一个基本判断：只要力行儒家仁义道德，安心学习儒家治国之道，那么就有机会获得进入统治阶层的可能。于是为了这个目的，提升自身道德修养，以儒家所崇拜的圣人标准要求自己，并同时带动周边人群主动学习儒家圣王之道，就会给一个地区的学风和社会风气好转带来贡献，进而在客观上传播与推广了儒家教化思想。如唐代诗人方干在《送李恬及第后还贝州》一诗中称："成名年少日，就业圣人书。擢桂谁相比，籯金已不如。东城送归客，秋日待征车。若到清潭畔，儒风变里闾。"③ 该作品形象指出了李恬进士登第荣归故里的时候，父老乡亲在羡慕之余，众多后生也会汲取榜样的力量，在学业和道德修养两方面精益求精，推动家乡形成良好的读书风气，进而有益于形成良好的社会风尚。

---

① 《隋书·高祖本纪》。
② 《隋书·炀帝本纪上》。
③ 《全唐诗》卷649。

二 唐代科举取士标准与儒家教材的丰富完善

唐代考生主要来源于学馆生徒和州县乡贡，较之隋代更为重视士子的品德考察，其意在于判断他们能否施行教化之道，弘扬教化思想。据《新唐书·选举志下》记载："凡择人之法有四：一曰身，体貌丰伟；二曰言，言辞辩正；三曰书，楷法遒美；四曰判，文理优长。四事皆可取，则先德行；德均以才，才均以劳。"[①] 唐宪宗时期也曾规定："自今以后，州府所送进士，如迹涉轻狂，兼亏礼教，或曾为官司科罚，或曾任州府小吏，有一事不合入清流者，虽薄有词艺，并不得申送。"[②] 由此可见，唐代的取士标准不仅考察外在美，更注重内在美。相较于外在美，内在德行之美居于首位。为此，中央政府为科举制度关于进士科的士子考察标准曾经一度产生了争论。唐代科举因袭隋制，考试科目较多，分别有秀才、明经、俊士、进士、明法、明字、明算、一史、三史、开元礼、道举、童子十二科。此十二科为常科，为"岁举之常选"，另外还有供天子"待非常之才"的制举科。"大抵众科之目，进士尤为贵，其得人亦最为盛焉。"然而，这种以诗赋为主要选拔标准的进士科，遭到很多重视儒家经学、倡导德行操守重要性的官员的质疑。为此，先后有多人、数次就进士科选举问题提出改革意见和建议，要求重视对士子的孝友、信义、廉耻之德进行考核。唐肃宗宝应二年，礼部侍郎杨绾提议遵循古制察孝廉，改革考查科目。皇帝于是要求给事中李栖筠、尚书左丞贾至、御史大夫严武等诸位大臣就此商议。众大臣最终认为，"今试学者以帖字为精通，不穷旨义，岂能知迁怒、贰过之道乎？考文者以声病为是非，岂能知移风易俗化天下乎？是以上失其源，下袭其流，先王之道莫能行也。夫先王之道消，则小人之道长，乱臣贼子由是生焉！今取士试之小道，而不以远大，是犹以蜗蚓之饵垂海，而望吞舟之鱼，不亦难乎？所以食垂饵者皆小鱼，就科目者皆小艺……三代之选士任贤，皆考实行，是以风俗淳一，运祚长远……今绾所请，实为正论……请兼广学校，以明训诱……请增博士员，厚其廪稍，拔通儒硕生，闲居其职。十道大郡，置太学馆，遣博士出外，兼领郡官，以教生徒。保桑梓者，乡里举焉；在流寓者，庠序推焉"。但由于害

---

① 《新唐书·志第三十五·选举志下》。
② 《全唐文》卷六十一《严定应举人事宜敕》。

怕废除进士科所带来的负面影响，最终折中为"明经、进士与孝廉兼行"。然而，朝中部分官员和学者对于进士科以诗、赋为主的取士办法仍然持批评态度。文宗时以经学著名的宰相郑覃"深嫉进士浮薄，屡请罢之"。武宗时，宰相李德裕认为进士科出身多为浮薄之人。① 可见，统治阶级中的儒士阶层并不希望进士科以诗赋才能考察为单一的取士标准，曾被批评为："进士者，时共贵之，主司褒贬，实在诗赋，务求巧丽，以此为贤，不惟无益于用，实亦妨其正习；不惟挠其淳和，实以长其佻薄。"② 虽然整个唐代，进士科录取最终成为士子进阶权贵的主要一途，但是这种争议表明，统治阶级仍然希望通过科举制度录取法圣王之道、行教化之习的人士成为国家栋梁。诗赋标准固然为人诟病，但唐代逐渐完善和指定的经学教材毕竟从大的方向上保证了儒家教化思想能够为士子所认同而不断得到强化。

今人所言的"十三经注疏"是指包括《诗》、《书》、《礼》、《易》、《春秋》等在内的一系列儒家经典书目合集。历代统治者为了统治需要，在发展过程中，逐渐把更多的儒家经传列入必学科目。至唐代初期大体形成了"九经"的科目规模。"凡《礼记》、《春秋左氏传》为大经，《诗》、《周礼》、《仪礼》为中经，《易》、《尚书》、《春秋公羊传》、《穀梁传》为小经。"这就是所谓的"九经"之说。除此之外，"《孝经》、《论语》皆兼通之……学书，日纸一副，间习时务策，读《国语》、《说文》、《字林》、《三苍》、《尔雅》。"③ 到了唐文宗年间（827—840年），朝廷又下令把"九经"连同《论语》、《孝经》、《尔雅》三部经典总计12部一起刻在石碑上，史称"开成石经"。考察发现，后世固定并流传下来的"十三经"中，有"十二经"完全在唐代巩固了必修科目的地位。其中，著名儒士孔颖达等分别为《周易》、《尚书》、《毛诗》、《礼记》、《春秋左传》等"正义"，贾公彦为《周礼》、《仪礼》注疏，徐彦为《春秋公羊传》注疏、杨士勋为《春秋穀梁传》注疏，唐玄宗彰化孝道，亦为《孝经》御注。"十三经"中，唐代士人参与注、疏的科目共计10项，可见当时官方对儒家经典教化载体系列的重视程度。综上可见，无论是刊刻

---

① 上述史实皆引自《新唐书·志第三十四·选举志上》。
② 《全唐文》卷三五五，赵匡《举选议》。
③ 《新唐书·志第三十四·选举志上》。

"开成石经",还是孔颖达等人的实施的"五经义训"活动,都表明唐代统治者重视儒家教化、宣扬仁义孝友礼智信的基本态度。特别是唐玄宗御注《孝经》的事实,表明在大一统条件下,儒家教化思想完全被统治阶级所利用,并运用于治国理政的实践中。

三 唐代儒家教化思想的具体实践

1. 制礼兴乐以彰教化

唐代立国之初即特别重视礼乐教化的重要意义。以礼制为例,唐代统治者认为,"凡民之事,莫不一出于礼。由之以教其民为孝慈、友悌、忠信、仁义者,常不出于居处、动作、衣服、饮食之间。盖其朝夕从事者,无非乎此也。此所谓治出于一,而礼乐达天下,使天下安习而行之,不知所以迁善远罪而成俗也"[①]。所以,唐太宗、高宗、玄宗分别制定了名目繁杂的礼乐仪式和标准。太宗时候,房玄龄、魏徵在隋代的基础上制吉礼六十一篇,宾礼四篇,军礼二十篇,嘉礼四十二篇,凶礼十一篇,是为"贞观礼"一百三十八篇。高宗显庆年间,长孙无忌等人又在此基础上增益为一百三十卷与"贞观礼"并行。唐玄宗开元年间,根据"贞观礼"和"显庆礼",由起居舍人王仲丘撰定一百五十卷"大唐开元礼"。至此,唐之"五礼"之文基本完备而为后世沿用。唐代统治者制定完备的"五礼"制度既是政治统一的需要,又是伦理教化的需要,无形中既提高了礼乐教化的影响力,又对社会具有强大的约束力和导向力。比如"嘉礼"中关于皇帝亲养三老、五更于太学的仪式就充分表明了统治者希望借对三老、五更的尊崇,彰显自己对儒家孝悌仁义道德的遵守和弘扬。史书记载,该仪式中,先在三师、三公致仕者中分别选德行及年高者三老、五更各一人,再选五品以上致仕者为国老,六品以下致仕者为庶老。仪式正典的那天,通过一系列严整规范的仪式,皇帝恭迎三老、五更于太学,恭敬礼毕于三老、五更之前后,"皇帝即座。三老乃论五孝六顺、典训大纲,格言宣于上,惠音被于下。皇帝乃虚躬请受,敦史执笔录善言善行"[②]。在此一完整的礼节仪式中,皇帝亲自拜望并聆听教诲,三老、五更宣扬儒家孝友、仁义,三老、五

[①] 《新唐书·志第一·礼乐一》。
[②] 《新唐书·志第九·礼乐九》。

更地位之崇高，待遇之优厚实为罕见。这种制度化、常态化的礼仪不仅突破了单纯的对人的潜移默化的教化作用，而且在更高层次和规格上为全国起到了表率作用，在魏晋南北朝将礼制度化的基础上更进一步，提高了礼制的社会地位，从而提高了社会影响力和约束力。

"礼节民心，乐和民声"，"乐至则无怨，礼至则不争"等都是对礼乐在人们道德品质培养方面习染作用的表述和论证，除此之外，乐也关系到政之治乱、国之兴亡。《礼记·乐记》称："治世之音安以乐，其政和。乱世之音怨以怒，其政乖。亡国之音哀以思，其民困。声音之道与政通矣。"就乐的教化作用和意义而言，唐代统治者也有非常清楚的认识。唐高祖武德九年，"诏太常少卿祖孝孙、协律郎窦琎等定乐"①。祖孝孙以"大乐与天地同和"之理，制十二和乐，"以法天之成数，号大唐雅乐：一曰豫和，二曰顺和，三曰永和，四曰肃和，五曰雍和，六曰寿和，七曰太和，八曰舒和，九曰昭和，十曰休和，十一曰正和，十二曰承和。用于郊庙、朝廷，以和人神"②。十二和乐的制定，说明统治阶级对于乐在教化人心方面的作用有充分认识。有唐一代，礼乐并兴，雅颂之声有效行使着道德教化功能，这是对儒家乐教传统的实践，其目的在于通过这样的方式以实现对民众、社会和国家的治理，进而有助于国家和社会的稳定。

2. 儒家士子为官理政过程中的教化思想实践，进一步丰富了儒家教化思想，扩大了社会影响。由于科举制度对士子考试教材的规定，所以，无论哪一科的及第者都在更深层面上接受了儒家思想的精髓，他们也在随后的治国理政实践中发扬了儒家精义，在美风化俗方面着力颇多。韩愈天性聪慧，年少时候就能通"六经"和百家学。他宣扬儒家精义方面最大的影响就是在唐宪宗元和十四年（公元819年），上书反对宪宗迎佛骨一事。他在《谏迎佛骨表》奏折中以儒家理义反对大兴佛事，以上古圣贤未有佛事而长寿安康、国运长久和宋、齐、梁、陈虽事佛渐谨，然年代尤促，以至于梁武帝饿死台城之结局相对比，以表明"佛不足信"。在此基础上，他进一步对迎佛时候百姓"灼顶燔指，十百为群，解衣散钱……老幼奔波，弃其生业……伤风败俗，传笑四方"

---

① 《新唐书·志第九·礼乐九》。
② 《新唐书·志第十二·礼乐十二》。

的弊端予以批判。随之笔锋一转，站在儒家正统地位的角度称："佛本夷狄之人……口不道先王之法言，身不服先王之法服，不知君臣之义、父子之情……孔子曰：'敬鬼神而远之。'……乞以此骨付之水火，永绝根本。"① 宪宗对此极为震怒，将其贬为潮州刺史，后移袁州。韩愈贬佛扬儒的做法，实乃对儒家倡导的君臣之义、父子之情等基本伦常观念的维护，也是对大唐礼制规约的认可。他并不希望因为大兴佛事而废弃了基本的伦常教化。这种情怀和理想在他潮州刺史任上给皇帝的谢表中再次得到了表达。他在谢表中就宪宗对天宝以后的社会治理之功予以褒扬，并称"宜定乐章，以告神明，东巡泰山，奏功皇天，具著显庸，明示得意，使永永年服我成烈"②。韩愈此言虽有报皇帝不杀之恩，并期望再得重用之意，但也说明其骨子里的儒家道统意识是非常鲜明的。韩愈的事迹充分说明科举制度在促进儒家教化思想传承和发展方面强大的影响力。如果失去制度保障和教材规范，儒家思想的传承，教化思想及其实践都有可能遇到更大的挫折。该点也为唐代多出忠义、孝友、列女所证明。据欧阳修、宋祁所撰《新唐史》记载，有唐一代记入"忠义"列传的有三卷59人，"孝友"列传的一卷26人，列女列传的一卷47人，外加"循吏"列传一卷26人，"儒学"列传三卷68人。这些被史家记入各自篇目的人物，均是饱读儒家经典的硕儒，他们在各自岗位和领域内均以儒家义理治国理政，为民解忧排难，对于地方建设和风俗向化贡献良多。如颜真卿、颜杲卿兄弟在安史之乱期间，勤王护国，先后罹难，然二人仁义忠孝及不屈不挠的反抗精神也为后世所铭记，世人称呼颜真卿为"鲁公"，可见其忠义行为对社会的影响之大。史书为此感叹称："呜呼，千五百岁，其英烈言言，如严霜烈日，可畏而仰哉！"③

综上所述，有唐一代通过科举制度保障了儒家正统的意识形态地位，推行和弘扬儒家教化思想，培养了大批德才兼备的高级官僚队伍，相较于之前的察举制和九品中正制，体现出了任人唯贤，唯才是举的公平原则和精神，为社会风俗美善以及人人学儒提供了榜样。礼乐制度的设计，儒士

---

① 《新唐书·列传第一百零一》。
② 同上。
③ 《新唐书·列传第七十八》。

的教化实践也完善了儒家教化体系和思想,儒家忠义孝友的理念更加深入人心,在社会各个阶层都产生了深远的影响,为后世儒家教化思想发展奠定了基础。唐穆宗曾有诏令称:"将欲化人,必先兴学,苟升名于俊造,宜甄异于乡间。各委刺史县令,招延儒学,名登科第。"[1] 可见,在统治者眼里,化人、兴儒、登科及第是一以贯之、相互促进的。一方面,科举促进了儒家教化思想深入人心,另一方面,儒家教化思想的广泛传播也为科举制度逐渐完善和巩固提供了条件。当然,科举制度也开了文化专制的先河,使儒家士子的思想逐渐变得僵化,影响了创造精神的发展。

---

[1] 《全唐文》,穆宗《南郊改元德音》。

第三章 儒家教化思想的完善时期

纵观宋、元、明、清四朝，各个朝代相对国运长久，加之朝代更替之际，基本没有陷入长时期的动乱，由此保证了儒家教化思想进入到了一个接续发展并逐步完善的时期。总体而言，完善的标志在纵向上实现了上至中央、下到地方的一以贯之的教化体系，儒家教化思想被全社会接纳和贯彻、遵守。横向上教化内容和形式基本固定和统一，制度性教化的体制和机制完全建立，全社会形成了浓郁的教化环境；教化对象的范围扩展至社会每一个成员，社会各阶层、各年龄段成员都有了相对应与适合的一整套教化机制；教化介体如手段、方法及经典书籍等载体也更加丰富多样，它们为儒家教化实践提供了各种条件。总而言之，儒家教化思想在这个时期最终发展成为一套与国家政治社会发展相适应的，对人的道德发展与培养起到重要影响的、集思想与实践为一体的完整体系。

第一节 宋代的教化思想

经历了五代十国的大混乱、大割据之后，北宋王朝重拾礼制规约，意图"以文化成天下"[1]，纠正伦常，安定百姓，加强社会控制和稳定。为此在科举取士、教材体系颁布、设定等各方面做了一系列工作，加之社会经济发展水平空前提高，为儒学发展带来了新的契机，两宋前后涌现了众多儒学大家，实现了儒学历史的一次伟大复兴。以朱熹等人为代表的教化思想和大批儒学士大夫的教化实践对元、明、清三代都产生了深远影响。

一 两宋时期儒家教化思想发展概略

1. 在科举取士的制度性保障基础上，北宋最高统治者通过进一步改

---

[1] 赵与时：《宾退录》，上海古籍出版社1983年版，第117页。

革,实现了对天下学人的控制和引领。北宋立国之初,儒学在柳开、王禹偁及"宋初三先生"胡瑗、孙复、石介等人的倡导下迅速复兴。教化环境一改五代十国时候的混乱,儒学教育制度化渐成趋势,全社会学习经学的风气呈现蓬勃向上之势。[①] 宋太祖吸取唐朝藩镇割据带给国家四分五裂的教训,在科举取士方面首先进行改革,以图通过教化示范的榜样带动作用,来加强思想文化领域的控制。他崇文抑武,"用天下之士人,以易武臣之任事者,故本朝以儒立国,而儒道之振,独优于前代"[②]。大力设科取士,在政策导向上隆儒崇经,通过新增殿试、临轩唱第、赐第等一系列制度的改革,确立科举考试的三级制,亲自掌握科举取士大权,最终超越前代,将天下士子收归为"天子门生",此举意义在于打破了宋代以前"门生"、"座主"式的格局,使皇帝牢牢掌握了庞大的官僚队伍。[③] 自此以后,有宋一代,"兵皆天子之兵,财皆天子之财,官皆天子之官,民皆天子之民,纪纲总摄,法令明备,郡县不得以一事自专也……天子夙夜忧勤于其上,以义理廉耻婴士大夫之心,以仁义公恕厚斯民之生,举天下皆由于规矩准绳之中,而二百年太平之基从此而立"[④]。宋太祖的这一做法,直接将天下学人收归到以皇帝为核心的周围,当政出一门、令出一人之后,天下规矩准绳的制度性力量自然显示出来,于思想文化领域的控制自不待言,儒家教化思想的推进和发展由此而减轻了许多阻碍,这是较之前历史时期从未有过的现象。

与此同时,中央政府对科举考试内容进行改革和调整,最明显的变化就是改变唐代以来诗、赋取士的标准,转向经义之学,策论在考试中的地位提升。欧阳修等人利用负责科举的机会,全面落实了经义取士,科举士子们由此改变了过去的训诂之法,开始结合现实大力发挥阐释新义。苏轼的答题试卷为此得到欧阳修的赞赏。他对这种变革描述称:"昔祖宗之朝,崇尚辞律,则诗、赋之士,曲尽其巧。自嘉祐以来,以古文为贵,则

[①] 汤一介、李中华主编,陈来等著:《中国儒学史·宋元卷》,北京大学出版社2011年版,第3—4页。

[②] 《宋史·列传第一百九十五·儒林六·陈亮》。

[③] 龚延明:《论宋代皇帝与科举》,《浙江学刊》2013年第3期。

[④] 《宋史·列传第一百九十五·儒林六·陈亮》。

策、论盛行于世，而诗、赋几至于熄。"① 在此种制度导向下，从宋神宗确立王安石"新学"的官学地位，颁定《三经新义》和《字说》为科举考试的辅导教材与考校标准开始，"以经术为本，探求宜于今的治国之道"就再也没有动摇过。甚至在考试中明文规定不许引用申、韩、释氏之书，不得在《老子》、《列子》、《庄子》范围内出题。到了宋理宗时期，"二程"、朱熹等创立的道学成为宋学的主流，大力崇奖理学，同时圈定周敦颐、张载、程颢、程颐、朱熹从祀孔子，并颁科举诏，强调"国家以儒立国"，以使孔孟之道"大明于世"，"以副朕详延之意"。② 统治者前后相继的导引举措，完全确立了儒学在两宋时期的统治地位，为儒家教化思想的发展和实践打下了坚实的基础。

2. 在唐朝基础上进一步统一儒家教材，借助印刷术的发展，实现了儒家典籍数量的快速增长，思想领域儒学独尊地位进一步巩固，并产生了深远的历史影响。宋真宗时期，九经及第的名儒邢昺"受诏与杜镐、舒雅、孙奭、李慕清、崔偓佺等校定《周礼》、《仪礼》、《公羊》、《穀梁》、《春秋》、《孝经》、《论语》、《尔雅义疏》"③。景德二年，当皇上问及国子监儒家典籍藏量时，他回答称从立国之初的不及四千已经发展到了十余万，"经、传、正义皆具……版本大备，士庶家皆有之，斯乃儒者逢辰之幸也"④。同为九经及第的孙奭也对《孟子》进行了注疏。至此，清代学者阮元主持校刻的《十三经注疏》业已完备，为儒学思想传播提供了保障。应特别提出的是朱熹在此一方面的贡献。朱熹作为宋代理学的集大成者，"其为学，大抵穷理以致其知，反躬以践其实，而以居敬为主。尝谓圣贤道统之传散在方册，圣经之旨不明，而道统之传始晦。于是竭其精力，以研究圣贤之经训。所著书有：《易本义》、《启蒙》……皆行于世。熹没，朝廷以其《大学》、《语》、《孟》、《中庸》训说立于学官"⑤。至此，"由'二程'在北宋开创的注重四书的学术运动，到朱熹手中真正定型和兴起，并借助后来朱子学派的努力发扬，使'四书'成为宋元明清

---

① 《苏轼文集》卷9《拟进士对御试策》，转引自龚延明《论宋代皇帝与科举》，《浙江学刊》2013年第3期。
② 龚延明：《论宋代皇帝与科举》，《浙江学刊》2013年第3期。
③ 《宋史·列传第一百九十·儒林一·邢昺》。
④ 同上。
⑤ 《宋史·列传第一百八十八·道学三·朱熹 张栻》。

儒学思想的新的经典体系"①。除此以外，两宋时期，无论是山野学者，还是朝廷士大夫群体，也都像邢昺、朱熹一样注重儒家典籍的整理和辨析，他们在各自时代都对儒家经学义理的丰富做出了巨大贡献。如孙复著《春秋尊王发微》，范仲淹著《易义》，司马光著《温公易说》，王安石著《诗义》、《书义》、《周礼义》合称"三经新义"，周敦颐著《太极图说》，张载的《正蒙》，直至"二程"道学话语的建构，都表明儒家教化思想在儒学的昌盛背景下获得了发展和完善的基础。

3. 两宋硕儒在理论上不断取得突破，丰富和推进了教化思想。欧阳修直追上古三代，建议定本末，知先后，然后行教化，天下则可治矣。他说："天下之事有本末，其为治者有先后。尧舜之书略矣，后世之治天下，未尝不取法于三代者，以其推本末而知所先后也。三王之为治也，以理数均天下，以爵地等邦国，以井田域民，以职事任官。天下有定数，邦国有定制，民有定业，官有定职。使下之共上勤而不困，上之治下简而不劳。财足于用而可以备天灾也，兵足以御患而不至于为患也。凡此具矣，然后饰礼乐、兴仁义之教以道之。是以其政易行，其民易使，风俗淳厚，则王道成矣。"②

王安石的教化思想由于其地位和变法的原因，也对宋代社会产生了重要影响，在儒家教化思想发展史上居于重要地位。王安石在人性论上主张性善恶混说，并在反对"性善情恶论"的基础上提出性情同一论。③ 他说："性有善有恶，固其理也。"所以，他不同意孟子、荀子及韩非等人单独言性是善、恶的观点，而是返归孔子，将性的善恶与人后天的塑造培养联系起来，称："孔子曰：'性相近也，习相远也。'吾是以与孔子也。

---

① 汤一介、李中华主编，陈来等著：《中国儒学史·宋元卷》，北京大学出版社2011年版。
② 《欧阳修全集·本论上》，中华书局2003年版，第860页。
③ 张建民在其《王安石人性论的发展演变及其意义》（《孔子研究》2013年第2期）一文中分析认为，王安石的人性论经历了性善说、性善恶混说和性不可善恶言说三个阶段，最终落脚为性善恶混说，在理论上为理学和心学发展以重要影响，在实践上为其变法提供了理论依据。对于其性不可以言善恶的观点，有学者对此也非常重视，如刘文波在其《论王安石的人性观》（《湖南师范大学》（社会科学学报）2005年11月）一文中，不仅将此观点看作王安石的主要人性观，而且发掘总结认为王安石还提倡"性情为一"、"善恶由习"等主张，它们都是王安石对前人人性论思想的改造。本书之所以接受其"性善恶混同"的观点，是因为"性善恶不可言说"的观点其实内在包含的逻辑就是善恶均是客观存在的，只有通过后天所习才能改造和提升人性，儒家教化由此才具备了必要性与可能性。

韩子之言性也，吾不有取焉。"① 但是，为了解释人性表现出的善恶问题，他在批判时人主张的"性善情恶论"基础上，提出了性情同一说。他说："世有论者曰'性善情恶'，是徒识性情之名而不知性情之实也。喜、怒、哀、乐、好、恶、欲未发于外而存于心，性也；喜、怒、哀、乐、好、恶、欲发于外而见于行，情也。性者情之本，情者性之用，故吾曰性情一也。"人性之所以表现出善恶差别，全在于后天的教化塑造能否起到积极作用。为此他接着说："君子养性之善，故情亦善；小人养性之恶，故情亦恶。"② 如此一来，王安石就必须考虑如何保证人性向善的问题，因为这个问题关系到国家社会的健康发展，选贤用能，培养圣贤君子，只有发挥儒家教化功能才是正确的途径。于是，他提出了"陶冶成才观"③。陶冶成才就是通过礼乐教化手法塑造人们的高尚品德。他说："余闻之也，先王所谓道德者，性命之理而已。其度数在乎俎豆钟鼓管弦之间，而常患乎难知，故为之官师，为之学，以聚天下之士，期命辩说，诵歌弦舞，使之深知其意。"④ 所谓"俎豆钟鼓管弦"讲的就是礼乐教化，为此他专门论证礼乐教化对人成长的陶冶作用。他称："礼始于天而成于人"⑤，"礼乐者，先王所以养人之神，正人气而归正性也"⑥。礼的本质在于规范人们的行为，对因为人性恶释放出来的各种丑恶现象予以遏制和规范，以维护和谐的社会秩序，只有"约之以礼"才能保证社会走向良风美俗。

程颢作为有巨大影响力的鸿儒，在前人基础上阐释了社会大环境对人的道德成长的重要意义，认为古今差别不仅体现在制度和器物的表面，也体现在社会的"风气"中。因为社会风气的好坏，取决于教化能否到位和有效。他通过古今对比，称："古人虽胎教与保傅之教，犹胜今日庠序乡党之教。古人自幼学，耳目游处，所见皆善，至长而不见异物，故易以成就。今人自少所见皆不善，才能言便习秽恶，日日消铄，更有甚天理。须人理皆尽，然尚以些秉彝消铄尽不得，姑且恁过，一日之中，起多少巧

---

① 《临川先生文集》卷六十八《性说》。
② 《临川先生文集》卷六十七《性情》。
③ 黄明喜：《论王安石的陶冶成才观》，《华东师范大学学报》（教育科学版）2000年第1期。
④ 《临川先生文集》卷八十二《虔州学记》。
⑤ 《临川先生文集》卷六十六《礼论》。
⑥ 《临川先生文集》卷六十六《礼乐论》。

伪，萌多少机阱。据此熏蒸，以气动气，宜乎圣贤之不生，和气之不兆也。寻常间或有些时和岁丰，亦出于幸也。不然，何以古者或同时或同家并生圣人，及至后世，乃数千岁寂寥?"[1] 在社会风气能够影响人的德性是否健康成长前提下，只有通过儒家教化以改造社会风气才能解决。

综上所述，两宋时期作为我国古代思想史上一个非常重要的思想争鸣和文化繁荣时期，在此期间，儒学发展势态良好，大家频出，教化思想也随之获得了创新和发展。欧阳修、王安石、程颢等人的教化思想在前人基础上都有所突破，从而为儒家教化实践的进一步发展奠定了理论基础。另外需要指出，诸如张载、朱熹等人的理论贡献亦不可忽视，他们共同为儒家教化思想体系走向完善和成熟贡献出力量，对后世儒家教化思想发展及实践产生了深远的影响。

二 宋代儒家教化思想实践的发展完善

宋代儒家教化思想的实践形式进一步丰富，力度进一步加强，新的教化实践形式不断推广并巩固。主要表现为：兴起和巩固了以儒家典籍为本的私人讲学活动，书院数量和规模在政府的扶持下不断增加和扩大；蒙学、家训等教化载体继续发展兴盛，特别是以蓝田《吕氏乡约》为代表的全新教化形式成为宋代教化史上具有划时代意义的里程碑。[2]

1. 私人讲学活动和书院的兴起与长盛不衰，为传播和推广儒家教化打造了良好的人文环境土壤，促进了社会的人文教化水准。两宋大儒，大都通过科举及第，但主要供职于国子监等学府机构，所以，著书讲学就成为他们的主要工作。对宋明理学形成和发展有着直接影响的周敦颐，虽然身在宦途，但他道继孔孟，著《太极图说》，躬亲讲学，程颢、程颐兄弟皆问学于他，从而开道学风气之先。经"二程"到朱熹，所谓道学"大抵以格物致知为先，明善诚身为要，凡诗、书、六艺之文，与夫孔、孟之遗言，颠错于秦火，支离于汉儒，幽沉于魏、晋、六朝者，至是皆焕然而

---

[1] 《二程集》，转引自陈来等《中国儒学史·宋元卷》，北京大学出版社2011年版，第183页。

[2] 张雪红：《传播与转型：走向生活世界的宋代社会教化研究》，博士学位论文，华东师范大学，2010年。

大明，秩然而各得其所……后之时君世主，欲复天德王道之治，必来此取法矣"①。可见作为道学一派的讲学活动大都取法孔孟，以追求道德至善为要，对于接续儒家道统起到了重要作用。

宋代儒士的讲学活动大都在书院中完成。书院本是藏书之所，但由于宋代统治者的鼓励和表彰，而成为集藏书与教育、教化为一体的文化活动场所，最终演变为宋代展开社会教化的主要阵地。其教化功能主要通过两条路径来实现：一是"通过书院士人道德品质的培养而范导社会，产生教化效果"，二是"对当地其他社会成员直接进行教化"②。两宋时期著名的书院如白鹿洞书院、岳麓书院等均由皇帝御赐匾额，并御赐大量儒家经典教材，书院将此视为自身发展和推行教化的动力，并修筑"尊经阁"或"藏书楼"等以示对皇恩和儒家典籍的尊崇。在书院的教学中，教师在教学过程中，"着重教人'明理'、'做人'，将加强学生的道德涵养作为讲学的终极目的，即便是一般文化知识的教学，也始终贯穿着强烈的思想性"③。朱熹在白鹿洞书院和岳麓书院讲学时，不但以讲授《大学》、《论语》、《孟子》、《中庸》为务，而且辑纂成《四书章句集注》，作为学生的主要教材。另外，书院也特别注意培养学员良好的日常生活习惯，以加强和促进道德水平的提高。如以设立德行簿、劝善规过簿的形式，以类似于现代教育的量化考核形式，来考察学生的道德品行，具体到尊师敬长、孝敬父母，否则就会被驱逐和除名。除此之外，为保证教化的全面性，书院也经常性开展祭祀活动。书院通常设置崇道祠、崇德祠、宗儒祠、乡贤祠等"专祠"，以祭祀先圣孔子，配以颜渊、曾参、子思、孟子"四圣"，书院意图借此"入其堂俨然若见其人"的方式来培养学生见贤思齐，以收心底感化之效。总而言之，私人讲学和书院教化在两宋时期呈现出一种相互配合、共同推进的态势，这为儒学传播和儒家教化思想走向更广阔的社会领域提供了巨大的动力和契机。

2. 蒙学养正和家庭教化得到全方位实践，为儒家思想社会化、大众化提供了便捷。《易经》有言，"蒙以养正，圣功也"。所以，我国历来重

---

① 《宋史·列传第一百八十六·道学一》。
② 肖永明、刘平：《书院社会教化的实施途径》，《教育评论》2003年第3期。
③ 谢长法：《宋元时期书院的教化功能刍议》，《山西师范大学学报》（社会科学版）2008年第1期。

视孩童的启蒙教育,蒙学教材也早已有之。西周宣王时期,史官即编纂有《史籀篇》,《汉书·艺文志》称其为"周时史官教学童书也"。考据大师王国维肯定了段玉裁对其"四言成文,如后世《仓颉》、《爰历》之体"的评价,认为它实为"字书之祖"①。汉魏六朝时期的《千字文》则持续影响到唐代。随着宋代经济文化的不断繁荣,特别是国家重文兴儒政策的鼓励,加之印刷术的推动,促使各类蒙学教材读物如雨后春笋般涌现,这是社会发展现实需要的表现。为此蒙学教材在《千字文》的基础上,又增加了《三字经》、《百家姓》、《杂字》等蕴涵儒家教化义理的识字类读本,也出现了由朱熹等大儒特意编纂的、以培养道德品行和儒家纲常伦理为主要目的的蒙学教材。朱熹编有《小学》和《童蒙须知》;吕本中有《童蒙训》、《少仪外传》。朱熹的学生程端蒙编纂的《性理字训》则更具有代表性。这些蒙学教材首先注重培养孩童良好的行为习惯。如朱熹在《童蒙须知》里写道:"大抵为人,先要身体端整。自冠巾、衣服、鞋袜,皆须收拾爱护,常令洁净整齐";"凡脱衣服,必整齐折叠箧中。勿令散乱顿放……著衣既久,则不免垢腻,须要勤勤洗浣";"凡为人子弟,当洒扫居处之地,拂拭几案,当令洁净"。其次是培养儒家标准的伦理道德规范。南宋陈淳编写的《经学启蒙》以仁义礼智、孝悌忠信之类的伦理道德为核心,以孩童容易接受的三字言开篇称:"天地性,人为贵。无不善,万物备。仁义实,礼仪端。圣与我,必同然。性相近,道不远。君子儒,必自反。学为己,明人伦。"这种三字言形式,在孩童的大声朗读中将君臣、父子、夫妇、男女、长幼、朋友之道,言行、居思、视听、容貌之节深深根植于孩童的意识形态之中。总之,两宋时期蒙学读物对儒家教化思想传播起到重要作用,在历史上占据一个承上启下的特殊地位,在继承唐代蒙学读物的基础上,进一步发展和完善了蒙学体系,经定型与成熟后被元、明、清诸朝沿用承袭,再未见有结构性的重大变化,可见其影响是深远的。②

宋代家庭教化在两汉、魏晋南北朝基础上继续发展和完善。一方面突出表现为突破世家大族子弟的范围,庶族乃至平民百姓家的孩子都较之前时代得到了比较好的启蒙教育。如范仲淹二岁而孤,求学期间生活

---

① 王国维:《史籀篇疏证序》,参见徐梓《蒙学读物的历史透视》1996年。
② 王有英:《宋代日常读物与社会教化》,《西华师范大学学报》(哲社版)2004年第6期。

困顿至极，常以"糜粥继之"。欧阳修四岁而孤，其母以至于"以荻画地，教之以书"。类似"朝为田舍郎，暮登天子堂"的例子层出不穷，都说明两宋家庭教育的成功。这与蒙学、乡学、地方讲学活动及各类蒙学读物的发达不无关系，使全社会形成了一种读经识字的良好风尚，也受到了捍卫儒家文化传统、提振儒家精神的上层知识精英的鼓励，他们也希望通过大规模的平民教育教化实现"为天地立心，为生民立命，为往圣继绝学，为万世开太平"的道德理想。家庭教育另一方面的进步还表现在家训、家诫类读物及规约较南北朝时期丰富而多样，并在内容和教化指向上得到升华。自颜之推《颜氏家训》后，士大夫越加倾心于以家训、家诫的形式展开对家族子弟的德性教化。司马光的《家范》、《居家杂仪》、《训俭示康》以及被称为"《颜氏家训》之亚"的《袁氏世范》都是代表。

两宋家训的主要内容，除了接续前人所提倡的修身治家、敦亲睦族、敬老爱幼、节俭戒奢、勉学立志等一系列高尚品行，最为发展的一点是将个人家国命运联系在一起。换言之，两宋儒士心目中所期望和要求的修身、齐家、治国、平天下的理想在家训家诫中得到充分体现，为此他们超越了单纯的家庭这一"私域化"理想，而上升到了国家、社会层面。如郑太和在其《郑氏规范》明确要求："子孙有出仕者，当蚤夜切切，以报国家为务，抚恤下民，实如慈母之保赤子……又不可一毫妄取于民。"、"子孙出仕，有以赃墨闻者，生则于谱图上削其名，死则不许入祠堂。"有学者言，宋代家训从其写作目上为基层社会"立法"，端正基层社会风俗的认识却十分明确，写作手法和内容上也都体现出了鲜明的社会化趋向，"不但要'修己型家'，更要'型方训俗'，即端正民间社会风俗，为社会立法。因此，家训走出了私家的空间而成为'社会话语'广泛弥散于民间社会，成为政府控制民间社会无孔不入的权利"[①]。

综上所述，两宋时期无论是蒙学教材的丰富还是家庭教育水平的提高，都表明儒家教化在更广阔和更深层次上得到发展。以理学家为代表的宋代儒士"以异常的文化自觉，从理论和行动上，捍卫封建文化传统，试图通过重振儒学，实现因此他们要寻找一条能将其思想意识直接传播到普通民众中间的最佳途径"。"童蒙读物从通都大邑推广到穷乡僻壤，为

---

① 刘欣：《宋代家训研究》，博士学位论文，云南大学，2010年。

广大村夫俗子、黄口小儿所口诵心传，使高深的儒家性理精义俗化普及于民间，将封建的伦理说教转换为人们日常生活的行为规范要求，从客观上促进了精英文化向大众文化的转变。"① 从而顺理成章地发挥出了儒家思想文化的社会教化使命和价值导范功能。

3. 乡约教化模式的建立和推广，保证了儒家教化"超越了家庭、家族的视野和观念，直接植入社会公共舆论领域"②。乡约滥觞于晚唐五代时期的敦煌"私社"，私社"社条"的相关规定侧重于私社成员之间的相互监督和训诲，它是保持礼教延续的主要教化方式之一，体现了基层民众自我约束的自觉性，是封建家庭伦理关系在社会层面进一步延伸的表现。③ 到了宋代，私社进一步扩大规模，发展成以某个乡或数个乡为地域的乡社组织，乡社的功能和任务主要是防御和抵抗外族的入侵。至神宗时期，王安石为了加强国家对乡村的控制，实现"保甲法"的目的，开始限制乡社活动和武装。与此同时，吕大防、吕大钧兄弟创《吕氏乡约》于蓝田。其出发点在于"凡同约者，德业相劝，过失相规，礼俗相交，患难相恤，有善则书于籍，有过若违约者亦书之，三犯而行罚，不悛者绝之"④。

《吕氏乡约》的主要目的在于防范盗贼，保证乡村社会的秩序稳定。由于吕氏兄弟皆为"关学"创始人张载的学生，所以，他们创立的《乡约》是对张载"学贵致用"、"躬行礼教"传统的实践，试图以礼教为准，通过德业相劝、过失相规、礼俗相交、患难相恤四个方面的具体规定，来设定立业、修身、交友、齐家的行为规范以及处理乡党邻里关系的准则。⑤ 虽然在施行过程中，一方面由于注重儒家礼仪，导致形式过于烦琐，乡民没法参与更多的礼制规约的实践。另一方面，由于其出自民间士

---

① 郭娅：《宋代童蒙教育兴盛的原因及意义》，《湖北大学学报》（哲学社会科学版）2003年第1期。

② 张雪红：《传播与转型：走向生活世界的宋代社会教化研究》，博士学位论文，华东师范大学，2010年。

③ 祁晓庆：《儒学教化中的民间结社——以社条、乡约为中心的考察》，《社会科学家》2010年第4期。

④ 《宋史·列传第九十九》。

⑤ 参见金滢坤的《论唐五代宋元的社条与乡约（二）——以吕氏乡约、龙祠乡社义约为中心》，《敦煌研究》2008年第1期。

绅阶层权力场域，与中央集权的君主专制制度下的权力授予形式形成了尖锐的矛盾冲突，①导致效果不太明显。但由于其本身的力量，的确有助于移风易俗和民众教化，使地方社会风气好转。张载为此称赞吕大钧，说："秦俗之化，亦先自和叔有力焉。"明代的冯从吾也认为推行《乡约》使"关中风俗为之一变"②。这种效果从后来朱熹增损《吕氏乡约》，并由政府将其引入大学讲堂，编行刊布为小学课本等得到了证明。总而言之，期冀通过社会治理来实现民众道德品行和社会风尚提高的道德规范普及运动，"将社会教化的综合性与开放性集于一体，是较为理想的社会教化途径和方式，具有广阔的开发空间和开发价值"，以至于为后来中国社会基层控制与治理的主要形式——乡约里甲制度开辟了道路。③

综上所述，两宋时期教化思想实践形式的发展与创新都表明该理论在更广阔的范围内得到普及和宣传，教化民众的作用和效果也愈加显著，扩大了儒家精神义理的社会影响力，极大地推动了国家在政治、社会层面的控制，统治阶级越加将儒家教化纳入到治国理政范围之内，官方色彩日渐浓重。

三 朱熹的教化思想和实践

两宋时期丰富和发展儒家教化思想者甚众，之所以单独论述朱熹的教化思想和实践，原因在于他是两宋教化思想在理论发展和实践方面的集大成者。史家转载其弟子黄榦对他的评价，称："道之正统待人而后传，自周以来，任传道之责者不过数人，而能使斯道章章较著者，一二人而止耳。由孔子而后，曾子、子思继其微，至孟子而始著。由孟子而后，周、程、张子继其绝，至熹而始著。"④可见他在儒家思想发展史上居于相当重要的地位，教化理论作为他学术思想的一部分，也成为教化思想发展史上的关键一环。

---

① 杨建宏：《〈吕氏乡约〉与宋代民间社会控制》，《湖南师范大学社会科学学报》2005年第9期。

② 分别见张载《张子全书》卷14《性理拾遗》，商务印书局馆《四部丛刊》本；冯从吾撰《少墟集》卷19《关学编一》，四库本。

③ 张雪红：《传播与转型：走向生活世界的宋代社会教化研究》，博士学位论文，华东师范大学，2010年。

④ 《宋史·列传第一百八十八·道学三》。

朱熹从绍兴十八年（公元 1148 年）进士及第，到庆元六年（公元 1200 年）"正坐整衣冠，就枕而逝"的 50 余年间，无论短暂的出仕为官，还是长时期辞官讲学，都将儒家教化思想和实践作为工作、生活的主务，其教化思想和实践在此概述如下。

1. 朱熹的教化思想

首先，朱熹肯定儒家思想在治国安邦方面的优势和长处，将儒家所提倡的教化和社会发展、稳定及人的成长联系起来论证教化的意义。史载朱熹针对宋孝宗着重留意老子、释氏之学的现状，直陈此举有失偏颇，以维护儒家治国理念的地位。他说："夫记诵辞藻，非所以探渊源而出治道；虚无寂灭，非所以贯本末而立大中。帝王之学，必先格物致知，以极夫事物之变，使义理所存，纤悉毕照，则自然意诚心正，而可以应天下之务。"针对金国的入侵和国家的疲弱，他建议"愿断以义理之公，闭关绝约，任贤使能，立纪纲，厉风俗……徐起而图之"①。透过这些政论，可见朱熹非常重视儒学及其教化思想在治国理政方面的指导意义。绍兴十五年，为挽救天下颓势，他再次上书，主张进行"振举纲纪"、"变化风俗"、"爱养民力"和"修明军政"等具有儒家教化色彩的改革，② 可见教化在其为官讲学和著书立说事业中的重要地位。

朱熹之所以将四项与教化相关的内容列入国之急务，是因为"教化之行，挽中人而进于君子之域；教化之废，推中人而堕于小人之涂"③。所以，无论是哪一方面，都关系到人的素养问题。大臣有吏德，方可选贤任能，民众有主动向善崇德慕贤之意，则便于治理而实现社会大化。所以，一方面，坚持选拔品性纯洁的良吏担当起教化乡里、化民成俗的职责，以解国家之忧，因为"如必自尽其孝，而后可以教民孝。自尽其悌，而后可以教民悌"④；另一方面，他也认为"用一善人于一国，则一国享其治。用一善人于天下，则天下享其治。于一邑之中去一恶人，则一邑获其安。于一乡之中去一恶人，则一乡获其安。岂是不周？"⑤ 既然道德力

---

① 《宋史·列传第一百八十八·道学三》。
② 同上。
③ 黎靖德：《朱子语类》，中华书局 1986 年版，第 2685 页。
④ 同上书，第 493 页。
⑤ 同上书，第 524 页。

量如此巨大，那么为何不继承圣人之教而大兴礼乐教化呢？所以他坚持礼乐教化之道，以求使圣贤之道化民于心。另外，他也将礼乐之教与刑政之教作对比，发现礼乐教化更容易教民以德、善民使众，为此必须坚持德礼为本的教化之道。"愚谓政者为治之具，刑者辅治之法，德、礼则所以出治之本，而德又礼之本也。此其相为终始，虽不可以偏废，然政、刑能使民远罪而已，德礼之效，则有以使民日迁善而不自知。故治民者不可徒恃其末，又当深探其本也。"①

其次，朱熹赞成孔子先富而后教的观点，提倡给民以实，导而化之。他在《四书章句集注》中就孔子的庶、富、教的观点评论道："庶而不富，则民生不遂，故制田里，薄赋敛以富之。"、"富而不教，则近于禽兽。故必立学校，明礼义以教之。" 在这里他采用循序渐进之法，表达了自己的教化主张。

再次，朱熹主张将家庭、学校、社会和国家看作整体，儒家伦理教化应该贯穿于学校教育、家庭蒙养和社会规约的全过程，以为国家培养出德行高洁的人才，推动理想治世目标的实现。

一方面，他特别重视家庭教化对人的道德成长和家国情怀培养的重要性，因为在他看来，家是联系个人和社会及国家的纽带，家国一体，一个人如果不能"齐家"，不具备孝、悌、慈等道德品行，那么治国平天下就是比较难以办到的事情。将"治国必先齐其家"理解为"身修，则家可教矣；孝、悌、慈，所以修身而教于家者也；然而国之所以事君事长使众人之道不外乎此，此所以家齐于上，而教成于下也"②。为此，他在家庭教化中提倡孝为百行之源，将其放置于五伦之首，认为"人能孝悌，则其心和顺，少好犯上，必不好作乱也"③。对于弘扬忠孝义理的家族，他也通过作序方法，继续表达他的这一观点。如琅邪王氏自魏晋南北朝以来作为世家大族，其谱牒修缮比较完备，他在龙图阁待制任上为《王氏族谱》专门作序，称："君亲一理，忠孝一道，忘之者谓之逆，遗之者谓之弃，□之者谓之□，无将之戒莫大于不忠，五刑之属莫大于不孝，为人臣所当鞠躬尽瘁，为人后所当慎终追远，而不可一毫或忽也今。阅王氏谱

---

① 朱熹：《四书集注》，岳麓书社 2004 年版，第 62 页。
② 朱熹：《四书章句集注》，中华书局 2011 年版，第 10 页。
③ 朱熹：《朱熹集》，四川教育出版社 1996 年版，第 55 页。

牒，上遡姓原之始，下逮继世之宗，明昭穆以尚祖也，系所生以尚嫡也，序长幼以尚齿也，列象赞以尚思也，非原本忠孝者能之乎噫！世之去祖未远问其自愦然者，愧于王氏多矣。"① 为了达到修身、齐家的效果，他认为应该将这些伦常观念通过施行日常礼制内化进家族子弟的血液中。他对家礼废弃带给人伦教化的损失非常痛心，称："呜呼！礼废久矣。士大夫幼而未尝习于身，是以长而无以行于家。长而无以行于家，是以进而无以议于朝廷，施于郡县，退而无以教于闾里，传之子孙，而莫或知其耻之不修也。"② 于是，他提倡设计一套标准的家族礼仪规范加强这方面的道德规训，为此他先后编著了《古今家祭礼》、《家礼》、《祭礼》等书，并上奏朝廷《乞颁降礼书状》、《乞增修礼书状》、《申严婚礼状》等奏章，建议国家颁行《政和五礼新仪》等礼制规约。朱熹之所以将孝、悌、慈等伦常道德放置如此重要的位置，并全力通过制度的规约来达到入耳、入眼、入心的效果，其目的指向更多在于由家而国，由遵守家庭中父子、兄弟、长幼之节的伦常，延伸到国家层面，而达成践行忠君伦理的目的。

另一方面，出于"君亲一理，忠孝一道"的思想原则，朱熹主张学校教育过程中必须贯彻儒家教化思想，以为国家培养忠君爱国，经世致用的人才。以当时的大学教育为例，朱熹晚年在《玉山讲义》中提出了学校教化的根本宗旨。他说："古之学者为己，今之学者为人，故圣贤教人为学，非是使人缀辑言语、造作文辞，但为科名爵禄之计，须是格物、致知、诚意、正心、修身而推之，以至于齐家、治国，可以平治天下，方是正当学问。"③ 该宗旨在他私学讲授过程中始终被贯彻和弘扬。他在白鹿洞书院整修之后订立学规，其中义理全部取自《孟子》、《论语》、《中庸》和《易经》等儒家经典。分别是"父子有亲，君臣有义，夫妇有别，长幼有序，朋友有信"，"博学之，审问之，慎思之，明辨之，笃行之"，"言忠信，行笃敬，惩忿窒欲，迁善改过"，"正其义不谋其利，明其道不计其功"，"己所不欲，勿施于人。行有不得，返求诸己"。这些规则简明扼要，第一条表明书院教化的核心内容和根本目的就是敦明"五伦"，后

---

① 朱熹：《题王氏族谱序》，成仁才、李跃宏责编：《王氏族谱》，甘肃省两当县文化体育局编印，2007年。
② 《朱子文集》卷八十三《跋三家礼范》。
③ 《朱熹集》卷74。

面四条皆是践行学习之法，学、问、思、辨、行清楚显示了明理与践履"五伦"的具体步骤。践行在这个过程中占据重要而关键的地位，所以要笃行义理，要迁善改过，要有正确的态度，坚持"己所不欲，勿施于人"的恕道原则。该学规充分显示出了朱子作为儒家理学的代表人，对学人士子格物致知目的的基本态度，那就是高扬儒家精义，追慕先贤品德，让自己成为一个道德高尚的人，能够为国家社会有所贡献的人。

此外，朱熹为了将修身、齐家、治国、平天下的理想贯彻落实，他也特别注重乡约在规范人伦，教化风俗方面的重要意义。当他发现《吕氏乡约》的重要意义后，为了将其推行开来，做了"增损"的工作，并在和同时代的张栻、吕祖谦、陆九渊等人的交往中明确表达了推广乡约教化的意图。他期望这一高于宗法血缘关系而建立起来的民间互助组织，能够达到"德业相劝，过失相规，礼俗相交，患难相恤"的基本目的，并在深层次上为政治稳定服务，即"彼此交警"、"教人善俗"。为此，淳熙年间，朱熹在权知南康军时，奏请朝廷称："请管下士民乡人父老岁时集会，并加教戒。间或因事反复丁宁，使后生子弟咸知修其孝悌忠信之行，入以事其父兄，出以事其长上。敦厚亲族，和睦乡邻，有无相通，患难相恤，庶几风俗之美不愧古人。一有以仰副圣天子敦厚风俗之意。"虽然由于各种原因（特别是政府的不支持），乡约推行遭遇到了巨大困难，但是他把乡约教化思想和功用阐明无误，也为后人打下了坚实的理论基础。

朱熹作为两宋后期具有代表性的大儒，深受"二程"、张载等人思想的影响，满怀"为天地立心，为生民立命，为往圣继绝学，为万世开太平"的理想，因此，他在著书讲学和出仕为官、打理地方政务的过程中，也积极践行着教化思想。这些教化实践具体表现在处理地方政务、办学讲学过程中。

2. 朱熹的教化实践活动

朱熹将教化作为人生第一任务，在其不长时间的地方官生涯中，努力展开各种教化活动，为地方文明进步作出了贡献。他于绍兴十八年进士及第，出任泉州同安簿之后，立即"选邑秀民充弟子员，日与讲说圣贤修己治人之道，禁女妇之为僧道者"[①]。每到一处，他不但"申敕令，严武备，戢奸吏，抑豪民"，而且"兴学校，明教化"延揽四方学者，为地方

---

① 《宋史·列传第一百八十八·道学三》。

社会发展贡献力量。① 他也特别重视地方贤达的榜样教化作用,每到一处,都要采取各种手段将他们作为淳风化俗的一种必要手段。例如他对潭州死于东晋王敦之乱的司马承,绍兴初年死于抗金战事的孟彦卿、赵民彦、刘玠、赵聿等五位贤达立庙树传,并请求朝廷敕与庙额。后又在知南康军期间,命人饬修刘凝之墓,建壮节亭以示尊崇。朱熹通过这种"庶以慰答忠魂,为天下万世臣子之劝"② 的方式,来实现他教化社会、美化风俗的目的。

朱熹在兴私学、办书院过程中,利用自己的影响力,广收门徒,积极弘扬儒家圣贤之道。终其一生,由他所创建、修复和讲学所及的书院达到六十余所,白鹿洞书院、岳麓书院经他的努力得以复兴。寒泉精舍、武夷精舍、考亭沧州精舍则成为中国儒学发展史上最为人乐道的讲习之所。南宋时期,由政府主导的中央官学、地方州县学呈现没落趋势,虽有完整建制,但已沦为科举附庸,难以承担起教化育人的重任。当政府主导的官学无法满足现实社会的需求之后,地方私学兴盛就成为顺理成章的事情。朱熹继承"二程"、张载等先贤通过私学广教化、美风俗的愿景。他一方面将教育作为化民导性的重要凭籍,号召民众将孩童送入学校,听取圣人的教诲,提升素养和德性。"人生八岁,则自王公以下至于庶人之子弟,皆入小学","及其十有五年,自天子之元子众子,以至公卿大夫元士之适子,与凡民之俊秀,皆入大学"③。在他的带动下,与其交好的吕祖谦、陈亮等人也都积极投入到兴学教化的事业中,南宋时期的私学发达与其推动和号召密不可分。

总而言之,朱熹通过自己的努力,坚决践行了一位儒家士人教化天下的责任,发展和创新了儒家教化思想理论,亲身体验和推广了各种教化举措,丰富了教化形式,相比较宋代其他儒士作出了更大的贡献。

综合以上宋代教化思想和实践,以及代表性人物朱熹的教化思想和实践的分析,可以发现,两宋时期,儒家教化思想和实践相较前代有了巨大发展。宏观而言,良好的教化环境和氛围完全形成,上至统治阶级,下至平民百姓,自觉将儒家义理作为安身立命的准则,并在儒家士人的带领

---

① 《宋史·列传第一百八十八·道学三》。
② 朱熹:《朱熹集》,四川教育出版社 1996 年版,第 798 页。
③ 同上书,第 3992 页。

下，自觉向善，国家、社会、家庭、个人完全融入儒家教化思想所涵括的时空之中。就教化思想理论本身而言，无论是欧阳修还是王安石，无论是"二程"还是朱熹，他们的思想观点都在前人基础上获得了突破，有学者夸赞他们的此种贡献，称作为"宋儒为改善当时利欲熏心、物欲膨胀的社会现实所开具的道德修养良方，对后世道德培养与道德观念影响甚大"[①]。"宋代生活世界的教化经验有力证明了教化能够积极有效地消除社会对抗与冲突，缓和阶级矛盾与对立的微妙功能。"对于"大一统"儒家历史观念彻底植入民众主体日常生活并得到普遍认同，起到了至关重要的推动作用。[②]

第二节 元代教化思想发展与实践

一般而言，受元代统治者推行人种等级制度和"七匠八娼，九儒十丐"阶层分类观念的影响，人们在传统观念中对元代儒学及儒家教化思想的发展持谨慎态度。但是必须明白，虽然元代落后的民族政策阻碍了社会发展，但蒙古族统治者仍然不能摆脱一个规律，那就是，当落后文化和落后民族以强大的武力征服先进文化和先进民族之后，他不可避免地必须顺应时代潮流，主动加入到自化、自为的学习与赶超历程中来。这是一条永恒的历史规律，即征服者"本身被他们所征服的臣民的较高文明所征服"[③]。所以，学界近年来对元代儒学及教化思想和实践情况的探讨改变了旧有思路，通过仔细查阅史料，发现元代不但发展了两宋时期兴起的儒家理学，而且在崇文重儒政策的引导下，最终建立起一整套仿照汉人政治制度的国家政权，更为重要的是完善了以理学为唯一考试内容的科举制度，从而确立了儒家思想的治国方针，也确立了理学在社会教化和国家意识形态中的统治地位，为明清教化思想奠定了基础。

一 元代儒学及教化思想发展概略

1. 元代统治者持续推进尊经崇儒之风，使儒家教化思想渗透并有效

---

① 张雪红：《传播与转型：走向生活世界的宋代社会教化研究》，博士学位论文，华东师范大学，2010年。
② 同上。
③ 《马克思恩格斯选集》第一卷，人民出版社1995年版，第768页。

教化了统治阶层。首先，注意保护儒家士人，为治国理政储备人才。成吉思汗东征西讨时期，汉族聚居地的儒家士人连同地方儒学教育体系遭到破坏。窝阔台时期，出于稳定中原地区战争需要的目的，耶律楚材"进说周孔之教"，倡言"孔子之教可行，儒者皆善人"①，竭力明言士人的重要，建议征服者不要乱杀无辜，而要量才是用，并自谦南宋之地士人才行均优于自己，希望朝廷对他们予以优待，并延揽之。在其推动下，蒙古灭金后，为了延揽北方儒士，于1238年进行了"戊戌选士"，录取儒士4030人，开元朝"儒户"之滥觞。汴梁城破前夕，寻得孔子五十一代孙孔元措（有些史书称孔元楷），"奏袭封衍圣公，命收太常礼乐生，及召名儒梁陟、王万庆、赵著等，使直释九经，进讲东宫。又率大臣子孙，执经解义，俾知圣人之道。置编修所于燕京、经籍所于平阳，由是文治兴焉"②。与此同时，窝阔台采纳另一儒士窦默的建议，追求三代"风俗淳厚、历数长久"之样本，"建学立师，博选贵族子弟教之，以示风化之本"③。这些举措是蒙古贵族和子弟接受儒学教育的开始，也表明经过战乱之后，儒家士人开始主动承担起经国济世的任务。

其次，忽必烈开始仿效汉族立国体制，建国号、颁章服、举朝仪、制历法、立官制，说明儒士对蒙古族统治者的儒学教化已经初见成效。④儒家士人在元代建国后越加受到重用，"并且随时间的后移而逐渐在社会上显现出更大、更明显的作用，居于教化的主体地位"⑤。中原内地的名儒刘秉忠、姚枢、徐衡、窦默、张德辉、赵璧、王鹗等相继进入统治阶级上层，帮助忽必烈明晓王朝的兴衰成败，提供儒家治国的经验。刘秉忠建议"天下之民未闻教化，见在囚人宜从赦免，明施教令，使之知畏，则犯者自少也"。对于庠序之教，"宜从旧制，修建三学，设教授，开选择才"，对于废弃之孔庙祭祀礼仪，建言"征太常旧人教引后学，使器备人存，渐以修之"，以固"太平之基，王道之本"。姚枢"陈二帝三王之道，以治国平天下之大经，汇为八目，曰：修身，力学，尊贤，亲亲，畏天，爱

---

① 《元朝名臣事略》卷5。
② 《元史·列传第三十三》。
③ 《元史·列传第四十五》。
④ 张延昭：《下沉与渗透：多元文化背景下的元代教化研究》，博士学位论文，华东师范大学，2010年。
⑤ 同上。

民，好善，远佞……修学校，崇经术，旌节孝，以为育人才、厚风俗、美教化之基"。许衡认为"修德"、"用贤"、"爱民"为治本之法，"自都邑至州县，皆设学校，使皇子以下至于庶人之子弟，皆入于学，以明父子君臣之大伦"。窦默以"三纲五常"与对，忽必烈感叹"人道之端，孰大于此。失此，则无以立于世矣"。张德辉强调"圣人与天地终始，无往不在"，劝勉忽必烈只要行圣人之道，即可与圣人同性。为此需要做好七件事，即"敦孝友，择人才，察下情，贵兼听，亲君子，信赏罚，节财用"①。总而言之，儒士群体以儒治国活动本身对于蒙古贵族而言即是一种教化实践，且效果是明显的。

当然，由落后走向先进是一个漫长的过程，所以，忽必烈的子孙坚持沿袭了以儒治国的思想。"成宗皇帝克绳祖武，锐意文治，诏曰夫子之道，垂宪万世，有国家者，所当崇奉，既而作新国学，增广学宫数百区，胄监教育之法始备。武宗皇帝焴兴制作，加号孔子为'大成至圣文宣王'，遣使祠以大牢。仁宗皇帝述世祖之事，弘列圣之规，尊五经，黜百家，以造天下士，于斯为盛。英宗皇帝，铺张钜丽，廓开弥文。明宗皇帝，凝情经史，爱礼儒士。文宗皇帝缉熙圣学，加号宣圣皇考为启圣王，皇妣为启圣王夫人，改衍圣三品印章，题山东盐运司岁课及江西、江浙两省学田岁入中统楮币三十一万四千缗，俾济宁路以西修曲阜庙庭……今上皇帝入纂丕图，儒学之诏方颁，阙里之后鼎盛……于是内圣外王之道，君治师教之谊大备于今时，绮钦盛哉！"②

2. 元代上层统治者尊孔崇儒，发展到后期，逐渐衍生出一系列制度

---

① 本段所引分别见《元史·列传第四十四》、《元史·列传第四十五》、《元史·列传第四十六》。

② 欧阳玄：《圭斋文集》卷9，转引自乌兰察夫、段文明《关于儒家在元代历史地位的探讨》，《内蒙古社会科学》1990年第2期。关于忽必烈后元代上层对于儒士的重用程度和朝廷选官制度，学界尚有分歧。有学者认为，忽必烈后的各代皇帝大都轻视儒家，儒士社会地位低下，加之受制于等级划分和民族歧视政策，汉人儒士丧失了更多的进阶机会。科举制度虽自仁宗皇庆年间重启，但至元朝覆灭，时间短、规模小，取士偏向明显，人数极少，难以承担起为国输送贤良士子的重任。轻视文治的结果就是纪纲紊乱、政务废弛，政治空前黑暗，人民生活空前痛苦，由此成为元朝国祚相对短暂的一个重要原因。见任崇岳《略论元代儒士社会地位演变的历史过程》、徐黎丽《略论元代科举考试制度的特点》。但是笔者以为，纵然元代后期出现了忽视儒学、不重科举的现象，但这丝毫不能影响已经形成的元代统治阶级主动向儒的历史趋势，以及民间逐渐兴起的崇儒向化之风。

规约以保证儒学治国的延续性。从上文所言可见，自窝阔台沿袭旧制分封孔子后裔为衍圣公开始，历代皇帝皆将此作为一种规制沿袭下来，并不断示以更高的尊宠，就连儒家后继学者包括前朝理学诸家也都配享庙祀，以及封赏称号，如周敦颐在仁宗延祐六年获封道国公。元代统治者的这种开放心态是值得肯定的，也为儒家教化思想不断深入民间社会开辟了道路。制度建设最好的例子就是科举制度在仁宗朝的恢复，该制度保证了儒学及教化思想发展的延续性。

史载"仁宗天性慈孝，聪明恭俭，通达儒术，妙悟释典，尝曰：'明心见性，佛教为深；修身治国，儒道为切'"。早在其初立太子之时，就对儒家经典崇奉有加。他对"时有进大学衍义者，命詹事王约等节而译之"，遂感叹"治天下，此一书足矣"。并将其与《图像孝经》和《列女传》一并刊行于世。① 皇庆二年十月，中书省上奏重开科举的同时，改革隋唐以来取人专尚辞赋的浮华之弊，"专立德行明经科"，按照人等划分，每三年一考，在严格规定科目的前提下分别测试。具体是蒙古、色目人第一场经问五条，皆取《四书》内容，用朱氏章句集注，选"义理精明，文辞典雅者"，"第二场策一道，以时务出题，限五百字以上"。汉人和南人的考试第一场明经、经疑二问，同样在《四书》范围内采用朱子章句集注，不过以"己意结之"，限三百字。另外，还加试诗、书、易、礼、春秋各一经，皆宗法朱熹、程氏等注疏范本。第二场以古赋诏诰章表内科考查为主，要求用古体、四六骈文的形式。第三场在经史时务内出题，要求一千字以上，切要"不矜浮躁，惟务直述"。对于蒙古和色目人如果愿意加试汉人、南人科目，中选者加一等注授。② 由此可见，元代已经将宋代发端的理学经义作为考查科举士子的唯一教材，每试必有《四书》，每考必尊朱子，这就说明以朱熹为代表的理学思想完全成为元代后期蒙古贵族所尊崇的意识形态。在考试和录取中对于蒙古和色目人的照顾倾斜恰好表明统治者对于本族子弟学习儒学的鼓励，也是儒家教化思想在更广泛的范围内获得承认的表现，而不能简单看成是对汉人、南人的限制，或者说是对儒学的打压及轻视。仁宗皇帝在皇庆四年会试完毕后对大臣感叹称："朕所愿者，安百姓以图至治，然匪用儒士，何以致此。设科取士，庶几

---

① 《元史·本纪第二十六》。
② 以上皆出自《元史·志第三十四·选举一》。

得真儒之用，而治道可兴焉。"① 自此以后，至元惠帝至正二十六年，共开科取士 16 次，总计取士 1200 人左右，②虽然相较其他朝代时间短，录取人数少，但由于开科取士和学习科目有了制度的保障，所以，对于马上得天下的蒙古贵族来说，这的确是儒家教化所取得的不错的成就。

二 元代书院的教化实践和影响

书院在元代政府和民间人士的推动下获得了巨大发展，进而成为民间社会教化的主要平台，依托此平台而展开的各项教化实践，对元代儒家教化思想发展和社会进步起到了至关重要的推动作用。

1. 蒙古贵族重视书院的教化功能，期冀通过书院载体，网罗被征服地区的儒家士人，以保证尽快恢复社会秩序，削减被征服地区民众的抵抗意志。因此，元代书院由南向北逐渐普及和增多。窝阔台乙未年（1235年），元军攻下德安，杨惟中、姚枢奉命遍求儒、道、释、医等人才，得大儒赵复并劝其及学子从者百余人归元。然赵复出于忠孝节义坚辞不仕。杨惟中为此与姚枢谋建蒙古政权的第一个书院——太极书院，"立周子祠，以"二程"、张、杨、游、朱六君子配食，选取遗书八千余卷，请复讲授其中。"赵复受此鼓励，借助太极书院，积极传播程朱理学，史载"北方知有程、朱理学，自复始"③。战争期间，元代统治者多次下诏提出保护地方学校和书院，保护儒士等贤良之人，宣扬理学于北方，以尊圣崇儒的姿态吸纳汉族知识分子为自己服务。待到全国统一之后，忽必烈在至元二十八年，命令江南遍设小学的同时，积极鼓励"其他先儒过化之地，名贤经行之所，与好事之家出钱粟赡学者，并立为书院"。同时为鼓励书院儒者积极推行教化，设立了类似当今教师职称评定的逐级考核与升迁制度，以作鼓励。④ 中央如此，下必效之。地方官员和民间人士也都积极在力所能及范围内设院讲学，以有益于地方秩序的稳定，修复战乱给民众带来的心理创伤。至元年间，四明慈湖书院、周敦颐家乡的濂溪书院、大同书院、白鹿洞书院等都先后得到修复和扩大。这些书院作为政府支持的产

---

① 《元史·本纪第二十四·仁宗一》。
② 许凡：《论元代的吏员出职制度》，《历史研究》1984 年第 6 期。
③ 《元史·列传第七十六·儒学一》。
④ 《元史·志第三十四·选举一》。

物，其目的皆在教化。在这种崇儒风气影响下，据学者考论，元代共建有书院408所，年平均建设或修复达到4所以上。① 元代书院大兴，当朝儒士均对其教化之功赞誉有加，周伯琦肯定其功绩，称："国家尊用旧典，凡天下郡邑皆置庙学，以祀以教。其所在先正学行德望可以规范百世者，又为书院如学制，而专祠之拟于先师，所以崇德表行而敦化厉俗也。其虑至矣。"②

2. 具备一定数量之后，元代书院通过规定教学内容，开展严谨、庄重的教化活动，实现了美化社会风俗，维护社会和谐稳定的目的。书院的教学内容以程朱理学为主，以发挥和阐扬两宋儒士的教化思想作为主要任务，几乎所有的书院都将"四书五经"作为基本教材。仁宗皇庆二年开科取士以后，大部分书院皆开始以尊朱子，授《四书》、《五经》为主要内容。书院强调日常生活的感化和德行培养，以祭祀形式开展的尊贤朝圣成为主要的教化活动。究其原因，是因为很多书院皆是纪念圣贤君子而建立的。因此，书院利用这种便利条件让学子以祭祀先贤的形式，感念和学习他们的高尚品德，以此作为自我修身精进之法。同时，政府也鼓励各地书院将周敦颐、"二程"朱夫子等理学大儒从祀配享于孔子。时人虞集曾言："国家提封之广，前代所无。而自京师通都大府，至于海表穷乡下邑，莫不建学立师。授圣贤之书，以教乎其人。群经《四书》之说，自朱子折中论定，学者传之。我国家尊信其学，而讲诵授受，皆朱子之书。书之所行，教之所行也。教之所行，道之所行也。"③ 所谓"教之所行，道之所行"是指祭祀和配享儒家圣贤的做法有效推动了儒家教化思想的社会影响力，有助于帮助人们入眼入心，从而对普通民众的思想道德素养提升起到极为关键的促进作用。

总之，与元代建立数百座书院相同步，儒家教化理念随着书院教学、教化活动的展开而流传广布，由此突破了南宋时期囿于江南一角的局面，在更广泛的范围内获得了认同，很多偏僻闭塞之地，因为书院的教化影响，而实现了移风易俗和文明进步。

---

① 邓洪波：《元代书院及其发展特点》，《内蒙古社会科学》1994年第6期。
② 参见张延昭《下沉与渗透：多元文化背景下的元代教化研究》，博士学位论文，华东师范大学，2010年。
③ 《全元文》第26册虞集《道园学古录》卷二五《考亭书院重建朱文公祠记》。

三 元杂剧的教化意蕴分析

儒家秉持的礼乐教化观念一直为各代儒家人士所重视。《尚书·虞夏书》记载舜帝命夔掌乐官,"教胄子",以求众弟子"直而温,宽而栗,刚而无虐,简而无傲"开始,历代儒家均不断将此教化功能发扬光大。至元代,鉴于统治者的大力提倡和推动,全社会无不受理学精义的影响,①导致教化思想更进一步深入、渗透到社会生活和精神文化产品中。元代杂剧作为当时文化生活领域占据主流地位的一种重要艺术表现形式,因为其浓厚的教化意蕴,而成为推动儒家教化思想和实践发展的重要载体。

杂剧最早起源于唐,在宋代获得快速发展,常常演出于勾栏瓦肆之间,艺术手法常伴随调笑、筋斗、插科、打诨等而极具观赏性,同时所涉题材或宫廷、或市井、或都市、或乡村、或才子、或佳人,凡世间可人戏者皆可人戏,由此具备了广泛的群众基础。忽必烈统一全国后,儒家所秉持宣扬的忠孝节义理念与社会稳定和维护统治需要相契合,所以从至元到大德年间发展迅速,名家辈出。据统计,元代杂剧作家多达两百多人,创作 637 种,流传于世的约有 162 种。②关汉卿、王实甫、马致远等创作的《窦娥冤》、《西厢记》、《汉宫秋》流传于世。对于元代杂剧的发展盛况,元人周德清尝言:"乐府之盛,之备,之难,莫如今时。其盛,则自缙绅及闾阎歌咏者众。其备,则自关、郑、白、马一新制作,韵共守自然之音,字能通天下之语,字畅语俊,韵促音调。观其所述,曰忠曰孝,有补于世。"③周德清一方面说明了元代杂剧发展的盛况,另一方面也说明了元杂剧所承担的一个重要的教化功能——宣扬忠孝节义。

---

① 元代统治者在理学推广和尊圣崇儒方面究竟有多少实践和努力,在学界依然存在分歧。部分学者考论后依然持儒家地位低贱说。对于元杂剧之所以具有儒家浓厚的道德教化色彩,原因不是统治者的提倡和鼓励,恰恰相反,是儒家士人面对科举的失落、地位的低贱、社会的黑暗及教化不彰显、伦常不明的呐喊和呼唤。也是儒家修齐治平的入世精神在遭受现实打击之后,骐骥通过艺术手法宣扬儒家义理而有志于世的婉转表达。笔者以为抛开元代统治者对于杂剧伦理教化色彩是否在多大层面上支持的争论,至少从各类伦理教化杂剧频频涌现、蔚为大观的结果来说,提出元代统治者提倡和鼓励元杂剧运用伦理教化艺术手法宣扬儒家义理是客观和中肯的。

② 徐征等:《全元曲·凡例》,河北教育出版社 1998 年版,第 1 页。

③ 参见吴毓华《中国古代戏曲序跋集》,中国戏曲出版社 1990 年版,第 11 页。

元杂剧的教化意蕴需要从其本身的内容入手方才见得明白。张延昭从内容上将元杂剧分为清官断狱剧（包括《生金阁》、《神奴儿》、《蝴蝶梦》、《后庭花》、《窦娥冤》等），忠智豪杰剧（包括《赵氏孤儿》、《泥池会》、《东窗事犯》、《隔江斗智》、《风云会》等），爱情婚姻剧（包括《西厢记》、《倩女离魂》、《墙头马上》、《秋胡戏妻》、《汉宫秋》等），遭困遇厄剧（包括《王粲登楼》、《贬黄州》、《赤壁赋》等），伦理道德剧（包括《杀狗劝夫》、《赵礼让肥》、《陈母教子》、《剪发待宾》、《九世同居》、《范张鸡黍》等），道佛隐士剧（包括《铁拐李》、《岳阳楼》、《黄粱梦》等）。[1] 伦理道德剧直接宣扬儒家精神义理，诸如修身齐家、忠孝信悌、诚信向善等精神品德均是此类戏剧大力弘扬的。如《杀狗劝夫》讲述哥哥孙大听信外人之言，虐待胞弟孙华，将其逐出家门。孙大之妻杨氏设计劝夫情节，使之辨明亲疏远近，懂得兄弟互敬互帮之礼，而将兄弟接回同居，意在阐扬儒家悌道。《范张鸡黍》系出《后汉书·范式传》，意在表扬生死之交的范式、张劭兄弟，为曾经的诺言，克服路途遥远之艰难而守信赴约，意在宣扬诚信之德。《救孝子》通过一件冤狱案件的平反来宣扬母贤、子孝、兄义弟悌的品德，并在暗中表明具备高尚道德能够感动天地，即便蒙受一时冤狱，也终究会得到昭雪。剧中杨母教子之"后庭花"之唱段（"欲要那众人夸，有擎天的好身价——忠于君，能教化；孝于亲，善治家；尊于师，守礼法；老者安，休扰乱他；少着怀，想念咱——这几桩儿莫误差"）韵律相谐，朗朗上口，感染力强而便于记忆，不知觉间已将儒家崇尚的道德品质活脱脱唱响给观众，教化意蕴凸显、效果亦彰。

总起来看，元杂剧之所以具备了较强的厚人伦、美风化的功能，一方面是其表现手法和形式更为生活化，另一方面是采用了易于被普通百姓所接受的语言风格，只有这样，才能将枯燥的儒家精神义理融会贯通到民众的精神血液中去，否则在一个文化教育水平普遍低下、信息流同相对闭塞的农耕文明环境中是无法取得更好效果的。从另外一个层面来说，关于儒家伦理教化题材的元代杂剧之所以流传广布，既有政府推动和鼓励，其本身为社会发展所需要也是一个重要原因。诚如《琵琶记》作者高明自己

---

[1] 张延昭：《下沉与渗透：多元文化背景下的元代教化研究》，博士学位论文，华东师范大学，2010年。

所言的那样，"不关风化体，纵好也徒然"。就儒家教化思想发展的历史意义来看，元杂剧的贡献在于，其"曲以载道"、"曲以教化"思潮和手法既为明清小说的教化功能开辟了道路，也是对儒家一直提倡的文学教化说的发扬和创新。

第三节 明代的教化思想

明代教化思想和实践在前代基础上进一步发展，并日趋完善。具体在政策制度层面，统治者在文教政策的制定上唯程朱理学独尊，唯程朱理学精义是举，八股取士政策导向性相当明显，以致儒家士子不得不自觉灌输理学要义。社会生活导向层面，由元杂剧发展而来的传奇小说开始承担起教化功能，儒家的"三纲五常"等伦理规约渗透至各个阶层和群体，特别是对女性道德方面的控制较前代有了明显加强。思想文化发展层面，王阳明基于心学理论提出的教化工夫论，实为儒学教化思想在封建社会后期最大的一次突破。与之相对应，在基层社会治理层面，统治阶级推崇乡约的教化和控制功能，借助基层士绅群体的力量，通过宣讲圣谕、编著推广劝善书等活动在美化地方风俗，教民向善及维护社会稳定方面发挥了巨大作用。

一　明代文教政策对儒家教化思想的推动

重用儒家士人，推行尊孔兴儒政策。一方面，朱元璋身先士卒，将教化看作治国为政的法宝，重视儒学的教化之功。他曾经明确指出："今天下初定，所急者衣食，所重者教化。衣食给而民生遂，教化兴而习俗美。"[①]为此他倡导施行了一系列昌明教化的活动。元至正十六年，拜谒镇江孔庙，"遣儒士告谕父老，劝农桑"以安民心，树仁德形象。至正二十年，设置儒学提举司，派遣长子朱标跟随宋濂学习经学。至正二十二年，攻下陈友谅龙兴府后亦拜谒孔庙，除苛政，民大悦。至正二十五年建国子学，至正二十七年设文武科取士。明代建国后即开展"定郊社宗庙礼，岁必亲祀以为常"的礼教活动，又"以太牢祀先师孔子于国学"。为

[①] 《明太祖宝训》卷1，选自顾明远《中国教育大系·历代教育制度考（二）》，湖北教育出版社2004年版，第1057页。

进一步彰显儒学治国理念,洪武元年九月诏告天下,礼求贤士硕儒"愿与诸儒讲明治道"。二年十月,又命令各地郡县立学。洪武十四年再颁"五经"、"四书"于北方学校。次年八月,恢复全国范围内的科举制度,九月即对来自全国的三千七百余经明行修之士给予奖赏和差用。① 朱元璋的上述崇儒理念和实践,极大促进了明初社会秩序的安定进程。究其一生,史家对此功绩格外看重,称:其"礼致耆儒,考礼定乐,昭揭经义,尊崇正学,加恩胜国,澄清吏治,修人纪,崇风教,正后宫名义……武定祸乱,文治太平,太祖实身兼之"②。

另一方面,因朱元璋的提倡,明代的文教制度亦显现出昌明教化以求天下大治的色彩。中央设国子监以做教化之源,完善地方学校建制,将其作为化民成俗的主要阵地。明代官办学校之所以具备较为强大的教化能力,盖出于明代政府对教学内容、教学目的宗旨和教学环境的严格规约。明代教学内容虽以程朱理学为主,但并非原典,而是经过朝廷选择整理后出版的教材和书籍,旨在统一天下士人思想,其中最有特色的就是永乐年间出版的《性理大全》、《四书大全》、《五经大全》等以八股取士为目的的新教材。此类教材"失去了原初儒学的朝气蓬勃、开放进取的精神,而成为官学化儒学的一种形态了,它所表达的与其说是儒家'圣贤之道',不如说是官方对知识分子和民众的思想与行为的控制,政府'颁之天下学校而嘉惠学者'的原因就在于使'天下之为师徒者当知此书,美教化而叙彝伦,一道德而同风俗'。诸《大全》的颁布不仅是对知识分子思想的控制,也是对学术、思想的钳制"③。由此可见,此类教材虽然弊端凸显,但是不能否认它们对传播儒家理念,培养人们高尚的价值观,进而推进地方社会发展、稳定及国家统一方面的重要贡献。时人章懋在万历《黄岩志》中为此总结道:"天下政教本乎庙学始于县治。庙以尊圣贤,政教之所由出也,学以养士子,政教之所由也,行也,是以从古至今上自国度下及郡县,莫不设学兴庙以为政教之本,而必始于县治者何也?由近以及远也。县一同之邑,百里之地或十室焉或千室焉,必有邑宰之贤,遵圣贤之道,而躬行以为之,先道之以法制禁令,教之以孝悌忠信,而或有

---

① 参见《明史·本纪第一·太祖一》、《明史·本纪第二·太祖二》。

② 《明史·本纪第三·太祖三》。

③ 刘静:《走向民间生活的明代儒学教化研究》,博士学位论文,华东师范大学,2004年。

不从者则有八刑以纠之，五礼以规之，而民无不治，俗无不化，是有政教，而县以治矣。于是溯而推之，州府牧伯以及天下莫不欲。县之治自近之远达于四海，县治皆然而天下平矣。此县治之所以为始。而推本之则在于尊贤圣之庙，养士子之学。"① 章懋所言，以反推的逻辑手法，将由小及大之功归于儒家教化，证明了兴学务教有利于地方安定富庶，进而有利于天下之稳定统一的观点。

除此之外，推行"分闱取士"为主要内容的科举改革，是明代教化广泛深入到社会各个地区的又一个重要原因。"分闱取士"就是中央根据地区差别划定名额，类似于现代高考制度中的录取指标的分配。明初洪武、永乐两朝并没有按照地区差异进行名额分配，为此，朱元璋早年还对负责考务的刘三吾、白信韬只取江南士人的行为给予过严厉的处罚。到仁宗洪熙年间，杨士奇奉命"等定取士之额，南人十六，北人十四。宣德、正统间，分为南、北、中卷，以百人为率，则南取五十五名，北取三十五名，中取十名"。自此以后，这种地区名额分配制度基本稳定下来，直至清代。其间各地区名额分配上虽有增减，但于制度的坚持并无影响，而且取士的总体名额呈逐年增长的态势。② 此项改革作为保护性政策，目的在于促进落后地区的文化教育事业和民众的知识水平及综合道德素养。因为相对于江南文化富庶之地，在更加偏远的陕西、广西、四川、云南、贵州等地区的文化教育普遍落后，美化风俗、促进文明的最佳办法就是为落后地区培养儒学榜样，以榜样带动年轻后生积极向学，以榜样带动地方士绅投入更大的精力帮助落后地区展开文教美俗活动。对于少数民族地区来说，优惠政策亦然。例如对于那些归顺了的土司子弟而言，他们在入学及科举考试中多有倾斜。事实证明该制度极大推动了边远地区民众的教化水平和质量，进一步巩固了封建大一统的国家政权。由此可见，以一人之力复兴地方儒学，进而带动地方社会不断走向规范和文明是可行的，这是一种在学期间"开导其族姻，渐渍其乡邻"，他日中举为官则"上以其说进之于君，下以其道推之于民"的代际和区际传承流转模式，该模式在儒学伦理观念渗透于人们日常生活和血液的过程中功不可没。

----

① 万历《黄岩志》卷二《舆地志下·学校（附皇明章恭毅公论修学记）》，《天一阁藏明代方志选刊》18，上海书店1963年影印本。

② 《明史·志第四十六·选举二》。

二　明代女性伦常教化概述

如前文所述，女性教化自汉代开始，魏晋南北朝时期获得了较快发展，到了明代完全得以巩固和加强。封建统治者之所以重视女性道德教化，原因在于他们将其与政治教化的成功与否联系在一起。清代的士人就此发表的观点非常具有代表性。他称："夫妇为人伦之首，闺门乃王化之原。古圣王施政家邦，未有不先及于妇人者。妇人化，而天下无不化矣。"① 由此可见，女性教化成功与否直接关系到政治、社会发展的水准和文明程度。鉴于此种原因，明代统治阶级在此一方面推行教化的力度就越加严格起来。

首先，明代加强女性教化的力度表现在政府充分发挥了制度性规约对女性道德品质的引导作用。据笔者统计，入《明史》"列女传"者计有三卷262人，这个数字较元代的107人和宋代的40人，增长幅度非常显著。为什么会出现这种情况呢？一方面是汉代以来女性教化发展的结果，另一方面也和明代统治者遵循理学规约，进一步加强女性道德教化有关。朱元璋立国之后，立即于洪武元年三月诏儒臣修女诫，告诫后宫不能干预朝政。之后又通过建祠配祀、旌表立坊等形式对知廉耻、重名节者予以表彰和宣扬。《明史》言："明兴，著为规条，巡方督学岁上其事。大者赐祠祀，次亦树坊表，乌头绰楔，照耀井间，乃至僻壤下户之女，亦能以贞白自砥。其著于实录及郡邑志者，不下万余人，虽间有以文艺显，要之节烈为多。呜呼！何其盛也。"② 史家在此将明代女性教化的整体面貌和盘托出，一是表明政府的态度，二是表明女性教化普及的程度，三是教化的主要方向和成绩。从中可见当时女性教化已经完全渗透至寻常百姓之家，早已超出了魏晋南北朝时期大体局限于世家大族的范围，而教化重点又全在名节廉耻方面，其中被《明史》列传者大都为此类女性。

其次，明代女性教化加强的表现还在于教化素材越加丰富，社会影响范围相较之前朝代越加扩大。以《女范捷录》为例，该书作者刘氏开篇即将"三纲五常"之教作为人伦之本，强调其对女性德性成长的重要性，称"五常之德着，而大本以敦，三纲之义明，而人伦以正。故修身者，

---

① 廖免骄：《醒闺编》，见张福清《女诫——妇女的枷锁》，中央民族大学出版社1996年版，第151页。

② 《明史·列传第一百八十九·列女一》。

齐家之要也，而立教者，明伦之本也"。接着在高扬上古以来的各位有德女性之后，转入对孝行品德的赞扬，称"夫孝者，百行之源，而犹为女德之首也"。对历史上发生过的"缇萦赎亲"，"姜妻至孝，双鲤涌泉"等感动天地孝女予以褒扬和赞美。在《贞烈》篇将女子的贞烈品德与忠义相比肩，称"忠臣不事两国，烈女不更二夫"，"艰难苦节谓之贞，慷慨捐生谓之烈"。通过对历史上发生的贞烈故事，教导女性当"贞心贯乎日月，烈志塞乎两仪，正气凛于丈夫，节操播乎青史"。除此之外，作者还从忠义、慈爱、秉礼、智慧、才德、勤俭等方面予以劝诫。纵观全篇，作为影响较大的一部女性教化书籍，无不透出程朱理学所期望的女性道德榜样。而入《明史》者，也均为贞节孝义之人，其中不乏姊妹、妯娌之贞烈节义女性皆出一家者，可见教化成效非常显著。如被称为义姑的万氏万义颥，夫家皆为国捐躯，一门女性盛年孀居，然万氏等人共同抚育万家独苗，以续忠臣之后，虽有名阀来聘，皆谢绝之而守贞数十年。乡人重其节义，褒称万家为"四忠三节一义之门"，其影响之巨，世所罕见。

综上所述，明代的女性教化已然成为儒家教化实践的一项重要内容，也是儒家教化思想在女性群体的进一步落实和发展。当然，这种专注于女德，以程朱理学精神为主要内容的女性教化对女性身心健康发展的负面影响也是显而易见的，但就教化本身而言，的确对封建统治和社会秩序的稳固有所助益。

三　乡约推广与地方士绅群体的教化之功

1. 乡约在政府鼓励下全面推广，突破了以往单一的民间推动格局，成为明代统治者宣扬儒家教化理念，维护地方社会秩序稳定和文明向化的有力制度。《吕氏乡约》出现以后，在推行中遇到了各种阻力，原因在于这种由民间士绅试图以礼治教化手段展开的基层控制实验，客观上形成了一个独立的权力场域，这"与中央集权的君主专制之间由于权力生成机制的不同，而造成两者之间尖锐的矛盾冲突"，最终导致乡约因为缺乏政府的支持而难以推行。[①] 这种情况在明洪武、永乐年间亦未得到根本改观。但是，随着明代中期出现统治危机，政府开始在全国推广这种教化形

---

① 杨建宏：《〈吕氏乡约〉与宋代民间社会控制》，《湖南师范大学社会科学学报》2005年第9期。

式。之所以如此，是因为中央政府不再将这一民间士绅群体所建构的权力场域看作是对中央集权的威胁，反而开始借助这种形式，依托地方官员和民间士绅力量，将其建构为一个具有官民共治色彩的地方自治制度。

明英宗正统年间至明武宗正德年间，各地开始逐渐兴起乡约教化。推行乡约的过程，就是儒家教化发挥导民向善，化民成俗，促进社会稳定，维护国家统治的过程。明代乡约"主要分布在陕西关中、河南豫中，南赣及福建龙岩、安徽徽州、广东揭阳、浙中、楚中、湘中和台湾等部分乡村地区"，上述地区要么是理学传统深厚的地区，要么是社会危机深重的灾区，① 对于后者而言，身处这些地方的士绅群体和基层官僚奉行儒家精义，积极利用和扩充乡约的教化功能与内涵，以图化解出现的各种社会危机。

2. 地方士绅群体以乡约为中心的教化之功。② 以往学者看明代教化常将乡约和士绅两者分开讨论，但儒家教化之所以在明代较宋、元出现巨大发展，原因即在于二者的有机结合。所以，探讨地方士绅群体以乡约为中心的教化就可以对明代教化有一个新的认识。

随着社会危机不断加深，士绅群体作为乡约教化的核心，积极弘扬"三纲五常"伦理，以期教民以德，劝善惩恶，推动社会文明进步。自明代正德以后，"一些饱读经书，以修齐治平相砥砺的儒生、官吏，纷纷倡行乡约于乡里、任所，视举乡约为济世安民之迫切良策"③。徽州祁门文堂陈氏乡约、潞州仇氏乡约以及王阳明所创办的南赣乡约等可视为民办乡

---

① 张中秋：《乡约的诸属性及其文化原理认识》，《南京大学学报》（哲学·人文科学·社会科学）2004年第5期。

② 关于士绅群体，海内外学界多年以来就其所指和功能均有广泛的讨论。综合而言，大体是指地方上的知识分子，他们或者是退休官员，或者是通过了科举规定的某个阶段的考试而获得有功名但未入仕的生员、监生等。总而言之，大体是指在地方上具有政治和经济特权的知识群体。具体可参见徐茂明《江南士绅与江南社会 1368—1911》，商务印书馆2006年版。本书所讨论的士绅群体，是从乡约办理属性上进行的一种归类。明代乡约从主持者角度划分为官办、民办和官民合办三类。为此在教育并不普及，民众受教育程度普遍较低的情况下，所谓士绅群体就包含地方上各类受过儒家教育并获得一定功名的知识分子。他们在地方社会和文化建设上具有引导力和号召力，在推行和倡导乡约过程中，起着维护社会秩序稳定和谐的作用。由此使得后世经常将他们以"乡约"代称，使得"乡约"一词由一种制度性和道德性规范在一定意义上转变为一个群体的指代性称谓。

③ 曹国庆：《明代乡约推行的特点》，《中国文化研究》1997年春之卷（总第15期）。

约和官府倡办、督办的代表。明世宗嘉靖初年，徽州祁门响应政府号召，立碑告示全县，要求自嘉靖五年二月起，"每遇春秋二社，出办猪羊祭品，依贰书写祭文，率领一里人户致祭五土五谷之神，务在诚敬丰洁，用急祈报。祭毕会饮，并读抑强扶弱之词，成礼而退。仍于本里内，推选有□德者一人为约正，有德行者二人副之。照依乡约事宜，置立簿籍二扇，或善或恶者，各书一籍。每月朔一会，务在劝善惩恶、兴礼恤患，以厚风俗。乡社既定，然后立社学，设教读以训童蒙，建社仓以备四荒，而古人教养之良法美意率于此乎寓焉。果能行之，则雨阳时行，风俗淳美而词讼自闲"①。在这篇要求全县推广乡约的告示中，就教化主体，特别强调了约正、约副三人的德行；在教化方法上，提出设立善恶薄，每月一考查；就教化目的而言，用"劝善惩恶、兴礼恤患，以厚风俗"予以明示；为了保证可持续性，希望通过立社学、设教读的方法来解决。上述一系列规定和设计，保证了在民众文化水平较低的明代中期，教化推动有主体，教化方向明确，教化手段有保障，教化前景可持续。

在此制度设计中，鉴于士绅群体的文化素养和操行道德水平高于常人，于是当自然承担起"劝善惩恶、兴礼恤患"之责。士绅群体在乡约中一般担任约正、约副之责，利用自身在百姓中的名望，本着修齐治平的士大夫理念，正己而后正人，力争做百姓的道德楷模，用自身在民众心里的地位和影响力，将儒家伦理规范以实际的言行渗透弥漫至乡里井间，从而实现移风易俗的目的。据时人记载，此类榜样在各地方层出不穷。如明代中期江南华亭张莹、张悦兄弟皆官至尚书，他们的两个族人有一次犯了乡评，各自拜见二人以求开恩免责，但是张莹将族人犯约归咎于自己，称"德薄不足相感化"，张悦不但不见而且也称"自愧不能用家教以整齐族属，使渠遗玷祖宗"②。由此可见，地方士绅群体之所以能够成为乡约教化的核心，盖出于他们达到了教化主体的条件，具备这个条件，乡约教化才有实施的可能。

士绅群体如何利用乡约施行教化是保证教化效果的关键。具体来说首

---

① 《嘉靖五年四月十二日徽州府祁门县为申明乡约、以敦风化事碑》，参见卞利《明清时期徽州的乡约简论》，《安徽大学学报》（哲学社会科学版）2002 年第 11 期。

② 李延昰：《南吴旧话录》，转引自徐茂明《江南士绅与江南社会 1368—1911》，商务印书馆 2006 年版，第 129 页。

先是认真履行讲约之责。讲约一般由约正、约副、约史、约讲等人负责，并随实际情况调整。如嘉靖六年黄怿在安溪任上实行乡约的程序为：

"首读圣谕：孝顺父母，尊敬长上，和睦乡里，教训子孙，各安生理，莫作非为。次读蓝田《吕氏乡约》：得业相劝，过失相规，礼俗相交，患难相恤。再读古灵陈氏教词曰：为吾民者，父义母慈，兄友弟恭，子孝，夫妇有恩，男女有别，子弟有学，乡间有礼，贫穷患难亲戚相救，婚姻死丧邻保相助，无堕农业，无作盗贼，无学赌博，无好争讼，无以恶凌善，无以富吞贫，行者让路，耕者让畔，斑白者不负戴于道，□久则为礼义之俗矣。最后读本县禁约曰：一禁火葬，二禁赌博，三禁教唆词讼，四禁□献田地，五禁男女混杂，六禁僧道取妻，七禁私开炉冶，八禁盗宰耕牛，九禁伪造假帐，十禁设演杂剧，十一禁社保受状，十二禁教读乡谈，十三禁元宵观灯，十四禁端午竟渡，是则责之约正，用以督劝。"[①]

其中首读的"圣谕"六言就是朱元璋时期流传下来的里老人教化制度，又叫木铎教化制度的继续。除了上述讲读程序，在教化形式上，运用各种手段，把儒学内容和义理灌输到民间社会的方方面面。具体如针对家族成员的教化，家训、家规、族谱、祠堂等是主要的教化载体和场所，当范围扩大到乡里社会时，学校教化、官绅互动、义仓、社学、旌表立坊等方式也是推行教化的主要形式。由此可见，地方士绅作为乡约教化的主体，这些"不同职业的士人阶层逐渐渗透到民间，实际上就会将'文明'的观念与规则，从城市推向乡村，从上层移至下层，从中心扩至边缘"[②]。总之，明代士绅群体在王朝的中后期利用乡约推行教化，一方面推进了地方民众道德文化水平和素养的普遍提高，另一方面也有利于巩固日渐飘摇的明王朝政权，而后者在王守仁身上体现得更加明显。

四　王守仁的教化理论及实践

王守仁号伯安，世称阳明先生。作为明代中晚期儒家学说的主要代表人物，他创立心学体系，改变了程朱理学发展过程中日渐虚伪、知识化、支离化等弊病，为儒家思想发展作出了巨大贡献。以此为基础，以儒为

---

① 嘉靖《安溪县志》卷一《地舆志·乡里》，转引自刘静《走向民间生活的明代儒学教化研究》，博士学位论文，华东师范大学，2004年。

② 葛兆光：《中国思想史》第2卷，复旦大学出版社2001年版，第271页。

宗，他主张的一系列德育教化理论，以及推行的南赣乡约教化实践，因为有益于当时社会的文明进步，而成为封建社会后期儒家教化思想发展与完善的一个标志。

1. 王守仁的教化理论

首先，王守仁提出"致良知"说来证明推动思想道德教化的必要性。"良知"概念源于孟子，他称："人之所不学而能者，其良能也。所不虑而知者，其良知也。"① 由此可知，良知是一种与生俱来的道德秉性，与性善论假说同理，其意在于证明施行教化的可能性和必要性。王守仁接续此种观点，也称："是非之心，不虑而知，不学而能，所谓良知也。"② 不过他在孟子的基础上有所发展和创新，认为良知作为一种天然具有的"是非之心"、"只是一个天理"③，"无间于圣愚"，人人只有"致良知"，才能做到"公是非，同好恶，视人犹己，视国犹家，而以天地万物为一体"④。古代圣王就是因为做到了这一点，才成就了旷世伟业。然而，对于王守仁所处的那个时代来说，人们却无法做到这一点。在他眼中，"良知之学不明，天下之人用其私智以相比轧，是以人各有心，而偏琐僻陋之见，狡伪阴邪之术，至于不可胜说"⑤。社会充满沽名钓誉之徒，行阴谋苟且之事，嫉妒贤能，恣纵情欲等不符合儒家道义行为屡禁不绝。作为有责任感的士大夫，每念及此便"戚然痛心"。为此他大力提倡"致良知"之法，"扶持匡翼，共明良知之学于天下，使天下之人皆知自致其良知，以相安相养，去共自私自利之蔽，一洗谗妒胜忿之习，以济于大同"⑥。

其次，王守仁基于上述理由，以"为生民立命"的担当，呼吁人们"致良知"。王守仁眼中的"良知不但是真实的自我，而且是道德的本原和道德行为的源头；只有体认到这一'真己'，才会有真正的道德意识和道德行为"⑦。换言之，他所说的"致良知"，其实就是通过教化之法，寻

---

① 《孟子·尽心上》。
② 王阳明：《传习录》，中国画报出版社 2012 年版，第 207 页。
③ 同上书，第 219 页。
④ 同上书，第 207 页。
⑤ 同上书，第 209 页。
⑥ 同上书，第 212 页。
⑦ 赖忠先：《致良知的方法和步骤——王阳明德育思想探微》，《中国德育》2007 年第 8 期。

找道德的自我，实现人性的回归和道德的升华。从教化主体和客体角度而言，王守仁认为"致良知"的过程就是自我教化的过程，它与儒家所讲的格物、诚意、正心相统一。有学者总结道："当此事为是、为善时，便坚决地去行，当此事为非、为恶时，便坚决地不去行，这就是致良知。当此事为是、为善时，却不去行；当此事为非为恶时，却又去行，这就不是致良知，而是自蔽其良知、自伤其良知。"① 所以说，自觉为善，自觉去恶是"致良知"必须遵循的步骤。接下来，还要"去闲思杂虑"，"去为善去恶之念"，唯有经过此四个步骤，才能去掉内心的"亏缺障蔽"，恢复人的良知本体，产生无可言状的快乐。② 就具体的教化方法来说，王守仁也提出了一些新颖的观点。比如针对儿童的道德规训，他主张根据儿童的生理心理实际，以温和如春风的教化手法，"宜诱之歌诗以发其志意，导之习礼以肃其威仪，讽之读书以开其知觉"，努力做到"使其趋向鼓舞，中心喜悦，则其进自不能已"的地步，如此自会"日长月化"；反之，如果不注意方法，就会摧残儿童的心灵，打击他们自我向善、向学的积极性，不利于其健康成长。③

就教化环境而言，他首先将目光投向学校，认为学校是教化人道德品质的良好平台。他说："学校之中，惟以成德为事，而才能之异，或有长于礼乐，长于政教，长于水土播植者，则就其成德，而因使益精其能于学校之中。"④ 此段论述的意思是说，虽然学校培养各种各样的人才，学生才能也有所差异，但德性塑造却是一致的，学生能否"成德"全在学校栽培。可见，在王守仁看来，学校作为教化人德性成长的主要平台，为人性向善提供了环境保障。除了学校可以展开教化之外，王守仁还将目光投向了更广阔的范围，用他的话说就是"处处都是道场"，处处都是可以教人向善的场所。因为在他看来，"致良知"更多是一种自我心性的修养工夫，不强求一时一地，不在乎一人一事，静时注重善心存养，动时需要自我省察，时刻注意外在环境与内在精神的互动，这种修养工夫视域下的教

---

① 赖忠先：《致良知的方法和步骤——王阳明德育思想探微》，《中国德育》2007 年第 8 期。

② 同上。

③ 王阳明：《传习录》，中国画报出版社 2012 年版，第 226 页。

④ 同上书，第 151 页。

化环境，范围自然广阔和丰富。最后需要说明的是，王守仁主张的"知行合一"说，是践行其以"致良知"为核心的道德教化思想的原则，这就是他积极推广"南赣乡约"的原因之一。

2. 以"南赣乡约"为核心的教化实践

作为其"立德、立言、立功"的集中体现，王守仁在江西平叛过程中所施行的一套乡约体系为明代中后期的乡约教化作出了榜样示范。究其原因，是因为明代统治阶级对其心学理论的接受，避免了"为臣者惧于干政之讥而却步，为君者为免旁生枝节而予格不行"的顾虑，王守仁的心学思想从理论的高度，"不仅解除了君臣各自的顾虑，也为推进乡约的发展提供了理论上的依据和实践的样板"①。

《南赣乡约》亦称《阳明先生乡约法》，约法包括"谕民文告"和具体规条两大部分，文告内容如下：

"咨尔民！昔人有言：蓬生麻中，不扶而直；白沙在泥，不染而黑。民俗之善恶，岂不由于积习使然哉？往者，新民盖常弃其宗族，畔其乡里，四出而为暴，岂独其性之异，其人之罪哉？亦由我有司治之无道，教之无方；尔父老子弟所以训戒饬于家庭者不早，熏陶渐染于里门者无素，诱掖奖劝之不行，连属叶和之无具，又或愤怒相激，狡伪相戏，故遂使之靡然日流于恶，则我有司与尔父老子弟，皆宜分受其责。呜呼！往者不可及，来者犹可追，故今特为乡约，以协和尔民。自今凡尔同约之民，皆宜孝尔父母、敬尔兄长、教训尔子孙、和顺尔邻里，死伤相助、患难相恤、善相劝勉、恶相告戒、息讼罢争、讲信修睦，务为良善之民，共成仁厚之俗。呜呼！人虽至愚，责人则明；虽有聪明，责己则昏。尔等父老子弟，毋念新民之旧恶而不与其善，彼一念而善即善人矣。毋自恃为良民，而不修其身，尔一念而恶即恶人矣，人之善恶系于一念之间，尔等慎思吾言，毋忽。"②

仔细分析乡约文告发现，王阳明重视环境对人的德行发展的感染作用，希望建立一个清平治世，以保证民众道德素养的提高和完善。但善恶就在一念间，现实并不如人意所愿，他认为暴民弃宗族、畔乡里、出而为暴的原因在于有司的失职和父老子弟的教育不到位。为此他提出，"往者

---

① 曹国庆：《王守仁的心学思想与他的乡约模式》，《社会科学战线》1994年第6期。
② 转引自曹国庆《王守仁的心学思想与他的乡约模式》，《社会科学战线》1994年第6期。

不可及，来者犹可追"的呼吁，之所以要发出这个呼吁，是因为背后隐藏着一个深层次的指导思想，那就是他自己所倡导的心即理说、知行合一说与致良知说。可以说《南赣乡约》即是其理论思想体系的践行和实验。在他看来，心外无物，心外无理，若要求个忠孝仁义，当自是存诸本心，存天理，去人欲，作为一个本然的存在，"心即性，性即理"，心性一体，只有做好立志、省察克治以及事上磨练的工夫，方有道德品质精进的可能。其知行合一说克服了前人知行先后、知行难易、知行轻重等观点的弊端，将"知是行的欲望、目的方面，行是欲望、目的的实现方面"统一起来，意欲"在士风浇薄的情况下，树立道德的主宰地位，抵抗功利之习的侵袭，使儒家价值理想占据士人的头脑，以此匡正世风"①。如此就有了"特为乡约，以协和尔民"的乡约问世。当然，王守仁的乡约模式作为其心学理论的应用，既体现了儒家立言立功的特点，也巩固了统治阶级在基层社会的合法性，从而获得了中央政府的认可，对南赣地区的社会风俗和地方治安产生了积极影响，其目的也没有超出《吕氏乡约》以来的大体框架，最终是要培养良善之民，培育社会风尚。乡约施行之后，当地民众大都"急公物纳，守礼畏法"，出现了"俗尚朴淳，事简民怡"的治境景象，其影响自此延续百余年而不衰。

"儒学本是重行之学，关注人以道德的方式参与人伦生活，在道德工夫的实践中，于实现人伦敦化的同时自身亦获得安身立命的终极意义，这正是儒家道德教化哲学的内在精神。"② 以此观之，王阳明作为明代儒家的代表人物，其心学理论开其后百余年儒学新风。其教化思想，秉承了儒家士人孜孜以求的内圣外王之使命，在前代贤良的基础上，改变了宋代儒士得君行道的取向，"更注重从个人受用的角度，探讨性、命修养的'内圣'之学，奉行民间教化的下行路线，使儒家教化和人文精神，逐渐落实于民众社会生活"。其"'心外无物'、'知行合一'、'致良知'之教，简易直截，直指本心，特重践行工夫，对儒家学术的平民化及其教化之大行于民间社会生活，有推波助澜之功"③。或许正因如此，他才能够成为

---

① 张学智：《中国儒学史·明代卷》，北京大学出版社2011年版，第168、169页。
② 陈多旭：《教化与工夫——工夫论视域中的阳明心学系统》，巴蜀书社2010年版，第5页。
③ 参见陈多旭《教化与工夫——工夫论视域中的阳明心学系统》，巴蜀书社2010年版，序第5页。

中国历史上少有的"立德、立言、立功"的"三不朽"之传奇。

总体而言，明代教化思想和实践在封建社会后期达到了一个顶峰，事关教化的各项制度日益完善，特别是完善的教育制度，为儒家义理渗透进社会各个层面提供了保证。乡约教化制度一改前代不能推行和提倡的困境而大行于世，从而为清代在此一方面形成制度性教化打下了坚实基础，以至于这种基于道德规范而生成的制度体系，将中国德治主义的政治传统推向了极端。

第四节 清代的教化思想

当骁勇善战的八旗子弟将李自成赶出紫禁城后，入主中原的满洲贵族便已经在思考该如何树立统治的合法性了。这种思考所得出的结果就是仿效那些曾经入主过中原的少数民族，在全国范围内尊孔崇经，行礼乐教化之道。总起来看，清代的教化完全从统治者自身的立场出发，以消弭民众的反抗为直接目的，以维护自身的统治为根本目标，无论是坚持前朝旧制，继续推行八股取士，还是依靠广大士绅在乡间、边地和少数民族聚居区推行《圣谕广训》之类的乡约宣讲教化；无论是在前代基础上类似家训、家诫、族谱等宗族教化载体的发展，还是小说、戏剧等文学艺术表达形式的教化弘扬，都在围绕这个根本目标而展开。可以说，满洲贵族出于加强统治的特殊需要，儒家教化为此渗透进社会肌理的方方面面，无孔不入的教化活动，丰富多样的教化载体，将儒家义理特别是宋明理学的精神贯彻到社会的各个角落和人群中间，至此，儒家教化思想经过两千年的发展，从实践形式、教化内容、教化逻辑等各方面均达到了顶峰。

一 清代统治阶级的教化思想和制度设计

清朝建立以后，统治阶层在教化问题上基本承接前朝旧制，"继续早先经世致用拥护者的嗜好，将注意力转向地方秩序的重建"，如大力发展讲学体制、建立乡校等，教化思想也由皇帝和身居要职的官员陆续提出并付之于实践。[①] 与明朝相比较而言，主要体现在推动的力度方面。

1. 为了迅速恢复社会秩序，正人心，厚风俗，清代前期帝王持续加

---

① 王有英：《清前期社会教化研究》，博士学位论文，华东师范大学，2005年。

强了对儒家教化理念的倡导,迅速建立起严密的文教制度以化民成俗。当时社会存在两种紧迫的危机。一方面,人们的价值观念在商品经济刺激下发生转变,社会风气大不如前,"世以奢靡相竞",全社会弥漫着尊崇富侈的倾向和不良风气。广大乡村地区,因为战争的破坏,乡约废弛,礼法败坏,聚首起义者有之,趁火打劫者亦有之,整个社会陷入无序和混乱之中,封建等级秩序和观念面临严峻挑战。另一方面,面对少数民族的统治,中原民族固守正统礼制,各地先后出现了各种方式的抵抗行动。在这种情况下,顺治和康熙加大力度,先后进行了儒学立国、教化导民的探索。

顺治十二年三月壬子上谕礼部,曰:"朕惟帝王敷治,文教是先;臣子致君,经术为本……今天下渐定,朕将兴文教、崇经术,以开太平。尔部即传谕直省学辰,训督士子,凡六经诸史,有关于道德经济者,必务研求贯通,明体达用。入则为真儒,出则为循吏。果有此等实学,朕当不次简拔,重加任用。又念先贤之训,士优则学。仍传谕内外大小各官,政事之暇,亦须留心学问,俾禅德业日修,识见益广,佐朕右文之治。"① 在此他一方面表明以儒立国的观点,另一方面鼓励全国官员和士人积极向儒,开启了本民族大规模向儒崇经的汉化进程。

康熙登基之后,正式提出了教化为治国之本的理念。他称:"治天下者,莫亟于正人心,厚风俗,其道在尚教化以先之。学校者,教化所从出,将以纳民于轨物者也……故曰:教隆于上,化成于下。教不明于上,而欲化成于下,犹却行而求前也。教化者为治之本,学校者教化之原。欲敦隆教化而兴起学校者,其道安在?在务其本而不求其末,尚其实而不务其华。以内行为先,不汲汲于声誉。以经术为要,不屑屑于文辞。如是则于圣人化民成俗之道,庶乎其有当也夫?"② 于是,出于"正人心,厚风俗"目的,清代各地方兴起了办学风潮,包括辽阳、台湾、云南、广西、贵州等边远地方纷纷设立府州县学,至乾隆、嘉庆时期,清朝已基本形成遍及全国的空前庞大的地方官学网络。据嘉庆八年的《学政全书》统计,

---

① 《世祖章皇帝圣训》卷五。
② 《圣祖仁皇帝御制文》卷十七,转引自李国钧《清代前期教育论著选》(中册),人民教育出版社1990年版,第242页。

各省、府、厅、州、县共有一千七百余所官办地方学校。① 官办学校以程朱理学为正统，时人朱彝尊云："世之治举业者，以《四书》为先务，视《六经》为可缓。以言《诗》，非朱子之《传》义，弗敢道也。以言《礼》，非朱子之《家礼》，弗敢行也。推是而言《尚书》、《春秋》，非朱子所授，则朱子所与也。言不合朱子，率鸣鼓而攻之。"② 清代屡屡兴起文字狱案，无不是维护程朱理学正统，其目的在用理学精义控制人们的思想，在教学内容上的严格控制，希望社会形成一种所闻无异言、所见无异行、居则为良士、出则为名臣的教化格局。

2. 建成并大力推广"圣谕教化"制度

顺治、康熙、雍正先后在明代里老人木铎宣讲制度基础上，③ 制成《圣谕六条》、《圣谕十六条》、《圣谕广训》等颁行全国，通过对广大民众长期的耳提面命的灌输式教化来达到化民成俗的目的。《圣谕六条》仿明太祖朱元璋的"圣谕六言"而成，它要求民众"孝敬父母、恭敬长上、和睦乡里、教训子孙、各安生理、无作非为"。相比明代里老人木铎宣讲的简便，顺治皇帝借鉴乡约的制度设计，将其进一步体系化，即要求乡里公举60岁以上行履无过、德高望重的生员或70岁以上乡民担任约正、约副，在每月朔望（初一和十五）之日负责招集乡民宣讲义理，并开展张善贬恶的类似于批评与自我批评的道德省察活动。康熙的《圣谕十六条》在"六条"的基础上加重对孝的弘扬，主要内容是惇孝悌以重人伦、笃宗族以昭雍睦、黜异端以崇正学、讲法律以儆愚顽、明礼治以厚风俗、务本业以定民志。其核心思想是利用宗法关系，通过讲求儒学的纲常名教化导百姓，使人们安分守法，即通过"孝"架起通往"忠"的桥梁。④ 雍正在"十六条"基础上将教化载体正规化，阐释发挥而成《圣谕广训》一书而颁行全国。在他看来，唯有接受孔子之教，方使"纲维既立而人无逾闲荡检之事，在君上尤受其益"，而缺失孔子之教，则"势必以小加大、以少凌长、以贱妨贵，倒置上下无等、干名犯分、越礼悖义，所谓君

---

① 王有英：《清前期社会教化研究》，博士学位论文，华东师范大学，2005年。
② 朱彝尊：《曝书亭集·到传录序》。
③ 里老人木铎宣讲制度由明初朱元璋借助古法发明的，用来施行乡里教化的一种手段。具体就是选择一位老人或盲人，手持木铎，每月巡行乡里六次，巡行期间，高声朗诵和宣讲"圣谕六言"，以方便民众牢记太祖之训，是一种比较简便易行的教化方式。
④ 张瑞泉：《略论清代的乡村教化》，《史学集刊》1994年第3期。

不君、臣不臣、父不父、子不子……其为世道人心之害尚可胜言哉"！为此，《圣谕广训》继续宣扬孝悌忠信、礼义廉耻等基本精义，不厌其烦从各个方面指导人们的行为，以求符合儒学之教。

3. 中央政府的教化倡议在地方官员大力推动之下，有效贯彻到了基层民众中间。地方官员秉承上意，根据各地实际推行教化之策。龚小峰以江苏地方督抚为对象考论认为，清代地方官员为了转移风俗、教育向化，以于成龙为代表的地方长官，在任上"重视教化，以身作则，采取了倡举乡约、旌善惩恶、发布告谕、转移风俗、重视学校教育、化导士子等具体措施。使民风一时返朴还淳，社会比较安定，百姓生活较有保障"①。而作为地方学政、教官一类的教育官员，则更需履行好皇帝交代的教化职责了。学政相当于现代的教育厅长，主要负责地方的科举考试，而且对地方官学的督促作用也是非常明显的。如康熙十九年赴任广西督学的王如辰，为了努力减轻吴三桂叛乱带给广西的教育损失，一方面加速恢复乡试，另一方面全面恢复瘫痪了的官学教育，修葺府学，"以明伦广教为拨乱反正之第一义"，意图以此赋予教化以独一无二的强权，保证教化作为清帝国维护地方统治秩序的至高地位，以免再出现因教化不明、人心不正而导致的叛乱祸患。② 另外，有些官员也通过著书立说、编书兴学等实际行动来彰明教化。如安徽繁昌县知县梁延年为了让普通百姓更好理解"上谕十六条"的涵义，不但用浅显、生活化的语言加以解释和发挥，而且以配图插画的形式编成《圣谕像解》一书，由此极大增强了宣讲效果，从而受到了康熙帝的嘉奖。雍正时期放开对书院的控制，一些地方官员于是参与到书院的建设中，以培养经世致用之子。除此之外，太平时期的地方官员也都积极落实乡约中的朔望宣讲政策，积极依靠地方生员维持推行民众教化。总之，经过顺治、康熙、雍正三代的努力，清代完全建立起了一套完善的儒学教化体系。儒家的纲常名教精神和封建政治统治结合在一起，实现了对民众思想的进一步控制，清王朝在全国的统治也随着教化体系的完成逐渐稳固下来。

---

① 龚小峰：《清代江苏督抚对地方的教化》，《东南大学学报》（哲学社会科学版）2008年第9期。

② 徐毅：《绥服远人——清帝国治理广西的教化策略》，社会科学文献出版社2013年版，第62—64页。

二 清代社会教化体系的建成

纵观儒家教化思想的整体发展脉络，至迟到明代，儒家教化思想在理论层面已经实现了定型，到了清代也无大的突破和创新。在实践层面，教化实践体系也都已经完全建立，礼、乐、政、刑等教化方法以各种形式获得了体现，教化也在学校、家庭、书院、乡约、文艺作品等各种载体与环境中全力展开，有利于化民成俗的实践方法和手段均达到了农业社会时代的极致。所以说，到了清代，在教化思想理念没有创新的情况下，通过一些方法上的创新，标志着儒家教化体系的基本建成。所以说，儒家教化在清代的发展，主要体现为思想上的进一步强化和实践形式上的进一步丰富、实践范围的进一步扩大。

首先，如前所述，各级各类官办及民办学校互为补充，体系完备，实现了少年儿童到青年士子的儒学教育一贯制。社学、义学作为少年儿童蒙养教育的重要场所，清代对其导民向善、移风易俗的功能格外看重。《清史稿·选举制一》记载："社学，乡置一区，择文行优者充社师，免其差徭，量给廪饩。凡近乡子弟年十二岁以上令入学。义学，初由京师五城各立一所，后各省府州县多设立，教孤寒生童，或苗、蛮、黎、瑶子弟秀异者。"可见社学、义学均是针对广大乡村及边远地区孩童的儒学教育教化而设置的，其中多含有慈善公益成分，以弥补官学设置于中心地区所带来的不足。这些学堂所教内容也以《孝经》、《小学》及四书五经之类的传注为主，以求养蒙育德，虽然两种学校在培养目标上有些许差异，但是尽量将更多的孩童纳入儒学教化体系中，则是最基本的创办目标。

其次，乡约发展呈现出与地方宗族紧密结合的特征，加之政府开始施行保甲制度，由此导致乡约在化民成俗功能基础上，明显增强了社会控制能力。乡约、宗族、保甲制度相互结合的原因分为两个方面。一方面是由于地方士绅的多重身份。中国民众在农耕社会习惯性聚族而居，政府利用这个条件，一般将约正、约副人选基本倾向于由宗族内部德高望重或知书达理的地方士绅之人来担任，并赋予了他们两种身份：于家族而言，他们是族长或宗辈，具有相当大的发言权；于官方主持和推动下的乡约而言，他们就此拥有了权力背景。如此一来，他们一方面以圣贤之理教导族内，一方面又积极配合地方政府行圣人教化之道。与此相对应，清代于康熙四十七年开始推行保甲制度，该制度因为照顾到地方宗族聚族而居的特点，而在保长、甲长、牌长人选方面倾向于选择宗族之内德高望重或知书达理的士绅。于是，乡约、宗族和保甲制度通过地方士绅的多重身份而结合起来了。另一方面，保甲和乡约在制度设计上的相似性，也使它们具有了紧密结合的前提条件。保甲制度规定："一州一县城关各若干户，四乡村落各若干户，户给印信纸牌一张，书写姓名。丁男口数于上，出则注明所往，入则稽其所来，面生可疑之人，非盘诘的确，不许容留。十户立一牌头，十牌立一甲长，十甲立一保长，若村庄人少，户不及数，即就其少数编之。无事递相稽查，有事互相救应。保长、甲长、牌头不得借端鱼肉众户。客店亦立籍稽查，寺庙亦给纸牌。月底令保长出具无事甘结，报官备查，违者罪之。"[1] 由此规定可见，保甲制度与乡约制度有共通之处，即把羁縻奸盗放在重要位置，目的是保证社会秩序的稳定，便于防范民众的聚众反抗等大逆不道之事，如此从客观上导致的结果就是"保甲之稽查有赖于乡约，乡约之教化亦依赖于保甲之推行"，最终"形成了集教化、武功为一体的约寨组织"，"全县皆统于乡约，约下设寨，层层设防"，乡约俨然"成为一个以教化为主、刑教兼施的基层社会组织"[2]。

再次，各类文艺作品的教化气息愈加浓厚，社会的文化氛围和百姓的精神文化生活完全被儒家教化义理所包围、熏染和浸淫。一方面，清代官方严厉打击不合儒家道德规范和可能威胁政治统治的小说作品，查禁那些荒唐理鄙之类的淫词、无稽小说，认为它们是败坏风俗、蛊惑人心的罪魁祸首，对翻印传播此类小说者予以严厉制裁。另一方面，统治者又看重通俗小说的教化功能，提倡小说作者以生动的语言、形象的说教传达忠信义理、孝悌伦常，而为方便民众的同时，提高教化效果。在此一方面，那些因为科举落第的乡野儒士，甚至包括许多如蒲松龄那样的落魄知识分子，因为与民众有着更为广泛和深入的接触，而使他们在文学艺术类教化活动方面更具有影响力。例如很多底层儒士创作了《聊

---

[1] 《清文献通考》卷22《职役、保甲》。
[2] 王有英：《清前期社会教化研究》，博士学位论文，华东师范大学，2005年。

斋志异》的各种艺术变体，① 他们把《聊斋志异》改编为戏剧、俚曲、评书、白话小说等艺术形式，在继承蒲松龄所坚持的"正心"、"立身"、"劝善"、"徙义"、"急难"、"救过"、"重信"、"轻利"、"纳益"、"远损"、"释怨"、"戒戏"等十二条立身处世原则的前提下，客观上在教化范围、教化受众等方面都提升了儒家伦理道德教化的效果，因为"相对于统治阶层自上而下的道德教化，那些贴近广大民众的人士给他们带来的潜移默化的影响，有助于广大的下层民众形成一种'集体无意识'，那就是对不守道德所之后果的恐惧，以及由此而形成的道德自觉"②。

三 边远落后及民族地区的教化扩展

清代教化实践发展的最大表现无疑于边疆及少数民族地区展开大规模的儒学教化活动。这些教化实践有力巩固了国家统一，在思想文化层面，扩大和加强了儒家学说在边远地区的影响力，有利于边疆及少数民族地区民众对中原文化向往和政权的承认，凝聚了人心，巩固了团结，推动了中华民族文明的整体进步。

首先，清代科举取士制度的改革，有力推动了边疆和少数民族地区的教化进程。以前章所论的明代"分闱取士"为例，清代继承了这一制度并继续加以细化，以有效促进边远落后地区的教育和民心向化。其中，广西、云南、贵州在乡试、会试中名额的变化，证明了满洲贵族教化边远省份的决心和魄力。顺治至康熙前期，由于西南诸省多战乱，所以乡试、会试名额分配大都沿袭明制。康熙五十一年，康熙皇帝于当年科举结束之后，对会试分卷制度施行彻底改革，其中除了对上述西南边远省份各增加一个进士名额之外，最大胆的改革是对科举考取进士的额数不必预订，按省酌定取中进士额数，以去偏多偏少之弊，防止学优真才被遗漏。如此一来，取士权力被下放至各省，每一个省都有了分省定额的特权，从而在客观上实现了全国范围内的"文教普世主义"理想。这种分省定额政策到

---

① 具体可参见郑秀琴的《不关风化体，纵好也徒然——试论清代"聊斋戏"中的道德因素》(《戏剧文学》2009年第2期)、车振华的《聊斋俚曲与下层社会的道德教化》(《蒲松龄研究》2008年第2、3期)。

② 车振华：《聊斋俚曲与下层社会的道德教化》，《蒲松龄研究》2008年第2期。

了乾隆时期进一步应用于庶吉士层面。[①] 科举取士在此一环节的改革，极大鼓励了各级地方政府和官员办学兴教的积极性，特别是对官员而言，这种不限名额的取士政策为他们实现安民教化的社会理想提供了宽松的条件。同时，此一政策也鼓舞了普通民众自觉向学、自觉向化的热情，因为相比前代，普通儒学士子借此获得了更多向上层流动的机会。就此意义而言，清代科举取士在制度设计方面的导向性作用非常明显，在为边远落后地区的文明进步提供制度保障的同时，也促进了边远落后地方基层社会民众的教化进程。

其次，清代在边远及民族地区努力开展多种形式的教化，体现出系统性和持续性的特点。据相关学者考证，[②] 康熙统一台湾后，即对当地高山族归附了的"熟番"民众以创办社学的形式进行教化。到雍正十二年，已在台湾南北各地40个番社中建立了50所社学。社学讲授《三字经》、"四书"一类的儒学内容。发展到后期，当高山族汉化程度提高以后，"熟番"子弟可直接进入汉人举办的义学和私塾中接受教育。即使清代中后期国家显出衰颓气象，也依然保持着对尚未归附的"生番"的教化努力。例如，同治年间，"令抚垦委员兼任生番的教育事宜，并仿古代《三字经》，以五字句文体编为教材，以劝导生番革除陋习，移风易俗，走向光明"。光绪年间又制定"化番俚言"32条，以利于改革陋习，过文明生活。总之，清代中央政府从收复台湾的康熙盛世起，到风雨飘摇的光绪年间止，对高山族的教化工作从未停歇，这种持续性、系统性的教化活动，大体遵循了地方实际，与民众的日常生活息息相关，无论是编订的教材还是"化番俚言"，通俗易懂，朗朗上口，有助于高山族民众精神文明素养的逐步提高，总体上获得了比较好的教化效果。另外，作为对高山族统治政策的一部分，客观上促进了高山族社会经济文化发展，巩固了清代中央政府在台湾岛的统治力，对于国家统一和社会文明进步显现出积极意义。

此外，清代后期对西北少数民族聚居地区的系统性、持续性教化也体

[①] 徐毅：《绥服远人——清帝国治理广西的教化策略》，社会科学文献出版社2013年版，第116—120页。

[②] 陈国强、田富达：《清朝对高山族教化政策述评》，《厦门大学学报》（哲社版）1993年第2期。

现出中央政府对维护国家统一和政治稳定的努力。同治年间，西北回民发动暴乱，陕甘地区的教育体系完全瘫痪，儒学士子和教育基础设施损失惨重。左宗棠针对此一问题，在战争结束之后立即以恢复教育体系为重任，从上至下大规模重新修建书院，全力兴办义学，专款专项修复各地方的文庙、文昌宫等彰显儒家教化义理色彩的公共文化场所，审定颁行彰显儒家义理的经学教材，等等。此一系列以教化为核心的繁重任务，虽然时间紧迫，但由于中央政府的支持，加之左宗棠及各地方官吏政策得当，措施有效，在很短时间内便恢复了战乱地区的社会秩序，改变了文教环境，回族民众认同国家一统的教化效果相当明显。有学者为此评价认为，左宗棠所实施的这些针对平民百姓的教化努力，作为同治中兴的一个表现，可以说是中国保守主义的最后抵抗。[①] 如果说儒家思想教化被视作保守主义的表现，那么历史的发展也确实如斯文所言，随着满族贵族内部腐败的加剧，随着资本—帝国主义列强的入侵，中国社会被迫在思想文化领域开始向西方学习，尝试建立起以西方现代教育体系为宗的新的教化体系，在这种情况下，儒家教化就此步入到了一个挣扎、瓦解直至衰落的危机时期。

综上所述，宋、元、明、清时期是儒家教化思想逐步发展至顶峰的时期，也是从顶峰开始走向衰落的时期，在前后将近1000年的时间中，宋明理学作为儒家学说的思想代表，完成了儒家教化从个人道德成长层面到个人道德与国家社会发展相统一层面的跨越。如果说宋代以前的儒家教化侧重点尚未完全实现家、国、人一体的同一性构建的话，那么，在宋明理学指导下，儒家教化思想最终将个人、国家和社会统一了起来，儒家道统和政统在此因教化而实现了结合，儒家教化思想也因此被封建统治者出于统治目的而倚重，总体发展态势体现为工具性价值不断凸显和放大，由此为其最终走向衰落埋下了隐患。

[①] ［美］芮玛丽：《同治中兴：中国保守主义的最后抵抗（1862—1874）》，房德邻等译，中国社会科学出版社2002年版，第161—162页。

第四章　儒家教化思想的危机时期

资本—帝国主义的入侵导致中国开始逐步走向半殖民地半封建社会。西方学术、思想和文化在中国士绅阶层或被迫、或主动地接受与学习的大潮中逐渐传播开来。对于儒家教化思想和实践而言，伴随一系列社会结构、政治局势和思想文化潮流的巨变，不得不因为历史的合力而开始走向衰弱。在"师夷长技以制夷"、"师夷长技以自强"、"中学为体、西学为用"等思潮的影响下，在废科举、仿照西方教育体制，建构现代教育制度等方案的实施中，更在五四新文化运动，"打倒孔家店"等激烈的社会变革运动冲击下，儒家教化思想逐渐失去了影响社会思想文化发展的主导性地位，实践方式也让位于现代教育方法，并最终退出了历史舞台。

第一节　近代"西学"的挑战

1840年的鸦片战争，西方殖民主义者用炮舰打开了沉睡中国的古老大门，西方现代意义上的思想文化也一改之前的传播方式与速度，一股脑地涌进儒家思想占据主流的中国。虽然对西方思想文化的接受和化用是一个漫长的博弈过程，然而被动挨打的现实，迫使更多救亡图存人士，由初期学习西方的技术，发展到学习西方的制度和思想。在这样一个"社会的基础性变迁与西学新知的强烈冲击"并存的时代，以学习与抗争并存为主题，"迫使传统教化结构呈现出新旧杂糅的状态，一些头脑清醒的有识之士开始自觉反思传统价值观，并将传统教化的'体用一致'改造成近代意义上的'中体西用'"[1]。如此一来，传统教化思想的主流地位开始动摇，并最终因为科举制度的废除而逐渐衰落。

---

[1] 黄书光：《中国社会教化的传统与变革》，山东教育出版社2005年版，第366页。

一 "西学东渐"浪潮与儒家教化思想的衰微

早在明代万历年间,西方耶稣会传教士就已经开始了传教活动。与传教相伴随的是一些先进科学技术知识的传入。但封闭的天朝基于保持自己传统的考虑,采取了一系列闭关锁国政策,导致此类传教活动不得不在地下进行。当这种封闭因为鸦片战争而被打破之后,"西学东渐"浪潮也就随之弥散开来了。

鸦片战争之后,"西学东渐"主要表现为以下几个特征:一是输入的主体由之前的传教士、西方使领馆人员及商人群体变成了以国人为主体的留学生和驻外使领馆人员;二是对西学的认识逐渐加深,由起初的技术之学逐渐转向政教、格致之学;三是中国与西方列强交战每失败一次,民族危机加深一次,学习的热情也就随之高涨一分,认识也就深刻一分。[①] 应该说这三个特征是相互联系的整体。其中,引入西学的主体之所以由外国人转变为中国人,是因为每次落后挨打的残酷现实总是唤醒更多的仁人志士加入进来以探求富国强兵之路。学习西学的内容之所以由起初的科学技术转向格致、政教之学,也是因为中国士大夫群体认识程度的提高,通过比较发现需要改进自身一些根本的东西。说到底,这两种趋势完全出于中国士大夫群体内心深处修齐治平的理念,亦就是自孔孟开始到宋代特别加强的那种"先天下之忧而忧,后天下之乐而乐"士大夫情怀的延续。只不过对比的视角由现实和上古三代治世,变成了中国与当代西方列强。比较对象的转换带来了对自我不足的反省,儒家教化由此也就逐渐动摇起来。这种趋势在教育和传媒领域表现得最为明显。

首先,学校作为思想文化领域最先开放的平台,教会学校和洋务学堂等新式学校如雨后春笋般涌现,教学内容打破传统经学为主的格局,教师和学生的教、学内容发生变化,方法、环境等传统教化的各个要素都发生了改变。变化一方面体现为新式学校及其学生数量的增长。截至1875年,全国教会学堂已达800余所,学生20000余人,中学生人数占7%。洋务派自1862年筹办京师同文馆起,1863年又建立了上海广方言馆。此后,教会和政府争相开办西式教育。到19世纪末,教会学校已达2000所左

---

① 邹小站:《西学东渐与近代中国的文化转型》,北京社科规划网(http://www.bjpopss.gov.cn),2005年4月21日。

右，学生增至 4 万名以上。另外就大学数量来说，从 1901 年到 1918 年的十多年间，教会大学和中国官办、私立大学计有 20 多所，学生人数 2000 多人。与此同时，留学生人数也自 1872 年第一批官办留洋之后逐年增长。① 另一方面是新式学堂的青年学生不再单纯以学习"四书五经"的儒家典籍为主，知识结构发生巨大改变，包括数、理、化、农、医、天文、地理、生物等学科备受欢迎，西方哲学、历史、经济、政治、法学等人文社会科学的学习力度亦不断加强。如此一来，传统儒家经学逐渐被越来越多的西学课程所取代，培育传统士大夫阶层的教育土壤随之改变，培养的学生也不再是传统的儒家士子，取而代之的是具有世界眼光和西学思想的近代知识分子。与传统儒家士子为社会提供规范的主要功能不同，"新型知识分子被近代分工化、专业化所决定，他们各自为社会完成着不同的职业功能。他们不再显示出传统知识阶层的高度同质性。表现在意识形态上是儒家大一统意识形态的瓦解，新一代知识分子在学习西学中开始寻求形形色色的新的价值观念"②。

其次，社会教化环境开始发生巨大改变，报纸作为全新的社会传媒载体给人们在思想、眼界直至内在精神等方面的影响是巨大的，包含各类新知识、新思想的书籍、杂志带给人们思想领域的冲击也是显而易见的。报纸、书籍、杂志是学校领域之外，传播新知识、开拓新思想的主要载体。西方人和国内开眼看世界的知识分子借此将它们作为启发民智、开发民力的主要工具。如 1872 年创刊的《申报》在当年的 5 月至 12 月的多半年时间里，登载国外消息 252 条，占到同一时期该报纸全部消息的将近三成。启蒙思想家王韬任主笔的《循环日报》专门辟有《中外新闻》栏目，对外国社会生活的方方面面都有大量的详尽报道和介绍。③ 人文和自然科学领域的各类西方著作也都逐渐被翻译到中国，人们从《万国公报》上读到了艾约瑟的《亚里斯多得里传》、《富国养民策》，韦廉臣的《泰西格致诸名家》、广东宣道子的《华盛顿肇立美国》、花之安的《国政要论》及《性海渊源》，等等。④ 这些西学著作以及含有西方日用生活信息的报纸、

---

① 郑也夫：《西学东渐与近代新型知识分子的产生》，《浙江学刊》1994 年第 4 期。
② 同上。
③ 转引自郑大华《西学东渐：晚清从封闭走向开放的桥梁》，《河北学刊》2006 年第 6 期。
④ 熊月之：《西学东渐与晚清社会》，上海人民出版社 1994 年版，第 396 页。

杂志和书籍，在学科立意、学习方法和目的、知识架构、思想渊源等方面完全不同于传统经学，由此对中国传统儒士阶层乃至广大普通市民阶层的心理和思想触动明显而深刻。例如，教材不同，教学目的和教学内容及课程设置自然产生差异，以致教学目的与儒家教化旨趣截然不同。另外，教会学校为了扩大影响力，他们还根据不同层次受众的水平，编订有针对性的教科书，设计出了一套"以宗教为核心之西方教化图式，其目的在于'培育幼童的智力、德性和宗教信仰。不仅使他们成为上帝的功臣，维护并宣扬基督的真理，并藉教会学校传授西方文化与科学知识，提供物质方面与社会方面的贡献。此种贡献，至为需要，最易证明，且最实际，为大众乐意接受'"。换言之，以取代儒家思想的统治地位，"猎取本属儒生的教化权力"为目的的教育实践，从而"有效地占据了转型期中国的知识和信仰高地，致使儒生的经典性被消解"[①]。

综上可见，国门被打开以后，西方传教士通过教育这个切入点，通过创办教会学校等方法，带动西方各界人士开始在中国实施一系列以西方思想、文化为主的全新教育实践，这种实践带给中国人新的知识、开阔新的眼界的同时，由于教育主体、教育客体、教育环体和教育介体，与传统教化在相对应的四个方面完全改变，导致中国社会长久以来儒家精义的主导地位被动摇。作为事物变化的外部条件，加速了儒家教化的衰微进程，特别是当最早接受西方思想和文化的知识分子成长为社会的主导力量之后，儒家教化思想的衰落就不可避免了。

二 自强求变思潮与儒家教化思想的衰落

如果说"西学东渐"浪潮是儒家教化思想开始衰微的主要原因，那么自强求变思潮则成为儒家教化思想正式衰落的标志。之所以有如此差别，原因在于"西学东渐"浪潮于教育客体而言，意识上是被动的，思想认识亦不深刻，于教育主体而言，以传教士和外国人居多，儒家士人在此时期依然居于主导性地位，而且对西式教育也有一定的抵抗。而到了自强求变思潮兴起以后，它之所以推动儒家教化思想走向衰落，最主要的原因在于教化主体和客体发生改变，这些主体就是那些在西学东渐浪潮影响下，初步接受西方思想文化的近代知识分子，当他们登上历史舞台之后，

[①] 黄书光：《中国社会教化的传统与变革》，山东教育出版社2005年版，第373页。

对儒家教化思想的冲击显然更为猛烈，与之对应的教化客体，也因为整个形势的改变而产生了变化。

1. 洋务运动作为中国第一次大规模的自强求变活动，其"中体西用"思想首次打开了儒家教化思想的缺口。1856—1860年的第二次鸦片战争以及与之前后相同步的太平天国农民起义，进一步加剧了清王朝的政治统治危机和社会危机。内忧外患下的清政府不乏思考如何走出困境的士绅群体。以奕䜣、曾国藩、李鸿章、左宗棠等为代表的，具有革新思想的官僚士大夫开始走上自强求变道路。他们重点从器用角度入手，推进以发展近代军事和民用工业为主的洋务运动。与之相同步，在文化教育领域主动实施改革，培养新型的经世致用人才，这一批新知识分子改变了过去被动学习的局面，主动接受和学习西方科技与文化，他们虽然依旧保持着治国平天下的儒家情怀，但由于教化大环境的改变，而就此超越了以往士人传统的经世致用思想。如此一来，传统教化思想开始在"中体西用"思想指导下的洋务运动中走向衰落。"中体西用"思想之所以有如此"魔力"，究其原因体现在以下两个方面。

一方面，"中体西用"思想的特质和表述最大可能地减缓了封建传统思想的阻力。"中体西用"的特质就在于它本身是由封建地主阶级倡导，旨在改变国家被动挨打地位，这样就减轻了地主阶级内部的阻力，但在一个闭塞、顽固、僵化的中国，即使引进西洋器用之物，也还是会遇到比较大的阻力，此时，"中体西用"的艺术表达，一定程度上减缓了顽固派的攻击和阻碍，客观上有利于引进西方科技。另一方面，虽然"中体西用"思想在当时属于非常大胆的改革，但由于将救国作为核心价值，所以最大程度上减缓了保守派阻力。例如，当洋务派准备在北京同文馆招收翰林、进士、举人、贡生等传统科举士子，让他们学习天文算学的时候，顽固派予以强烈阻拦，为此，奕䜣据理力争，称天文算学馆目的在于"徐图自强"，若想以"忠信为甲胄，礼义为干橹"，实不可达到制敌之命之目的。[①] 此言一出，阻力自消。诚如有些学者所论，洋务派的"中体西用"思想，"形式上的重点是在强调中学之为'体'，事实上的重点却在强调西学之需'用'，——从洋务派创导这种文化新观念的主旨而言，应当

---

① 郑大华：《晚清思想史》，湖南师范大学出版社2005年版，第141—142页。

说：'中体西用'意在'西用'"①。

"西用"作为新事物，发展至后来，由器用之物深入到西方的制度、思想和文化层面，于是客观上促进一部分洋务派开始主张不但要实行器用的变革，也要学习西方先进的政治制度，中法战争以后这种倾向愈加明显。与此同时，在野的洋务知识分子开始认定中国传统的政治制度必须改变，否则就是"小变而非大变，貌变而非真变"，这种主张表明他们已经开始向早期维新派思想家过渡了。② 综上所述，"中体西用"思想带给传统中国在思想文化领域的冲击是显而易见的，儒家传统教化在这个过程中越来越失去了固有的阵地，教化环境、教化手段不得不面临西式教育的挑战，特别是伴随传统知识分子中的相当一部分人转变为革新派以后，他们凭借自己的力量完全将中国社会引向自强求变为主题的浪潮中，社会思想变革于是愈加走向深入，传统儒家教化不得不在这样的浪潮中退居次席。所以说，"中体西用"思想作为洋务派推动变革的纲领，"既表述了中学与西学的结合，又规定了中学和西学的区分"，作为一种中西文化交冲汇融而结合的一种特定形式，无论是自强求富的军事工业和民用工业，还是以翻译、出版、科技、学堂留学生为主要内容的近代文化事业都是其产生的有益结果，作为"封建文化和封建制度的对立物，虽然力量有限，但终究打开了缺口，促进了近代中国社会的新陈代谢"③。

2. 维新变法运动加速了儒家教化思想的衰落速度，给崩溃前的清王朝在思想文化领域以最沉痛一击。鉴于洋务运动的局限，一部分知识分子意识到了"中体西用"思想的局限性，所以，他们在器用层面的学习基础上更进一步，要求学习西方的政治制度，在思想文化领域实行一次彻底的改革。

早期的维新思想家如王韬、郑观应等人认为，英国、日本这样的"君民共主之国"由于在制度设计上，能够保持君权和民权的平衡，相比较而言，中国的君主专制制度存在的等级差异，比君民共主制度落后，是导致中国民疲国弱的原因。郭嵩焘还认为，中国传统君主专制制度常常依

---

① 丁伟志、陈崧：《中西体用之间》，中国社会科学出版社1995年版，第160页。
② 郑大华：《晚清思想史》，湖南师范大学出版社2005年版，第128—129页。
③ 陈旭麓：《近代中国社会的新陈代谢》，中国人民大学出版社2012年版，第114—115页。

赖于圣人之治,然而现实总是不能如愿,所以说,在人治之德无法保证情况下,社会常常陷入困顿,而西方依靠法治的制度设计,避免了人治以德的不稳定性,在民权获得保障前提下,有助于社会的长治久安。[1] 王韬也就民权保障的益处阐述道:"苟得君主于上,而民主于下,则上下之交固,君民之分亲矣。内可以无乱,外可以无侮,而国本有若苞桑磐石焉。由此而扩充之,富强之效亦无不基于此矣。"[2] 可见,在戊戌维新人士眼中,传统儒家教化所坚持和提倡的道德性规约,特别是对教化主体的资格要求设计,出于人的不稳定性,而难以与规范性更强的法治建构相比拟,这样就从根本上动摇了教化思想的内核。于是,在社会和历史现实面前,民众通过对比,对于开议院、建立君主立宪制度的认识也就逐渐深入,这在为"戊戌维新"奠定理论基础的同时,自然否定了儒家教化思想继续存在的必要性。

"戊戌维新"的代表康有为承接前人思想遗产,在和光绪帝的变法实践中,大胆提出"全局全变"的思路。他与光绪帝在一次讨论中称:"近岁非不言变法,然少变而不全变,举其一而不改其二,连类并败,必至无功。譬如一殿,材既败坏,势将倾覆。若小小弥缝补漏,风雨既至,终至倾压。必须拆而更筑,乃可庇托……今数十年诸臣所言变法者,率皆略变其一端,而未尝筹及全体。又所谓变法者,须自制度、法律先为改定,乃谓之变法。今所言变者,是变事耳,非变法也。臣请皇上变法,须先统筹全局全变之,又请先开制度局而变法律,乃有益也。"光绪帝对于康有为的见解深以为然,包括改革八股取士,设立新的大学教育制度在内,准备作一全新的改革,因为八股取士制度是民智不开的根本原因。[3] 虽然"戊戌维新"最终失败,康有为等改革派或牺牲或流亡,但全国上下的改革趋势已经无可避免地到来了,这是历史大势,谁也改变不了。普通民众在思想文化领域随着时间的推移出现了打破旧传统的曙光。蒋梦麟先生作为那个时代的亲历者,其早年的求学经历恰好可以为此作一生动的注脚。

蒋梦麟先生是我国著名的教育家,在他早期辗转求学过程中,当时中、高等学校经常发生学潮风波,在他看来,"这种反抗运动可说是新兴

---

[1] 郭嵩焘:《伦敦与巴黎日记》卷20,岳麓书社1984年版,第627页。
[2] 王韬:《弢园文录外编》卷一《重民下》,中华书局1959年版,第24页。
[3] 康有为:《我史》,中国人民大学出版社2011年版,第76—78页。

的知识分子对一向控制中国的旧士大夫阶级的反抗，不但是知识上的反抗，而且是社会和政治的反抗。自从强调物竞天择、适者生存的进化论以及其他科学观念输入中国以后，年轻一代的思想已经起了急剧的变化。18世纪的个人观念与19世纪的工业革命同时并临：个人自由表现于对旧制度的反抗；工业革命则表现于使中国旧行业日趋式微的舶来品。中国的旧有制度正在崩溃，新的制度尚待建设"[①]。作为一个亲历者，蒋梦麟先生的经历体现了时代变革中一位知识分子成长的典型缩影。从他身上可以看到儒家教化衰落的过程，他之所以最终选择进入新式高等学堂，改变旧有的用儒家经义致仕的想法，抛却了辛苦所得的秀才功名，就是因为各方面受到了西方思想文化的冲击，以他为代表的新知识分子已经冲破了儒家教化思想的规约，特别是宋明理学所灌输的"三纲五常"之伦理，以变革为主旨，以救亡为目标，以学习为路径，将西方思想文化中的民主、平等、自由等理念引入中国，给传统儒家占据主导地位的中国思想文化领域以巨大的冲击。由此可见，维新变法作为政治运动的失败并未减弱中国思想文化继续前进的潮流。1905年，清政府被迫废除科举，仿照日本教育制度，"总算不折不扣地踏上西化的途程了"[②]，这种改变彻底导致儒家教化从制度上退出了历史舞台。

三 教育改革带给儒家教化的制度冲击

《辛丑条约》的签订标志中国彻底沦为半殖民地半封建社会。面对危局，清政府被迫施行"新政"。"新政"对传统教化思想的解构主要体现在以下三个方面：

第一，政治体制上仿照君主立宪制度成立中央内阁，预备立宪，由此突破了专制"祖制"。虽然此一改革没有超出"戊戌维新"的政治蓝图，也并没有完成"三权分立"为核心的近代政治体制的转变，但却是"封建政体的异军"，触动了传统中最保守的东西。[③] 由于西方民主、法治理念下的治国理政，完全不同于传统教化所主张的理念，人与人之间是平等的主体，相互间关系处理依靠制度的规范，依靠平等契约对双方权利和义

[①] 蒋梦麟：《西潮与新潮》，人民出版社2012年版，第54页。
[②] 同上书，第67页。
[③] 同上书，第240页。

务的划分。这样一来，就对传统教化中所坚持的等级伦理思想、男女尊卑观念、君臣关系、君民关系以及依赖圣王以求天下大治等思想，产生了巨大冲击，并最终作为一种共识性思想理念在全社会传播开来，由此对儒家教化思想的解构作用是显而易见的。

第二，新政中对传统教化思想解构力度最大的无疑是废除科举制度。清政府废除科举之前，梁启超、张之洞，甚至包括袁世凯等人均认为，以八股取士为主要形式的科举无益于培养新型的经世致用人才，青年学子毫无创造力，作了空谈义理的无用功，总而言之，科举制度已经不能适应社会发展要求。如梁启超批评八股取士之害，称其容易导致士子形成"束书不观，争事帖括"的弊病，加之读经致仕和为师的地位之高，"为农工商贾妇孺之所瞻仰而则效者"，反而在全社会树立了坏榜样，"举国之民从而化之"，"民之愚，国之弱，皆由于此"，"深知中国实情者，莫不谓八股为致弱之根原"。张之洞称八股文章"文胜而实衰"，文人士子投机取巧，对于先儒本经之义知之甚少，"不通古今，不切经济"。袁世凯与张之洞联名的奏折更是疾呼"科举一日不废，即学校一日不能大兴；将士子永远无实在之学问，国家永远无救时之人才；中国永远不能进于富强，即永远不能争衡于各国"。具有相当社会影响力的士人将科举贬低得一无是处，说明儒家教化思想所依托的这个载体已经迫于现实形势而被抛弃了。最终，在各种社会舆论和朝廷重臣的压力与建议下，清政府于1905年下诏废除科举，同年12月，设立学部取而代之，建立起了一套完整的新式教育体系。

第三，与废除科举相伴随的是建立起一整套新式学校教育体制，以致于从制度层面将儒家教化思想消解于无形。各省高等学堂、中等学堂和小学堂及职业教育和女子教育逐步完善，官办与民办教育共同促进。截至1909年，各类新式学堂59117所，学生人数超过160万。留学欧美日本的人数也逐年上升，出现了第一次留学热，其中很多人受革命思潮影响，成为之后推动中国实现彻底变革的中坚力量。[①] 由上述种种变化可见，废除科举的目的在于富强进步，只是这种进步是以对自我传统教化的变革与废除为代价的，向西方文化学习的过程，其实就是中国思想文化界自我否

[①] 上述史料参见陈旭麓《近代中国社会的新陈代谢》，中国人民大学出版社2012年版，第245—249页。

定、自我革新的过程，在这个长时期的历史过程中，传统的儒家教化思想与实践不得不退出历史舞台，"三纲五常"伦理规约等传统学习内容也被西方的平等、自由、民权以及大量器用之学所代替，儒家教化思想体系从内在逻辑和架构上完全被改变和抽空了，儒家教化思想随之失去了存在的必然性。

  科举制度废除之后的影响有正负两个方面。就积极面来说，它促进了中国教育的近代化步伐，解放了人们的思想，有助于社会的创新，接受现代文明洗礼，对于传统中国的封建落后不啻为一次巨大的进步。就其负面影响而言，这一改革"切断了儒学与权力之间的内在联系。科举制度的废除使得原有的儒学传播体系崩溃。这加速了儒学的解体步伐，造成了儒学在现代中国知识体系中的地位日益降低，最终使儒家失去了基本的信仰群体"。废除科举打破了儒学上千年来的独尊地位，瓦解了士绅阶层，虽然"推动了近代教育的发展，却导致了教育的贵族化"，虽然"促进了近代学术的转型与发展，却产生了专营'术'而忽视'学'的后果"[1]。总而言之，废除科举使得儒家教化思想失去了制度保障，瓦解了价值依托，破坏了原有的教化环境，改变了旧有的教学内容。由此可见，废除科举给儒家教化带来的制度性解构是具有决定性意义的，发展至此，如果说清政府的教育改革尚没有完全实现与儒家教化的割裂的话，那么，新文化及五四运动则在更广泛、更深层次上将儒家教化思想荡涤殆尽。

第二节　五四新文化运动与现代性教化的生成

  五四新文化运动是 20 世纪初中国思想文化领域最彻底的一次思想解放和启蒙运动。"它正面拥护和大力倡导的是科学与民主以及白话文运动，而反面则向孔家店发起了集中而猛烈的攻击。"[2] 在救亡图存的大背景下，陈独秀、胡适、李大钊等新一代思想启蒙家，通过著书讲学、办新潮杂志，大力推广白话文等实际行动向儒家学说发起了猛烈批判。他们认为儒家学说已经不符合时代潮流，必须批判儒家纲常礼教等不平等伦理和政治思想，"德先生"和"赛先生"（民主与科学）才是中国走向重生的

---

[1] 杨齐福：《清末废科举的文化效应》，《中州学刊》2004 年第 3 期。
[2] 林存光：《五四新文化运动与孔子观念的根本转折》，《孔子研究》2004 年第 3 期。

法宝。为此必须从根本上动摇儒家义理,打破旧有的教化传统,改造国民性,唤醒国民自立自强的精神品质,以造就民族新生。总体来说,在革命与救亡的主流环境中,五四新文化运动成为荡涤儒家教化思想的狂风暴雨,所造成的结果自然就是现代性教化理念的逐渐生成和初步实践。①

一 现代性教化理念的滥觞

辛亥革命虽然推翻了封建帝制,但思想和文化解放的重任依旧没有完成。1912—1913年通过的"壬子·癸丑学制"②,对教育制度和教学内容进行了深刻改革,一改前清"忠君、尊孔、尚公、尚武"的教育宗旨,以军国民主义教育、实利主义教育、公民道德教育、世界观教育和美感教育取代之,希望培养独立、自尊、自由、平等、勤俭、武勇、绵密、活泼的新国民。③ 然而,袁世凯、张勋的复辟,康有为等保皇党人关于孔教入宪的鼓吹,在新文化运动的旗手们看来,都表明国民新思想和新精神的建构任务依然艰巨。为此他们疾呼需要对儒家思想中的礼教精义来一次彻底的颠覆,以求开民智、化风俗,使国家尽快摆脱积贫积弱的疲敝地位,恢复往日之自信、自强,而自立于世界。在此主要目标的指导下,儒家教化思想的核心理念遭到了严厉批判。

1. 以"三纲"伦理为核心的礼教当因时而废。陈独秀、李大钊等人借助孔教被保守派试图植入宪法的契机,与保守派进行了激烈论战,发表了一系列反对儒家礼教精神作为国家指导思想的言论,通过此次论战,让更多的人明白了在新时期,唯有进行思想上的解放和改革,才能推动国家前进,而不至于再沦落到被动挨打的地步。陈独秀发表《吾人最后之觉悟》、《宪法与孔教》、《旧思想与国体问题》、《复辟与尊孔》等多篇文章指出了废除礼教的理由。在他看来,礼教为中国伦理政治之根本和大原,

---

① 黄书光:《中国社会教化的传统与变革》,山东教育出版社2005年版,第380页。
② "壬子·癸丑学制"是指,在孙中山为首的南京中央临时政府和稍后的北洋政府主持下,于1912—1913年制定颁布的一系列新教育制度的总称。学制规定,儿童从6岁入学到23、24岁大学毕业,整个学程三段四级,总计17年或18年。除了初等、中等和高等教育之外,还将师范教育和实业教育单列。最显著的改变是取消初等和中等教育中的读经课。学习内容完全与西方同步,是带有鲜明资产阶级性质的一系列教育法规和制度的综合。参见陈景磐《中国近代教育史》,人民教育出版社1979年版。
③ 黄书光:《中国社会教化的传统与变革》,山东教育出版社2005年版,第380页。

"三纲"的核心是维护不公平的阶级制度，其所内含的忠、孝、贞节理念是造成国民性落后的根本原因。① 因为思想理念受到严重束缚，中国人自古就充满了虚伪，利己主义盛行，人们缺乏公共心和平等观，最严重的是"中国人分裂的生活（男女最甚），偏枯的现象（君对于臣的绝对权，政府官吏对于人民的绝对权，父母对于子女的绝对权，夫对于妻、男对于女的绝对权，主人对于奴婢的绝对权），一方无理压制一方盲目服从的社会，也都是这三样道德教训出来的；中国历史上现社会上种种悲惨不安的状态，也都是这三样道德在那里作怪"②。可见，陈独秀对"三纲"理念的批判不遗余力，将它作为中国落后挨打、民族精神颓废的根源。为此，在国家民族危难之际，当坚决抛弃这种旧有的伦理教化体系，以造就新的国民。

李大钊自觉运用历史唯物主义，以皇权专制制度不能适应时代发展要求为切入点，对传统教化思想维护的君主专制及其危害发起猛烈抨击和揭露，对儒教不符合现代宪法精神的原因予以阐明，以保证新国民性获得法制保障。他说："孔子生于专制之社会，专制之时代，自不能不就当时之政治制度而立说，故其说确足以代表专制社会之道德，亦确足为专制君主所利用资以为护符也。"③ 然而在民主、自由、平等、人权等观念涌现的新社会中，专制君主的护符实在不合于世，有违现代宪法民主之精神，为此，必须作出相应的改变，以适应事物发展的规律。基于同样的理由，他反对将孔教植入宪法，因为孔子为"数千年前之残骸枯骨"，与宪法那种"现代国民之血气精神"相违背，也与宪法具有的"现代国民自由之证券"的本质相悖离，所以，如果将孔教植入宪法，宪法就会失去保障生民利益的最根本属性。所以，按照马克思一派的唯物史观理论，作为宇宙现象之一的道德，当随着社会变化的需要，"什么圣道，什么王法，什么纲常，什么名教，都可以随着生活的变动、社会的要求，而有所变革，且是必然的变革"④。

陈独秀和李大钊对"三纲"伦理和儒家教化的批判，目的在于打破

---

① 陈独秀：《独秀文存·吾人最后之觉悟》，安徽人民出版社1987年版，第41页。
② 陈独秀：《独秀文存·调和论与旧道德》，安徽人民出版社1987年版，第565页。
③ 李大钊：《李大钊文集上·自然的伦理观与孔子》，人民出版社1984年版，第264页。
④ 李大钊：《李大钊文集下·物质变动与道德变动》，人民出版社1984年版，第152页。

传统的偶像专制，解除套在民众身上的道德枷锁，从而实现国民伦理精神的根本变革。发展至此，思想解放与启蒙和国家命运前途自然联系在一起，破除旧思想、建立新精神的思想解放运动裹挟在了以国家救亡为主题的时代浪潮中。儒家教化思想影响力日渐式微，广大民众被民主、自由、平等、科学等理念所感染。那种沉重的，传统农业社会中一味以稳定、和谐为目的的统治目标被削弱，代之而起的是期望通过变革来实现国家的富强和稳定。陈独秀就此指出："吾人宁取共和民政之乱，而不取王者仁政之治。盖以共和民政为自动的自治的政制，导吾人于主人地位，于能力伸展之途，由乱而治者也。王者仁政为他动的被治的政制，导吾人于奴隶地位，于能力萎缩之途，由治而乱者也。倘明此义，一切旧货古董，自然由脑中搬出，让自由新思想以空间之位置，时间之生命也。"① 此段论述深刻表明，启蒙思想家们期望通过迥异于儒家传统教化的路径——民主共和之路，取代王者仁政，以求实现新社会的生成。因为礼教"三纲"之说不会导引出新的人格，无法帮助国人自立于世界民族之林，"吾人所不满意者，以其为不适于现代社会之伦理学说，然犹支配今日之人心，以为文明改进之大阻力耳"②。基于以上理由，以"三纲"为核心的封建礼教当因时而废，再没有存在的理由，若其"实行于今之社会，不徒无益而且有害，吾人当悍然废弃之，不当有所顾惜"③。

2. 儒家固有之五常德伦理若符合时代之需，当因时而变，以求适用于变化了的世界。笔者在此区别于传统观念的一个"共识"，提出儒家五常德伦理因时而变的命题，以同前段礼教"三纲"伦理因时而废形成对比。为什么伦理常德需因时而变，而不是因时而废呢？这和多年来学界所谓的一个"共识"有关系，那就是五四新文化时期的思想启蒙与儒家思想文化的被批判和被抛弃是同步的，全盘反传统的后果就是传统文化的断裂。④ 出现这种局面，既是历史原因造成的一种误解，也是后人对主要思想家思想观点认识不足造成的。可喜的是，当代已有学者认识到这一问题，站在客观、历史的角度，提出了新的看法。严家炎先生认为，"并不

---

① 陈独秀：《独秀文存·答常乃惪》，安徽人民出版社1987年版，第642页。
② 陈独秀：《独秀文存·再答俞颂华》，安徽人民出版社1987年版，第697页。
③ 陈独秀：《独秀文存·四答常乃惪》，安徽人民出版社1987年版，第678页。
④ 林毓生：《中国意识的危机》，穆善培译，贵州人民出版社1986年版，第1—2页。

是'五四'造成了中国的'思想危机',而恰恰是中国的'思想危机'呼唤了'五四'"。从民族发展的需要出发,它是"一场伟大的文化革新、思想解放的运动,是'人'的重新发现,个性的重新肯定,科学、民主、社会主义等新思潮在民众中扎根的运动,是思想、道德和文学都走向现代化的运动,是传统文化经过新时代的冲刷开始调整、转化并向现代工业文明适应的运动,也是中华民族经过与世界潮流对话,实现自我完善,重新焕发出青春活力的运动"[1]。李翔海先生也直陈"五四新文化运动是全盘反传统的论断是不成立的"。"五四新文化运动所开启的文化格局进一步充实和丰富了中国文化的生命力,为中国文化传统面向 21 世纪的新开展增添了新的生机与活力。"[2] 事实的确如此,通过对陈独秀、李大钊当年对儒家传统道德伦理的评论即可窥见一二。

五常德伦理观念当"因时而变",究其原因,最关键的是陈独秀、李大钊等人尊重儒家教化提倡的人在道德品质方面必须完善和提高的合理性,同时,他们也非常肯定和赞赏孔子本人在其所处时空条件下,为中国社会文明进步所作的贡献。具备这样的科学认知态度,保证了他们在批判传统教化的同时,也注意吸取其中的合理之处,来建构新教化。陈独秀在《我之爱国主义》一文中指出,所谓持续的治本的爱国主义者需要具备勤、俭、廉、洁、诚、信等基本品德,它们虽然都是老生常谈,却是救国之要道。[3] 可见在陈独秀的观念中,以救亡图存为主旨的人的道德性成长,必须继承传统文化的合理性因素,其所反对的是裹挟了这些仁、义、礼、智、信等道德精华的制度,站在改变封建专制制度立场上,对于绑架道德的礼教予以抨击,而不是全盘否定类似五常德这样的传统文化精髓。

李大钊则将孔子和专制加以区别,认为孔子不能被政治所绑架,二者不能划等号,他说:"余之抨击孔子,非抨击孔子之本身,乃抨击孔子为历代君主所雕塑之偶像的权威也;非抨击孔子,乃抨击专制政治之灵魂也。"[4] 在他看来,"孔子之本身"是指他所提倡的高尚道德品质的培养与塑造,是道德人的完善和提升。这种成就自我的活动,完全与那种服务君

---

[1] 严家炎:《五四新文化运动与传统文化》,《鲁迅研究月刊》1995 年第 9 期。
[2] 李翔海:《五四新文化运动与中国文化传统三题》,《齐鲁学刊》2009 年第 6 期。
[3] 陈独秀:《独秀文存·我之爱国主义》,安徽人民出版社 1987 年版,第 60—67 页。
[4] 李大钊:《李大钊文集上·自然的伦理观与孔子》,人民出版社 1984 年版,第 264 页。

主专制统治的理念没有关系。但是,为了培育新国民,树立自由、平等、人权的新道德,对于孔学的态度必须批判意识形态化的孔子,批判维护不平等社会的伦理纲常,否则难以有益于今日之社会,因为"宗法社会之奴隶道德,病在分别尊卑,课卑者以片面之义务,于是君虐臣,父虐子,姑虐媳,夫虐妻,主虐奴,长虐幼……以此种道德,支配今日之社会,维系今人之人心,欲其不浇漓堕落也,是扬汤止沸耳,岂但南辕北辙而已哉"!① 既然如此,又该如何寻出解决的办法呢?答案只有在新思想的启发下去寻找。这个新思想就是达尔文进化论和马克思的唯物史观。李大钊把唯物史观作为革故鼎新的理论指导,称"道德之为物,应随社会为变迁,随时代为新旧,乃进化的而非一成不变的,此古代道德所以不适于今世也"。但同时,他也坚持不可走极端,否则违背社会发展的规律,自称其"深信道德为人类之最高精神作用,维持群益之最大利益,顺进化之潮流,革故更新之则可,根本取消之则不可也"②。既然不能取消,那就采用批判继承的方法,用李大钊的话来说,就是"孔子之道有几分合于此真理者,我则取之;否者,斥之"③。这种蕴含了批判性继承的思想,充分说明当时启蒙思想家群体对于儒家学说的包容与接受程度。在救亡图存的当口,若想实现民智、民力的开化和释放,必须尊重传统中的有益思想,否则会落入极端而不利于救亡。

总之,"五四新文化运动的'反儒'言论,重点放在破坏礼法,破坏旧伦理,破坏旧习俗,批判的层次始终停留在物质层面和制度层面,对儒家的理论层面,如仁、义、心、性等问题则几乎没有涉及"④。相反,他们本着因时而变的宗旨,期望通过"大力汲取近代西方文化的养分,改良中国文化,发展与现代社会相适应的资本主义的新观念、新思想、新伦理、新道德、新文学、新艺术"⑤。作为一场划时代的文化启蒙运动,它对传统儒家教化思想中不合时代要求的因子大胆抛弃,而对有助于人的道德成长的有益理念进行与时俱进的改革,这种提升改造国民性的活动,已

---

① 陈独秀:《独秀文存·答傅桂馨》,安徽人民出版社1987年版,第663页。
② 陈独秀:《独秀文存·答淮山逸民》,安徽人民出版社1987年版,第668页。
③ 李大钊:《李大钊文集上·真理(二)》,人民出版社1984年版,第262页。
④ 参见欧阳军喜《五四新文化运动与儒学:误解及其他》,《历史研究》1999年第3期。
⑤ 李良玉:《五四新文化运动与全盘反传统问题——兼与林毓生先生商榷》,《南京大学学报》(哲学·人文·社会科学)1999年第2期。

经体现出了鲜明的现代性教化色彩，即回到人本身，打破思想奴性，改变不平等、不合理的纲常名教的束缚，并期待儒家传统中的有益因子能够与现代社会发展相适应。

二 现代性教化的对象、目的与实践

现代性教化的产生过程。就是近代中国先进知识分子救亡图存，寻找国家前途的过程，基于这个背景，启蒙思想家们将现代性教化的对象聚焦于广大的青年，期望通过理性启蒙，把他们培养成为一代新青年，以造就民族新生。

1. 青年作为现代性教化的主要对象之一，其思想和精神的改变是中华文明走向新生的重要前提。陈独秀创办《新青年》杂志，标志着以陈独秀和李大钊为代表的启蒙思想家们，将民族的希望和国家的未来寄托于广大青年，他们希望应用现代性教化为国家培养出新国民。为此，他们通过著书、演讲等方法，对广大青年予以引导，以超越传统教化培养起来的旧国民。

一方面，启蒙思想家们要求广大青年解放思想，摆脱传统礼教的羁绊，形成理性自由、平等独立之人格，以适应社会发展的新趋势。陈独秀在《敬告青年》一文中呼吁青年将自己培养成为"自主的而非奴隶的"、"进步的而非保守的"、"进取的而非退隐的"、"世界的而非锁国的"、"实利的而非虚文的"、"科学的而非想象的"新青年。他认为自主精神是立德之首功；学习进步思想，才能适应世界大势，免于国家"不适应世界之生存而归消灭也"；努力进取，改变传统的退隐思想，才能化民成俗，更进一步；而以世界的眼光，遵循共同的原则和精神，走出闭门造车的怪圈，才能实现富强；中国那种自古崇尚虚文，与现实社会生活背道而驰，故当抛弃，用科学思想武装自己的头脑，以改变传统社会的"无知妄作之风"[①]。陈独秀在此首先通过比较的方法，指出旧国民的精神缺陷，从而否定了传统儒家教化思想的成果和理念。其次，他提出建议，回答了青年应该怎么办的问题。在他看来，成长为新国民，首先要培养新道德，其前提是树立自主精神，"尊重个人独立自主之人格"，打破固化的思维，冲破"三纲"伦理的羁绊，只有这样，才能改变传统教化所培养起来的

---

① 陈独秀：《独秀文存·敬告青年》，安徽人民出版社1987年版，第3—9页。

民族性格,于个人而言,勿成他人的附属品,于国家而言,保卫独立自主之地位。①

另一方面,启蒙思想家们不但主张"破",更主张"立",目的在于帮助青年确立正确的、牢固的、能适应社会发展潮流的价值观和世界观。陈独秀在《〈新青年〉宣言》一文中称:"我们理想的新时代新社会,是诚实的,进步的,积极的,自由的,平等的,创造的,美的,善的,和平的,相爱互助的,劳动而愉快的,全社会幸福的。希望那虚伪的,保守的,消极的,束缚的,阶级的,因袭的,丑的,恶的,战争的,轧轹不安的,懒惰而烦闷的,少数幸福的现象,渐渐减少,至于消灭。"② 在此论述中,我们看到了陈独秀的"破"的对象是那些与传统教化有密切关系的旧道德、旧伦理,及其造就的旧生活。而就"立"的方向和目标来说,他希望通过现代性教化塑造出新国民,培养出国民的新精神,建构起适应发展了的社会的新伦理。

李大钊也认为新青年作为"旧生活的反抗者"和"新生活的创造者",面对"黑暗的社会"和"没有趣味的生活",不能一味悲观失望,"只知厌倦卑污的生活,不知创造高尚的生活",而应"拿出自杀的决心,牺牲的精神,反抗这颓废的时代文明,改造这缺陷的社会制度,创造一种有趣味有理想的生活"③,"立"的方法就是"以自由、博爱、平等为持身接物之信条",当这些理念融会贯通于一个人的灵魂和精神之后,有助于"慈祥恺悌、中正和平"之气质的生成,社会也会因此产生"循礼守法"的风尚,改变传统教化思想塑造出的那种"尚情不尚礼"、"任力不任法"弊端。同时,李大钊就新精神如何"立"的问题,他借鉴了传统教化思想重视教化主体榜样性、引导性作用的理念,指出为了帮助知识青年迅速走出迷茫,成就新自我,社会的上流阶级需要以身作则,用科学的态度,综合中国传统思想精华之忠恕之道和西方自由、博爱、平等理念,"以自重而重人之人格,各人均以此惕慎自持,以克己之精神,养守法循礼之习惯,而成立宪国绅士之风度,于是出而为国服务,自能和衷共济、

---

① 陈独秀:《独秀文存·一九一六年》,安徽人民出版社1987年版,第32—36页。
② 陈独秀:《独秀文存·〈新青年〉宣言》,安徽人民出版社1987年版,第244页。
③ 李大钊:《李大钊文集下·青年厌世自杀问题》,人民出版社1984年版,第159—160页。

一心一德而为正当之主持,绝不致演出议场挥拳、白宫斗口之象也"①。

综上所言,陈独秀和李大钊就青年群体成长问题的论述,抓住了当时社会国民性改造问题上的本质,在他们看来,只有帮助青年人重新建立新的价值观和世界观,从精神层面培养出适合时代发展要求的新青年,才能为民族发展和国家进步提供根本的解决之道。若要做到这一点,必须推动现代性教化。为此,他们首先将目光聚焦于新式教育制度。

2. 启蒙思想家们将新式教育制度作为现代性教化的主要途径和载体,期望通过改变经、史、子、集教育的旧传统,以培养和塑造出新国民、新精神。相比较儒家教化思想中有关的传统学校教育制度,新式教育制度在各方面都有明显区别。就教化介体因素来说,内容上,他们主张学校教育当以科学为主,以区别传统的儒家经学;工具上,以编译的西方教材为主,辅之以传统儒家的部分经典读本。就教化主体而言,既有西方来华的专任教师,也有中国近代知识分子,他们大都具有世界眼光和思维,在教学理念上完全有别于传统教化中的师长。就教化客体而言,如前所述,主要是各级各类学生,就像"壬子·癸丑学制"规定的那样,6岁以上少年儿童和广大入学青年皆为教化对象。就教化环境因素而言,新式教育制度体系完备,"三段四级"完全由政府层层推进,除此之外,专设师范教育和实业教育两个专业教育系统。严明完备的教育体系,使现代性教化环境规范有序,培养目标非常鲜明和专一。就学校环境中的教化方法而言,现代性教化相比较传统儒家教化既有超越和变革,也有继承和创新。陈独秀在此方面的观点非常具有代表性。

陈独秀为了发挥出新式教育制度的教化功能,围绕改良社会的目标,在方法上提倡采用启发式教学方法来代替传统的教训式方法,继承传统儒家教化方法中有益的因子,以更好培养学生的道德品质。例如针对儿童教化,需要照顾他们的心理特性,建议"在游戏体操以及对人接物时,采用实际的训练方法,使儿童感觉道德之必要,使儿童道德的本能渐渐发展"②。此论述证明,虽然现代性教化与儒家教化存在诸多不同,但并不意味着完全与传统相割裂,传统儒家教化中的优秀经验必须继承,即使两者的培养目的存在天壤之别。这种观点在他的《今日之教育方针》一文

---

① 李大钊:《李大钊文集上·立宪国民之修养》,人民出版社1984年版,第332—334页。
② 陈独秀:《独秀文存·新教育是什么》,安徽人民出版社1987年版,第377—387页。

中也得到了阐明。他称,古今中外的教育方针,"举无一致",所以"礼无绝对之是非,事以适时为兴废",教育之道就是要"发展人间身心之所长而去其短","补偏救弊,以求适世界之生存"。为此,要植基于现实生活之上,以现实主义为指导,因时而变,唯民为大,彻底摆脱生而为奴的时代,发展经济实业,青年人要提高自身体质,所谓兽性主义,以摆脱东亚病夫的形象。① 由此可见,陈独秀作为启蒙思想家,他所秉持的现代性教化思想逻辑,并没有完全照抄照搬西方的理念和经验,他采用积极借鉴、批判继承的方法,为中国社会现代性教化提出了有益的指导。

3. 现代性教化在女性青年群体的实践。以新式教育制度为载体的现代性教化在全国范围内建立之后,各方面实践逐步走向深入。相比于传统儒家教化,其中最为特别的是大规模推进女性的现代性教化实践,为此笔者就该问题予以专门讨论,以对比的视角展示现代性教化所具有的特色。

首先,女子专门学校和男女同读学校的数量增长速度较快,为女性现代教化提供了场所和便利。鸦片战争以后,外国教会在各大中心城市兴办起了女子专门学校,但早期数量少,影响不大。到五四新文化时期,专门女子学校、男女同校同学和获准进入大学成为现实,这是女性现代教化走向具体实践的重要体现。其次,随着男女平等思想的广泛传播,女性自主、自愿走向历史前台,主动要求享有与男性同等的受教育权利,这在传统儒家教化思想和实践中是不曾出现的。例如当时的著名进步女青年邓春兰,为了争取女性的大学受教育权,专门写信给蔡元培校长,要求大学开女禁,准许女子接受普通大学教育。1920年1月,开明的蔡元培校长借此机会宣布大学向女生开放。随后,长沙的陶毅、向警予等人又联合青年学生在男女同校、同学方面与当局进行斗争,成效也非常显著。再次,女性现代教化的普及为中国社会文明进步作出了积极贡献,启蒙思想家们对此从各方面论证了这一实践活动的积极意义。例如,陈独秀1922年评价一所平民女校的设立,称它是"风雨晦冥中的晨鸡"。胡适认为女子教育的目的在于培养其自由独立的人格,有益于增进国人的道德,因为他认为在国民新道德、新精神的培养教育过程中,"女子有一种感化力,善用之可以振衰起儒,可以化民成俗,爱国者不可不知所以保存发扬之,不可不

---

① 陈独秀:《独秀文存·今日教育之方针》,安徽人民出版社1987年版,第14—20页。

知所以因势利用之"①。由此可见，现代性教化在女性教化方面，最鲜明的进步是女性受教育权利的开放，相比儒家传统教化的那种男女不平等，此一突破对于提升女性的综合人文素养以及科学精神都有着极强的推动作用，它是两千年来所未曾出现的一种进步。

五四新文化时期国民道德和精神方面的成长主要是随着救亡运动而展开的。旨在培养新国民的新教化，打破了儒家传统教化的统治地位，儒家教化在20世纪初期因为社会发展情势的改变而不可避免地走向了衰落。我们看到，新时期的教化，无论是提倡民主还是科学，无论是对独立、自由人格的追求，还是对男女平等、地位平等、工农平等、城乡平等的向往与实践，在各个层面体现出了较之传统教化更多的社会适应性。新教化在解构传统教化的同时，积极吸收了西方思想文化中的精华，试图改变旧有的传统文化环境，从而培育中华民族的新精神。当然，总体来看，五四新文化时期，以陈独秀、李大钊等为代表的新知识分子，他们所做的教化努力，体现出了将公民个体道德性成长与国家和社会发展联系起来的特点，始终认为个人的精神成长是社会走向现代化的必要条件。此种教化思想虽然与传统儒家教化的目的指向不同，但二者所包含的社会指向却是内在一致的。纵使在启蒙思想家眼里，儒家"三纲"思想将人导向了奴隶一途，但是，当他们所倡导的科学、民主、自由和人权将人导向了平等一途的时候，一种在儒家传统教化基础上有所发展的现代性教化也就不知不觉生成了。

---

① 胡适：《胡适文集》第36卷，北京大学出版社1998年版。

中篇　思想內涵篇

第一章 儒家教化的理念论

儒家教化作为一个完善的德育培养系统，以修己安人为核心，在发展和成长过程中根据社会实际发展的需要不断融入新的元素，将仁、义、忠、信等原则要求渐次融入并显现于教化实践所坚持的每一个环节和过程中，最终目的就是成己成物。成己成物是内圣外王的另一种表达，即以个体人的发展来促进万事万物的发展，以个体人的德性升华作为寻求事物之间的平衡与和谐的前提，判断标准就是处理协调好人物关系、人我以及自身内心的和谐关系，最终实现儒家所期望的由我出发，进至"小康"、"大同"理想治世的形成和圆满。

第一节 核心：修己安人

修己安人在此之所以被看作儒家教化的核心，原因在于，第一，儒家教化思想和实践主要围绕教化的主体、客体两个方面展开思想建构和双方互动。第二，无论是坚持仁、义、忠、信的原则，还是实现成己成物的最终目的，修己安人在其中都是不可或缺的存在。换言之，坚持仁、义、忠、信原则旨在提高人的道德性，旨在寻求人我、人物关系的和谐；实现成己成物的最终目的，离不开修己安人的前提准备，就这个意义而言，修己是成己成物的前一阶段，安人是成己成物的核心内容。子路请教孔子何为君子，孔子告之曰"修己以敬"、"修己以安人"、"修己以安百姓"。可见在孔子那里，提高自身的道德素养，将自己培养成为君子，达到教化主体的要求，才能依照圣人之言有效承担起治国、平天下的使命。在这个自我提升，自我创造价值、实现价值的过程中，修己安人一以贯之，所以说它是儒家教化思想和实践的核心所在。

一　教化主体的自我提升——修己

"修己"简而言之，就是人为提升自身综合素养而作的一系列努力。根据儒家教化思想及实践的历史考察，我们发现，儒家所讲的"修己"是一个系统的过程，是各个方面的有机结合，否则修己之"修"就可能不成体系，不见效果。人在无法完成修己这一核心任务之前，是没有资格作为教化主体来承担教化使命的。所以，儒家从笃学与明德两个方面提出了要求，以保证教化拥有合格的教化主体。

1. 笃学为修己之基。《大学》有言，"知欲明明德于天下者，先治其国；欲治其国者，先齐其家；欲齐其家者，先修其身；欲修其身者，先正其心；欲正其心者，先诚其意；欲诚其意者，先致其知；致知在格物"。儒家在此将"八条目"以逆推理的形式展现出来，可见其重点在于格物、致知。也就是说，对于诚意、正心、修身这些提升自我素养的活动而言，前提条件必须是掌握事物发展的规律，认识世间万物生生不息的运行机理，这样才能进一步实现治国、安天下之类的远大目标，否则就会成为无源之水、无本之木，无所谓实现什么目标和理想。有鉴于此，儒家教化思想始终将"学"看作展开教化活动的基础。这种基础性地位，一方面体现为"学"的长期性和实践性。如《论语》开篇即讲"学"。"子曰：'学而时习之，不亦说乎？'"[①] 孔子在此为何强调"学而时习之"呢？原因就在于"学"是一种长期的活动。从狭义上理解，它是集抽象性思考和具象化实践为一体的过程，所以具有长期性和实践性的特征。"学"和"习"作为一个问题的两面，两者总是相伴而生，相互促进并巩固，如果"学"与"习"失去其中的任何一面，"学"都是不成立的。另一方面体现为"学"的价值性。"学"作为人之立人的基本前提，是进贤向圣的起点，孔子说他"十有五而志于学，三十而立，四十而不惑，五十而知天命，六十而耳顺，七十而从心所欲，不逾矩"。这个过程显示了他心性成长的历程，之所以最终达到了"从心所欲"、"不逾矩"的境界，其中的基础和前提在于，一切皆以"学"为人生成长和进步的积累，如果失去这个基本前提，就像一个数字失去首位，后面续缀无数个0也是没有意义的。朱熹就此引用程颐的观点称："孔子生而知之也，言亦由学而

[①] 《论语·学而》。

至，所以勉进后人也。"① 以此来证明"学"对人的成长和发展的价值所在。

2. 善学为修己之要。儒家教化在强调笃学为一切进阶的基础的同时，也不忘提出善学的要求，在他们看来，懂得学之锁钥更有利于人的成长。儒家所要求的"善学"包括很多方面，但他们始终坚持一条最基本的规律，那就是尊重具有朴素辩证法色彩的，按照因人而异、因地制宜、因时而变要求进行学习的规律。所谓"学而不思则罔，思而不学则殆"就是指学与思不可偏废。"博学、审问、慎思、明辨、笃行五者不可偏废，废其一也，非学也"②则要求人们必须懂得学习的辩证法。同时，孔子虽然指出"三人行，必有我师焉"，一方面是说学习态度非常重要，但他也强调学习需要"择其善者而从之，其不善者而改之"③，言下之意就是指不能不分主次、不分对象、不明目的地学，而是在保持正确态度的同时，也要注意方法。孔子还在另外一个场合指出："好仁不好学，其蔽也愚；好知不好学，其蔽也荡；好信不好学，其蔽也贼；好直不好学，其蔽也绞；好勇不好学，其蔽也乱；好刚不好学，其蔽也狂。"④ 此论也是在强调学习方法问题。朱熹为此特别指出，对于仁、知、信等美德，不能仅仅只是偏好，如果不能认真领会，不明其理，就很有可能走向事物的反面，所谓"徒好之而不学以明其理，则各有所蔽"讲的就是这个意思。⑤ 由此可见，于修己而言，仅仅以踏实认真的态度学习和践行圣人之道是不够的，必须讲求方法，善学、会学，否则事倍功半，从而影响修己的效果，甚至会阻碍修己的实现。

3. 明德为修己的目的。《大学》有言："大学之道，在明明德，在亲民，在止于至善。"、"明明德"即是讲修己的目的。对于教化主体而言，只有通过学习和践行，把自己培养成为德性彰明、德行良厚的君子贤人，才可具备教化资格，并进一步践行圣人理想。朱熹就此指出，"明德者，人之所得乎天，而虚灵不昧，以具众理而应万事者也。但为气禀所拘，人

---

① 朱熹：《四书章句集注》，中华书局2011年版，第56页。
② 同上书，第58页。
③ 《论语·述而》。
④ 《论语·阳货》。
⑤ 朱熹：《四书章句集注》，中华书局2011年版，第166页。

欲所蔽，则有时而昏；然其本体之明，则有未尝息者。故学者当因其所发而遂明之，以复其初也。新者，革其旧之谓也，言既自明其明德，又当推以及人，使之亦有以去其旧染之污也。止者，必至于是而不迁之意。至善，则事理当然之极也。言明明德、新民，皆当至于至善之地而不迁。盖必其有以尽夫天理之极，而无一毫人欲之私也"①。透过朱熹的解读，我们可以发现几个问题，第一，人之天性气禀作为自然的存在，虽然本身具有"明德"之性，即所说的人性善良，但难免会为"人欲所蔽"，为此需要通过"明"来彰显和扩充人的德性，否则亲（新）民无从谈起，遑论教化天下？第二，朱熹所说"自明其明德，又当推以及人，使之亦有以去其旧染之污"的意思是指，在自我提升基础上的意义扩大化，因为教化本不是为一己之私，人若想提升自我价值，必须推己及人，否则自我提升也就失去了意义。所以，儒家修己之最终目的是为天下人的德性升华与社会文明提供动力支持，离开这个最高目标，明德就失去了本位价值，连同笃学一起也就失去了安人之逻辑基础。

二 教化主体的价值实现——安人

安人作为儒家教化核心的一个重要方面，主要包括两层内涵，一方面是指通过精神文化教育活动让民众在精神层面做到心安、体安、神安，所谓自安而人安，人安而国安。此一目的主要是通过礼乐教化来实现的。另一方面是指通过有效的政教、刑教实践，在物质和秩序层面让民众获得安身立命的基础，在一个有序的社会中获得进一步谋求精神文明与道德修养的进阶。所以说，儒家教化中的安人不仅是求自安，更多是外在指向的天下之安与良风美俗之社会之安，而且这种"安"的内涵意向非常丰富，超越了"安"的一般本意，是儒家教化和谐万物本旨的体现。

1. 儒家礼乐教化以提升自我道德与品性修养为宗旨，追求人的心安、体安和神安，从而试图以内在的精神和谐为基础来实现自安，进而实现安人、安天下的目标。《礼记·曲礼》中："毋不敬。俨若思。安定辞。安民哉！"一句点明了"礼"的功能和本质目的在于安民、安人。礼为何能够具有安人之效呢？这是因为它能做到"定亲疏、决嫌疑、别同异、明是非"，所谓"道德仁义，非礼不成。教训正俗，非礼不备。纷争辩讼，

---

① 朱熹：《四书章句集注》，中华书局2011年版，第4页。

非礼不决。君臣、上下、父子、兄弟，非礼不定。宦学事师，非礼不亲。班朝治军，莅官行法，非礼，威严不行。祷祠、祭祀、供给鬼神，非礼，不诚不庄……是故圣人作，为礼以教人，使人以有礼，知自别于禽兽"①。从该论述可见，"礼"在人们生活中具有两个方向的功用。一方面，指向人的精神成长层面，它具有化性导善的功能，帮助人走向崇高；另一方面，指向了秩序稳定等社会发展层面，具有别宜分序的功能，推动社会走向稳定与和谐。

人们之所以提倡和践行礼，将其作为提升人们道德品行成长的重要手段，原因在于礼的教化本身所含有的实践性要求，是人们在日常生活中实现道德养成教育的根本原因。如儒家为了将尊老爱幼、恭敬孝悌等品德发扬光大，让人们的家庭生活和谐有序，详细规定了家礼细节，以保证对家庭成员予以全方位规约。"谋于长者，必操几杖以从之。长者问，不辞让而对，非礼也"② 的论述，从言、行两个方面规定了晚辈应该具备的礼节规矩；而"夫为人子者，三赐不及车马，故州闾乡党称其孝也，兄弟亲戚称其慈也。僚友称其弟也，执友称其仁也，交游称其信也。见父之执，不谓之进，不敢进；不谓之退，不敢退；不问，不敢对。此孝子之行也"③ 的规约意在指出，父母健在，为人子者当始终清醒自己的位置和义务，当始终保持为人子者的谦虚态度，不可违背孝慈之道。在家庭伦理规约中，身为人子，就连容貌颜色都体现出一个人的孝德品质。《礼记·祭义》就此规定："孝子之有深爱者，必有和气；有和气者，必有愉色；有愉色者，必有婉容。"

总之，儒家关于生产生活各方面的礼制规约事无巨细，吉、凶、军、宾、嘉五礼完备。大到国家山川祭祀，小到孩童入学拜师，都体现出了儒家以礼教人的特色，其最终目的就是希望通过实践养成性的教化活动，不断提升民众的道德素养。从现代思想政治教育理论视角来看，它符合思想政治教育载体论的科学依据。现代思想政治教育从教育载体的物质样态角度出发，将教育载体分为语言载体和行动载体。据此而言，儒家教化的语言载体浩如烟海，无论是经籍原典，还是注疏释义，无论是朝廷上层儒士

---

① 《礼记·曲礼上》。
② 同上。
③ 同上。

的大型编纂类目,还是底层乡绅儒士的识字课本,都是儒家教化语言载体的重要组成部分。与之相对,《礼记·仪礼》等规定的礼制规约活动,则是儒家教化行动载体的表现。与语言载体的不同之处在于,"行动是一种动态载体,它表现在具体的实践过程中"①,从而比语言更具有说服力,在持久性和影响力方面远大于单纯的说教,是儒家教化思想的主要实践表现形式之一。

  与礼教相配套的乐教对于人心之安、人身之安的重要作用也为儒家所重视。《礼记·乐记》所谓的"乐者,音之所由生也,其本在人心之感于物也"一句,揭示了乐的本质内涵是来自于人之意识对外界的反映和体现,而大乐又与天地同和,所以说,乐之本质目的在于追求中和之道。和与安又是相通的,作为事物和谐宁静的两个意象,都指向了一种因为尊重秩序而成就的一种美善组合。既然"乐者,通伦理者也",那么,修己安人之教化核心意义就在于深入人的内心,用类似"韶乐"那样的良乐引导人心的和谐宁静,以求移风易俗。所以,"乐教"的安人之法或者说逻辑理路就在于利用乐的内在本质,创制出利于人心安宁和谐的高雅之乐,使人通过接受雅乐之感染,无论是生理还是心理都获得真、善、美的启发,从而帮助人们在日常生活中做到行有节、动有礼、言有义、谈有德、举止有序,分物别宜。《礼记·乐记》对此逻辑理路描述称:"夫乐者,乐也,人情之所不能免也。乐必发于声音,形于动静,人之道也。声音、动静、性术之变,尽于此矣。故人不耐无乐,乐不耐无形;形而不为道,不耐无乱。先王耻其乱,故制《雅》、《颂》之声以道之,使其声足乐而不流,使其文足论而不息……不使放心邪气得接焉。是先王立乐之方也。"在此基础上,"致乐以治心,则易直子谅之心油然生矣。易直子谅之心生则乐,乐则安,安则久,久则天,天则神,天则不言而信,神则不怒而威:致乐以治心者也"。可见,作为乐教之行为和结果,导民化性,追求人的心神安久不单只是一种目的,因为一个紧接而来的益处在于,心安神平之人亦会有利于进一步促进社会的和谐与安宁,这样一来,儒家教化核心之修己安人即有机统一在以乐治教、以教安人的修齐之道上了。

  儒家以乐安人的另一个重要发现是"声音之道,与政通矣"②。《乐

---

  ① 张耀灿等:《现代思想政治教育学》,人民出版社 2006 年版,第 399 页。
  ② 《礼记·乐记》。

记》言:"治世之音安以乐,其政和;乱世之音怨以怒,其政乖;亡国之音哀以思,其民困。"既然乐与政通,那么,接下来儒家乐教所关注的重点就是如何帮助人们行良政,而不至于让社会出现乱世之音和亡国之音。儒家为此从乐和理论出发,将乐教与社会生活的可见层面相对应,以图为乐教提供最基本的理论支持。《乐记》说道:"宫为君,商为臣,角为民,徵为事,羽为物。五者不乱,则无怗懘之音矣。宫乱则荒,其君骄。商乱则陂,其官坏。角乱则忧,其民怨。徵乱则衰,其事勤。羽乱则危,其材匮。五者皆乱,迭相陵,谓之慢;如此,则国之灭亡无日矣。"司马迁在此基础上从反方向进一步发挥称:"闻宫音,使人温舒而广大;闻商音,使人方正而好义;闻角音,使人恻隐而爱人;闻徵音,使人乐善而好施;闻羽音,使人整齐而好礼。"[1] 这就是说,五音分别与君、臣、民、事、物等五物相对应,同时也与信、义、仁、礼、智等五德相对应。由此可见,和音雅乐之所以能使人三月不知肉味,就在于其反映的是一种天地和谐、万物有序的意向。在这种条件下,君臣之义明,仁义之德彰,乐因为其所具有的和谐机理而让天下万物与人之德性各安其位,各得其所。

综合上述礼乐教化之论述,诚如《礼记·乐记》所言,"乐者敦和,率神而从天。礼者别宜,居鬼而从地,故圣人作乐以应天,制礼以配地。礼乐明备,天地官矣"[2]。安人作为教化主体的目标指向,其精神层面的安人目标因为礼乐之教而得以实现。然而,作为一个非常宏大的目标,安人之安并不能仅仅依靠礼乐教化,为了应对更为复杂的现实环境,政刑之教作为安人之目标实现的保障也被儒家所重视。

2. 政刑教化对于社会秩序稳定与国家安定祥和具有重要的促进作用,是体现儒家教化安人核心的意义所在。儒家政教简言之就是通过"导之以德,齐之以礼"的为政方式,来实现天下大治、生民大化的理想。此一逻辑中,重点强调为政者的道德品质对国家和社会带来的有益影响,而道德品质中最为看重的则是为政者的仁心仁德,并由此而扩展到以仁民爱物情怀治理和教化天下。如此看来,为政者的仁民爱物与修己安人之教化核心一脉相承,它是修己安人在治国理政方面的具体实践。《尚书·康诰》记载周公对兄弟康叔的告诫,文章称:"别求闻由古先哲王用康保

---

[1] 司马迁:《史记·乐书第二》,岳麓书社 2012 年版,第 323—324 页。
[2] 《礼记·乐记》。

民，弘于天，若德裕乃身，不废在王命。"、"汝惟小子，乃服惟弘王应保殷民，亦惟助王宅天命，作新民。"此段告诫充分说明在上古时期，"为政以德"、"敬天保民"等思想已经为统治者所接受，这种传统到了孔子时代发扬光大。《论语》中关于为政理念的探讨数不胜数，总体而言就是强调必须以为政者的崇高德性为基础，要求为政者做出德行彰明的事迹，以实现"修己以安人"的政教目标。到了孟子时代，他以仁政理念解说政教内核，从而第一次系统完成了对儒家教化政教理念的概括与完善。

孟子的仁政思想内容广博，包含了礼乐之治，政刑之治。就政教方面的仁政理念来说，孟子以"君仁，莫不仁；君义，莫不义"[①] 作为修己安人教化的统领大纲，以说明仁君榜样在治国当中的重要性。他认为，统治者如果失去仁义之则，安人教化不过就是一个虚幻的目标，所以在治国理政实践中，统治者必须具备仁民爱物的情怀，以合理、科学的施政手段行安人、安天下之伟业。遵循此一理路，孟子准确把握住了农耕时代民众的利益诉求，希望当政者仿效上古先王，不违农时，给民以缓，让他们安居乐业，以期造就太平盛世。他说："后稷教民稼穑，树艺五谷；五谷熟而民人育。人之内道也，饱食、暖衣、逸居而无教，则近于禽兽。圣人有忧之，使契为司徒，教以人伦——父子有亲，君臣有义，夫妇有别，长幼有叙，朋友有信。"[②] 面对群雄割据的现实，孟子还提倡王道仁政以据天下，虽然当时秦国通过施行法家思想已经有了吞并天下之势，但他始终认可仁政王道对于国家和民众生存福祉的可持续性。所以当梁惠王因为自己国家东败于齐，丧地于秦，南辱于楚而感到困顿与羞愧的时候，孟子的对策是："地方百里而可以王。王如施仁政于民，省刑罚，薄税敛，深耕易耨；壮者以暇日修其孝悌忠信，入以事其父兄，出以事其长上。可使制梃以达秦楚之坚甲利兵矣。"[③] 若要避免那种不顾民时，而导致百姓"不得耕耨以养其父母"，致使"父母冻饿，兄弟妻子离散"的困厄局面，那么，"仁者无敌"的关键在于养民与时，当社会因为民众具备了高尚的道德水平而提高了文明程度的时候，秦楚之坚甲利兵也就不足为患了。

孟子还主张必须重视和充分发挥人才在国家社会治理中的作用。因为

---

① 杨伯峻：《孟子译注》，中华书局2012年版，第203页。
② 同上书，第132页。
③ 同上书，第11页。

在他看来，人才不仅仅具备超强的工作能力，更重要的是拥有常人所不具备的高尚情操，这些君子贤人，若为国家所用，那将会给民众带来福音。他以上古圣贤尧举舜，舜举禹和皋陶的例子来说明得天下者首在人才，人才不得，天下不得。为政者只有具备君子品行，"为政以德"，才是国家和生民之幸。总而言之，孟子提倡的政教逻辑就是，统治者必须在道德修养方面努力提升自己，自我修养不达标，对国家和民众的贡献则无从谈起，这也便是推动仁政教化，从而实现安人、安天下目标的前提条件。当然，孟子在强调仁政教化的同时，并不忽略治国理政所面对的各种复杂问题，它们可能是仁政教化无法解决的，所以，他同时提倡刑教之法，以将修己安人之教化贯彻始终。

刑教是保证实现安人价值目标的重要手段。孔子提出的"礼乐不兴则刑罚不中，刑罚不中则民无所措手足"①的论断告诉我们：安人教化是一个系统工程，安人之安不能仅靠礼乐仁政而偏于一端，给予一定的刑罚规约也是追求安人教化的一种选择。孟子为此论述道："离娄之明、公输子之巧，不以规矩，不能成方圆；师旷之聪，不以六律，不能正五音；尧舜之道，不以仁政，不能平治天下。今有仁心仁闻而民不被其泽，不可法于后世者，不行先王之道也。故曰，徒善不足以为政，徒法不能以自行……为政不因先王之道，可谓智乎？是以惟仁者宜在高位。不仁而在高位，是播其恶于众也。"②从这里可以看出，孟子基于安人教化而主张的仁政思想包含着刑教的内容和手段，他主张遵循先王之道，大力推行和实践包括礼、乐、政、刑教化在内的仁政理念，让仁者居于高位，以他们的榜样带动国家社会的文明向化，最终实现安人、安天下的教化理想。

先秦儒家刑教思想的集大成者莫过于荀子。他从人性恶的假设出发，在反对法家专任刑罚的基础上，提出以"明德慎罚"为核心的礼法并重思想，也就是说既反对教而不诛，也反对不教而诛，这是他对孔、孟刑教思想的突破。为了支持这一论点，荀子将他的法思想分为礼法、政令和刑法三部分，刑法被他称为"法之数"，此三部分中，"礼法最为根本，是根本大法，礼法和政令、刑法是'源'与'流'的关系"。也就是说，荀

---

① 《论语·子路》。
② 杨伯峻：《孟子译注》，中华书局2012年版，第173页。

子据礼制法,"并把礼义和'法之义'连接起来,进而认为法律是由'法之义'和'法之数'组成的,'法数'为法律条文,'法之义'则是礼义,因此,荀子之法是贯彻了礼之灵魂的'治法',是礼和法的有机统一,而且礼是法终极的标准和权衡原则"①。据此而言,刑罚教化显然和礼制教化同源同理,刑教不过是礼教的延伸。于是,他一方面肯定刑教的功用,说:"君法明,论有常,表仪既设民知方。"②意思是说制度先行对于社会治理的重要性,人们皆按照既有规则,容易形成良好的秩序。他所提出的"杀人者死,伤人者刑,是百王之所同"③的主张,则主张对严重危害社会秩序稳定行为的恶性犯罪进行惩罚,以达到杀一儆百的威慑效果。但是,另一方面,他也注意到刑罚教化可能带来的弊端,那就是它可能激发人内心所隐藏的趋利避害的本性,从而给人的道德成长带来阻碍。如他认为秦国"扭之以庆赏,鳝之以刑罚"来治国的方法,会"使天下之民所以要利于上",因为"赏庆、刑罚、势诈不足以尽人之力、致人之死"④,此论也和孔子所谓"齐之以刑,民免而无耻"的说法类似。当民众仅仅因为畏惧刑罚而做不到心悦诚服的时候,可能就会带来恶性循环,此时"民虽有离心",然"不敢有畔虑,若是,则戎甲俞众,奉养必费",从而给国家带来沉重的负担。久而久之,民怨渐起,国家长治久安的局面就岌岌可危了。在经过秦亡汉兴的历史比较之后,"隆礼重法"主张即为后世统治者所重视和偏爱。"夫仁义礼制者,治之本也;法令刑罚者,治之末也。无本者不立,无末者不成。先仁而后法,先教而后刑,是治之先后者也……本之以仁,成之以法,使两通而无偏重,则治之至也"的观点被统治者所提倡,⑤从而使刑教之法作为儒家教化的一种重要形态而被沿袭下来,进而为儒家"修己安人"之教化核心提供了非常积极的助推能量。

综上所述,修己安人作为儒家教化的核心,以自身修养为基础,以安人教化为旨归,在成就自我德性修养之后,用力于世,造福于民。安人之

---

① 李桂民:《荀子法思想的内涵辨析与理论来源》,《孔子研究》2010年第2期。
② 《荀子·成相》。
③ 《荀子·正论》。
④ 《荀子·议兵》。
⑤ 《群书治要·袁子政书》,转引自萧祥剑《群书治要心得》,中国华侨出版社2012年版,第104页。

安作为理想，需要凭借礼、乐、政、刑等教化方法的辅助，否则无从求安。所追寻的民众之安也不仅仅是生活的福祉之享有、社会和谐之良序，更是人在德性、德行方面的自我泰然，也是自我心灵的释然与平淡，更是不为外物所役的自主与达观。总之，儒家教化追求的修己安人，因为其突破了单一的心性层面，也不止于心物层面而使其与儒家"内圣外王"之道一脉相承，从而成为儒家教化不可偏离的核心。

第二节 原则：仁义忠信

儒家教化作为一项系统性工程，必须坚持一定的原则，方可实现教化的既定目标。通过比较，笔者以为将仁、义、忠、信作为儒家教化理念的原则是比较合适的，因为仁、义、忠、信四德目不仅是人的德性伦理的成长目标，也是指导人在处理与他人、他物之间关系时候的道德规范和基本原则，其各有所重的特点有利于人的成长和社会良风美俗的形成，现实中从不同角度实现了儒家教化的目标，同时也与教化核心、教化方法等有着内在的一致性，是保证儒家教化得以成功的关键。

一 仁的涵义与原则要求

将儒学称为"仁学"早已是学界的共识，究其缘由是因为"仁"是儒学一以贯之的核心，"仁者爱人"既是儒家教化的原则要求，也是儒家教化实践所期望实现的一种美好愿景。孔子对"仁"的界定与提倡，将其"提升为一种最高的价值原则，构建了以'仁'为核心的仁学思想体系"[1]，这是其成为教化原则的根本原因。孟子建立了系统的"仁"学体系，将仁扩展至政治实践领域，提出了"仁政"理念，为儒家教化实践开辟了广阔道路，从而使"修己安人"的儒家教化核心有了一种明确的践行之路，也为儒家教化目的之"成己成物"提供了一个可资依托的实现平台。

1. 关于仁的涵义认识。仁的涵义自古以来被学界重视。从字形角度分析，典型性说法出自《说文解字》。许慎认为它是会意字，存在三种解释，一是解释为"亲也，从人从二"；二是解释为"仁，从千心"，即它

---

[1] 杜崙：《"仁学"体系概述》，《中国哲学史》2011年第2期。

的古字是"忎";三是解释为"古文仁或从尸"。就第一种说法而言,仁的道德性涵义是非常明显的。段玉裁在《说文解字注》中针对"亲"进行了说明。他称,汉代人之所以将"亲"解释成"相人偶",是因为"人偶"是显示人我之间的"亲密之词","独则无耦,耦则相亲"。如此一来,就将人之爱人之义衬托出来了。但是,包括孔子在内,在具体使用"仁"的时候,因为语境差异,而产生不同的回答。倪良康先生就此指出,孔子对"仁"的定义纷繁多变,"可以是主体的个性禀好,可以是行为处事的原则,可以是某个过程或结果,可以是某种方法或能力",仁"在孔子那里几乎已经相当于既是形容词又是名词的'善',只是在具体的语境中才显露它的实际内涵"①。

在教化思想体系视域下,孔子对仁的认识主要分为三个层面。首先,他将仁看作人应该具备的根本德目,是儒家道德规范体系中的基础性、核心性范畴,在各种德目中占据主导地位,是人走向君子、贤人乃至圣人之路必不可少的道德品质。孔子及其弟子在《论语》中常常以正反两方面的对比手法来说明人具备仁德的重要性。如孔子夸奖颜回具备了非常好的仁德,称"其心三月不违仁",朱熹引用程颐的观点评论为"无纤毫私欲"②。正如孔子对君子德行标准的判断那样,面对外在的荣华富贵与贫贱取舍,作为君子当取之有道,恒守仁心法则,否则"君子去仁,恶乎成名"?君子为此当严格要求自己,"无终食之间违仁",以免落得"造次必于是,颠沛必于是"的悲惨局面。③ 这种警告同样体现在《泰伯》篇中。孔子说"人而不仁,疾之已甚,乱也"。此类反面意义的警示,说明将仁作为教化原则之一是符合儒家基本理念的。从正面来说,孔子认为一个人具备仁德具有多方面的积极意义,从治国理政角度而言,这点尤为重要。"子张问仁于孔子。孔子曰:'能行五者于天下,为仁矣。'"(笔者注:五者指恭、宽、信、敏、惠之五德。)在他看来,"恭则不侮,宽则得众,信则人任焉,敏则有功,惠则足以使人"④。《宪问》篇中子路针对"桓公杀公子纠,召忽死之,管仲不死"的史实,提出管仲是否是仁德之

---

① 倪良康:《孔子论"仁"及其"相对主义"》,《现代哲学》2013 年第 2 期。
② 朱熹:《四书章句集注》,中华书局 2011 年版,第 84 页。
③ 《论语·里仁》。
④ 《论语·阳货》。

人的疑问。孔子就此从宏观层面切入，称："桓公九合诸侯，不以兵车，管仲之力也。如其仁！如其仁！"孔子在此重视和看到了管仲对天下之人的爱，将百姓不受生灵涂炭之苦归功于管仲，实则是"仁者爱人"的最佳诠释，所以说，管仲实为仁者，因为管仲之力超越了一般意义上的小我之仁，而实现了对天下的仁德覆盖，这就是仁德之人带给社会的积极意义。

其次，仁也是一种道德实践，行仁心宅厚之事，是弘扬仁德、传播文明友爱的善举，仁心、仁行不但体现了良好的自我修为，而且也具有自化而化人的功能。《颜渊》篇说："樊迟问仁，子曰：'爱人。'""爱人"就是对"仁"的实践，在提倡知行合一的儒家眼中，认识理解一个德目是一回事，践行弘扬一个德目又是一回事。所以，儒家认为不仅要认识到"仁"对社会文明进步的积极意义，更重要的是必须以自身的行动推进仁德的应用，这样才会赋予抽象的品性表述以实际的观察意义。为此，若要成就君子品德，提升自我仁德修养，就必须做到"苟志于仁矣，无恶也"①，即无恶人之心，无恶人之行，将与仁相悖的恶念压制下去，免于贪欲等坏的品行占据心灵，不被不义之利、不义之事蛊惑与奴役，才会有利于自我仁德的修养与提升。对于"志士仁人"来说，"无求生以害仁，有杀身以成仁"（《论语·卫灵公》）自然是君子行仁的必须步骤，否则虽然保全了性命，但却也丢掉了人格，这样的人是不配称作仁人志士的。可见，在大义（守仁弘义）与大利（苟生活命）的选择上，儒家一直是将前者作为一个原则底线来坚守的，即使在生命受到威胁的情况下，依然不会改变他们对仁的判断和坚持。另外，"仁者爱人"的原则还要求在对待他人的外在行动上必须坚持行仁爱之事。就治国理政者来说，"如有王者，必世而后仁"。也就是说，为君之人必须在一定的时间内实现"法度纪纲有成而化行也"，"渐民以仁，摩民以义，使之浃于肌肤，沦于骨髓，而礼乐可兴"，才是真正的仁道天下。②就普通人而言，也要像《中庸》所说的："仁者，人也，亲亲为大。"为何"亲亲"是行仁呢？因为"亲亲"之举实为遵礼之举。在儒家看来，如果不能做到对父母亲人的"爱"，那么爱人之仁又从何谈起呢？为此，《国语·晋语一》中也指出：

---

① 《论语·里仁》。
② 朱熹：《四书章句集注·论语集注卷三·子路第十三》，中华书局2011年版，第136页。

"为仁者，爱亲之谓仁。为国者，利国之谓仁。"《吕氏春秋·爱类》篇也说："仁也者，仁乎其类者也。"这就给我们揭示出了儒家对仁判断的一个基本理路，那就是仁德之人必须做到由亲己而亲人，由亲人而亲天下。这是一种由近及远的水晕式延伸和波及，"亲"作为行仁的实践表现，作为儒家推行教化之道的表现形式，换句话说，其实也是"修己安人"之"修"与"安"的另一种表现。

"仁"的第三层涵义是前两层涵义的统一，也就是知行合一之仁德、仁心、仁行的统一，这种统一是由"仁者"来完成，并由此而获得的一种社会认可，从而在德性、德行两方面实现人的自我提升与教化天下的统一，当仁爱之德被发扬光大，仁义之士美名远扬，天下于是大化而治世可成焉。所以，紧承上文，培养出具有仁爱之心与爱人之举两者相兼的仁者才是儒家教化的最终目的。作为一名仁者，在孔子看来也是有标准或特定要求的。从人的性格上讲，孔子认为"刚毅、木讷，近仁"[①]。通过与智者、勇者相比较，"知者乐水，仁者乐山；知者动，仁者静；知者乐，仁者寿。""知者不惑，仁者不忧，勇者不惧。"[②] 这些论述，就像他称赞因为至孝而保有天下的舜那样，无意中已经将舜理想化为仁者的标准了。外在行为表现方面，仁者之仁被孔子最为看重的就是"己欲立而立人、己欲达而达人"的爱人之举。"己所不欲，勿施于人"语出《颜渊》篇的"仲弓问仁"一事。孔子答曰"出门如见大宾，使民如承大祭；己所不欲，勿施于人；在邦无怨，在家无怨"。在他看来，爱人之人必是替他人着想之人，无论是为政者还是普通人，无论是治家还是治国，都需要遵循这种换位思考的理路，如此，才有可能让自己表现出"一种足以让人为之诚服的崇高"、"一种将心换心的征服"以及实现"一种人格美的展示"和"一种爱的艺术的实践"。[③]

孔子的"仁者爱人"主张多为后世继承。《大戴礼记·主言》篇沿袭孔子的主张，称："仁者，莫大于爱人。"《淮南子·泰族训》也说："所谓仁者，爱人也；所谓知者，知人也。爱人则无虐刑矣，知人则无乱政矣。"可见，孔子主张的"仁"为"爱人"之义已经为后世儒家所继承和

---

① 《论语·子路》。
② 《论语·雍也》、《论语·子罕》。
③ 陈开先：《孔子仁学思想及其现代意义》，《孔子研究》2011年第2期。

认可。简言之,"爱人,是儒家之仁的最基本规定和最底线的要求"①。有了这样的基本规定和底线要求,接下来的问题就是,儒家教化如何在具体实践中坚持这一原则。

2. 教化思想中仁的原则要求的体现。首先,从治国理政角度而言,要求主政者仁民爱物,修身以仁。在此方面,将孔子仁学思想发扬光大的非孟子莫属。孟子的民本、仁政理论成为儒家在后世教化实践中对统治者提出的最基本的,也是从未改变的原则要求。秦王朝二世而亡的教训也在汉代被屡屡提起,董仲舒作为汉代仁政思想的倡导者和践行者,在政治实践中也秉承孟子"置恒产养恒心"的思想,主张轻徭薄赋,省刑罚,宽民力,"除专杀之威","退而更化","复修教化而崇起之",以求"天下和洽,万民皆安仁乐谊"。到了唐代,统治者也将"仁民爱物"的教化原则贯穿于治国理政实践中。唐太宗李世民吸取隋亡教训,命令魏征等人编辑《群书治要》,该书择取六经、四史、诸子百家中有关修齐治平的精要内容,以"鉴览千古"、"贻厥孙谋"②。比如有关仁民爱物思想,《群书治要》援引陆贾《新语》"治以道德为上,行以仁义为本"的观点,同时又援引《孔子家语》指出:"故为政在于得人。取人以身,修身以道,修道以仁。仁者,人也,亲亲为大",所以,国家政权的稳定与社会和谐离不开统治者对仁爱之心的坚守。就像孟子所说的,"三代之得天下也以仁,失其天下也以不仁……天子不仁,不保四海;诸侯不仁,不保社稷;卿大夫不仁,不保宗庙;士庶不仁,不保四体"③。总之,仁民爱物思想作为封建统治者的一种自我要求,历朝历代均受重视,虽然昏聩君主总是在一定时期抛弃这种严格要求,但仁民爱物思想作为教化原则依然没有改变和遗失,即使遇到改朝换代的大变局,也总是会以全新面目被后世统治者和儒士教化群体重新重视和推广,这种传统的延续恰好表明,作为一个教化原则,仁爱思想在中国政治治理实践中的生命力和可持续性。

其次,从推动社会教化角度而言,要求教民以仁,亲亲为大,奉行父

---

① 余治平:《"仁"字之起源与初义》,《河北学刊》2010年第1期。另外,黄怀信在《〈论语〉中的"仁"与孔子仁学的内涵》(《齐鲁学刊》2010年第1期)、张践在《"仁"是儒学一以贯之的核心价值》(《齐鲁学刊》2011年第2期)等文章中都持此观点。

② 参见萧祥剑《群书治要心得》,中国华侨出版社2012年版,序言第1页。

③ 《孟子·离娄上》。

慈子孝、兄友弟恭的仁爱原则，以维护各类社会成员之间和谐友善的人际关系。如前文所述，"仁者爱人"将爱人作为仁的核心，"人与人之间的关系应当以仁爱为本，对待自己、对待别人都应该从人心最原始、最真实的爱出发，人相亲爱，才能创造和谐、安详的生活秩序与精神状态，进入天下为公的大同世界"①。以"亲亲"为例，父母、兄弟、姊妹等人伦关系是一个人接触的第一层社会关系，儒家教化思想和实践就此提出了父慈子孝、兄友弟恭等伦理规约，这些规约是对仁爱原则的发挥和扩展，让人明白自己在家庭关系中的义务和责任，准确定位自己，从而保证家庭环境的和谐与安定。为了贯彻该原则，家训、家诫在此一方面着力颇多，以希冀人在成长之初即处理好这一层社会关系。如《颜氏家训》将兄弟关系的教育放在第三篇，足见著者对仁之"亲亲"之义的重视。颜之推说，九族之亲，起于夫妇、父子与兄弟之三重关系的演化，兄弟之间本是"分形连气之人"，所以，兄弟之间只有达到"友悌深至"的程度，才能保证家族和睦，如果"兄弟不睦，则子侄不爱；子侄不爱，则群从疏薄；群从疏薄，则僮仆为仇敌矣"②。可见，在颜之推心中，当兄弟之间不能按照"仁"去行"亲亲"之举的时候，其后果是非常可怕的。除了家庭关系处理中必须遵循"仁者爱人"的要求之外，儒家对普通人际关系的仁德教化亦非常重视。《弟子规》是一部著名的训蒙教材，该书以朗朗上口的节奏和适宜儿童接受的韵律，科学而恰当地给孩童以仁者爱人的启迪。其内容秉承孔子"泛爱众而亲仁"的古训，指出"凡是人，皆须爱；天同覆，地同载……道人善，即是善；人知之，愈思勉……将加人，先问己；己不欲，即速已……同是人，类不齐；流俗众，仁者希。果仁者，人多畏；言不讳，色不媚。能亲仁，无限好；德日进；过日少。不亲仁，无限害；小人进，百事坏"。儒家在此对仁德的要求以通俗易懂的语言流畅表达出来，使孩童的心智受到了良好的"仁"的启蒙教育，当孩童成人之后，随着生活阅历的丰富，必将对儒家所提倡的仁爱德目有更深的理解，如此一来，仁德思想作为立德树人的指导性规约，就此也便熔铸于个体生活的方方面面之中了。

综上所述，仁作为儒家教化的原则之一，既是一种思想和主张，也是

---

① 余治平：《"仁"字之起源与初义》，《河北学刊》2010年第1期。
② 颜之推：《颜氏家训》，檀作文译注，中华书局2007年版，第17—19页。

需要实践和可以实践的要求，对于"仁"的实践和培养，"仁者爱人"理念贯穿始终，由"亲亲"之爱到亲人之爱，再到仁民爱物之大爱，是仁爱之心生发、成长的必然路径。鉴于此，儒家眼中的仁者，需要履行好自身角色应该承担的义务，治国理政者当怀有仁爱之心，以民为本，将太平治世作为对民众最大的关怀予以追求；作为家庭成员的一份子，当遵循家庭伦理规范，齐家之义不可弃，齐家之理不可惑，齐家之心不可缺，亲亲为仁爱之基本要求；作为社会成员的一份子，与人和睦友爱相处是仁，"己所不欲，勿施于人"也是仁，"己欲立而立人，己欲达而达人"更是仁。总之，无论扮演何种社会角色，培养仁德，将人培养为具有仁爱情怀的仁者，既是儒家教化坚持的原则，也是儒家教化追求的目标之一，它与忠德、信德、义德等均是儒家教化理论不可或缺的组成部分，从一定意义上说，失去了仁的原则支撑，儒家教化就失去了目标和方向。

二 义的涵义与基本要求

"仁者，人也，亲亲为大；义者，宜也，尊贤为大。亲亲之杀，尊贤之等，礼所生也。"① 这说明"义"与"仁"在儒家思想中均属于核心概念和基本的伦理规约。发展至孟子，义作为儒家倡导的人性四端之一，排序上仅次于仁，而且针对当时学界"仁内义外"的理论，孟子并不将义与仁作严格区分②，可见"义"在孟子心中的地位。而从孔子开始的义利关系的问题探讨，③ 直接成为千百年来儒家教化实践特别应对的一个重点。也就是说，孔子对义利关系的探讨，使"义"在后世教化实践中总是与"利"同时出现的，对义利的态度和认知以及在义利之间的选择就此成为儒家教化判断人格高下的标准。见利思义、以义导利、以义制利、大义为先，直至舍生取义等原则性要求成为蕴涵在儒家教化实践中的一个基本理路。

关于"义"的解释，人们大都遵循孔子所说的"义者，宜也"的思

---

① 《礼记·中庸》。

② 郭店楚简关于"仁内义外"的论述说明该观点在春秋战国时期已经比较流行，但是孟子在与告子的谈话中，并不认可告子所谓的"仁内义外"之说，随着思孟学派的壮大，"仁"与"义"这"两个彼此独立而又相互对应的概念"自此变得模糊了。参见谢维俭《仁、义的本义与演变》，《社会科学》2007年第11期。

③ 张汝伦：《义利之辨的若干问题》，《复旦学报》（社会科学版）2010年第3期。

路。如张汝伦先生通过梳理皇侃、何晏、朱熹等大儒对《论语》中"义"的解释后发现，认为他们均以"适宜"或"合宜"作为"义"的表征，从而得出"义""就是'应当'和事理、天理之当然"的观点，而孔子眼中的"义"具体含有"正当"、"应当"；"合适"、"合理"；"天理之宜"；"善"及"道理"、"意义"五层意思，总起来看，呈现在世人面前的"义"、"是指一般的道德准则，其顺乎人情，合乎事理，通乎天理，是指导和判断人之行为的道理与意义，其基本特征是合情合理"[①]。那么，从此一角度出发，我们就可以将行"义"理解为是"守义"的人，在处理各种关系时候按照天理、人情、事理等"义"的原则进行的一种规范性实践活动，这种活动不但符合"义"，也符合仁爱、孝悌等道德原则，更符合儒家所提倡的"礼"、"义"本身是作为一种德目以具体实践来表现的观点，它是一种道德规约和道德实践的统一体。基于此，在义利关系的处理上，儒家教化提倡的见利思义、以义导利、以义制利、大义为先、舍生取义等善行由此具备了理论根基。

在儒家看来，"义德"的第一层要求是一种完美人格，是君子之所以为君子而必须培养和坚守的一种善德、美德，是体现君子的本质所在。孔子说："君子义以为质，礼以行之，孙以出之，信以成之，君子哉！"朱熹对此注之曰："义者，制事之本，故以为质干，而引之必有节文，出之必以退逊，成之必在诚实，乃君子之道也。"同时，他进一步援引程颐的解释，称："义以为质，如质干然，礼行此，孙出此，信成此，此四句只是一事，以义为本。"[②] 至此，作为君子之本质特点，"义德"成为儒家判断人是否为君子的标准之一。孔子在《论语·里仁》中指出："君子之于天下也，无适也，无莫也，义与之比。"皇侃在《论语义疏》中就此注曰："适、莫，犹厚薄也。比，亲也。君子与人无偏颇厚薄，惟仁义是亲也。"言下之意是说，具备义德的君子当不论亲疏远近、血缘厚薄，唯尊仁义而行。孟子认为人性"四端"天生而来，称"恻隐之心，人皆有之；羞恶之心，人皆有之；恭敬之心，人皆有之；是非之心，人皆有之。恻隐之心，仁也；羞恶之心，义也；恭敬之心，礼也；是非之心，智也。仁义

[①] 张汝伦：《义利之辨的若干问题》，《复旦学报》（社会科学版）2010年第3期。
[②] 朱熹：《四书章句集注》，中华书局2011年版，第155页。

礼智非由外铄我也，我固有之也"①。作为义德的外在表征，"羞恶之心"实乃价值观方面的一个基本判断，羞是对自己所为不合义德而显现出的心态，恶则是对他人所为不合义德的态度。所以，作为君子，基于其言行必须符合义德的本质特点，在义利之关系问题的处理上，就必须做出正确的选择了。

儒家基于上述主张，其教化所提倡的义德就过渡到了第二层要求，那就是于人而言，无论身处何种社会角色，在义利之间必须做出合乎天理、适宜的正确选择，这种正确、应当的选择是处理好各类社会关系的基础，否则，仁义不彰会造成礼乐制度的崩溃，威胁到社会的安定和谐。首先，一般意义上，儒家要求人们循义而为，不可因利害义。孔子夸赞颜回的安贫乐道品质，褒奖其为仁义之人，其实这和他所说的"不义而富且贵，于我如浮云"（《论语·述而》）是一个意思。虽然历代儒家并不反对人求"利"，孔子也"罕言利"，但他们都主张"人非利不生"，毕竟一定物质条件是社会发展的基础②，就像管仲所说"仓廪实而知礼节，衣食足而知荣辱"③是一个道理。孔子为此也说："足食，足兵，民信之矣。"④但儒家反对"不当得利"，以不合天理、不合事宜的恶的手段谋不义之利，即使面对生死存亡这样的重要选择。孟子就坚决主张"生，亦我所欲也；义，亦我所欲也。二者不可得兼，舍生而取义者也"⑤。所以说，儒家最终主张在义利的二难选择问题上坚持"义以为上"（《论语·阳货》）的标准，要求人们务必"见利思义"，在"富与贵是人之所欲也"的情况下，"义然后取"，而不是不择手段地先利后义，甚至逐利而害义。同时，对于逐利害义行为，还要挺身而出，见义勇为，维护人间大义，否则就是"见义不为，无勇也"（《论语·为政》）的表现。

其次，在一些特殊关系处理上，也必须循义而为，否则乱了礼节纲纪，也不符合"义者，宜也"的原则。以为政、出仕这样的事情为例，孔子主张"隐居以求其志，行义以达其道"，朱熹认为这是孔子对颜回一

---

① 《孟子·告子上》。

② 曹德本、方妍：《中国传统义利文化研究》，《清华大学学报》（哲学社会科学版）2005年第1期。

③ 司马迁：《史记·管晏列传第二》，岳麓书社2012年版，第937页。

④ 《论语·颜渊》。

⑤ 《孟子·告子上》。

类的仁义之士未能实现伊尹、姜尚等人的抱负而发出的遗憾，所以，从另一个角度来说，这也是孔子对颜回之仁义品德的褒奖。在他看来，出仕是为弘道行义，就像荷蓧丈人故事中借子路之口所言："不仕无义。长幼之节，不可废也；君臣之义，如之何其废之？欲洁其身而乱大伦，君子之仕也，行其义也。道之不行，已知之矣。"① 可见，孔子主张的出仕有个前提，那就是君臣之间必须守义，"君使臣以礼，臣事君以忠"的道德原则必须遵守，在各自角色扮演上不可坏了大义，孟子为此指出，二者关系应该坚持"父子有亲，君臣有义"的标准，而且像父子、君臣、宾主、贤愚之间应该遵循仁、义、礼、智四端之德，要像圣人遵循天道那样，做好自己的分内之事，所谓"仁之于父子也，义之于君臣也，礼之于宾主也，智之于贤者也，圣人之于天道也"② 讲的就是这个意思。由此，我们也就可以理解后儒范仲淹吟唱的"居庙堂之高则忧其君，处江湖之远则忧其民"为什么能够流传千古了！原来这是范仲淹上接孔孟要义，对千百年来为臣之义的提炼和总结。至此，关于文天祥等青史留名之榜样人物为何总是被冠以"义高千古"的美名也就可以理解了，那是因为他们履行了自己应该履行的义务，充分发扬了君子之义，实现了人格和精神上的双重飞跃，是真善美的代表，故而能够为人们所颂扬。反之，对于秦桧、严嵩、和珅等大奸大恶之臣，因为他们在民族大义、民本大义与个人私利问题上，为追求个人私利，而不惜出卖国家利益、民族利益，在义利选择上没有按照以义制利、先义后利的原则处理好这对关系，而被永远钉在了历史的耻辱柱上。

儒家对"义德"在教化活动中的原则要求，最终上升到第三层次，那就是义利统一基础上实现社会秩序的大治，民众德性的大善。"中国古代的义利之辨，其基本思想倾向是义利统一，有的思想家重义轻利，有的思想家则偏重功利，有的思想家主张义利双行，以义导利，先义后利，但基本思想倾向则是认为义与利相统一，二者不可分割地联系在一起，不能离义而言利，也不能离利而讲义，义为利的主宰。"③ 在这一点上，荀子

---

① 《论语·微子》。
② 《孟子·尽心下》。
③ 曹德本、方妍：《中国传统义利文化研究》，《清华大学学报》（哲学社会科学版）2005年第1期。

作为先秦儒家的集大成者，在孔、孟基础上以人性恶为理论假设，提出了"隆礼重法"思想以实现对义利关系的调整，而这种思想直接为后世封建统治的义德教化实践奠定了理论基础。

在荀子看来，"义"总是一种符合"礼"的存在，所谓"义者循礼，循礼故恶人之乱亡也"[1]，以及"夫义者，所以限禁人之为恶与奸者也"[2]，讲的都是这个意思。那么，"义"为什么要符合礼呢？因为礼可以"正身"，也可以"正国"，"礼义者，治之始也"[3]，"人无礼则不生，事无礼则不成，国家无礼则不宁"[4]。对于义利之间关系的认识，必须承认人性恶是一种先天存在，也必须承认人性逐利的事实存在，单纯依靠道德教化是无法以义制利，以义导利，或者凭空要求人们做到先义后利的。因此，为了防止利益相争而可能带来的以利害义，甚至威胁到社会与国家的安定和社会的和谐秩序，他主张义利统一于礼。荀子的"礼"在一定意义上具备法的效力，如此一来，于人而言，义与利这两种不可或缺的实际需要，因为礼的规范和调整，而避免了因为争利而给社会可能带来的混乱以及人们德性的堕落。荀子的义利观念之所以不同于孔孟，是因为战国后期社会主要矛盾已经由奴隶主和新兴地主之间的矛盾转向地主阶级和广大农民之间的矛盾，"礼治"就是为着适应这种矛盾而实施的，其义利观是为"礼治"服务的，以"确定人们的政治地位和等级区分，并以此为准则重新分配社会财富"[5]。对这种礼义思想的实践，封建王朝在教化实践中采用的比较典型的方式之一就是南北朝以后兴起的旌表义门策略的持续实施。

义门"是历代王朝为维护其统治秩序，推行封建礼教而刻意树立的社会典范"[6]。之所以在全社会范围内树立此类家庭典范，一方面是因为义门的家族成员（特别是主要成员）在相当范围内具有彰明显著的孝义德行，具有广泛的正面影响，将他们作为榜样予以认定和表彰，有利于社会秩序的安定与地方民风的向化；另一方面也是因为这样的家族几十、数

---

[1] 《荀子·议兵》。
[2] 《荀子·强国》。
[3] 《荀子·王制》。
[4] 《荀子·修身》。
[5] 李亚彬：《孔、孟、荀义利观研究》，《哲学研究》1997 年第 11 期。
[6] 黎小龙：《义门大家庭的分布与宗族文化的区域特征》，《历史研究》1998 年第 2 期。

百之家累世同居，具有强大的凝聚力和向心力，这种向心力和凝聚力的生成常常是因为某位先祖因学识和品行而获得了相当高的社会地位，为了保证家族的兴旺，家族核心成员就会为此在全族范围内制定一系列类似家训、家诫一样的规章制度，以规范家族成员的行为，培养提升后世子孙的仁爱之心、孝义德行。经过上百年的发展和积淀，儒家伦理规约在其中生根发芽，全族子弟认真贯彻执行，因为孝义、仁爱之德而获得了地方政府和社会的认可，统治阶级看重这种家族在"弘长名教，敦励风俗"方面的积极作用[①]，中央政府于是大力旌表，希图通过树立榜样模范以利于地方基层的统治与社会秩序的稳定。据相关学者考证，自南北朝开始，历史上义门旌表共计194家，在数量和格局上呈现出由北向南转移的趋势，这说明随着南迁移民的增多，儒家文化影响力在南方地区逐渐扩大，教化的力度不断加强，从而对南方地区社会文化发展产生了重要的影响；在地位、功能和影响上也由起初单纯的礼教榜样，发展成"直接执掌、推行天下礼教"[②]，使得儒家的义德教化无论在教化环境还是教化主体等方面均步入了良性轨道，从而增强了孝义等德目进一步传播的动力和基础。由此可见，义门的出现是儒家教化发展的表现，它的出现是在家族范围内基于义利观有效统一于"礼治"（礼教）规范而被统治者所认识和提倡的。虽然这种家族及其成员的德行并不单单体现在"义"字上，但朝廷之所以将其旌表为"义门"，原因就在于对于个人而言，守义、行义容易，而数百、上千口累世同居也有难度，在此基础上做到义利分明更为难能可贵。所以，这也就是1000多年时间中，官方旌表的义门不足200家的原因。换言之，即使在以农立国的社会环境中，假如家族成员没有正确的义利观做指导，累世同居是不可能出现的，血缘伦理无法维系五服以外家族成员对家族的忠诚和对其他成员的道德义务，儒家义利观在相当程度上解决了这个问题，从这个角度也可以理解封建政府将其旌表为"义门"而不是其它什么德目之门的原因了。

三　忠的内涵及其三个层次

　　许慎在《说文解字》中将"忠"解释为"敬也，从心，中声"。段

[①] 《旧唐书·孝友·宋兴贵传》。
[②] 黎小龙：《义门大家庭的分布与宗族文化的区域特征》，《历史研究》1998年第2期。

玉裁注之曰:"敬者,肃也。未有尽心而不敬者……尽心曰忠。"以敬释忠,将"从心"、"尽心"作为"忠"的本义应该是不错的。根据学界已有研究,"忠"在其发展过程中经历了一系列演化,并最终确立了"公忠体国"这种以个人对国家主权的维护、对所在国人民利益的保卫为基本含义的道德规范与要求。① 依笔者意见,忠的发展历程其实就是尽己敬人、臣民忠君、公忠体国三个层次的演进。儒家教化在这一演进过程中,始终主导着"忠"在各个层面的发展趋势,"忠"也因此成为儒家教化在各个时期遵循的一个基本原则。

尽己敬人。忠作为儒家倡导的一个基本道德信条,起初也是作为调节人自身的身心关系,以及人我、人物之间的关系而诞生的。换言之,"忠被当作一种普遍的伦理规范和道德要求,贯穿于处己、待人、为政的过程之中"②。《论语》多次谈及忠,孔子及其门人关于忠德均有基本一致的标准,即春秋儒家并没有将"忠"拘囿于臣子对皇帝和主君的单向关系中,而是将其作为君子人格的普遍德行来讨论。曾子强调人的品行修养当"三省吾身",其中首先要反思的是"为人谋而不忠乎"。在朱熹看来这是"为学之本",对于言谈举止,要求"言思忠","居之无倦,行之以忠"。儒家关于忠德的最有代表性并被千百年来称颂的论述非"忠恕"莫属。《里仁》篇记载曾参和孔子的对话,"子曰:'参乎!吾道一以贯之。'曾子曰:'唯。'子出。门人问曰:'何谓也?'曾子曰:'夫子之道,忠恕而已矣。'"朱熹解释称:"尽己之谓忠,推己之谓恕。"③ 孔子在此将忠恕之道作为待人处世的基本原则,将其看作贯穿人生始终的"道",足见"忠"德在人的品德修养中的基础性地位。朱熹之所以将"忠"解释为"尽己",是因为《论语》中其他地方都将"忠"作为一个人基本的义务来论述,并且是以其他德目的基础性前提出现的。《颜渊》篇中,子贡关于"友"的问题请教孔子,孔子告知曰:"忠告而善道之,不可则止,无自辱焉。"《子路》篇中,樊迟问仁,孔子告知曰:"居处恭,执事敬,与人忠。虽之夷狄,不可弃也。"子贡问的"友"是从自身角度出发,求教孔子该如何与人相处、如何定位自己。樊迟问的"仁"也是讲在人际关

---

① 范正宇:《"忠"观念溯源》,《社会科学辑刊》1992 年第 5 期。
② 牛京辉:《论忠》,《道德与文明》1995 年第 5 期。
③ 朱熹:《四书章句集注》,中华书局 2011 年版,第 71 页。

系处理上，如何展现仁人的角色。两个问题，孔子都强调了"忠"德，就和他所倡导，并一以贯之的"忠恕之道"联系起来了。也就是说，朱熹之所以将"忠"解释为"尽己"，原因就在于孔子眼中的"忠"德首先指向的是人自身，如果缺乏这样的尽己之德，那么待人处世之道就失去了最基本的立场，所以孔子四教之"文、行、忠、信"中，对"忠"德的倡导是教育、教化不可或缺的一部分。

忠于自己，尽责于己，为敬人打下了基础。从孔子关于为政之德的角度分析，就可见出这种内在逻辑的合理性。君臣之道在春秋时期并不是后来所常见的那种不平等的、单向度的一方对另一方的义务付出，而是一个建基于尽己之道之上的相互尊敬之德。《论语·八佾》篇记载了鲁定公和孔子关于君臣关系的对话。"定公问：'君使臣，臣事君，如之何？'孔子对曰：'君使臣以礼，臣事君以忠。'"透过此段对话可以发现一个公平之义蕴涵其中，也就是朱熹所说的"二者皆理之当然，各欲自尽而已"[1]。"自尽"言下之意即是各守本分，各尽其责，各倡其德，不可失了自己的本位之德。君王之德在礼，臣子之德在忠，如果不明白自身的道德操守，那自然是违背忠道的。换言之，君王和臣子违背忠德的时候，也就是君臣关系失守的时候。朱熹为此在《大学章句》中对"君子有大道，必忠信以得之，骄泰以失之"解释称："发己自尽为忠，循物无违为信。"[2] 既然是"君子大道"，那就不外乎仁爱之心、遵礼之行，作为为政者当按照"道"的要求观照自身。由此可见，春秋时期儒家对"忠"德的认识，无论君臣为政之道，还是待人处世之一般伦理之道，均侧重从自身角度出发寻求自我的德性升华，忠于君子之道，尽力做好分内之事就是忠的最基本涵义。而忠作为基本德目也因为其基础性地位而与其他德目一起构成儒家教化所要求的各种道德品质，诸如忠良、忠信、忠正、忠允、忠公、忠厚等，皆是以忠为核心而建构起来的儒家基本道德品质体系。

臣民忠君作为忠德第二个层次的主要表现形式，长期居于官方意识形态宣传的主要话语模式之中，特别是自董仲舒大一统学说建立之后，出于政治统治的需要，而被大加提倡和推广，"忠"德于是在尽己敬人之德性修养涵义基础上衍生成为臣民对君主的单向度义务，从而以所谓的"私

---

[1] 朱熹：《四书章句集注》，中华书局2011年版，第66页。
[2] 同上书，第13页。

忠"形式表现出来。这在汉代儒学独尊地位确立后逐渐加强。有学者言："董仲舒虽然以继承儒者事业自居,但已尽弃先秦儒学的民主性精华,接纳了法家的绝对君权理论,结合阴阳五行学说,建立起一套完整的天人感应的神学唯心主义哲学体系。"① 该体系将皇帝作为"天意"的代表,将君权的神圣和至高无上发挥到极致,在君臣关系的表现形式上,君权的绝对性和不可违抗性是天意的安排,臣民为此必须绝对服从君主,应当作到"委身致命,事无专制"。及至宋代,无论是司马光还是二程、朱熹,也都将"君为臣纲"奉为圭臬,离孔孟之忠德涵义愈加遥远。司马光在《资治通鉴》中曾经感言:"臣之事君,有死无贰;此人道之大伦也。苟或废之,乱莫大焉……臣愚以为,正女不从二夫,忠臣不事二……为臣不忠,虽复材智之多,治行之优,不足贵矣。何则? 大节已亏故也。"②《程氏遗书》中则说:"忠者天理,恕者人道,忠者无妄,恕者所以行乎忠也。忠者体,恕者用,大本达道也。"③ 宋代理学视野下,忠孝节义完全融为一体,从而导致私忠之德发展到极致,以至于后世常常将此主张批评为泯灭人性的"愚忠"之德而受到广泛的抨击。可见私忠之德当受到皇权绑架之后就完全异化,而与儒家起初提倡的尽已敬人之忠德相悖离,这不得不说是教化理论发展的一种无奈。

当然,私忠并不是汉代以后才出现的,而是早在春秋战国时期,就已经有所发展,只不过单向度的义务并没有完全形成。如前文所提及的孔子与鲁定公的对话,其实已经隐含了私忠的意蕴。孟子也承袭了这一观点,认为君臣之间的关系取决于相互之间的态度。《孟子·离娄下》说:"君之视臣如手足,则臣视君如腹心;君之视臣如犬马,则臣视君如国人;君之视臣如土芥,则臣视君如寇仇。"《荀子·臣道》篇也说:"有大忠者,有次忠者,有下忠者,有国贼者。以德复君而化之,大忠也;以德调君而辅之,次忠也;以是谏非而怒之,下忠也。不恤君之荣辱,不恤国之臧否,偷合苟容以持禄养交而已耳,国贼也。若周公之于成王也,可谓大忠矣;若管仲之于桓公,可谓次忠矣;若子胥之于夫差,可谓下忠矣;若曹

---

① 王国良:《从忠君到天下为公——儒家君臣关系论的演变》,《孔子研究》2000 年第 5 期。

② 司马光:《资治通鉴·后周纪三》,中州古籍出版社 2003 年版,第 3011 页。

③ 《程氏遗书》卷十一《明道先生语一》。

触龙之于纣者，可谓国贼也。"在荀子笔下，私忠因为在各种历史人物的身上表现不尽相同，于是就有了不同的结果，结果的天壤之别说明了荀子对私忠所持的基本态度就是：对君主的忠诚必须与对国家的忠诚相一致，否则私忠就会演化成愚忠，愚忠不仅仅是对君主的盲目顺从，也包括对自己为臣之责的放弃，表面的忠顺之下其实掩盖着对私利的觊觎，奸诈偏邪之心由此而生，这也就是为什么历史上总会出现那么多佞臣贼子的原因。所以，基于这种教训，儒家教化提倡的"忠"就在私忠基础上更进一步，希望以公忠体国的"公忠"之德来消减私忠发展到愚忠而可能带来的各种弊端。鉴于此，在中国历史上占主导地位的，以对国家和民族主权利益维护为代表的精忠报国之德，成为儒家大力提倡和弘扬的主要品德。

公忠体国是"忠"德在缘起、演化过程中逐渐为民众和统治阶级共同接受与遵循的一项道德指标，以自身的德行修养提升为基础，忠于国家，忠于民众，主张倡行治道是这种道德品质的主要外在表现。王国良先生对孔子、孟子等关于忠德的主张分析认为，孔、孟、荀等先秦儒家主张不以君臣亲疏辨忠，而应以为民众、为社稷国家的发展为君臣合作之理，反对愚忠，主张君主利益和国家利益应该保持一致，所谓"以道事君，不可则止"说的就是这个道理。孟子接续这个观点，进一步称："立乎人之本朝，而道不行、耻也"①，"君子之事君也，务引其君以当道，志于仁而已"②。对于主张仁政的孟子来说，君王是否具备仁德是臣民判断是否需要忠诚于他的标准，如果君王不能"与民同乐"，不能"制民之产"，更不能做到"省刑罚、薄税敛、深耕易耨"的话，那么，作为臣子当"格君心之非"，这才是公忠体国之道，也才是儒家教化所指向的正道。荀子也在《臣道》和《子道》中分析认为，为政之事并不专属于一姓一家，始终坚持孔、孟之"从道不从君"的原则，从根本上反对君王的独断专行，臣子出于公心，完全可以就国之大事与君王谏、争、辅、拂，甚至可以"抗君之命，窃君之重，反君之事，以安国之危"③。由此可见，先秦儒家代表人物所提倡的忠是以公共利益的维护为前提的，倘若背离了这一原则，即可拂袖而去，绝不留恋权力富贵，这也是孔子、孟子等为什

---

① 《孟子·万章下》。
② 《孟子·告子下》。
③ 《荀子·臣道》。

么总是不能长久供职于一朝一国的原因之一,因为在他们看来并不需要示忠的君王是不值得显示忠德的。

托名东汉马融所作的《忠经》,开篇即言"天之所覆,地之所载,人之所履,莫大乎忠"。身为臣子当"奉君忘身,徇国忘家",坚守大义,"临难死节"。有学者认为这是宣扬封建愚忠思想,[①]但仔细分析《忠经》内容,可以看到公忠体国之意贯穿始终。《忠经》序曰:"弘其至公,勉其诚信,本为政之大体,陈君事之要道,始于立德,终于成功,此《忠经》之义也。"由此表明其出发点在于以公德为基础,弘扬为政之大体,因为该书第一章"天地神明章"就指出"忠者,中也,至公无私";"忠也者,一其心之谓矣";"夫忠,兴于身,著于家,成于国,其行一焉。是故一于其身,忠之始也;一于其家,忠之中也;一于其国,忠之终也。身一,则百禄至;家一,则六亲和;国一,则万人理。《书》云:'惟精惟一,允执厥中。'"这种解释和尽己敬人如出一辙,强调的是为公尽心,而不是为私尽心,"忠者,中也"的意思也是说公允中正,不以一家一姓之私利害天下中正公允之大德。第二章"圣君章"则要求君王"上事于天,下事于地,中事于宗庙",如此"以保社稷,以光祖考",紧接着在第三章"冢臣章"就说到"为臣事君,忠之本也,本立而化成"。在此如何理解"事君"是区分私忠还是公忠的关键,为此,必须联系前后文来看,本章是紧接第二章而来,第二章强调为君之德,这才有第三章为臣之义,所以,"事君"并不是要对君王一味逢迎,而是像孔孟所提倡的那样,以大公无私之心,为天下万民谋福祉,君臣各守其道,做到"元首明哉,股肱良哉",才能实现"庶事康哉"的理想。总之,《忠经》意在说明无论扮演何种社会角色,只有保有公忠体国之心,才能实现"四海之内,有太平音"的理想,公忠体国是真正的大忠大仁。

综上所述,忠德作为儒家教化的原则之一,其发展、演化在不同的历史阶段有所侧重,但儒家始终坚持和提倡的总是那种为国家、为民族利益而需要弘扬和传播的公忠之德。所以,私忠及异化了的愚忠作为忠德伦理

---

① 宁可、蒋福亚:《中国历史上的皇权和忠君观念》,《历史研究》1994 年第 2 期。另外,关于《忠经》的作者问题,宁可转引他人说法称此书为宋人所著,而牛京辉在《论忠》(《道德与文明》1995 年第 5 期)中则称该书为唐代马雄所著。笔者认为,不管其著者是谁,根据其内容可见该书是儒家关于忠德的一部教化专著,对于忠德在社会范围内的推广无疑具有积极作用。

发展演进过程中的一种表现形态，特别是后世关于其负面影响的批评，并不与儒家教化所坚持的原则具有必然联系，也就是说，儒家教化提倡的忠德，可能在某一时段侧重私忠与愚忠，但总体的积极意义并没有发生改变，这可以从历代仁人志士在民族危亡时刻前赴后继的大量史实得到证明。

四 信的含义与实践应用

"信"作为汉代以后儒家提倡的"五常"伦理之一，自古就被儒家视为君子贤人应该具备的重要德目。《吕氏春秋·贵信篇》有言："天地之大，四时之化，而犹不能以不信成物，又况乎人事？君臣不信，则百姓诽谤，社稷不宁。处官不信，则少不畏长，贵贱相轻。赏罚不信，则民易犯法，不可使令。交友不信，则离散郁怨，不能相亲。百工不信，则器械苦伪，丹漆染色不贞。夫可与为始，可与为终，可与尊通，可与卑穷者，其唯信乎！信而又信，重袭于身，乃通于天。以此治人。则膏雨甘露降矣，寒暑四时当矣。"由此可见，信德在社会生活中对于维系人伦正常关系发挥着重要作用，儒家据此将其视作调整人伦社会关系的原则，对于任何社会成员而言，信都是"为人之道和立政之基，是成就理想人格、维持社会秩序的基本道德范畴"①。

关于"信"字的起源和涵义。学界根据出土的"中山王鼎"、"中山王壶"等文物的铭文证据，普遍认为"信"字出现于春秋及战国时期的金文之中，字形构造以"言"和"身"为主，所主张的基本道德涵义已经比较鲜明。在文字学家看来，信是作为会意字出现的，如许慎在《说文解字·叙》中就主张"会意者，比类合谊，以见指撝，武信是也"，但他并没有进一步明确。南唐徐楷、徐铉兄弟分别将"信"解释为"诚"，"从人言"，乃会意之字。段玉裁在《说文解字注》中说"信"是"人言则无不信者，故从人言"。但他忽略了徐氏兄弟关于"诚"的训释，从而使会意逻辑出现了断档。为此，学界先后出现了信之构造为形声字及信的本义为"信使"说的论断。但无论如何，学界普遍认为，信字的构造主要是从人从言和从言从心两类，其所蕴涵的道德内涵——人言必须诚信已

---

① 杜道明：《传统"信"观念探微》，《中国文化研究》2010年秋之卷，第73—79页。

经被人们完全接受则是毋庸置疑的。①

与信相关的另一个字——诚,在《说文解字》中被训为"信",这种"诚"、"信"互训的做法表明"信"作为道德规范,意在要求言语上真实无妄,行动上恪守诺言,不欺不骗,以言行合一的实际行动履行好自己所允诺的义务和责任,以保证人与人相互间关系的合理与规范,从而实现和谐与美好。为此,儒家在教化实践中始终强调信德对于基本社会关系的重要性,在各个领域的关系处理中将其作为教化的原则之一加以坚持和提倡。

首先,信是规范国家间关系的重要凭借。春秋战国时期,列国争雄,相互之间的博弈并不完全是你死我活的斗争。一方面,在势均力敌的情况下,相互订立盟誓条约,做到互不侵犯和干涉是各国统治者非常看重的基本战略之一,如果盟约国无视相互的义务约定,国家间不遵守诚实信用原则,社会动荡、天下大乱就是不可避免的了。另一方面,信也是一个国家树立自身威信的基本手段,大国、强国可以借此显示自己的德行,以外交软实力获取民心,因为在他们看来,诸如"德"、"详"、"刑"、"义"、"礼"、"信"等国家层面体现出来的品德,实为"战之器也"②,是可以作为争霸的武器使用的。而小国、弱国则可以通过信守诺言与义务为自己赢得发展空间,避免陷入更大、更多的纷争当中,因为他们懂得,"小所以事大,信也。失信不立"③。有鉴于此,诚信品德伦理作为一项重要的道德伦理规约被人们开发出来,其基本目的在于通过德性修养,树立国家的形象,以争取和维护本国利益的最大化。

其次,信是规范君臣、君民之间关系的重要凭借。儒家认为一国之内,君臣、君民之间秩序的和谐是至关重要的,而秩序和谐的一个前提条件是相互间诚信无欺,上下失信则国家不宁,社会不安。孟子曾对齐宣王说:"君之视臣如手足,则臣视君如腹心。君之视臣如犬马,则臣视君如国人。君之视臣如土芥,则臣视君如寇仇。"④ 其意在告诫君主必备之德就是要礼遇臣子并报之以信任,否则君臣之间关系紧张可能带来意想不到

---

① 参见林志强《说信》,《福建师范大学学报》(哲学社会科学版)1997年第2期。
② 《左传·成公十六年》。
③ 《左传·襄公二十二年》。
④ 《孟子·离娄下》。

的损害。历史上此种事例并不鲜见,最出名的莫过于明末崇祯帝被离间计所害而误杀国之忠臣袁崇焕了。可见,信是一种双方的付出而给相互间关系带来利好的基础。同时,作为儒家倡导的重要德目之一,为政者如果能培养出民众的忠信之德,那么,国力也就会随之增加。孟子认为,"王如施仁政于民,省刑罚,薄税敛,深耕易耨,壮者以暇日修其孝悌忠信……可使制梃以挞秦楚之坚甲利兵矣"①。在此,孟子是将人们孝悌忠信等道德品质的养成作为实施仁政而获得的收益来看待的,这与《左传·僖公二十九年》中所说的"信,国之宝也,民之所庇也。得原失信所亡滋多"表达了同一层意思。最后,儒家在君民关系中最为看重的依然还是为政者的道德品质。取信于民和失信于民作为统治者治国理政的两个相反的表现,前者之所以备受推崇,是因为彰显信德,可以使民众获得安全感,民众也就能放心地将家国的命运托付给这个统治集团,从而使政权能够继续存在下去;而后者之所以成为亡国败政的导火索,则是因为统治者自身的信用丧失殆尽以后,民众失去了安全感,从而使民众对未来的判断无法明朗和可期,此时,出现统治危机也就是理所当然的了。《国语·周语》为此指出:"出令不信,刑政纷纷,动不顺时,民无依据,不知所力,各有离心。"由此可见,取信于民是防止政权陷入危机的预防针。不仅如此,统治者树立和彰显信德,也是应对和解决危机的好方法。《国语·晋语》记载的一个故事很好说明了这个问题。晋国发生饥荒,晋君问大臣箕郑该怎么办,箕郑提出以"信"救国,晋公不解,箕郑于是指出:"信于君心,信于名,信于令,信于事。"因为"信于君心则美恶不渝,信于名则上下不干,信于令则时无废功,信于事则民从事有业。于是乎民知君心,贫而不惧,藏出如入,何匮之有?"箕郑在此将取信于民作为安抚民心的首务,只有民心不乱,饥荒之事自然可按部就班逐一解决,所以说彰显信德,给民众以信心是保证社会秩序稳定的前提。

再次,信是规范人们社会关系的重要凭籍。有学者认为,信的精髓在于成就人格之善,结果在于成就人格之美。②作为君子贤人的必备素养,如果不能在此一方面有所完善,则会给社会秩序与和谐造成威胁。遍览《论语》全书,含有"信"字者前后有38处,用法比较多样,如"朋友

---

① 《孟子·梁惠王上》。
② 杜道明:《传统"信"观念探微》,《中国文化研究》2010年秋之卷,第73—79页。

信之"是将其做动词来用,而"信乎夫子不言不笑不取乎"则是用作副词。比较常见的则是将其作为基本德目之名词来使用,如"敬事而信,节用而爱人"、"言忠信,行笃敬"、"谨而信,泛爱众"等是要求人们严谨认真,不行欺罔;"与朋友交,言而有信"、"信近于义,言可复也"则要求对待朋友必须诚恳,不能有欺骗之举,要信守诺言,以免失信于友人;"子以四教:文、行、忠、信"、"人而无信,不知其可也"同样提倡人必须具备诚实不欺的道德品质,以让人信赖和依靠。可见,在孔子眼里,作为一般性的伦理道德规范,信德是每一个人都须具备和培养的品质,因为它是维护人们相互间和善关系的基础。为此,后世儒家均将此一德目作为教化追求的目标,也将其作为教化坚持的一项原则,运用于待人处事的方方面面,这也使信德在社会生活的各个领域获得了持久的生命力,成为指导人们安身立命的一个基本信条。在这一点上,商人群体和经贸领域中体现得最为鲜明,儒家坚持以诚实守信为原则的经营之道因此被人们广泛接受。

其实在以农立国的封建时代,商贾群体的社会地位是比较低贱的,但是儒家教化并不放弃该领域良风美俗的形成,他们所提倡的诚信之德在贸易交往频繁的商贾群体中获得了比较广泛的认同。诚信经营理念也因为儒家的教化而被商人群体普遍接受,很多商贾人士也因为坚持和提倡儒家坚持的义利观、诚信观而逐渐发展成为一个特定的儒商群体,该群体在实践中将诚信之德继续发扬光大,既为儒家教化原则开辟了更为广阔的应用空间,也为中国古代商业贸易往来提供了基本的原则规范。

早在战国时期,孟子就曾转引农家代表人物许行的观点说:"从许子之道,则市贾不贰,国中无伪。虽使五尺之童适市,莫之或欺。"① 此观点与儒家教化所倡导的诚信经营异曲同工。荀子就曾指出"商贾敦悫无诈,则商旅安,货财通,而国求给矣"。② 诚信贸易的观点浸润于商人群体广泛接受之后,一个注重道德修养的群体就出现了,这个群体在历史上被称作儒商。所谓儒商,就是指那些亦儒亦商的商人队伍,他们深受儒家思想影响,在日常生活和贸易经营活动中以儒家德目要求自己,有较强的社会责任感。在经营理念上秉持儒家信条,义利合一,见利思义,需要牺

---

① 《孟子·滕文公上》。
② 《荀子·王霸》。

牲时以义为先；诚信经营，以信誉求发展，注重互信互利，和气生财，不计较一时一地之小利，而放眼长久发展之大道。特别需要指出的是，为了家族兴盛和事业的长久，他们特别注重对子女和员工的道德教育。为此，创业一代专门以家训、家诫、楹联类的教材、信条和实物对子女和员工推行道德教化，要求子弟努力提升道德素养，以期获得可持续发展的人力资源。如"泪酸血咸悔不该手辣口甜只道世间无苦海，金黄银白但见了眼红心黑哪知道头上有青天"的楹联，意在告诫子孙必须恪守诚信经营的原则，不可昧着良心赚黑钱，这种"三尺头上有神明"的告诫与儒家"慎独"观极为相似。另外如"店铺生意，无论大小……斗斛秤尺，俱要公平合市，不可过于低昂"的要求[1]，是诚实守信经营之道的进一步延伸，凸显了公平、公正是商家信誉不断增长的保证。

总之，信德作为儒家教化坚持的原则之一，"它是普适的，也是超越的，并非是熟人的特殊道德；因为它被认为是人之为人的本质内涵之一，也是人的安身立命的终极关怀，故就人而言，诚信是无条件的、应绝对遵行的美德，绝无例外"[2]。换言之，信德从一开始即被儒家当作一种普遍性的社会伦理而提倡，大到对国家间、士、农、工、商各个阶层之间的要求，小到对各类社会成员之间的标准规定，相互间坚守诚信不欺的原则，履行好各自应该承担的义务，从而维持社会秩序和谐共进是最基本的要求。信德据此也与前文所提及的忠德一道为中华民族文明进程提供了宝贵的思想源泉。

综上所述，仁、义、忠、信作为儒家教化坚持的原则，从这些道德理念诞生的那一天起，就被历代儒家所坚持和演绎，其中先秦儒家侧重于理论建构，后世儒家侧重于规约践行。仁、义、忠、信作为调整社会各种关系的原则，千百年来以各种形式融入民众德性、德行培养提升的全过程中。孟子把忠、信、仁、义等高尚德行称为"天爵"，把"公卿大夫"等后天的富贵称为"人爵"，他希望人们应像古人那样努力"修其天爵"，人爵自然会从之而来，而不是"修天爵，要人爵"，更不可得人爵，弃天爵[3]。从这个角度而言，儒家教化将忠、信、仁、义四个德目作为教化的

---

[1] 徐少锦：《中国古代商贾家训对商德建设的价值》，《审计与经济研究》1998 年第 3 期。
[2] 胡发贵：《人无信不立》，《学海》2007 年第 6 期。
[3] 《孟子·告子上》。

原则的确是符合教化规律的，也是有利于培养起人们高尚的道德品行，从而有益于社会良风美俗的最终形成的。

第三节　目的：成己成物

儒家教化的目的问题其实就是将社会导向大同治世的问题。之所以将成己成物作为儒家教化的目的，是因为成己成物是修己安人基础上的进一步扩展和深化，它在内涵和外延上以人为核心，又超越于人的探讨视野，儒家教化关注人，"主张对人的教化，自然是希望教行迁善，人人向善"，其最终目的是"达到社会的'至善'"[①]。所以说，至善的社会，是以人的善为基础和支撑的，但这只是至善社会的第一表征。除此以外，在人性至善的基础上，如何让社会、国家、自然等天下万物都实现一种"美"和"善"，就是儒家教化的终极追求了。

一　成己成物的内涵与要求

人们常言儒家是诸子百家中最为积极入世的一支，在这一观念之下，其实隐藏着另外一层含义，因为从其理论关怀指向而言，儒家始终围绕人在做文章，这个人既是人本身，也是与人相关的他人；既有对人自身精神与灵魂世界的体察，也有对人所处外在环境与人之间关系的思考。前者的追寻让儒家在成己、成人问题上对自己和他人、对人之所以为人等问题有了比较明确的答案，后者则让儒家在成人、成物问题上对如何处理好各个层面的关系有了比较明确的线索。基于这个角度，我们也可以说，儒家教化就是一个让人认识自己、认识他人、认识世界，从而按照自然与社会所允许的伦理规范，而进行的一种变革（这种规范和变革是以保证家国天下走向文明为前提的），或者是对各个层面关系的正确把握与调适，其目的就在于成己成物。

因为儒家对人的认识是分层次的，所以儒家的成己也就是分层次的。从儒家观照人本身这一最为直接的第一层面而言，成己简而言之是自我的提升，这种提升包括内省的精神和改造外部世界的能力两个方面，概言之就是内外兼修。升华自身的道德境界，把自己培养成为仁者是成己的主要

[①] 杨朝明：《刍议儒家的教化文化》，《孔子研究》2008 年第 6 期。

标志之一。但这并不表示成己的完成，毕竟空有道德的自省是不够的，还需要进一步完成道德与实践的自觉，为此，增强改造外部世界的能力，仁者爱人，仁民爱物，努力将仁传递开去，以己仁育人，以己仁化人，自觉在教化中立人、立物，并因立人、立物而实现仁者、君子、贤人乃至圣人之治，第一层面的成己才算完成。

第二层面的成己是第一层面改造外部世界能力意义上的进一步实现，也就是说要处理好几层关系，它们包括：自我的身心和谐关系、可能出现纷争的人我关系、可以借鉴的人人关系、牵涉到人类整体未来命运的人与自然关系。对这四层关系处理得恰当与否，直接影响到一个人在实然世界和应然世界中的身心定位。对第一层关系而言，儒家的修身条目包括格物、致知、正心、诚意等，如果说格物与致知还有客观标准加以判断的话，那么，正心和诚意于人而言就非常具有主观性了，所以，自我身心关系处理得当与否，正心之正和诚意之诚是关键因素。就像《中庸》里说的，"唯天下至诚，为能尽其性"，从而最终达到"赞天地化育"，与天地相参的境界。

对第二层和第三层关系而言，在儒家看来，人我关系出现纷争是不可避免的，如果不出现纷争既不符合人性，亦不符合现实，教化也就失去了存在的意义。所以，怎么样看待这两层关系，以何种原则处理好这两层关系，就成为儒家教化着力的重点。大体而言，忠恕之道是总原则，仁民爱物、遵礼守度是基本方法。曾子曰："夫子之道，忠恕而已矣。"、"敬己之谓忠，推及之谓恕。"夫子在此坚守的是与人交往的原则，该原则上符天道，下合人道，因为"忠者无妄，恕者所以行乎忠也"[1]。孔子意思即是忠于自己的仁心，以仁者情怀看待他人，"己所不欲，勿施于人"，仁心宅厚之人常常会体谅和理解他人的难处，站在对方的立场考虑问题，实乃为人处世之第一法则。所以，当子贡说"我不欲人加诸我也，吾亦欲无加诸人也"的时候[2]，孔子竟然对子贡说"非尔所及也"，为什么呢？朱熹认为这是"仁者之事，不待勉强"，由此我们就可见出忠恕之道其实是对人道德修养之至高要求，非一般努力就可以实现，这也说明了人我关系和人人关系处理的复杂和艰难。因此，在坚持忠恕之道的原则下，仁民

---

[1] 朱熹：《四书章句集注》，中华书局2011年版，第71页。
[2] 《论语·公冶长》。

爱物和遵礼守度作为处理这两层关系的基本方法就被应用在儒家教化的全过程中了。（由于本节第二个问题会专门讲到这一问题，在此就先不赘述了）

对于第四层人与自然的关系，成己的标志也是以仁为基础的向外扩展。所以说，只有尊重自然规律，才是处理好人与自然关系的保证。荀子说："天行有常，不为尧存，不为桀亡。应之以治则吉，应之以乱则凶。强本而节用，则天不能贫；养备而动时，则天不能病；修道而不贰，则天不能祸。"、"在天者莫明于日月，在地者莫明于水火，在物者莫明于珠玉，在人者莫明于礼义。"① 荀子在此告诫我们，当人"修道不贰"，深明人间"礼义"并尊而行之，才能知晓天地四时之运化规律，所以说人类敬畏天地自然，循理而为是处理好人与自然关系的前提。这也是判断人作为个体是否达到成己目的的标准之一。

以上我们对成己的内涵从两个层面予以认识之后，发现儒家教化追求的成己目的体现出了知行合一的特点，因此，成己在儒家那里不仅仅是对人自身的要求，更是对人所要开创的意义世界是否合乎儒家精义的要求，如果对意义世界的开创是成功的，那就证明了人之为人的价值，人也才算做到了成己。如此一来，成己也就和成物目的联系在一起了。

按照前文所述，成物其实是成己的延伸，因为如果不能成物，"己"则是无法成就的，成物为此扮演了三种角色。一种是作为成己的目的指向而相互存在，即成己是为了成物；一种是判断成己是否达到要求的标准，即只有成物，才能成己；还有一种角色则是人为了成己而凭借的手段或路径。对于第一种角色，可以说成己成物是儒家教化的总体目的，这个目的之下，人为了成己必须成物，人也为了成物必先成己，所以说成己成物是互为目的指向的存在。对于第二种角色，成物作为一种判断标准，这种物必须打上人的烙印，这种烙印是文明的烙印，是证明社会进步的烙印，借用杨国荣先生的话来说，就是要扬弃物的"本然性"，使"物"、"由知、行领域之外，进入知、行领域之中，并进一步成为合乎人的需要的存在"，最终将其引向"广义的人化世界"②。至于第三种角色，则是人为了成己必须有所作为，在成物的同时实现成己的目的，也是在成己的同时，

---

① 《荀子·天论》。
② 杨国荣：《成己与成物——意义世界的生成》，北京大学出版社2011年版，第5—6页。

实现成物的目的，最终实现两者的实现。对于儒家教化而言，这是一个复杂的过程，因为就像前文中隐约提及的，成己成物中间有一个必要的环节——成人。成人是实现成己成物目的之前必须解决的核心问题，没有成人的实现，己无以立，物无以成。孔子曾说："古之学者为己，今之学者为人。"朱熹援引程颐之说解释为："为己，欲得之于己也。为人，欲见知于人也"，"古之学者为己，终至于成人成物。今之学者为人，其终至于丧己"①。在此，孔子用前后对比的手法旨在揭示一个最根本的问题，古人为己之学其实是为成人成物做准备，倘若仅为炫耀才学就是一种舍本逐末的做法，反而会导致自身精神和灵魂的迷失。这种对比手法的使用，揭示了成己、成人、成物是一个相互统一的存在，其中任何一个方面出现偏颇或缺失，都将无益于实现全局目的。儒家教化中所谓的把人培养成君子，原因就在于君子是人成就圣人之德、或者说走向圣人之道不可或缺的阶段，虽然圣人之德或圣人之道只是一种应然意义和目标，但具有高尚品行的君子却是将其作为一种远大目标孜孜以求的。据《论语·宪问》篇记载，子路请教孔子何为君子，孔子以三段式递进口吻说，君子当是"修己以敬"、"修己以安人"、"修己以安百姓"的人，为什么君子具备这种德行和能力呢？因为君子的最大特点就是仁民爱物，所以，君子是能"博施于民而能济众"的人②；另外，君子也是能为天下立法的人，主要从榜样意义而言，所谓"君子动而世为天下道，行而世为天下法，言而世为天下则"③说的就是这个意思。儒家教化所期望的最终美景无外乎天下大同，所以，如果再将志向放远一些，儒家则主张人们能做出"立德"、"立功"、"立言"之不朽功绩来，此种"不朽"内涵之意蕴就是成己、成人、成物之教化目的的完全实现。

总而言之，成己成物目的的内涵非常丰富。在儒家教化范畴中，它统摄着人之德性成长与德行培养，也统摄着人在儒家规范伦理意义下的发生发展，没有单一的成己，也没有单一的成物，两者作为辩证统一的存在，互为前提，互为目标，而这个过程最终也必须围绕人的成长和发展来展开，这就是笔者在第一节将"修己安人"作为儒家教化核心的原因所在。

---

① 朱熹：《四书章句集注》，中华书局2011年版，第146页。
② 《论语·雍也》。
③ 《礼记·中庸》。

二　成己成物的路径

　　成己成物的路径是说为了达到儒家教化目的，必须有所遵循的途径。总体来说，根据儒家教化思想的基本特点，笔者以为树仁、循礼是儒家在教化实践中为达到成己成物目的而需要遵循的两条路径。

　　所谓树仁也就是求仁，培养仁、义、礼、智、信等高尚道德之人的意思。因为仁是儒家的核心概念之一[①]，以提升人的思想道德修养为初衷的儒家教化，无论追求君子人格还是贤人品质，抑或圣人之道，无论是采取礼、乐、刑、政等何种教化方法，激发和培育人的仁爱之心其实是最终目的。换言之，若想实现成己成物的教化目的，前提之一就是把人培养成仁人。

　　儒家为提升人的"仁德"，将"仁德"的培育贯穿于格物、致知、诚意、正心、修身、齐家、治国、平天下的教化实践中，以实践来促进德性涵养，以求实现成己成物之目的。格物乃"穷至事物之理，欲其极处无不到也"[②]，儒家对客观世界所存物理的总的态度是顺天应人，遵循自然规律，相信"万物并育而不相害，道并行而不相悖"[③]，所以，"格物"之"格"并不是强求改变之义，而只是认识到万物事理的内在规律并遵循之即可。作为仁者，自然就要求仁爱万物，此时的仁更多是不干涉、不破坏，是严格遵循天地万物及事理的自然运行与内在法则。如"不违农时，谷不可胜食也；数罟不入洿池，鱼鳖不可胜食也；斧斤以时入山林，材木不可胜用也"[④]。此言论表面上是孟子对梁惠王该如何行仁政的建议，实质是对"格物"之理的阐发，认识并遵循自然运行之理就是怀有仁德

[①] 仁作为儒家的核心学界多有论述，甚至有将儒学称为"仁学"之说。本书之所以将"树仁"作为儒家成己成物的路径之一，是因为孔子"没有把'仁'看作一个固定的德目或者限定于某一种德目，而是把一切德行都看作'仁'"，"'仁'是统摄一切德目的表现和道德创造的根源"。也由于"仁不是抽象概念，而是普遍原则，所以不能下定义，而必须落实在实际生活上才能表现出来"的缘故，所以，培养仁者，树立仁德的教化实践自然成为实现成己成物教化目的的路径之一。所引部分见［韩］梁承武《论儒家仁教的内涵及其实践方向》，《杭州师范学院学报》（社会科学版）2002年第4期。

[②] 朱熹：《四书章句集注》，中华书局2011年版，第5页。

[③] 《礼记·中庸》。

[④] 《孟子·梁惠王上》。

的表现,当君主认识到这一物理之后,要求治下民众循理而为自然也就上升到仁政的高度了,君主王者也就是仁者、仁君了。致知乃"推及吾之知识,欲其所知无不尽也"①,即增进学识,以求通过提升人的认知能力促进道德修养。虽然有智并不一定能育仁,而且孟子也认为仁、义、礼、智"四端"是天生的,但这并不影响儒家将增进学识看成是培育仁爱之心的重要条件。我们从儒家一直主张大力发展学校教育作为教化的主要活动便可理解这种主张的重要性。孔子尝言"吾十有五而有志于学,三十而立……七十而从心所欲,不逾矩"②。此论说明了孔子对求学重要性的认识,因为无论"三十而立"还是"四十不惑",抑或最高境界之"不逾矩",都有一个前提,那就是孜孜以求地不断学习。朱熹为此引用程子的话说:"孔子生而知之也,言亦由学而至,所以勉进后人也。"③ 在先哲的感召下,后儒为此将教育作为教化的主要手段,在官办学校之外,积极兴办各类私学,以昌明儒家精义,积极促进了儒家文化的下沉和传播速度,也为整个社会文明进步提供了强大动力。

诚意乃"实其心之所发,欲其一于善而无自欺也"④,即进入到精神专一,真诚无妄的境界。如此至诚境界和修养,即可懂得天地万物化育的道理,与天地合德,方能知仁行仁,这就像他在《中庸章句》里对"自诚明,谓之性;自明诚,谓之教。诚则明矣,明则诚矣"的解释所说的,他说:"德无不实而明无不照者,圣人之德……先明乎善,而后能实其善者,贤人之学。由教而入者也,人道也。诚则无不明矣,明则可以至于诚矣。"简而言之,一个能够直面自己、解剖自己的至诚之人,就是自知之明之人,当人清楚自己、了解和认识自己之后,就会更加循着本心去做事,所以,《中庸》接着说道:"唯天下至诚,为能尽其性;能尽其性,则能尽人之性;能尽人之性,则能尽物之性;能尽物之性,则可以赞天地之化育;可以赞天地之化育,则可以与天地参矣。"其次,就像有学者论证的那样,"'诚'是指人自成全的根据,'道'是指人应行的道,天命之性就是诚道,即内在于人的诚道自然发显,一旦发显则成为一个真实的自

---

① 朱熹:《四书章句集注》,中华书局2011年版,第5页。
② 《论语·为政》。
③ 同上书,第56页。
④ 同上书,第5页。

己。道并不是人要依靠的外在的准则，而是人要自觉地实行的道。一旦心中发显诚，则会影响自己以外的他人和事物。当人们实行其本性时，并不是只成己，也成物。当发显仁时，人成真实的存在。这就是'成己，仁也'的意思。仁心的发显使人们摆脱人的私欲，恢复到人、天、地三者并立的位置，这就是成己。由于仁心的感通范围是无限的，所以必定要成物，并且成物就是指通向外部。仁心通向外部时，肯定会发显明觉。所以把它叫做'成物，知也'，知是觉照，可'及物润物'，这'及物润物'就是'成物'，但他必须是仁、知，而且能够成己、成物，才能够取得本性的圆满实现，才能够作至诚的圣人。仁和知是人固有的德性，是主观的自我和客观的事物合一的道。当主观和客观、内和外达到合一之时，才能够到达中庸之道的顶极，而诚就是实现其道的核心"[①]。

正心是诚意的继续。朱熹说："意既实，则心可得而正矣。"心是身之主，正心之人必是仁者，因为心的邪恶与不端，就会导致人性恶的释放，正心其实就是改造自己的精神世界，使所思所想符合事物天理的发展规律，认识到自身与他人作为世界上相互实现的存在，必须以尊重和爱护的眼光对待他人和他物，怀仁爱之心行"己欲立而立人，己欲达而达人"之彰显德行之事。用现代思想政治教育术语来说，就是确立正确的价值观、世界观和人生观，提高自己的道德素养，安顿好自己的身心性命，以求"明明德"而身修，在此基础上，为齐家、治国、平天下等"践仁"之教化实践，最终为成己成物之圆满完成做好主体准备。

如果说格物、致知、诚意、正心、修身为儒家所说的"内圣"之学的话，那么，齐家、治国、平天下就属于儒家强调的"外王"之学。因为在修身明德基础上的实践才能实现仁、弘扬仁，如果缺少这一环节，无论一个人宅心仁厚到何种程度，也会因为缺少践履而无法完成成己成物的教化目标。所以，儒家的"齐家"之道要求以"亲亲"为上，仁者爱人先从身边最亲近之人开始；"治国"之道则从行仁政开始，君王要体谅"民之于仁也，甚于水火"的迫切，所以为政要求正心爱民，"先之劳之"，"使民以时"，"博施于民而能济众"，不但要让民众"庶之"、"富之"，更要"教之"，如此才能符合仁民爱物的要求。"平天下"在儒家那

[①] [韩]梁承武：《论儒家仁教的内涵及其实践方向》，《杭州师范学院学报》（社会科学版）2002年第4期。

里并不是说要荡平天下，而是对社会和谐秩序的追求，是王道天下而不是霸道天下，王道天下的过程自然就是"民胞物与"而行仁政，以得天下、安天下的过程。儒家所期望的大同治世是"老吾老，以及人之老，幼吾幼，以及人之幼"那样的充满仁爱与关怀，人人得安其位，得行其道，相互间和平相处，敬爱有加的社会，这个社会中，每个人都是他人的榜样，每个人都应该成为他人学习的榜样，在这个社会中，修身之学流播于世，关爱他人、成就他人的无私处处可见，每个人自身也因为付出而获得回报，社会就在这样一种相互付出与相互成就中和谐有序，文明前进。至此，对于任何一个社会成员和相互间关系来说，由此步入一个良性循环过程中，那就是因仁者情怀而仁爱他人、仁爱万物，因行仁而利人、利民、利万物，利人、利民、利万物的另一层表达就是立人、立民、立物，所以，仁爱万物即成就万物，仁爱他人即成就他人，儒家提倡的内圣外王的目标——成己成物于是完全实现。由于这个良性循环是人在实践中树仁、求仁的结果，所以成己成物之教化目标的实现也就是通过树仁、求仁获得的。

循礼是为实现成己成物目的而需要遵循的第二条路径。树仁是儒家为实现成己成物的教化目的，而根据儒家性善论，侧重于道德修为方面而实现成己成物。循礼则是根据性恶论，侧重于教化过程中以对行为实践的规约来达到成己成物的目的。总括起来说，树仁和循礼不过是实现儒家成己成物之教化目的的两种方式，前者侧重德性的内省自修，后者侧重德行的外在规范。"在汉代以降的两千多年的历史上，礼治一直充当着治理国家、管理社会的重要手段，发挥着维护社会和谐、稳定、有序的重要作用，特别是那些盛大的王朝更是如此。"[1] 儒家教化实践伴随礼治的展开而展开，它在这个过程中极力倡导民众要遵礼守法，在各自领域恪守相关的道德伦理原则，以求"在'礼'的规范下，每个社会成员都在严格的等级序列中明确了自己的定位，充当着特定的社会角色，人们各就其位，各司其职，各安其分，各奉其事，各得其所，毫不错乱，社会自然就会秩序井然、和谐稳定"[2]。所以，接下来需要了解循礼为什么能够成己成物了。

---

[1] 白奚：《儒家礼治思想与社会和谐》，《哲学动态》2006年第5期。
[2] 同上。

儒家重"礼"的传统源远流长,对于国家的治理发展而言,《左传》记载了春秋时期很多礼崩乐坏的事实,从反面说明了以礼治国的重要性和必要性。《左传》有言:"礼,所以守其国,行其政令,无失其民者也。"① 具有"经国家,定社稷,序民人,利后嗣"的重要作用②,有助于定分等级,确认社会身份与地位,以利于社会秩序的建立。不仅如此,对人的生活实际而言,社会生活方方面面的进步和规范都贯穿着"礼"的影子。"道德仁义,非礼不成;教训正俗,非礼不备;纷争辩讼,非礼不决;君臣上下,父子兄弟,非礼不定;宦学事师,非礼不亲;班朝治军,莅官行法,非礼威严不行;祷祠祭祀,供给鬼神,非礼不诚不庄。"③可见礼对人们生活实践的影响是巨大的,如果失去"礼"的规范,礼崩乐坏,那么各种社会关系就面临被破坏的可能。相反,对于统治者而言,如果"上好礼,则民莫敢不敬"④,"则民易使"⑤,即有利于民众良好德性的培育,上令下达,畅通有无,从而保证社会的安定有序。另外,若"君使臣以礼",那么,"臣事君以忠",君臣关系分明,各守其责,各尽其分,有利于促进国家和民众的福祉。对于普通人而言,"恭而无礼则劳,慎而无礼则葸,勇而无礼则乱,直而无礼则绞"⑥。意思是说遵礼有助于人的健康成长,倘若人人遵礼而行,则可以立人、立己,并最终实现成己成物的目的和使命。他说"不学礼,无以立"⑦,"不知礼,无以立也"⑧。如笃守孝道,尽孝爱人作为儒家提倡的美德,倘若失去不遵礼而行,则有违孝道,难成君子。所以当孟懿子问孝的时候,孔子回答是"无违",什么是"无违"呢?即"生,事之以礼;死,葬之以礼,祭之以礼"⑨。孔子在此表达的"无违"就是不要违背礼制,失礼则失孝,失孝则非人,非人则意味着成己成物之目的没有实现。

---

① 《左传·昭公二十五年》。
② 《左传·隐公十一年》。
③ 《礼记·曲礼》。
④ 《论语·子路》。
⑤ 《论语·宪问》。
⑥ 《论语·泰伯》。
⑦ 《论语·季氏》。
⑧ 《论语·尧曰》。
⑨ 《论语·为政》。

儒家提倡通过"循礼"来实现成己成物目的的人首推荀子，因为他开辟了与教化联系紧密的"礼治"一路，从而为后儒的礼治教化奠定了理论基础。《礼记·曲礼》言："夫礼者，所以定亲疏，决嫌疑，别异同，明是非也。"荀子在继承前人关于"礼"的功用基础上更进一步，以"人性恶"的理论假设为"以礼治国"找到了根据。荀子认为"人生而有欲"、"欲而不得"的情况下，纷争动乱就在所难免，所以，为了遏制不正当的欲望，防止因欲而乱，需要"隆礼重法"。在他看来，"人无礼则不生，事无礼则不成，国家无礼则不宁"①。为此，为了培养人的德性，就需要先从规范人的德行做起。规范不代表压抑，荀子深知这一点的重要性，所以他提出了"养人之欲，给人以求"的观点。至于如何养，以及为何"养人欲"有利于人的德性培育，就像他以比喻手法论述的那样，"刍豢稻粱，五味调香，所以养口也；椒兰芬苾，所以养鼻也；雕琢刻镂，黼黻文章，所以养目也；钟鼓管磬琴瑟竽笙，所以养耳也……孰知夫出死要节之所以养生也！孰知夫出费用之所以养财也！孰知夫恭敬辞让之所以养安也！孰知夫礼义文理之所以养情也！故人苟生之为见，若者必死；苟利之为见，若者必害；尚怠惰愉儒之为安，若者必危；苟情说之为乐，若者必灭。故人一之于礼义，则两得之矣；一之于情性，则两丧之矣"②。他在这里指出，求名节实乃养命，亦即提升生命的意义，恭敬谦让是养安，亦即增进生命的质量，遵守礼仪规范乃养情，亦即培育自己的德性德行，从而使人免于祸患。其中内涵的逻辑就是，遵礼而行、循礼而为的后果无论是"养命"、"养安"还是"养情"，都是成己成物目的的实现。

当然，在此需要说明的是后世对儒家"礼教"压抑人性的批判问题，如果这个问题成立，那就说明笔者在此把"循礼"当作成己成物的路径是不合适的，因为成己成物的意思是成就一个君子贤人，成就一种圣人品德，在此基础上，兼善天下，"为天地立心，为生民立命，为往圣继绝学，为万世开太平"。所以，规范不代表压抑，循礼而为也不是通过压抑人性来提升道德，相反，它是通过养人之情、养人之性来提升德性。后世之所以将自汉代形成的"三纲"礼教贬斥为"礼教杀人"，概略而言，是

---

① 《荀子·修身》。
② 《荀子·礼论》。

因为封建统治发展到后期,特别是宋明以后,随着中央集权的加强,对皇权的维护,统治者在采用儒家精义教化天下的过程中,过于追求一种极端的稳定,将动态的和谐异化为静态的束缚,这种偏执直接导致对荀子"礼治"思想的滥用和错用。当原始儒家眼中那种"礼之教化也微,其止邪也无形,使人日从善远罪而不自知也"[①] 的润物无声之教化效力,变成靠权力、武力等外在强制力灌输的时候,循礼而为以求成己成物之教化目的实现的路径也就越走越窄了。

总之,树仁和循礼统一于求仁的全过程中,作为儒家教化目的之成己成物实现的两条主要路径,无论采取了什么样的教化方式,都不出这两条基本路径。如从实践表征来说,大力提倡学校教育的教化活动既体现了学生求仁、树仁的特点,也体现了循礼而为的特点;施行乡约教化则是侧重从礼治规范的角度,寻求社会秩序的安定。而从教化方法来说,礼、乐、政、刑四类主要的方法也都离不开求仁、树仁以及循礼而为。

综上所述,将成己成物作为儒家教化的目的,体现了儒家教化所追求的理论与实践的统一,这种统一是儒家仁民爱物思想在现实世界的延续,在这个"具体地展开为知和行的历史过程"中[②],儒家将人自身、他人、他物、自然万物的天理流行都建基在自身德性、德行的圆满基础上,以对自我要求的实现追寻精神与物质两个世界的应然意义,这种成就自我与成就世界的实践,"不仅仅表现为对实然的把握,而且展开为一个按人的目的和理想变革世界、变革自我的过程"[③]。变革需要依托正确的方法,儒家在明确了教化核心、原则及目的之后,为了实现目的,就需要依靠具体的方法去变革,这种变革是通过礼、乐、政、刑四种基本的教化方法来实现的。

[①] 《管子·权修》。
[②] 杨国荣:《成己与成物——意义世界的生成》,北京大学出版社2011年版,第159页。
[③] 同上书,第37页。

第二章 儒家教化的方法论

儒家教化思想不但具有鲜明的理念，而且还具备了为核心理念服务且相配套的完整的教化方法与体系，理念与方法体系相得益彰才能更加有效实现对人们的思想熏陶和精神引领。这一套方法论就是儒家一直坚持并不断完善的礼、乐、刑、政之教化方法。《礼记·乐记》为此明言："礼以道其志，乐以和其声，政以一其行，刑以防其奸：礼乐刑政，其极一也，所以同民心而出治道也。"这一概括既揭示了礼、乐、刑、政教化方法的功能和角色，也表明了在一个相互配合与补充的完整体系中，"同民心"、"出治道"是儒家采用此方法论体系的最终目的，可以说，这种理念和实践的互动体现出了手段和目的的完整统一。

第一节 礼教：克己复礼

诚如本篇第一章所论，以礼行教是儒家修己安人、成己成物的主要方法之一。礼教作为教化系统的主要表现形式，如果按照当代思想政治教育有关理论分析，它是集行为规范、理论诠释为一体的教化方法，是思想道德培育过程中，可资利用的介体，同时也是以实践为标志的行动载体。那么，此种教化手段和方法，根本目的是什么呢？根据学界已有讨论，此即孔子关于"仁"的内涵解释，那就是克己复礼。进一步说，儒家以礼行教，根本目的是与修己安人、成己成物相一致的，不过重点特别放在了人的自我规约方面，这种自我规约是知与行相统一的，是对人自我道德约束最高要求的体现，如果克己复礼无法完成，那么，结果就是仁人之人无以立，仁人之心无以成。[①] 由此看来，以礼教人，其内在逻辑就是以礼约

---

① 关于"克己复礼"，语出《论语·颜渊》："颜渊问仁。子曰：'克己复礼为仁。一日克己复礼，天下归仁焉。为仁由己，而由人乎哉？'颜渊曰：'请问其目。'子曰：'非礼勿视，非礼

人、以礼化人,并最终实现以礼立人的目标。人立而天下平,人化而天下和,人约而天下有序,是为克己复礼之功,亦可称为礼教之功也。

一 以礼约人的教化准备

以礼约人的教化准备分为制度规范和相关机构的规范两种类型。一种类型是以"三礼"为核心,以家训、家诫、乡约等为补充的礼制文本系列,它们是按照儒家道德标准和行为原则制定的庞大的社会规范集合。另

勿听,非礼勿言,非礼勿动。'颜渊曰:'回虽不敏,请事斯语矣。'"由此之始,学界关于"克己复礼"的注解千百年来在仁者见仁、智者见智的交锋中而成为"百年误读"、"千年聚讼"的公案。最近公开出版或发行的代表性文章是由郭胜团、葛志毅先生发表于《管子学刊》(2013年第1期)的《〈论语·颜渊〉"克己复礼"章辨析——〈论语〉及孔子思想研究之一》。该文以批判继承的态度,在梳理历代各方家关于"克己复礼"之不同意见基础上,将"克己复礼为仁。一日克己复礼,天下归仁焉。为仁由己,而由人乎哉?"翻译为"能够做到自己胜过自己,并且在人际交往过程中依礼而行就是仁。如果有一天,人人都能自觉主动地'克己复礼',人人亦皆受惠其中,也就会出现'天下'之人皆以仁为价值取向、并且身体力行于仁的效果。'为仁'应当主动自觉地从我做起,难道指望从别人开始?"此种解释区别于以往之不同地方在于关于"克"字的训解。据两位作者考证,历史上马融、皇侃、邢昺、毛奇龄、阮元、钱穆皆将其训为"约",采约束、抑制意义;范宁、戴望则训"克"为责;刘炫、朱熹训为胜;李泽厚、何炳棣、张自慧、杨伯峻等多引申训为约束之意;金景芳和吕绍纲两位先生则支持孔安国、俞樾的解释,将"克"训为"能"。另外,于此争执的另外一个焦点是关于"己"的理解。有人训为"身",更多训为"己身之私欲"、"己身之嗜欲",以朱熹为代表,沿袭其说者甚众。关于"复"的理解,相对比较统一,大多持恢复、返回解。关于"礼"无论是周礼说,还是非周礼说,在此对于全局影响不大。据笔者分析,"克己复礼"之所以出现众多迥异之辞,直接原因在于站在不同时空条件下的人们,对孔夫子的言简意赅之辞的理解,因为角度和立场的不同而显现出差别来。大致意见就是从宋明理学之朱熹开始发生了变化,特别是朱熹的"日日克之,不以为难,则私欲净尽,天理流行,而仁不可胜用矣"的训释,为五四新文化运动以来受民主、自由、平等、人权理念影响而成为重点批判的对象。这也是为什么进入20世纪90年代之后,中国学界意图纠正70年代之偏见,再次将"克己复礼"作为一个问题予以澄清,并引发论战的缘由。(笔者根据CNKI"克己复礼"条目检索发现,入选CSSCI的文章总计66篇,大多集中在1974年"批林批孔"的特殊年代。而进入90年代之后,相关文章15篇,皆为跳出政治影响而意欲回归本源之解释,虽然意见不一,但远离利益之争,而尊重科学之良苦用心实为学界之幸)为此,依笔者愚见,无论是将"克"训为能还是胜,抑或约束还是责,根据孔子全文之义,都体现了人对自我的一种超越,这种超越意在精神的升华,德性的发现与自我的省察。所以说,能、胜、约、责皆可引申为超越,其差别在于能、胜之意重点在于积极的超越,而约、责是一种消极的超越。由此我们就可以跳出千百年来的语义之争,将孔子之道做一宏观理解,其实就是人对自我在成为"仁人"过程中所可凭借手段与方法的认识。所以,笔者为行文方便起见,在此并不就学界不同观点予以明确区分,而以"以礼约人"、"以礼化人"和"以礼立人"的逻辑思路论证之。

一种类型则是由国家、地方政府及家族内部，为保障礼的遵行，弘扬礼的功用而专门设立的礼制教化机构和执行平台。国家层面的代表就是礼部，除了主掌典礼、祭祀外，也兼管教育，这是以礼行教的典型表现。地方层面的代表是乡约教化所之类的机构，家族内的祠堂则常常被用来作为弘礼倡教的主要平台。

首先以"三礼"为代表的礼制文本，主要是《周礼》、《礼记》和《仪礼》三部典籍，合称"三礼"。《周礼》为周公旦所著，内容丰富，大到天文历象、邦国建制、政法文教、礼乐兵刑、赋税度支，小到草木虫鱼、膳食衣饰、寝庙车马、农商医卜及工艺制作，可谓名物、典章、制度无所不包。汉代王莽时期立博士，后经马融传沿，到郑玄注《周礼》而将其发扬光大。《礼记》成书于西汉，戴德、戴圣叔侄分别著有《大戴礼记》和《小戴礼记》，今日所见多为《小戴礼记》。该书作为儒家思想资料的汇编本，内容涉及先秦礼制、礼仪的介绍和解释，记录孔子及其门人关于修身做人等议题的对话，同时兼及祭祀、历法、政治、法律、哲学、道德、历史、文艺、日常生活、地理等诸多方面，是了解儒家礼乐教化思想的重要著作。《仪礼》则是记述冠、婚、丧、祭、乡、射、朝、聘等礼仪制度的一部经书，详细记载了各项规章制度，其程度细致烦琐到人们在何种场合下应该穿何种衣服、什么场合该怎么站或坐，必须朝向哪个方向或位置，士冠礼、士昏礼、士相见礼、乡饮酒礼、乡射礼、燕礼、大射礼、聘礼、觐礼、士丧礼等仪式上的先后步骤该怎么走，等等，都在其规定范围之内。人们经常提及的"礼仪三百，威仪三千"就是对中国古代儒家礼制规范的概述，其意思就是说生产生活各个方面都有礼的规范，从而使人们有矩可循，有规可守。鉴于本书多处对相关的礼节仪式均有所涉及和介绍，此处不再赘述。最后需要明白的就是，孔子所说的"克己复礼为仁"中的"礼"无论是周礼抑或不是周礼，都可将其理解为一般意义上的礼制规约，它们是人走向仁人之路上所凭籍的一种介质或载体。

以"五礼"为主要内容的礼制实践也是以礼约人的必要前提。主要体现在践行吉、凶、军、宾、嘉的礼制活动中。具体来说，吉礼主福，作为五礼之冠，主掌天神、地祇、人鬼之祭祀，日月星辰、风雨雷神、山川五岳、先王先祖等无不在吉礼所节范围之内；凶礼主丧，常在天灾人祸、生死无常等场合表达生者的吊唁与忧患之情；嘉礼主和，是人际交往中必须遵循的礼仪，如饮食、婚冠等日常生活中的仪式，以达到和合人际关系、沟通、联络感情的目的；宾礼主敬，常是接待宾客所需要的基本礼节，以示尊重，从而有利于和谐人际关系；军礼主威，作为国之大事，征伐之前常有仪式，意在鼓舞军心、民心，期待凯旋而求国之太平。由此可见，儒家所倡导之礼仪渗透于国家与社会生活的方方面面，礼节规制不厌繁冗，多角度、多环节、多形式予以规约，既有上述吉、凶、军、宾、嘉等方面的正式文本规约，也有家训、家诫、训蒙读物等通俗化、重实践的指导，其最终目的就在于试图通过繁密的规定、多渠道的渗透而让民众形成习惯，从而做到知与行的双重教化，达到以礼约人的基本目的。

其次，自上古三代开始，即有礼部之类的专门机构和人员推广礼乐教化，设置此类机构和专职人员，掌管礼教运行，对于推动社会教化提供了坚实的制度保障。据对《周礼》的统计，在其主掌礼事的"春官宗伯"系统中，大小宗伯的主要任务就是掌礼，总计有70个职官，又下属68个属官。在这个礼事系统中，肆师、郁人等掌礼事；大司乐、乐师等掌乐事；大卜、卜师、龟人等掌卜筮；大祝、小祝、丧祝等掌祝巫事宜；大史、小史等则掌史及星历；巾车、典路、车仆等掌车旗；天府主掌宗庙宝器及吏治文书。在上述七类职官系统中，礼、乐二官的数量占据整个春官系统的多半，大祝、大史、天府等职官也以为国家礼事服务为主。设置如此复杂、庞大的礼教系统，其目的就在于"辨方正位，体国经野，设官分职，以为民极。乃立春官宗伯，使帅其属而掌邦礼，以佐王和邦国"①。由此可见，"辨方正位"、"和邦国"等治国理政中最重要的秩序问题均被放置在礼制的践行与规约之下，充分说明以礼教化从一开始就确立了最基本的价值属性。

除了"春官宗伯"系统之外，掌管礼乐教化的还有一个"地官司徒"系统。"地官"系统共有79职官，地官之长称为大司徒。作为"教官"，其职责之一即是掌管全国的教育。乡师、乡老、乡大夫、州长、党正、族师、闾胥、比长等八职掌都郊六乡的政教；遂人、遂师、遂大夫、县正、鄙师、酇长、里宰、邻长等八职则掌郊外野地六遂的政教事宜；师氏、保氏、土训、诵训、司谏、司救等则主掌教育。除此之外，地官系统主要职责还有赋税、力役、山林、川泽及农业生产等关系国计民生的事务。据此渊源，司徒之教化之责就此沿袭下来。《礼记·王制》曰："司徒修六礼

---

① 《周礼·春官宗伯第三·叙官》。

以节民性，明七教以兴民德，齐八政以防淫，一道德以同俗，养耆老以致孝，恤孤独以逮不足，上贤以崇德，简不肖以绌恶。"据此可见，掌礼之官的任务重点还是在"节民性"、"兴民德"、"防淫"、"同俗"等全国性的教化事务方面，其手段主要还是依赖礼乐制度。

待到北周时期，三省六部制度渐趋成型，礼部作为六部之一主管吉、嘉、军、宾、凶五礼的功能被作为定制沿袭下来，明清时期下设四司，仪制清吏司，主管嘉、军礼及学务和科举考试。祠祭清吏司掌吉、凶礼。主客清吏司掌宾礼及外事接待。精膳清吏司负责筵飨廪饩牲牢等各种礼节性后勤保障。综观各部门职责，贯穿其中的主线依然是将礼作为国家规制中不可移易的一部分专司专责，体现了礼在政治、社会、文化等领域的全面渗透，以一种强制力成为指导人德性成长的规则性约束。至此，这种文本和制度相互依赖，相互统一的约束体系为儒家教化的展开——以礼化人提供了坚实的基础。

二 以礼化人到以礼立人的教化完成

沈文倬先生曾指出："在古代，'礼'字本有广狭二义：就广义说，凡政教刑法，朝章国典，一概称之为礼；就狭义说，则专指当时各级贵族（天子、诸侯、卿、大夫、士）经常举行的祀享、丧葬、朝觐、军旅、冠昏诸方面的典礼。"[①] 所以，从这层意义上来看，如果说儒家关于礼制规定的经学典籍为以礼约人打下了基础的话，那么，养成教育理念指导下的反复实践则为以礼化人提供了保障。在孔子、荀子等儒家先哲的意识中，礼具有为社会立法的作用，在约人基础上具备教化人心、人性的作用，此所谓以礼化人。之所以具备以礼化人之功效，原因在于礼本身就是一实践之学，如果缺乏实践，化人之效是无从发挥和着力的。

《说文·示部》称："礼，履也。所以事神致福也。从示，从豊，豊亦声。"《荀子·大略》也说："礼者，人之所履也。"段玉裁《说文解字注》承前人之意，音《周易》解称："《周易·序卦传》：'履，足所依也。'引申之，凡所依皆曰履。"根据"礼"之原意，可知礼的本质就在于实践，如果没有实践，那么，礼无以立，礼不立，则人不成，人不成则国不治。所以，从殷周之礼的制定，到孔子、荀子对礼的发扬和尊重，都

---

① 转引自陈戍国《中国礼制史·先秦卷》，湖南教育出版社2011年版，第6页。

显示出礼在安民教人、经国济世方面的重要意义。

首先，礼之化人在于化人之私欲、恶性，以防奸邪之心出，而毁有序社会之风教也。孔子重仁，以仁德为判断君子、贤人、圣人之最重要的标准。但是，仁德无法凭空而来，需要培养，那么途径之一就是遵礼而行。只有这样，才可以成就仁德之德。所以他特别强调"克己复礼为仁。一日克己复礼，天下归仁焉"。仁德的表现之一为孝，具备孝心孝行也是仁人的要求。为此，在孟懿子问孝之时，他将孝定义为"无违"，也就是"生，事之以礼；死，葬之以礼，祭之以礼"①。可见，礼之规约贯穿人的一生，在处理与父母关系问题上，只有循礼而行，方是为孝子，孝子之家的典型表现就是和谐，那么这个论证的内在理路就是人因为遵礼而为孝，因孝而成仁，因仁而家和，究其缘由，一切皆源于遵礼矣。除此之外，孔子就仁持权变态度，这是由于现实中个人与国家、伦理与政治两个层次常常出现冲突，面对冲突，他并不固守陈规，这种特点鲜明体现在他对管仲的判断上。《论语》中孔子对管仲的认识集中于《八佾》和《宪问》两篇。《八佾》篇中他说："管仲之器小哉！"依据朱熹理解，是说管仲"不知圣贤大学之道，故局量褊浅、规模卑狭，不能正身修德以致主于王道"②。由此导致其有僭越礼制之行为的发生，如"邦君树塞门，管氏亦树塞门"，邦君有反坫，管氏亦有反坫，他对诸侯之礼的僭越在孔子眼里是不对的。但在《宪问》篇中，孔子的态度发生了巨大转折，称赞管仲在齐国的贡献，说"桓公九合诸侯，不以兵车，管仲之力也。如其仁！如其仁！"为什么呢？是因为"管仲相桓公，霸诸侯，一匡天下，民到于今受其赐。微管仲，吾其披发左衽矣"。由此观之，孔子在此将个人与历史大势统一起来，与前面所说的不知礼并不矛盾，也就是说在推动社会文明进步问题上，管仲具备仁人之心，对社会进步有仁德之义，所以说，遵礼并不是死板的一块，必须活学活用，灵活掌握，否则礼就失去了礼的意义了。就像他强调的孝一样，他说"父母在，不远游"③，但紧接着说"游必有方"，那么这就说明一个问题，他认为对于礼的遵循确实不能固化，要有权变之宜，否则礼不是礼，仁孝之德也就无所体现了。

---

① 《论语·为政》。
② 朱熹：《四书章句集注》，中华书局2011年版，第66页。
③ 《论语·里仁》。

到了战国末期，荀子关于人性恶的假设愈发体现出以礼化人的必要性和重要性了。他说"礼以顺人心为本"①，为何强调一个"顺"字呢？究其缘由可从其《礼论》篇中关于礼之起源的问题谈起。荀子在《礼论》篇中说："礼起于何也？曰：人生而有欲，欲而不得，则不能无求，求而无度量分界，则不能不争。争则乱，乱则穷。先王恶其乱也，故制礼义以分之，以养人之欲，给人以求。使欲必不穷乎物，物必不屈于欲，两者相持而长，是礼之所起也。"荀子就礼的起源问题予以阐明，说明人之遵礼是人成为人的前提条件，否则就会因欲而争，因争而乱，因乱而穷。"养人之欲"是为调节秉性之说，如果不制礼仪，则无以凭借，如果不知礼仪，则无以养欲，欲不养则争，争则穷。可见从正反两方面来看待礼的重要性的确是为以礼化人提供了理论支持。为此，荀子认为："无礼，何以正身？"、"人无礼则不生，事无礼则不成，国家无礼则不宁。"② 作为修身之道，民众为此当循礼而行，知礼而为，只有当这种内在自觉建立之后，成贤成圣之德性崇高之目标才可期矣。于是他说："然而不法礼，不足礼，谓之无方之民；法礼，足礼，谓之有方之士。礼之中焉能思索，谓之能虑；礼之中焉能勿易，谓之能固。能虑，能固，加好之者焉，斯圣人矣。"③

其次，以礼约人之所以能够达到化人之效，推动良风美俗，是因为礼制规约在人的伦理规范、国家的政教活动等方面作出了详细规定，使人们在具体实践中有章可循。关于礼在治国理政方面的纲纪作用，古人多有认识和分析。《左传》中所谓"礼，经国家，定社稷，序民人，利后嗣者也"（隐公十一年），"礼，所以整民也"（庄公二十三年）；《国语·晋语四》里也有"夫礼，国之纪也"的论述。作为尊《春秋》大义的孔子，对于礼在经国济世方面的意义无疑是特别重视的，因此当他面对"季氏八佾舞于庭"这样的礼乐崩坏之现实的时候，才有"是可忍也，孰不可忍也"的言辞斥责。除此之外，礼之所以能化人，是因为在他看来尊礼之德与遵礼之行对人的德性、德行具有纠偏扶正的伦理规范功能，他说：

---

① 《荀子·大略》。
② 《荀子·修身》。
③ 《荀子·礼论》。

"恭而无礼则劳，慎而无礼则葸，勇而无力则乱，直而无礼则绞。"① 孟子继承了这些思想，指出礼在维护社会等级秩序方面的重要性，说："无礼义，则上下乱。"② 按照天人一体的观念，荀子对礼存在的重要性作了进一步发挥。他提倡隆礼重法，将礼在一定意义上提高到了法的地位，针对人性恶的现实，通过制定"礼"将欲望控制在某种原则之下，否则就会发生争夺。为此，他将"礼"作为与天地、日月、四季、江河等自然规律相符合与对应的一种存在，来确立"礼"的合法性和权威性，以让人明白依礼行事、依礼做人、依礼处世当是人道与天道相符合的一件事情。他说："天地以合，日月以明，四时以序，星辰以行，江河以流，万物以昌，好恶以节，喜怒以当，以为下则顺，以为上则明，万变不乱，贰之则丧也……天下从之者治，不从者乱；从之者安，不从者危；从之者存，不从者亡。"③

当然需要指出的是，从周公制礼到孔孟循礼，再到荀子隆礼重法，其中礼所侧重的规约性更多是从对人的德性、德行的精神世界的教化层面上探讨的。而到了汉代，董仲舒从确立大一统的封建帝制秩序出发，将"礼"由精神教化层面开始向政治教化层面转变，这种转变目的在于大一统的帝制等级秩序之和谐。为此，他在多篇文章中对礼的规约性作了强调。《天道施》篇中指出："利者，盗之本也，妄者，乱之始也，夫受乱之始，动盗之本，而欲民之静，不可得也。故君子非礼而不言，非礼而不动；好色而无礼则流，饮食而无礼则争，流争则乱。夫礼，体情而防乱者也，民之情不能制其欲，使之度礼，目视正色，耳听正声，口食正味，身行正道，非夺之情也，所以安其情也。"在此他承接荀子思想，认为礼能够"体情而防乱"，究其原因是因为礼属于"圣人之道"，所以他又在《度制》篇中论证道："圣人之道，众堤防之类也，谓之度制，谓之礼节。故贵贱有等，衣服有制，朝廷有位，乡党有序，则民有所让而民不敢争，所以一之也。"基于此的礼制规约盖缘于其功能的强大，董仲舒为此才将其拓展到衣裳服制这样的细小生活层面，以保证规约性的最大化，于是紧接着说道："凡衣裳之生也，为盖形暖身也，然而染五采、饰文章者，非

---

① 《论语·泰伯》。
② 《孟子·尽心下》。
③ 《荀子·礼论》。

以为益冗肤血气之情也,将以贵贵尊贤,而明别上下之伦,使教前行,使化易成,为治为之也。若去其度制,使人人从其欲,快其意,以逐无穷,是大乱人伦而靡斯财用也,失文采所遂生之意矣。"由此可见,自董仲舒开始,儒家教化的礼教方法论已经逐渐渗透到社会生活的各个层面,对其带有强制力的规约性认识也得到进一步肯定。

再次,在具备了以礼约人和以礼化人的基础上,"以礼立人"于是和"克己复礼"相联系起来,"克己复礼"也就超越了"礼"本身,而转化为儒家所希望的"人"的被树立,即"克己复礼为仁"之"仁"的弘扬。换言之,"立人"之"立"就是通过"约"和"化"的手段,将"立人"之"人"从德性与德行相统一角度归结为"仁"的道德的完善和仁人的成长。子曰:"兴于《诗》,立于礼,成于乐"[1],"不知礼,无以立也"[2],是从德性完善角度论说礼的功用。荀子所谓"礼之于正国家也,如权衡之于轻重也,如绳墨之于曲直也。故人无礼不生,事无礼不成,国家无礼不宁。君臣不得不尊,父子不得不亲,兄弟不得不顺,夫妇不得不欢。少者以长,老者以养。故天地生之,圣人成之"[3],则是从社会秩序的稳定角度来论说人必须遵礼而行。到了张载那里,作为一种总结性的创发,他更将礼在不同层面的功能予以进一步发挥,以证明礼对人的成长和对社会的重要性。据有学者分析,张载将礼学的结构功能分成三个层面,第一个层面是"成德践行之礼","关注的是主体自身气质和行为的转变,以成就德性,于是按礼行动在本质上便成为自我教育的过程"。第二个层面是"社会教化之礼",主要是围绕乡村生活尤其是家族生活中的冠、昏、丧、祭等常行礼仪,以发挥礼在"维系和调节宗法关系的作用",按此由小到大的逻辑,张载于是将"养民治国之礼"作为礼学结构功能的第三个层面,指出礼的政治功能在于"嘉天下之会",即"以礼会通天下,建构和谐社会"。所以说,张载礼学在总结和继承前人基础上的总体内涵就是:礼"既是个体行为的自我约束机制,也是社群关系的调节机制,又是国家政治的运行机制"[4]。由此可见,当人的身心关系、人

---

[1] 《论语·泰伯》。
[2] 《论语·尧曰》。
[3] 《荀子·大略》。
[4] 林乐昌:《张载礼学论纲》,《哲学研究》2007年第12期。

我关系以及个人与国家关系都被规约在"礼"的指导下之后,三层关系的相对方的权利、义务、责任得以各自明晰,所谓"礼教备,养道足,而后刑可行,政可明,明而不疑"[①]的大同社会的轮廓亦就显现出来了。

综上所述,礼教作为儒家教化的一个重要方法,既有外在的规约性,也有内涵的强制力,无论是前后相继的礼教论著,还是被历代儒者积极践行的礼教规制,无论是对人的德性要求,还是对人在社会、国家与自然等大环境中的定位,其总的理念就是让人找到适合自己的位置,清楚认识到自己应该承担的责任,履行好自己应该承担的义务。这种自我规约、自我教化是儒家内圣之学的主要表现,与儒家修己安人之核心与目标一脉相承。对礼的认可与践行,是中国古代封建社会的人在成长过程中必不可少的集外在实践与内在精神陶冶于一体的心性修养过程,是儒家礼乐政刑教化方法论中最为重要的一个组成部分。用学界已有的观点来认定礼之教化的本质就是:"'礼'既是道德范畴,又是伦理范畴,作为道德范畴,'礼'以'仁'为存在的根据。"在其更多以伦理原则呈现的面相当中,"道德之'仁'与伦理之'礼'是一种表里体用关系",是"以人为中心,以道德之'仁'为形上本体的道德人文主义精神"的体现。[②]

第二节 乐教:致中和

儒家乐教作为教化实践的一个重要方面,总是与礼教相并而提,可见其在教化系统中的重要性。究其原因,盖因乐致中和的功能而使其成为化性起伪,导民向善的重要凭借。进一步说,音乐之所以在教化实践中被依靠,是因为"乐从和",是因为"儒家对乐的本质要求。儒家常讲'致中和','和'与'中'密不可分。'和'即个体心境平静详和,'中'即社会管理均衡适度。音乐通过实现个体之'和',进而实现社会之'中'"[③]。换言之,儒家乐教是基于对乐的本质认识而着重发挥了其对人、对社会的有益性,从而使人对自己、对他人及其对所生活环境的一种和合思考与适应,并进一步将此思维应用于社会管理与生产生活实践中

---

① 张载:《张载集》,中华书局1978年版,第214页。
② 吴光:《人本礼用——儒家人学的核心观念》,《文史哲》1999年第3期。
③ 杨赛、洪艳:《乐从和》,《人民音乐》2007年第7期。

去，从而实现了与儒家中庸思想内在一致的生活智慧。

一　乐致中和的内在逻辑

中和思想在儒家那里被称为乐之纲纪。《礼记·乐记》所言"故乐者，天地之命，中和之纪"即为明证。那么乐为何在儒家眼中具有致中致和的功能呢？究其原因在于儒家将乐的本质看作通伦理、善民心、与天地同和的一种客观的和谐存在。乐质为和，中和相通、由通而善、由善而和的内在逻辑构成了儒家乐致中和的完整乐教理论。

乐质为和。所谓乐质为和是指儒家将乐的本质看作是"和"的演绎，"和"作为乐的本质，是乐在人心、人性的精神层面与生产生活的社会层面具有调谐功能的根本原因。《尚书·虞夏书》记载舜帝命令夔以乐教胄子的事迹。在舜帝看来，以乐教胄子，可使他们"直而温，宽而栗，刚而无虐，简而无傲。诗言志，歌永言，声依永，律和声。八音克谐，无相夺伦，神人以和"。而在夔看来，其作用似乎不止于此，他还认为通过"击石拊石"等融舞蹈、音乐为一体的教法直可使"百兽率舞"。可见，在上古圣王眼中，集歌舞、音乐、诗歌为一体的"乐"在教人劝化实践中具备涵养心性、培养美德的能力，最终可以实现人神以和的作用就已经被发现和重视了。为什么乐具备这种能力呢？原因在于乐是天、地、人内在和合的表现。儒家充分阐释和发挥了这一思想。将乐与天地、自然、五行、人事相副演绎是儒家讨论乐质为和的出发点。"宫为君，商为臣，角为民，徵为事，羽为物。五者不乱，则无怗懘之音矣。宫乱则荒，其君骄。商乱则陂，其官坏。角乱则忧，其民怨。徵乱则衰，其事勤。羽乱则危，其材匮。五者皆乱，迭相陵，谓之慢；如此，则国之灭亡无日矣。"[①]儒家在此将五声与君、臣等人事相副论说，旨在说明乐的和谐美好的原因是因为君、臣、民、事、物各自不乱而带来的和谐。反之，如果这些平衡关系被破坏，那么乐也就会呈现"怗懘之音"。这种乐与人事的相通、相连的论证，既为乐教带来了合法性，也体现出了乐教的本质。司马迁在《史记·乐书第二》中也将"五声"与"五德"相对应，在他看来，"闻宫音使人温舒而广大；闻商音，使人方正而好义；闻角音，使人恻隐而爱人；闻徵音，使人乐善而好施；闻羽音，使人整齐而好礼"。他所描述的

[①]《礼记·乐记》。

这五种德行中都蕴含着儒家仁爱、信义、礼智等品德于其中。上述《乐记》的由德到乐，《乐书》的由乐到德，一正一反两个理路都说明乐与人的德性是相通一体的存在，所以，体现"和"之本质的雅乐以应天教人的形式出现是合理的，这也就是乐能够进行人之道德教化的内在逻辑。

中和相通。中庸之德作为儒家提倡的为人处世原则，一直以来对人的各种关系处理具有原则性的指导意义。《说文解字》对中的解释是"中者，别于外之辞也，别于偏之辞也，亦合宜之辞也"。"中，正也。"自此可以看出中的一个基本义就是"合宜"。"合宜"一词是用来界定事物相互间关系的，所谓"正"是说这种关系不走极端，相互间融洽而和谐，于是《礼记·中庸》就说："喜怒哀乐之未发，谓之中；发而皆中节，谓之和。中也者，天下之大本也；和也者，天下之达道也。致中和，天地位焉，万物育焉。"、"中"作为对事物位置的确定，是万事万物和谐的前提，"和"是"中"的结果，也是"中"的目的。万物如此，儒家为此倡导人之德性修养亦当如此，孔子据此认为君子之德当是"君子中庸，小人反中庸"。即为人处事务必恪守中道、不偏不倚，追求恰到好处的境界，以求有所作为，如果无法达到这样的修为，可能会"过犹不及"。在内修中庸之德的基础上，儒家将视野和目标放在了他们一贯重视的为政之道方面，以将中庸之德的价值最大化——"协和万邦"。

子张请教孔子"何如斯可以从政矣"的时候，孔子认为诸如"惠而不费，劳而不怨，欲而不贪，泰而不骄，威而不猛"之类的君子品德恰好就是从政的前提条件，此五美之德其实就是中庸之德的具体表现，儒家为政强调"执其两端，用其中于民"，这种艺术处理"淡而不厌，简而文，温而理，知远之近，知风之自，知微之显"，从而达到"不赏而民劝，不怒而民威于鈇钺"的教化效果。这种理念自上古三代时期就已经被确定为治国理政的原则之一。在《尚书·大禹谟》中，舜要求皋陶以中治国，称："期于予治，刑期于无刑，民协于中，时乃功，懋哉。"荀子也说："临事接民而以义，变应宽裕而多容，恭敬以先之，政之始也；然后中和察断以辅之，政之隆也；然后进退诛赏之，政之终也。"[①] 司马迁也在《史记》中记述帝喾的执政方略是若水之灌溉，"执中而获天下，

---

① 《荀子·致士》。

日月所照,风雨所致,莫不从顺"①。至此,儒家眼中的中庸之德已经成为国之宝器,就像《大戴礼记》记载孔子所言的那样:"立妃设如太庙然,乃中治;中治,不相陵;不相陵,斯庶嫔违;违,则事上静;静,斯洁信在中。朝大夫必慎以恭;出会谋事,必敬以慎言;长幼小大,必中度,此国家之所以崇也。"② 在一个安定和谐的社会中,万物皆和,和作为中的一个结果,在此得到了张扬,根本原因在于采用中庸之道,因为中庸之道具备应天理、顺人意的特质,从而使万物致和也。但是,这里的"和"并不是完全同一,盖因其从"中"而来的缘故,它是一种矛盾均衡的状态,序的意义在此即可以表现为对立性的统一,也可以表现为动态性的平衡。"君子和而不同,小人同而不和"③,讲的是对立统一,"如乐之和,无所不谐"④,则强调动态性的平衡。由此可见,中与和在治国理政特别是教化实践中的合而为一,为教化方法开拓了新的方向,成就人之性善与政之性善于是成为乐教必须承担的责任了。乐作为一种有序的表达,因中致和,作为与天地万物相符合运行的有序性存在,诚如前文所言,乐质为和,而在中、和相通情况下,国之善政可期,人之善性可成,于是乐致中和的教化意义便被凸显出来。论说至此,我们也就明白了儒家为何要将雅乐作为教化方法的根本原因了。

二 乐致中和的教化意义

上文已经了解了儒家乐教之所以具备导民向善的功能,盖在于乐的本质特征决定其具备教化功能,人们在应用其过程中,充分发挥了其"致中和"的特长,从而使人的德性在期望的层面获得成长。总起来说,儒家使用乐教的意义,一方面有利于人的自我身心和谐,另一方面也有利于社会及家国层面的和谐。

身心和谐是人德性成长和德行一致的前提条件,如果人始终处在焦虑与不安的精神状态下,那么无从谈起自我的德性培养。乐教方法从根本上为保持人具有一个和谐平衡的心理状态提供了保障。在儒家看来,心性与

---

① 司马迁:《史记·五帝本纪第一》,岳麓书社2012年版,第4页。
② 《大戴礼记·千乘》。
③ 《论语·子路》。
④ 《左传·襄公十一年》。

乐内在相通，"夫乐者，乐也，人情之所不能免也。乐必发于声音，形于动静，人之道也。声音、动静、性术之变，尽于此矣。故人不耐无乐，乐不耐无形；形而不为道，不耐无乱。先王耻其乱，故制《雅》、《颂》之声以道之，使其声足乐而不流，使其文足论而不息，使其曲直、繁（瘠）（省）、廉肉、节奏足以感动人之善心而已矣，不使放心邪气得接焉"。乐的导向功能表现为使"声足乐而不流"，"文足论而不息"，"曲直、繁（瘠）（省）、廉肉、节奏足以感动人之善心"，所以，如果人们接受雅乐的熏陶，"志意得广焉；执其干戚，习其俯仰诎伸，容貌得庄焉；行其缀兆，要其节奏，行列得正焉，进退得齐焉"①。有此根据，人们就可以制作雅乐来引导教化人的精神世界，以期达到和谐身心、培育德性的目的。孔子推崇乐教，在齐国听到《韶》乐，达到"三月不知肉味"的痴迷程度，对于精通音律的他来说，"与人歌而善，必使反之，而后和之"②。在他看来，习乐不单是通晓音律的技术工作，更是提升自己道德修养的途径之一，这就有了他为什么学鼓琴师襄子，不但"习其曲"、"得其数"，更要"得其志"、"得其为人也"的根本原因。由此也就可以理解，即使他游学途中身处困境，困厄于陈、蔡之间，仍然可以"弦歌不衰"的原因了。反过来看他心性的这种自我精进之路，与他所说的"志于道，据于德，依于仁，游于艺"的主张是一脉相承的。也就是说，人以乐为德性进步的途径是可行的，孔子能在危难之间具备"讲诵弦歌不衰"的勇气、胸怀、镇静等素养，与其平时接受的乐教是有关系的。"乐从和"的本质，能帮助他在危难之间处理好内在的紧张情绪，从而有助于摆脱困境。这也就是《乐记》中为什么说"礼乐不可斯须去身"，如同生活常用之"粟米布帛，不可须臾离也"的原因吧。

由人的身心和谐到家国、社会之间的和谐是乐教追求的价值之一。所以，乐教作为儒家教化方法，与礼教、政教和刑教的主旨是相通的。《乐记》明确指出，乐在调整人事、万物和社会及自然关系中的作用是显著的，"乐在宗庙之中，君臣上下同听之，则莫不和敬；在族长乡里之中，长幼同听之，则莫不和顺；在闺门之内，父子兄弟同听之，则莫不和亲。故乐者，审一以定和，比物以饰节，节奏合以成文，所以合和父子君臣、

---

① 《礼记·乐记》。
② 《论语·述而》。

附亲万民也"。在这里，贯穿"君臣和敬"、"长幼和顺"、"父子兄弟和亲"的一条红线就是"和"，于是，"乐从和"的特质在这里被最大化，因为乐的教化，而使人们之间的伦理关系呈现出平衡与和谐。在宗法血缘长子继承制的封建社会，家国一体是这种社会的重要特征，所以君臣、父子、长幼之基本关系的化育正是儒家所期望的大同治世的一个重要表现和判断标准。所以，从个人的内在德性出发，"乐所以修内也"，到"安上治民，莫善于礼，移风易俗，莫善于乐"的政治追求，内在德性修养的高尚与否，最终是以各种伦理关系是否得到遵守为准的，而政治伦理关系被确定和遵守又是其最为重要的部分。司马迁为此还将五声与五脏、五德相对应来说明天、地、人、乐的统一性，以表明社会秩序稳定如人之身安、神静一样重要。他说："故音乐者，所以动荡血脉，通流精神而和正心也。故宫动脾而和正圣，商动肺而和正义，角动肝而和正仁，徵动心而和正礼，羽动肾而和正智。故乐所以内辅正心而外异贵贱也；上以事宗庙，下以变化黎庶也。琴长八尺一寸，正度也。弦大者为宫，而居中央，君也。商张右傍，其余大小相次，不失其次序，则君臣之位正矣。"①

  乐以致和的最高境界除了表现在人与人之间以及家国、社会的和谐、和顺之外，追求"百物皆化"意境下"天地位焉，万物育焉"的天人阴阳之和才是最根本的追求。"圣人作乐以应天，制礼以配地。礼乐明备，天地官矣。"在这样的和谐社会中，"万物并育而不相害，道并行而不悖"，天地人各安其位，各守其责，各遵其道，和合共生，生机盎然。最后需要特别指出，乐教在儒家将其作为教化方法论看待的时候，总是与礼教相配合而使用，礼乐一体，礼强调"别"，乐追求"同"，但无论是"别"还是"同"，都是事物各安其位的一种表现，可以不准确地说："别"是"同"的前提，"同"是"别"的结果，没有"别"，无从"同"，而"中"作为"别"的一个表现形式，恰好是与"同"相得益彰的存在。所以说，礼乐教化实践使中国在人心性修养，中国人处理人我关系、个人与家国关系、人与自然关系的时候，特别看重和中有序，序中有和，只有序与和的辩证统一，才有天地人的和合相处。

  综上所述，乐教作为教民向善的方法之一，其"和"的本质因为与儒家倡导的中庸之道相通而使其教化意义更加鲜明。作为价值观和方法论

---

① 司马迁：《史记·乐书第二》，岳麓书社2012年版，第33页。

的有机统一，"'和'是价值观，表征的是事物存在的最佳状态，他所具有的和谐、协调、平衡、秩序、协同、和合的性质体现了中华民族根本的价值取向和追求。'中'是方法论，表征的是事物存在和发展的最佳结构、最佳关系和人的行为的最佳方式，进而成为中华民族构建和调节主客体关系的最一般方法论原则"[1]。由乐来调谐人性、调谐人我关系、人物关系，是在遵循乐的本质规律基础上而产生的一个开拓性思路，这个思路与礼之教化相配合而成就了礼乐教化，中华民族由此而在精神文明领域获得了长足发展。

第三节 政教：正己正人

围绕"内圣外王"的教化之道，治国理政方面的"内圣"该如何体现，儒家教化为此侧重于强调为政者的榜样作用，积极入世的儒家为此将道德榜样定位于奉天命治理天下的天子、皇族及围绕其身边而出仕为政的官员士大夫群体，意图通过对统治阶级的德性教化实现天下大化。换言之，儒家教化之政教方法侧重为政在人，而人之本在德，在正己的基础上正人，追求的就是一条德高而国治，国治而万物自化的理想路径。总体来说，儒家政教遵循"内圣外王"总路径，坚持正己正人、尊礼守度的总原则，追求成己成物治世目标，意图通过使民以时以求富，乐民取信以求安，安民教化以求和等方式方法来实现儒家圣贤所教导和期望的圣人理想。

一 政教目的：己修民安的圣人治世

儒家政教的目的就是期望建立一个人人有德性、万民享太平的圣人治世，在这里为政者具有良好的道德素养，在治国理政能做到以民为本，为天下谋幸福，为万民谋福祉。

儒家政教的代表性著作非《论语》莫属，该书记载了大量孔子与众弟子及各国国君关于为政问题的对话，孔子均给出了非常好的回答。这些回答显示了孔子一贯主张的克己修德的为人标准和重民安民的治世理想，

---

[1] 杨明、吴翠丽：《中国传统文化中的"中和"思想及其现代价值》，《南京社会科学》2006年第2期。

充分体现了儒家修齐治国平天下的根本目的。

在道德修养层面，孔子强调一致性，即无论国君、大臣还是普通百姓，儒家都要求为政者必须注重自我修为和良知良能，否则无法论政、无从论政，若想实现治世，须要人人修德为上。"帝臣不蔽，简在帝心。朕躬有罪，无以万方；万方有罪，罪在朕躬……虽有周亲，不如仁人。百姓有过，在予一人。"《论语》在此援引"尧、舜咨命之言"，"汤、武誓师之意"，其自责罪己的言辞表明一国之君应该勇于担当引领国家和社会发展进步的责任，如果出现问题，首先需要从自己身上找原因，不能敷衍塞责，唯此，方能"兴灭国，继绝世，举逸民，天下之民归心焉"[①]。

孔子弟子多入仕，作为辅佐之臣，德行良厚是为政关键。"子曰：为政以德，譬如北辰，居其所而众星共之。"[②] 孔子在此将道德修养以北极星为喻，从而赋予人的品行修为以力量，意在告诫为国为政的首要之义在于人的道德修为，只有以此为前提，才能做到民心归附，天下大治。朱熹在《四书章句集注》中援引范氏的论点评价称："为政以德，则不动而化、不言而信、无为而成。所守者至简而能御繁，所处者至静而能制动，所务者至寡而能服众。"鲜明的例子还体现在"季氏将伐颛臾"一事中。在孔子看来，冉有、子路当知治国之要在于"不患寡而患不均，不患贫而患不安"，为此，在"远人不服"的情况下，"当修文德以来之"，且要使其安，由此邦国方可定，人心方可齐。然而两弟子囿于季康子"不正"的环境中而不自省，是以受到老师的斥责。套用现代理论来说，孔子用"软实力"来批评弟子不知道远近轻重，不分是非敌友，不考虑邦国存续之道。至此，对于为政、为国而言，道德修为在儒家教化理论中的重要性非同一般了。

道德修养层面的要求与儒家始终坚持的人性皆善的观点不谋而合。"子曰：仁远乎哉？我欲仁，斯仁至矣。"[③] 在儒家看来，仁心为内心之德，"为仁由己，欲之则至，何远之有"？[④] 人品生而无高下优劣之分，高低贵贱皆可为圣，德性修养全凭个人修为和道德自觉，而不是外在的影

---

① 《论语·尧曰》。
② 《论语·为政》。
③ 《论语·述而》。
④ 同上。

响。只有具备优良品德，才能有资格为君、为臣，参与到国家治理活动中去，否则会出现"人而不仁，如礼何？人而不仁，如乐何"的失序格局。易言之，如果统治者失去了最基本的道德修养而不能自制，纵有礼乐制度加以规范也是无法挽回的。程子所谓"仁者天下之正理。失正理，则无序而不和"[1]，即是强调德行自制对于社会秩序和国家稳定的重要性。

当然，孔子及其门人以仁为本位，以贤人治世为目的的探索并不仅止于此，根据地位、才智之别，《论语》对政教的分析亦有一番新意。针对不同人的"为政"求教，孔子从实际出发，教给他们为政之"道"，亦即不同的方法和措施。如果说以"仁心"为治国之道的"道"是总原则的话，那么，此处的为政之"道"则更多偏重于为政之术。没有这些术的支撑，仁心之为政大道是无从体现的。这些为政之术的共同规律是以万民百姓为本，"内圣外王"、"仁爱万民"的逻辑理路在其中清晰可见。

由孔子所主张的政教方法和理念大多为后代君王和儒家士大夫奉为圭臬，并应用于治国实践。最主要的标志就是历代具有开拓创新之功的帝王将具备高尚道德品行的士人予以重用，形成了中国官僚体系中特有的贤人政治风格。虽然因为各种原因无法避免一些昏聩官吏的产生，但儒家政教的理想一直没有中断。如汉武帝发展太学，建立中央和地方教育系统，意在培养贤能之人以有益于国家和社会。由其开创的察举制从一开始就规定"德行高妙，志节贞白"者、"学通行修，经中博士"者、"明晓法令，足以决疑"者、"刚毅多略，遭事不惑"者才有资格入选。[2] 从中我们发现，当今我国德、能、勤、绩、廉的为官要求早在汉武帝时候就已经被明确。中国历史上著名的"贞观之治"之所以形成，也是因为唐太宗李世民秉承儒家政教理念和方法，知人善任，重用贤能。他在《金镜》中称："乱，未尝不任不肖；治，未尝不任忠贤。任忠贤，则享天下之福；用不肖，则受天下之祸。"、"能安天下者，惟在用得贤才。"[3] 在他眼中，用人贤能与否直接关系到国家的安危治乱，所以说"为政之要，惟在得才，

---

[1] 《论语·八佾》。

[2] 杜佑：《通典·选举典》，中华书局1988年版，第311页。

[3] 《贞观政要·择官》。

用非其人，必难致理"①。孔子的政教方法和思想也同样影响到少数民族政权的治理实践中。康熙皇帝特别重视官吏的德性德行，在其掌握实权以后，积极提倡学习儒家思想，不分民族，重用贤能之人，将政教理念和方法用在官僚队伍的建设上。一代廉吏于成龙、收复台湾的姚启圣等汉族官员，就是在他"贤才不择地而生，十室之邑必有忠信"② 理念指导下提拔重用的。以上事实证明，类似于汉武帝、唐太宗、康熙帝等封建帝王，之所以能够缔造出历史辉煌，重要原因是在政治实践中积极运用政教理念和方法，培养了一支具备高尚德行的官吏队伍，他们以儒家圣贤政治为总目标，通过提升和培养自己的道德素养，在修齐治平的实践中将自己培养和塑造成为社会与民众的榜样，从而去实现理想中的太平盛世。

二 以民为本的政教方法论实践

范文澜先生曾经认为"儒学最根本的政治思想是德治（王道）。能行德治的人才能受天命为天子。天与民同心，天命是民心的反映。国君失民心就失天命而败亡，得民心就受天命而兴起"③。所以，为寻求统治的合法性，必须"敬天保民"。至于如何"敬天保民"，儒家通过使民以时以求富、乐民取信以求安、安民教化以求和的具体方法，建构了一套完整的政教实践理路。

使民以时以求富。物质生产在人类社会生产过程中具有决定作用。先天自然条件的优越决定了中国走上了迥异于西方海洋扩张之路的农业生产之路。儒家深谙以农立国之道，农业生产的基本特点就是顺天时、求地利，以农为本是爱民、为民理念的基本表现。《礼记·王制》言："用民之力，岁不过三日。"、"凡居民，量地以制邑，度地以居民，地邑民居，必参相得也。无旷土，无游民，食节事时，民咸安其居，乐事劝功，尊君亲上，然后兴学。"可见，儒家对于民众福祉与土地关系的认识是非常充分的，如果失去对土地的基本掌握，那么，民众的生产生活必然会受非常大的影响，作为构建太平盛世的一项基础性工作，没有什么再比给予民众

---

① 《贞观政要·崇儒学》。
② 《清圣祖实录》卷一百五十二。
③ 范文澜：《儒家谈德治》，转引自王曰美《儒家政治思想研究》，中华书局2003年版，第233页。

足够的劳作时间更重要的了。"子曰：道千乘之国：敬事而信，节用而爱人，使民以时。"① 朱熹认为"时，谓农隙之时"②。换言之，统治者对于民力的使用必须遵循季节时令，不能违背自然规律，肆意侵夺民力会荒废农业生产，只有"足食"为先，才能取信于民，否则如果都像鲁哀公那样"年饥，用不足，若之何？"而意欲更多地侵夺百姓利益的话，那么儒家只能用"百姓足，君孰与不足？百姓不足，君孰与足？"③ 来批评他的无道了。此所谓"民富，则君不至独贫；民贫，则君不能独富"④。一味靠搜刮民脂民膏来满足私欲，必将"上下困矣"。同样的道理也出现在孔子和冉有的对话中。"子适卫，冉有仆。子曰：'庶矣哉！'冉有曰：'既庶矣，又何加焉？'曰：'富之。'曰：'既富矣，又何加焉？'曰：'教之。'"此段对话可以看做儒家教化重民、富民的典型表现。民众最关键的生产资料是土地，"庶而不富，则民生不遂，故制田里，薄赋敛以富之"⑤。如此，方能"近者说，远者来"。

使民以时以求富的政教传统均被后代统治阶级继承和发扬光大，典型代表莫过于皇家帝室及各级地方政府官员，他们严格按照时令节岁进行一系列的农耕示范，以表明对国家本业的重视，而且这种仪式与礼乐教化相结合，成为指导民众生产生活实践的标志性教化活动。《礼记》载："立春之日，天子亲帅三公、九卿、诸侯、大夫，以迎春于东郊……命相布德和令，行庆施惠，下及兆民"，不仅如此，天子也要在此期间"亲载耒耜"，"躬耕帝籍"，试图以此活动导民向化，以实现"田事既饬，先定准直，农乃不惑"⑥。由此可见，在这样一种迎春祭祀活动中，既有对天地的尊奉，也有自身的示范，还有内含于其中的仁德之义。此种天子亲耕、皇后亲蚕的传统发展到东汉时期成为定制，《续汉书·礼仪志上》记载称："正月始耕。昼漏上水初纳，执事告祠先农，已享。耕时，有司请行事，就耕位，天子、三公、九卿、诸侯、百官以次耕。力田种各耰讫，有司告事毕。是月令曰：郡国守相皆劝民始耕，如仪。诸行出入皆鸣钟，皆

---

① 《论语·学而》。
② 朱熹：《四书章句集注》，中华书局2011年版，第51页。
③ 《论语·颜渊》。
④ 同上。
⑤ 《论语·子路》。
⑥ 《礼记·月令》。

作乐。其有灾眚，有他故，若请雨、止雨，皆不鸣钟，不作乐……是月（四月），皇后公卿诸侯夫人蚕。祠先蚕，礼以少牢。"① 我们从中发现，皇室在年初实施的农耕礼仪带有鲜明的教化色彩，一方面表明自身的民本态度，一方面让民众认识到农业生产的重要性。这种思想的影响对于入主中原的少数民族而言同样深刻。元代从忽必烈开始，都认识到"国以民为本，民以衣食为本，衣食以农桑为本"的内在逻辑关系和意义②，于是历代皇帝都重视农业生产对国家统治的重要性，颁布、颁行了一系列关于农业生产方面的诰令法律及指导性用书。仅《农桑辑要》一书，自至元十年（1273 年）编辑成书以后，至元顺帝时，已经发行到 2 万部左右，此书每年以数百部的数量增长，可见国家对农业生产的重视。

乐民取信以求安。儒家为民、重民以乐民，民乐而民安是一以贯之的理路。"子曰：道千乘之国，敬事而信"③，表明儒家将躬亲实践取信于民放在政教之首，可见取信于民对善治的重要性。同时，《论语》中时常提到先王之治，表达他们对上古政治清明的羡慕之情，并由此希望当世者能够学习效仿。"舜有五人而天下治。"此五人何者？他们分别是禹、稷、契、皋陶、伯益等明君贤臣。大禹治水三过家门而不入，是以万民皆服；皋陶掌刑法，明典狱，"惟明克允"，天下咸平；伯益辅佐大禹治理洪水，教民种植稻谷，促进农业生产，百姓历代传诵其贤德。儒家对这些明君贤臣的赞美表明他们的基本政治观点，即这些圣贤一心为民，而使百姓安居乐业，从而获得了他们的信任进而为国家长治久安提供了保证。子贡问政于孔子，称需要"足食、足兵、民信之矣"。倘若"必不得已而去，于是三者何先"，孔子答曰先要"去兵"，其次"去食"，然"自古皆有死，民无信不立"，故万不可去也。朱熹认为，"民无食必死，然死者人之所必不免无信则虽生而无以自立，不若死之为安。故宁死而不失信于民，使民亦宁死而不失信于我也"。"为政者，当身率其民而以死守之，不以危急而可弃也。"④ 儒家提倡的乐民取信以求民安之道在此彰显无遗，这种

---

① 转引自王柏中《试论传统祭祀的社会功能——以两汉国家祭祀为例》，《社会科学战线》2005 年第 5 期。

② 《元史·食货志》。

③ 《论语·学而》。

④ 《论语·颜渊》。

为政观念是其一贯主张的君子修为在治国理政方面的自然延伸,因为君子不仅是"修己以敬"、"修己以安人"之人,更是"修己以安百姓"之人,唯天下有道,庶人方可不议,天下大安、万世和合方可期。孟子后来接续了孔子的这一思想,告诫统治者为避免落入"独夫"的困境,必须"与人乐乐"、"与众乐乐"、"与民同乐"。

安民教化以求和。民富方可安,民安方可教,民教方可和,是以天下皆归礼乐,治世可成。礼乐教化之道是儒家培养君子贤人的主要途径,同时也是统治者化风归俗的主要手段。儒家特别重视在政治实践中通过礼、乐、诗、书来达到教化万民的目的。"子曰:兴于诗,立于礼,成于乐。"① 简简单单9个字,概括了诗、礼、乐教育的社会功能。朱熹认为按此规律学习,起初可以帮助人们"兴起其好善恶恶之心",然后能"卓然自立,而不为事物之所摇夺",最终"至于义精仁熟,而自和顺于道德者"。② 合德者自立于天地,自和于诸人,并以此影响和感染周围的人,如果这种教化方法能普遍推行开来,和谐社会建设亦当可期。

"曾子曰:慎终追远,民德归厚矣。"③ 言下之意是说对于逝者的祭奠和追思必须尽其礼数,最大可能显示诚意,在"礼制"和诚心方面不可有一丝马虎和不敬,只有做出这样的表率,才有助于养成民间道德风尚。同理,"子曰:道之以政,齐之以刑,民免而无耻;道之以德,齐之以礼,有耻且格"④。两种治国方式会得到两种不同的结果。"齐之以刑"会出现不敢为恶的结果,但为恶之心或许未曾减少,在一定条件下会适时爆发出来;"齐之以礼"这种以德为本构建起来的礼法规制可使民心归厚,培养起来的知耻之心可以远恶、制恶。在儒家看来,倘若如此,天下大安何所不至呢?

当然,在孔子看来,如果仅仅教导百姓以礼乐规制是无法达到天下咸宁的,除了教会人民知礼厚德之外,还需要教他们学会保护自己,否则安身立命尚且不保,如何谈道德教化呢。所以,"以不教民之战,是谓弃

---

① 《论语·泰伯》。
② 朱熹:《四书章句集注》,中华书局2011年版,第100—101页。
③ 《论语·学而》。
④ 《论语·为政》。

之"①。孔子在此告诫统治者,除了培养人民的孝、悌、忠、信之德外,还需讲授务农习武之法,否则面对敌人的坚甲利兵,极有可能面临败亡之祸,如果欠缺此一方面的训练,那么与爱民、重民、安民之意相去甚远,则是自己坚决反对的。

由此可见,儒家以民为本的政教方法论实践作为一个综合性系统,其中既有对民众生产生活实践的指导,也有对民众精神生产和发展的指导与规约。儒家教化思想中的政治活动是以为政者高尚道德素养为基础的、以求真求善的方式去努力追求治世理想的综合性实践活动。此种政治实践所开创的政治文明,"其主旨即是要以道德来统摄、引导和转化政治,使得政治主体符合道德的要求,政治行为符合道德的规范,从而指向一个最高的'道'的原则。'道德的政治'实质上就是政治的道德化运作,即在道德追求中蕴涵了政治的目标,并积极按照道德原则来调节政治关系,从而由'内圣'开出'外王'"②。

三 正己正人、尊礼守度的政教原则

儒家政治活动中主张的教化之道之所以能在中国历史上起到引导作用,原因在于其不但有仁义之基、为民之道,同时也与其所提倡的正己正人、尊礼守度原则有着密切关系。

正己正人是政教能否顺利实行的关键。如前文所述,正己是自我道德修为的一部分,若在此一方面不达标,民众不服,甚至心生怨气,政教就无从谈起。《论语》有载:"季康子问政于孔子。孔子对曰:'政者,正也。子帅以正,孰敢不正?'"朱熹就此引用范氏的解读称:"未有己不正而能正人者",其意在说明统治者自身修为的带动和榜样作用。他同时也引胡氏的观点分析认为,孔子的原意是要求季康子必须"以正自克,而改三家之故",可惜季康子沉溺于利欲之中而不能自拔,不能自知,国乱邦坏就是显然的了。③据此可见,儒家眼中的为政者必须以圣王先贤为标准要求自己,既要学习尧的"钦明文思安安,允恭克让"、"克明俊德"

---

① 《论语·子路》。
② 陈宗章:《"道德的政治"抑或"政治的道德"——先秦儒家"教化"思想的本质辨析》,《河南师范大学学报》(哲学社会科学版)2011年第11期。
③ 朱熹:《四书章句集注》,中华书局2011年版,第130页。

的德行，也要领会舜的大孝至爱，虽百折而不悔的诚意，"百姓昭明，协和万邦"应该是为政者为国理政的目的，否则无从谈起国家的安定和百姓的福祉。

发展到汉代，董仲舒继承了孔子正己正人之道。他说："为人君者，正心以正朝廷，正朝廷以正百官，正百官以正万民，正万民以正四方，四方正，远近莫敢不壹于正。"① 这正是对孔子"子帅以正孰敢不正"思想的继承和发挥，也是对《大学》中关于"正心"、"修身"、"齐家"、"治国"、"平天下"思想的具体化。在儒家眼中，正己正人并不仅仅只是对天子的规约，在后代政治实践中更多转移到出仕的儒家士大夫群体身上。儒家教化的主体是一个庞大的存在，具体到政治治理方面，不仅要求君主要把自己塑造成为天下的榜样，更要求代理天子行教四方的官僚士大夫严格要求自身，这是引导地方广大民众走向文明的必要条件。

至于尊礼守度原则，可以说是儒家政教方法论实践的一种艺术把握。"中者天下之正道，庸者天下之定理"，②《论语》诸篇即多处体现了儒家尊礼守度的行事原则，这是治国理政的"君子"们做好一切事务的保证。

"有子曰：礼之用，和为贵……有所不行，知和而和，不以礼节之，亦不可行也。"③ 礼为人事仪则，和为从容不迫之意。此处讲礼法虽严，但均是自然之理的流淌，适用人事仪则方从容不迫，可见其中和谐之美。但如果生搬硬套，一味追求为和而和，则有所偏颇，可能出现不遵礼节的肆意妄为，这是儒家所不允许的，礼也会失去其本真的意义。此处着重强调尊礼致用的辩证法，也就是"守度"的问题。古代圣王明君，以礼治身，而又能推己及人、及天下，就是活学活用，辩证看待这一原则的。

儒家尊礼守度的行事原则还表现在他们对待功名利禄的态度方面。世人常言儒家讲求积极入世，"学而优则仕"，讲求"书中自有黄金屋"，等等，此一点亦为众学者诟病。章太炎就此曾说："儒家之病，在以富贵利禄为心……其教弟子也，惟欲成就吏才，可使从政。"④ 愚以为此种看法

---

① 《汉书·董仲舒传》。
② 朱熹：《四书章句集注》，中华书局2011年版，第88页。
③ 《论语·学而》。
④ 章太炎：《诸子学略说》，转引自王曰美《儒家政治思想研究》，中华书局2003年版，第17页。

有失偏颇，于儒家并不公平。何以见得呢？"子曰：富与贵是人之所欲也，不以其道得之，不处也；贫与贱是人之所恶也，不以其道得之，不去也。"追求富贵利禄为人的本性，但如果失去仁心、礼义的原则，这是君子修为的大病，万万不可取。守住做人的底线才是根本，否则枉为人矣！另外，孔子也讲"天下有道则见，无道则隐"，这是笃信好学、守死善道之辈的原则，"邦无道，富且贵焉，耻也"[①]。所以，不讲实际、人云亦云批评儒家为功名利禄之辈实不可取。我们从这些经典论述中已经看到儒家所讲求的尊礼守度并不仅仅是死搬硬套，虽然在礼崩乐坏的时代，孔子一生致力于游说君王施行自己主张的仁政王道，以积极入世的心态欲救万民于水火，但他同时也有自己行事的原则，既有为君解忧、利在为民的仁心，也有"不在其位，不谋其政"的豁达，同时懂得辩证看待世间万物，这种智慧我们也可从他评判管仲是否是"仁人"的故事中管窥一二。

由此可见，儒家提倡的正己正人与尊礼守度的政教原则既强调了为政者的榜样作用，又将为政者对政治实践中的一系列矛盾与关系的把握有一个清醒的认识，有助于在政治实践中辨明义利而不惑于心。

总体来说，儒家政教是在以追求治世为目的，以为民利民为途径，以正己正人、尊礼守度为原则的实践，在此实践过程中，"人"始终被儒家放置于基础性地位，其中施政者、为政者的道德品性、品行决定了普通民众及其所处社会的文明程度。儒家始终以人的至善来寻求国家和社会的至善，克己修德、注重学习是善政之源，而躬亲实践、慎言慎行是善政之要，民心归化、社会和谐则是善政是否实现了的判断标准。由儒家政治教化思想所创造的这样一种政治文明形态，其本质特征总体上说："在价值依托上，儒家在天人一体的思想框架中寻求政治生活的终极价值，确立人类应然的政治生活状态；在制度安排上，儒家意在建立一种上下等级和谐的君权文明；在运作方式上，儒家推崇的是以德治为本，兼综政刑的礼乐文明"[②]。

[①]《论语·泰伯》。
[②] 马云志：《论儒家政治文明》，《兰州大学学报》（社会科学版）2005年第7期。

第四节　刑教：抑恶扬善

儒家教化方法论之刑教乃儒家教化实践的基础一环，之所以说基础，是因为其意在于抑恶扬善，以守住人伦教化的最后底线，将人性恶压制在最小的范围之内，为善的光大和德的褒扬提供一个可资参考的反面模板，从而警醒民众一心向善，自修自省，坚持按照文明伦理规约完成自我的道德升华。

一　刑教依据——人性善恶的理论预设

儒家教化之所以将刑罚教化作为一个重要的方法，原因在于儒家对人性善恶的预设。孔子、孟子及荀子关于人性善、恶的预设成为儒家推行刑罚教化的依据。如果教化实践中缺失这一方法，那么带来的后果可能就是善性、善行的不被彰显和保护，而恶性、恶行则可能被无限放大和肆无忌惮。

儒家刑罚教化缘起于周代"明德慎罚"思想，是对周代刑罚思想的继承和改造。孔子有关人性善恶的理论预设为孟子和荀子的人性善恶判断提供了前期积淀。目前学界对孔子就人性的善、恶观主要分为人性善、人性恶、人性善恶混存或者直接说孔子并没有就人性善恶作出判断等几种观点。[①] 在笔者看来，孔子确实没有就人性善恶给予明确的判断，就像张岱年先生指出的那样，"孔子所谓性，乃与习相对的。孔子不以善恶讲性，只认为人的天性都是相近的，所来的相异，皆由于习"[②]。细究此言发现一个非常重要的理念，那就是社会意识由社会存在决定的观点。"习"作为人在后天的主要活动，对于一个人是否形成"仁"性具有决定意义，所以当孔子说"我欲仁，斯仁至矣"[③] 的时候，他所主张的人性观无疑是

[①] 徐复观、唐君毅、牟宗三、张岱年等当代儒家代表人物都对此一问题作出过探讨。典型性的讨论文章分别有游唤民的《论孔子的"性善论"及在其学说中的地位》(《湖南师范大学社会科学学报》2004 年)、曹大中的《孔子的性恶辨》(《湖南师大社会科学学报》1986 年第 6 期)、冯兵的《论孔子善恶混存的人性观》(《哲学研究》2008 年第 1 期) 以及郭海燕的在《也谈孔子的人性观》(《孔子研究》2010 年第 3 期)。

[②] 张岱年:《中国哲学大纲》，中国社会科学出版社 1982 年版，第 183 页。

[③] 《论语·里仁》。

善的。而当他以"道之以政，齐之以刑，民免而无耻"[①]来阐述为政之道的时候，他所主张的人性观无疑是以人性恶为前提假设。而事实是，在孔子理念中，人性应该是善的，而事实上人性经常不善，如此就不会影响孔子所主张的刑教理念，因为如果将此一问题放在德性、德行教化问题的全过程中来看的话，"性相近"与其说是孔子对人性的判断，不如说是孔子对人性的客观承认，这种客观并不取决于先天，而是在后天"习相远"中得以表现的。承认这种客观是不容易的，也是有意义的，因为它是教化的理论基础。换言之，正是因为人性在后天生活、生产实践中可能出现的善、恶两方面的分化，从而给教化提供了一个可以施行的理由。

承上所言，如果从孟子性善论角度出发理解刑教，那么刑教就是对善的保护，通过保护来激励人性善端的发扬，以达到天下秩序和谐的目的。这种刑罚理论自古以来都受到重视和坚持，因为"从伦理的角度看，'善'的秩序不仅强调秩序对于人类的重要性，同时不能忽视建立秩序的出发点和立足点应该是尊重人、关心人、成就人，确保人作为社会主体谋求生存和发展的基本需要"[②]。孟子在和齐宣王的一次对话中，针对其臣弑君的疑惑解释道："贼仁者谓之贼，贼义者谓之残，残贼之人谓之一夫。闻诛一夫纣矣，未闻弑君也。"[③]从这个故事背后推理得出，孟子虽然极力强调人性善，主张"省刑罚"的仁政施教，但是面对残仁贼义的大奸大恶之人，必须以一种大无畏勇气加以批判和惩罚，用以告诫当代君王。由此再往深一层思考得出的结论就是：仁政包含着刑教，仁政作为对社会秩序的维护，必须具有一定的强制力来保证其实现，否则，仁政不仁。于是他在《孟子·离娄上》中直言："离娄之明，公输子之巧，不以规矩，不能成方员；师旷之聪，不以六律，不能正五音；尧、舜之道，不以仁政，不能平治天下。今有仁心仁闻而民不被其泽，不可法于后世者，不行先王之道也。故曰，徒善不足以为政，徒法不能以自行……圣人既竭目力焉，继之以规矩准绳，以为方员平直，不可胜用也；既竭耳力焉，继之以六律，正五音，不可胜用也；既竭心思焉，继之以不忍人之政，而仁

[①] 《论语·为政》。

[②] 杨锦芳：《秩序——刑罚的伦理价值目标》，《云南民族大学学报》（哲学社会科学版）2011年第5期。

[③] 《孟子·梁惠王下》。

覆天下矣。"① 先王之道是什么呢？就是《尚书·康诰》中所言的"以德配天"、"明德慎罚"的思想主张。慎罚不代表不罚，而是主张在适用刑罚的时候必须审慎、宽缓，防止滥杀无辜，以极端手段逼迫百姓顺从。这也是孟子提出"徒善不足以为政，徒法不能以自行"的根本原因。朱熹在此引用程颐的观点评论称："为政须要有纲纪文章，谨权、审量、读法、平价，皆不可阙。"因为在朱熹看来，古圣人虽"竭耳目心思之力，然犹以为未足以遍天下，及后世，故制为法度以继续之，则其用不穷，而仁之所被者广矣"②。由此可见，孟子虽然主张人性善，讲仁政为民，但并不反对刑教在教民化性过程中的重要作用，刑教始终是以真、善、美的保卫者身份出现在儒家教化实践过程中的。

至于荀子基于人性恶理论而提出的礼法思想，原因在于后天之"习"无以应对先天之恶，这就为刑教实践提供了一个可以佐证的理论框架。荀子师承先哲，并没有将"礼"的作用弃之不用，反之以"隆礼重法"的方法论总则加强儒家教化实践。任继愈先生说荀子"用法治来充实改造礼治，体现了新的时代精神"③。因为身处战国末期的荀子，面对的是一个更加残酷的竞争环境，邦国若想立基于世，单纯依靠仁政和礼乐教化无法应对弱肉强食的环境，加之秦国商鞅变法以来的成绩事实，使荀子在教化问题上对法治的重要性有了新的认识。

荀子主张人性恶，称"今人之性，生而有好利焉，顺是，故争夺生而辞让亡焉；生而有嫉恶焉，顺是，故残贼生而忠信亡焉；生而有耳目之欲，有好声色焉，顺是，故淫乱生而礼义文理亡焉"。有鉴于此，"古者圣王以人之性恶，以为偏险而不正，悖乱而不治，是以为之起礼义、制法度，以矫饰人之情性而正之，以扰化人之情性而导之也"④。可见，在荀子看来，"礼义"和"法度"二者对人之教化缺一不可。究其缘由，在荀子眼中，礼义与刑罚在治国理政方面起着各自不同的作用，面对悖乱和偏险之状况，明礼义可化，起法正可治，重刑罚可禁，由此天下皆出于治，

---

① 《孟子·离娄章句上》。
② 朱熹：《四书章句集注》，中华书局2011年版，第257—258页。
③ 任继愈：《中国哲学发展史：先秦卷》，人民出版社1983年版，第672页。
④ 《荀子·性恶》。

合于善也。所谓"君人者，隆礼尊贤而王，重法爱民而霸"① 也是这个意思。于是，荀子面对现实环境，通过观察国家社会发展的实际，以实事求是的态度有针对性地提出了"隆礼重法"的刑教之道。

荀子的刑教具体来说分为赏和罚两个方面，这或许是对商鞅"立木示信"、奖罚分明思想的发挥和继承。他认为，如果像墨子那样均事业、齐功劳，赏罚不行，就会导致"贤者不可得而进也，不肖者不可得而退也"，"万物失宜，事变失应，上失天时，下失地利，中失人和，天下敖然，若烧若焦"②。为使天下生民各有所属，必须赏行罚威，以保证万物各得其所。作为大治社会的要求，结合他对礼治思想和以赏罚为主要表现的刑教两方面的看重，我们发现其中蕴涵着丰富的朴素辩证法思想，也就是说要看到矛盾的两个方面，两手都要抓，两手都要硬。为此，他对礼法教化总结道："不教而诛，则刑繁而邪不胜；教而不诛，则奸民不惩；诛而不赏，则勤励之民不劝；诛赏而不类，则下疑俗俭而百姓不一。"③ 蔡元培就其刑教思想总结称："礼以齐之，乐以化之，而尚有冥顽不灵之民，不师教化，则不得不继之以刑罚，刑罚者非徒惩已著之恶，亦所以慑全人之胆而遏乎恶于未然也。"④ 因为荀子刑教思想符合社会发展的趋势，所以，自汉武帝独尊儒术以后，即使儒家礼乐仁政被统治者标榜为治国根本，但法治思想也深深融入其中，所谓"外儒内法"的治国安邦之术就此延续了下来。

秦汉以降，历代统治者为加强中央集权，通常将刑教作为礼乐教化的重要补充运用到导民向化的实践中。董仲舒基于人性三品说而主张的"德主刑辅"模式成为后世统治者主要采用的教化模式。

董仲舒将人性分为圣人之性、斗筲之性和中民之性三个层次，"圣人之性，不可以名性，斗筲之性，又不可以名性，名性者，中民之性"⑤。也就是说，他把人性划分的三个层次中，只有"中民之性"是可以通过后天教化而获得改变的，"中民之性"与天地阴阳相对应，含有贪、仁二

---

① 《荀子·大略》。
② 《荀子·富国》。
③ 同上。
④ 蔡元培：《中国伦理学史》，吉林人民出版社2013年版，第37页。
⑤ 《春秋繁露·实性》。

气,"人之诚,有贪有仁。仁贪之气,两在于身,身之名,取诸天,天两有阴阳之施,身亦两有贪仁之性"①。作为贪、仁之气,统一在不善不恶浑然不分的质朴状态下,所以他说:"质朴之谓性","性者,生之质也"②,"性者,天质之朴也"③,为了将质朴状态的"中民之性"引导向善,他主张"性待渐于教训而后能为善。善,教训之所然也"④。此即是他主张以教化为务思想的人性论依据。然而,根据社会发展实际,如果单纯强调教化,则是有违历史规律的一种做法,所以他在结合秦代二世而亡教训基础上,针对"中民之性"提出了"德主刑辅"的教化理念。

  董仲舒在《天人策》中分析指出秦代一反三代圣王时期以仁德为主,以刑罚为辅的做法,而是反其道行之,专任刑法,走向极端,致使民众不堪其重而被迫起义,于是他提出了"教,政之本也;狱,政之末也。其事异域,其用一也"⑤的主张,坚持以教化为大务,以刑罚为辅助。他用辩证的眼光看待二者的关系,称"凡以教化不立而万民不正也。夫万民之从利也,如水之走下,不以教化堤防之,不能止也。是故,教化立而奸邪皆止者,其堤防完也;教化废而奸邪并出,刑罚不能胜者,其堤防坏也"⑥。董仲舒在此提出如果没有教化,即使有刑罚也不能完全达到弭奸止邪的目的。然而按照"为人君者,其法取象于天"⑦"王道之三纲,可求于天"⑧以及"圣人副天之所行以为政"⑨等王道取法于天的理论要求,刑罚不可或缺,因为"以类和之,天人一也。春,喜气也;故生;秋,怒气也,故杀;夏,乐气也,故养;冬,哀气也,故藏。四者天人同有之。有其理而一用之。与天同者大治,与天异者大乱。故为人主之道,莫明于在身之与天同者而用之"⑩。所以,在此要求下,将德政与刑教作

---

① 《春秋繁露·深察名号》。
② 《汉书·董仲舒传》。
③ 《春秋繁露·实性》。
④ 同上。
⑤ 《春秋繁露·精华》。
⑥ 《汉书·董仲舒传》。
⑦ 《春秋繁露·天地之行》。
⑧ 《春秋繁露·基义》。
⑨ 《春秋繁露·四时之副》。
⑩ 《春秋繁露·阴阳义》。

为与天相符的治国手段并用之,就是尊重天地阴阳自然规律的表现,也就是他所说的"天出阳,为暖以生之;地出阴,为清以成之。不暖不生,不清不成。然而计其多少之分,则暖暑居百,而清寒居一。德教之于刑罚,犹此也。故圣人多其爱而少其严,厚其德而减其刑,以此配天"①。在此基础上,当教化和刑罚同时获得各自相对应位置的时候,王者之治就可以实现了。于是他在《天人策》中说:"是故王者上谨承天意,以顺民也;下务明教化民,以成性也;正法度之宜,别上下之序,以防欲也。修此三者,而大本举矣。"② 可见,在他眼中,仁政教化和刑罚教化的作用与地位是不一样的,前者重在养性,后者重在制欲,前者是习惯性养成教育,后者是保护性强制教育,目的都在于通过不同的手段来加强人性教化,以利于社会的和谐有序。自董仲舒以天人感应、天人相副理论来解释仁政于刑罚教化的合理性之后,中国历朝历代均就此问题达成一致,虽然对于人性到底是恶是善仍有争论,但从方法论角度来说,董仲舒提出的德主刑辅教化思想,"促进了西汉王朝大一统局面的形成和西汉社会生产力的发展",连同他的一整套理论一起,奠定了其封建社会理论大厦设计师和建筑师的地位,③ 对地主阶级的治国理政提供了非常好的参考榜样,而为历代所仿效和继承。

二 刑教意义——抑恶扬善的教化之功

刑罚教化自被确立之后,在儒家治国理政实践中一直发挥着重要作用,并对教化本身和封建统治与社会发展带来了积极意义。

首先,刑教是儒家教化思想的重要组成部分,也是儒家教化实践得以丰富的重要手段。儒家教化作为一个系统的化育实践体系,如果要实现其在社会发展各方面的重要功能,必须具备完整的教化理论,刑罚教化作为礼、乐、刑、政教化方法的有机组成部分,是对其他三种教化方法的有益补充,发挥着礼、乐、政教无法企及的功能。抛开人性善、恶之分,单就人性的复杂程度来说,刑教就是对这种复杂人性现实的一种积极应对。这种应对既是对自我理论预设的回应,也是对现实社会可能带来挑战的化解

---

① 《春秋繁露·基义》。
② 《汉书·董仲舒传》。
③ 王永祥:《董仲舒评传》,南京大学出版社1995年版,第397页。

方法。人性善的环境中，需要刑教对善性的保护和激发；人性恶的环境中，需要对恶行进行强制规约，以帮助人们改恶从善，防止掉入恶的深渊无法自拔；人性不善不恶，"质朴之性"的前提下，则需要注重对后天习性的引导与警示，防止人们滑向恶的境地。儒家士人在不断深入探讨现实人性的基础上，逐步提出了相对应的教化方法，这种实事求是的态度本身既有利于思想理论的发展，又积极回应了社会发展的现实诉求，从这两层意义上来说，是值得肯定与借鉴的。

其次，儒家刑教方法的意义更多体现在现实层面。一方面，刑教方法的规约作用有利于社会的安定有序，帮助民众树立正确的价值观和世界观，在与人、物、自然相处的过程中，懂得自我守持、自我规范。例如，对犯罪等恶行的打击，"从表面上看，犯罪行为是对法律的违反，与道德并没有什么关系。但由于法律本身就是依赖于社会道德的，所以，犯罪行为同时也是对社会伦理道德规范的违背。因此，凡是合乎道德的行为同时也应该是法律所允许、所维护的。法律正是通过对道德的维护使社会环境变得更加和谐，人际关系变得更加融洽"[1]。另一方面，刑教方法对于国家大一统政权建设与巩固，对民族和谐与团结都起到了重要促进作用。生活于华夏大地的各个民族与各个地区的人们在几千年的历史长河中，相互融合，相互吸引，成就了华夏民族的大一统格局，在这个过程中，无论是汉族统治者还是少数民族统治者，无论是先进发达的富庶平原地区，还是贫困落后的偏远乃至边疆地区，都对民族融合与社会发展作出了重大贡献，贯穿始终的一条基本原则就是向先进民族学习，向先进思想学习，向先进地区学习。身处中原富庶地区的汉族统治者努力在偏远民族地区通过教化推广儒家思想，少数民族统治者也努力以儒家思想教化本族民众，尽快走向繁荣和先进。对于执政全国的少数民族统治者而言，这个任务显然更加巨大。但是，由于礼、乐、刑、政教化方法的加持和应用，学习先进的改革进程非常可喜。其中刑教方法起了非常巨大的推动作用。因为民族间和地区间固有的文化差异，在后进民族向先进民族学习过程中，面临着各种阻力和困难，如何加快赶超先进的步伐，刑教就是必不可少的，需要充分利用的手段。王阳明在赣南山区推行的以"十家牌法"为标志的乡村治理实践，就是积极利用刑教思想的典范。此法将乡里体制、保甲制度

---

[1] 黄立：《刑罚的伦理作用》，《贵州社会科学》2007年第1期。

与乡规民约相互结合，对于明知故犯者、窝藏匪徒者等予以严惩，宽猛相济、恩威并施的刑教方法，对赣南地区社会秩序迅速走向安定作出了突出贡献。

就民族地区的和谐安定来说，明代对云南省的治理效应非常明显。由于明代在封建专制统治方面进一步强化，立法指导思想也从"德主刑辅"转变为"明刑弼教"，在治国理政中提高了"刑"的地位，对云南省的治理采取"重其所重，轻其所轻"的原则，具体表现为对土官、土司和各少数民族危害封建国家的犯罪行为加重惩罚，采用死刑、充军、流刑、徒刑、杖刑及笞刑等刑种。[①] 与元代相比，明代之所以加强此类刑罚教化制度的力度，原因是土官、土司制度的推行加速了少数民族汉化速度，云南和内地差距缩小，在刑教应用方面出现了适宜的条件。可以说，制度设计加强了刑教在少数民族地区的治理功能，而刑教又反过来有利于巩固土官、土司制度在边疆少数民族地区的合法性，这对国家统一和领土完整而言意义非常重大。

综上所述，刑教作为儒家四种教化方法论一，因为对人性善恶认识的不同，而在儒家教化思想发展过程中得以被重视和确立，其方法论的确立，丰富了儒家教化路径，增强了儒家教化功效，特别是在封建大一统的治国理政实践中，发挥了巨大作用，有效补充了礼乐教化的不足，对于社会安定、民族交流、国家统一等重大现实问题给予了极大的理论支持和制度保障，是儒家教化思想不可缺失的一个重要路径。

礼、乐、政、刑的教化方法论是指导儒家教化实践的主要理论。纵观几千年来的教化历史，不可忽视的一个现象就是，这些方法总是在一定的历史时期根据国家和社会的需要而显现出不同的地位或侧重。国家处于平和稳定时期，礼乐教化占据主要地位；社会动荡不安时期，外儒内法式的政刑之教就会被统治阶级应用更多一些。最后要指出的是，虽然总体上"礼以道其志，乐以和其声，政以一其行，刑以防其奸：礼乐刑政，其极一也，所以同民心而出治道也"，以及"礼节民心，乐和民声，政以刑之，刑以防之。礼乐刑政，四达而不悖，则王道备矣"[②]，礼、乐、刑、

[①] 方慧：《明代云南刑法原则和刑罚手段的变化》，《云南民族大学学报》（哲学社会科学版）2005年第5期。

[②] 《礼记·乐记》。

政教化方法均将最终目标指向了国家治理层面，但是不可忽略的一点，礼、乐、刑、政的教化方法在实际使用过程中，其侧重与偏向也是不一样的，其中既有对个人德性、德行层面的规约与调整，也有为政者治国理政可资参考的策略考量，在使用这些教化方法的时候，教化主体既可以是师长，也可以是国家；教化客体既可以是确定的客体，也可以是泛社会意义的普通民众；教化目标既可以是人的品质的提升，也可以是家庭、国家、社会、自然的安宁和谐。总而言之，在这个平衡有序的系统中，其自我调整、与环境、时代相适应的特点是非常突出的。

第三章 儒家教化的实践论

儒家教化是一套完整的思想理论和实践体系，在其理念和基本原则的指导下，正如本书上篇回顾儒家教化发展历史时，间或提到的那些形式一样，几千年来，历代儒家士人秉持知行统一（知行合一）说，① 或在理论上继续完善儒家教化思想，或在生活、教学、为政中践行教化思想，行内圣外王之道，孜孜以求。于己，务求得君子、仁人之道，并期圣人之治；于人，务求化性起伪，弘扬圣人之道，并求天下大治。于是，各种教化实践层出不穷。具体而言，学校教育、教化方面除了官学体系的完善和延伸外，私学体系的渐次发展也给了民众更多受教育机会；家庭教育、教化方面，以家训、家诫为代表的各种启蒙教材与活动得到民众认同；社会教化方面，各种民俗类产品入礼于俗、入俗于礼，教化意蕴越加丰富，使民众完全处在儒家礼、乐、刑、政的教化时空中，从而促进了儒家思想的生活化、大众化。

第一节 知行合一

儒家教化作为理论和实践统一的过程体系，为了保证德性和德行两方面的统一，积极提倡知行合一，知与行互生共进，即不仅强调自身道德的内省和自察，也强调对行为的检验，更注重在行动中探寻道德培养提升之路。据《尚书·虞夏书》记载，尧准备选一个接班人，众人都推荐舜，

---

① 笔者在此将"知行统一"与"知行合一"混用，究其缘由是因为"合一"说乃王阳明在其心学理论中提出的一个概念，而在他之前的历代儒家笔下，"知行合一"概念尚未完全得出，存在程朱理学中"知先行后"等理念的差异。但笔者以为，抛开知与行的顺序关系，儒家教化思想与实践始终是相互共存的、相互推进的，所以在此为求得各家理论差异的最大公约数，将两个概念并不作特别的区分。

称他即使身处父亲心术不正、母亲说谎不诚、兄弟傲慢无礼的逆境，依然与他们和睦相处，用自己的孝行感化他们，期望他们有朝一日改恶从善，回归正途。于是，尧听从了建议，但他并没有简单地偏听偏信，而是以一种特殊的方式——嫁女于舜，对舜进行考察。三年后，尧的确见识到舜的德性与德行是统一的，在道德品性和道德行为上体现出了知行合一的特征，用现代语言表述就是认识与实践是统一的，而不是分裂的，于是才放心地将国事托付于舜。从这个故事可以发现，儒家教化思想中对理论与实践关系的重视，用行为检验理论，用理论促进实践，两者交相并用、互生共进，既可以从尧嫁女事夫这样的家庭生活中体现，也能从传位禅让这样的国家大政方针的决策中获得证明。可见，儒家思想根源处就已经具备了知行合一的基本特征，并在孔子、孟子、荀子等后代诸位圣贤的努力下获得发展。

一 知行合一的理论主张

知行合一作为专用名词首先是由王阳明提出来的。王阳明针对明代开国以来学人士子空谈义理，而忘记身心修行的弊端，在对程朱理学的扬弃基础上，提出了知行合一说，期望改变士人知行分裂、人格不完的趋势。由此看来，王阳明所要恢复的是儒家本源意义上的知行一致，不过他在此基础上又做出了心学的一种发展。追根溯源，知行合一作为儒家思想的一个重要指导理念，特别为先秦儒家代表人物所重视。他们在多处论述中都表达了这一观点，其内涵的意蕴和要求就是德性与德行的统一，否则人的教化目的难以实现。

孔子在《论语·学而》中第一句话用"学而时习之，不亦说乎？"来表明学和行的关系。学作为求知的途径，不能单单止于求知，而应该以正确的态度去做生活的践行。孔子所谓的"时"并没有在时间上予以特定规约，只是表明一种态度，那就是学而为用、知行合一，否则求学、求知可能会陷入枯燥乏味之境地，从而不利于可持续的求学、求知。同理，当曾子讲"吾日三省吾身：为人谋而不忠乎？与朋友交而不信乎？传不习乎？"的时候，[1] 他也是在强调知行的统一。因为曾子在认识到自身是否达到谋忠、友信、传习的要求的那一刹那，实际上已经开始了道德自省之

---

[1] 《论语·学而》。

行,换言之,道德修养是一种知行并进的过程。按照此理路,子夏所说的"贤贤易色,事父母,能竭其力,事君能致其身,与朋友交言而有信。虽曰未学,吾必谓之学矣"①。则可以理解为行对知的反哺,也是相互的一种促进。

对于主张性善论的孟子来说,他主张"纯主观的知行观",也就是"排斥行和感觉经验在知中的作用,抹杀了知与行在客观中的对立,使知行矛盾在主观世界中达到了和谐的统一"②。类似于人性生来为善,他以"生而知之"思想为前提,认为对人的认知而言,"知之非艰"。他采用纯主观的判断,说:"心之官则思,思则得之,不思则不得也,此天之所与我者。"③ 可见他极其夸大人的主观性,思有则有,思无则无,最后发展到完全否定行在人们认识活动中的作用,指出"人之所不学而能者,其良能也,所不虑而知者,其良知也"④。先天的良知良能能够保证"知之非艰",这是由于天生根植于人自身的原因,就像扩充"四端"那样,道德成长和能力提升全在于扩充和启发本心,所谓"学问之道无他,求其放心而已矣"讲的就是纯主观认知即能得的意思。

荀子对于理论与实践的统一,知行合一、相互并进观点的提倡更为直接,要求也就更为严格了。他明确指出:"不闻不若闻之,闻之不若见之,见之不若知之,知之不若行之,学至于行之而止矣。行之,明也;明之,为圣人。圣人也者,本仁义,当是非,齐言行,不失豪(毫)厘,无它道焉,已乎行之矣。故闻之而不见,虽博必谬;见之而不知,虽识必妄;知之而不行,虽敦必困。不闻不见,则虽当非仁也,其道百举而百陷也。故人无师无法,而知(智)则必为盗,勇则必为贼,云能则必为乱。"⑤ 荀子在这里重视"行",表示"闻"和"见"都不如"行",对于学习者而言,行是目的,行是终点,"学至于行之而止矣"。为什么呢,因为只有践行才可让人愈加"明",此"明"可以是明了,也可以是明白,还可以是悟,而唯有悟,才可得。所以,"明之,为圣人"。可见,

---

① 《论语·学而》。
② 陶侃:《先秦知行范畴三论》,《社会科学战线》2004年第3期。
③ 《孟子·告子上》。
④ 《孟子·尽心上》。
⑤ 《荀子·儒效》。

圣人之德必须是知和行的统一，否则"虽敦必困"。另外，荀子也在其他篇目中多次强调知行合一观点。如在《劝学》篇中讲"君子博学而日参省乎己，则知明而行无过矣"。此言随曾参"君子一日三省"而来，但在省察基础上更进一步，将内在"意"行外化，由此使知行合一观更加明朗。

自汉以降，儒家士人大都秉承知行合一理念，在确立和维护儒家思想正统地位的基础上，通过对儒家思想的实践来论证理论的合理性，同时也在实践中推动理论的发展和完善。对于知行关系的论述，在宋明理学家那里得到了一次非常热烈而持久的回应。这个回应前后持续了几百年，中国封建社会中后期的几乎所有儒学大哲全都参与进来。从总的趋势上而言，"理学家从各自不同的学派立场出发，对知行及其关系的厘定各抒己见，从知先行后、知行相须、知行兼举到知行合一，几种观点或同或异，甚至迥然不同。二程、朱熹、陆九渊等主张'知先行后'，王守仁则以'知行合一'明确反对'知先行后'，王廷相以'知行兼举'既反对程朱'知先行后'，也反对陆王'以知代行'。然而，仔细检阅理学家对知行关系的论述，可以发现，理学家莫不重知，以知为先，以知为本，在知行定义及关系论证上均注重知行的道德内涵及道德践履，致力于促进封建社会和谐稳定的学说目的是一致的，对知行伦理道德意蕴的观照是统一的，由此折射出其知行观形异而质同的价值取向"[①]。所以，以修己安人、成己成物为核心与目的的儒家教化思想，由于其理论在本源上的规约，使后世在发展与完善的过程中并没有脱离其理论的基点，虽然形态有异，但贯彻始终的精神并没有改变。

二　知行合一的特点和意义

知行合一作为儒家教化思想实践的指导性原则，之所以能够贯穿学说发展的始终，原因在于它自身的特点和对学说发展的推动意义。

首先，知行合一的特点体现为人的言行一致、知行合一，这恰与儒家教化思想所培养的君子人格相一致。早在儒学起源时代，孔子就已经规定了教化思想的这一特质。他多次对知而不行、言过其行、言行一致、知行

[①] 刘奎杰、曲洪志：《宋明理学知行观的道德内涵》，《中国社会科学院研究生院学报》2008年第6期。

统一等问题发表意见，要求将知行合一作为君子人格的重要判断标准。"君子欲讷于言而敏于行"① 和君子"敏于事而慎于言",② 均表明孔子看重行对人的榜样作用；"君子耻其言而过其行"③ 和"先行其言而后从之",④ 说明君子重行，为人处事当先做出来而后再去说，对于一个人的判断和认识当然要"听其言，而观其行",⑤ 不能偏听偏信，一味听其言而信其行，那是不合适的，因为对一个人的认识实在是长期的过程。可见，道德教化的目的就是要求人们修德行善，修是手段也是目的，行是目的也是手段，二者相辅相成、不可分离，缺失任何一个方面都是不能成立的。为了避免人们出现"知行不一"、"知行相离"、"知行分裂"的矛盾和割裂，必须坚持两者的统一。否则德不为德，徒具仁心，而不具人形，有违儒家人之为人的底线，更遑论君子、仁人、圣人？所以为了克服道德教化可能带来的知强行弱的流弊，将知与行统合在人们学习、实践、再学习、再实践的轨道上，是儒家教化思想可持续进步的关键。

其次，知行合一理念有效规范了教化主体的行为，体现了儒家内圣外王之学是一个有机结合的整体。《大学》八条目言格物、致知、诚意、正心、修身、齐家、治国、平天下，从其总体来说，就是知和行的统一体，而如果想实现这么一系列的目标，必须言行一致，否则即使将"修身"列为本位，也是没有意义的。所以，孔孟先贤在对待这一问题时，总是强调一个自我的示范表率作用，这一点鲜明体现在为政治国方面。《论语·子路》对于为政问题探讨较多。其中多处涉及孔子对行为示范作用重要性的认识。"子路问政。子曰：'先之，劳之。'请益，曰：'无倦'。"、"先"和"劳"是表率，是"为政以德"的具体表现，只有自己走在前面，才能引导百姓化民向善，因为孔子的立脚点就在于"苟正其身矣，于从政乎何有？不能正其身，如正人何？"、"其身正，不令而行；其身不正，虽令不从。"就像大禹治水三过家门而不入一样，如果不能以实际行动为民众所感佩，治世目标是很难达到的，所以，只有按照知行合一的要

---

① 《论语·里仁》。
② 《论语·学而》。
③ 《论语·宪问》。
④ 《论语·为政》。
⑤ 《论语·公冶长》。

求行王者之教，给百姓带来切实可行的利益，让他们安居乐业，和谐有序，生民有福，才能为百姓拥护、爱戴。

再次，知行合一理念是判断教化对象能否达到要求的标准之一，如果培养出的是一群知行相离的伪君子，那么就失去了教化本意。这一要求自明代开始施行八股取士之后显得颇有意义。王阳明之所以提出知行合一说，就是针对明代士人学子曲解程朱格物致知之学所主张的"知先行后"之义，其实程朱的"知先行后"并不从理论根源上意味着知行相离，但是当统治阶级从科举教材入手，意欲对士子学人的思想予以规范之后，一个并不在程朱思考范围之内的问题就出现了，这个问题就是知行相离，所谓表面上满口仁义道德、私底下卑鄙龌龊就是王阳明所深为痛恨和遗憾的。为此，他提出了"知者行之始，行者知之成。圣学只一个功夫，知行不可分作两事"的知行合一说，① 以匡正流弊。与此理论主张相对应的是赣南地区的教化实践。王阳明通过乡约载体，意在培养知行合一的民众，以制度化的平台创设实践的氛围，以图将儒家仁义精神渗透至民众的日常生活习惯中。诚如有学者对此一理路评价称："相对于程朱理学之化良知为天理，明代大儒、心学大师王阳明的着重之点则在于化天理为良知。化良知为天理，侧重的是良知'出于天'这一面；化天理为良知，则意味着展开'系于人'之维。从系于人这一路向看，重要的则是由良知到德性的转换。"、"'知行合一'演变的逻辑路径即是化知识为德性、化德性为德行。"②

综上所述，知行合一是儒家历代圣贤孜孜以求和严格主张的一个指导性理念，只有在知行并进、知行相统一的理论框架下，儒家思想和教化实践才是有效的，否则就会出现两厢分离的情形，最终导致人格的分裂，违背儒家教化的本意和出发点。为了防止出现这样的局面，儒家教化在生活空间的范围内，开辟出了各种有利于学知并进、知行合一的教化空间，以有效推进儒家思想在更广泛的社会领域为民众接受，并为民众所践行而发扬光大。

---

① 王阳明：《传习录·陆澄录》，中国画报出版社2012年版，第46页。
② 展明锋、陈勇：《论王阳明"知行合一"的道德修养学说》，《道德与文明》2003年第3期。

第二节　官学与私学

一　上古三代时期的学校教化

儒家以学校为载体的教化活动有着非常悠久的传统。早在上古三代之时，就已经有了较为成型的教育体系。但是主要局限于贵族范围内，只有贵族子弟才拥有受教育权，对他们的教化意在培养社会的榜样，以此作为广大民众的引导，实现社会的和谐有序。《孟子·滕文公上》记载，"夏曰校，殷曰序，周曰庠，学则三代共之。"校、序、庠分别是用来做什么的呢？孟子言："设为庠序学校以教之：庠者，养也；校者，教也；序者，射也。"、"皆所以明人伦也。"可见，在奴隶制相互争夺残杀的年代，敬老教育、人口素质提升和自卫性的武装教育等，对部落发展的重要性已经为人们所认识，并开始进行专业化培训。朱熹为此上接孟子"人伦明于上，小人亲于下"的观点，将庠、序、校的功能解释为对父子有亲、君臣有义、夫妇有别、长幼有序、朋友有信等人之大伦的清晰把握和认知。[①] 学者从殷商时期的甲骨卜辞中发现，商代确已存在专门教育机构的学校，甚至世界最早大学的可能。而且因为迷信巫术，该朝代的教师多由巫师担任，传授卜筮之术和宗教知识。[②] 待至周代，学校制度已经完备，具体分为国学、乡学两大类，国学下又有大学、小学两级。国学专为贵族子弟开设，根据学生年龄和受教育程度分为大学和小学。大学分别为天子和诸侯两类人群设置，例如天子的设置有五学之说，即东学、南学、北学、西学和太学，分别承担武、乐、书、礼和天子自学等不同的教育功能。至于乡学的设置，特别是对奴隶教育的问题，学界多少有所分歧。[③] 但乡学在西周成型是理论界较为一致的观点，这都说明教育的下移趋势是存在的，虽然发展进程非常缓慢。

西周教育发展对后世影响最深远的表现就是选贤贡士制度的形成。选

[①] 朱熹：《四书章句集注》，中华书局2011年版，第238页。
[②] 毛礼锐、沈灌群：《中国教育通史》第一卷，山东教育出版社2005年版，第54—59页。
[③] 参见毛礼锐、沈灌群《中国教育通史》第一卷，山东教育出版社2005年版，第60—67页。

贤贡士包括升学选士和任官贡士两种类型。所谓升学选士是指西周民政官司徒因为负有六乡教化之责，他就命令乡大夫举荐乡里德行道艺优秀人才，此举被称为"选士"。而后司徒将其举荐入学，送往更高学府就是"造士"。任官贡士则是由司徒和诸侯分别向天子举荐人才。上述两种人才选拔制度均遵循"德行与道义兼求的原则"，具体就是所谓的"乡三物"的判断标准，即所谓知、仁、圣、义、忠、和的"六德"，孝、友、睦、姻、任、恤的"六行"，以及礼、乐、射、御、书、数的"六艺"，[①] 这一标准体现出周人已经在按照礼制规约来考察人才的事实，也表明礼乐之教、德行之教大行其道，政治与教育的结合开始成为常态，教育内容的规范化也表明教育目的的清晰化，周公的制礼作乐和敬德保民思想得到了比较好的贯彻。周公为此总结以礼正俗的经验是："礼行之于上，化而为风；民习之于下，变而为俗。"[②] 也就是通过榜样式的示范带动来达到移风易俗的目的。由周公开创的教育、教化传统，通过孔子的努力和发扬，逐渐将教育的功能集中于人的德性培养和社会秩序的维护与追求，这一特点无论是在官学教育教化系统，还是私学教育教化系统中，都成为一个惯例沿袭下来。

二 孔子的私学教化之功

春秋战国学术下移的态势已经形成，一方面是从周王室下移到诸侯公室，一方面是士阶层兴起了教育风潮。[③] 当此之时，因为这种下移，而实现了中国思想文化史上的第一个繁荣局面。诸子百家聚徒讲学蔚然成风，百花齐放、百家争鸣的学术氛围完全建立。孔子作为诸子百家中的代表人物，由其开创的讲学、施教活动成为我国私学发展的滥觞，开辟了中国教育史上的新纪元。

首先，孔子一生致力讲学、施教，以实际行动传播了儒家思想，以卓越的成绩开辟了教化先河。孔子自小生长于受周礼文化浸染的鲁国，"三

[①] 《周礼·地官·大司徒》。

[②] 转引自毛礼锐、沈灌群《中国教育通史》第一卷，山东教育出版社2005年版，第119页。

[③] 同上书，第127—128页。

代之礼至周大备，夫子美其文而从之"①。在他四十多年的教育实践中，以"学而不厌，诲人不倦"的精神，教三千门徒，授诗、书、礼、乐之精义，阐周易、春秋之幽微，发仁、义、理、智之宏论，期道行德彰之治世。因为他的努力，儒家学说传播四方，七十二贤人或践行、或发微，分而为八，孟荀传家，至董仲舒而大一统风行天下，至此，圣人之学影响中国两千年，究其根源，盖在孔子之创先之功也。

其次，孔子"有教无类"的教育公平理念有利于民众教化的实现，其根本目的在于修己安人、成己成物。如前文所述，在教育下移成为历史发展大势的前提下，如何顺应这种历史趋势，作出有利于民族和社会文明与前进的回应，是判断这种回应是否具备积极意义的根本标准。孔子顺应了历史潮流，将教育由之前的贵族化转向平民化，将由少数上等贵族垄断的教育转向民间普通百姓。他所教的三千子弟，来自五湖四海、各种阶层，其中既有贵胄富家子孙，也有甘贫乐道之卑贱野人，特别是对后者的公平对待，打破了三代以来"礼不下庶人"的旧制。子路、颜渊、曾参、闵子骞等学生并不因为自己身份的"低贱"而被孔子拒之门外，从此意义上来说，孔子因为提高了底层普通民众的文明素养而有利于社会进步。为什么孔子要广纳门徒，让民众尽量享有受教育的权利呢？这是因为他毕生追求的是一种像上古治世那样的社会理想，在那个"有道之邦"中，人人皆有德性，各安其分，各守其道，所谓"足食"、"足兵"、"民信"的社会和谐。而这些理想实现的前提则是民众在受教育程度方面必须达到一定的水平，特别是要把人培养成为德行高尚的人，实现精神素养方面的提升，也就是说君子人格的形成。何为君子？孔子在多处场合表达了相关意见，所谓"和而不同"是说君子尚义，"泰而不骄"意指君子循理，而"行己有耻"，"不辱君命"，"宗族称孝，乡党称弟"、"言必行，行必果"等也都是君子德性修养之必备。②

再次，由孔子制定的教育教学内容以及教育教学方法成为后世教化的模板，奠定了儒家教化实践的基本规制。孔子将德育放在教学内容的首位，其次是知，再次是能。所依据的教材包括《诗》、《书》、《礼》、《乐》、《易》、《春秋》六类，核心在人的道德提升。他称"诗三百，一

---

① 朱熹：《四书章句集注》，中华书局2011年版，第65页。
② 《论语·子路》。

言以蔽之，曰：'思无邪'"。对于"礼"、"乐"，他讲"乐统同，礼辩异"；对于《周易》，他看重其对人我、人物、天人关系的梳理和追寻；对于《春秋》，则是他对上古秩序的一种追求和向往，一种基本是非的判断，对君臣父子等基本人事规约的尊重。而围绕教材所阐发的就是《论语》中常说的"子以四教：文，行，忠，信"① 等对德育教育的重视。

孔子的教学方法，对儒家教化思想和实践起到了模范带头作用。如孔子最为人称道的教学方法就是因材施教。针对学生的自身特点，选用不同的教学方法和手段，总是在启而未启、发而未发的关键时刻给学生以醍醐灌顶式的点拨和指导。此教学方法影响深远，因为其符合教化、教育规律而一直为后世沿用和称道。其所倡导的知行统一理念对学习的促进作用为儒家教化走向实践提供了理论支持。"学而时习之，不亦说乎？"② 所谓"习"，据《说文解字》讲就是鸟儿扑腾翅膀练习飞行的意思，由此可以引申为实践、践行之意。再如曾参强调君子一日当三省，其中一项内容就是"传不习乎？"同理，对于理论应用于实践的重要性，深刻反映了孔子对知行统一思想的认识程度。这也就有了后世儒家除了有"立德"、"立言"之志向以外，还把"立功"作为第三项人生要义，以期全面实现对人们的教化引导。同时，后世儒家在教化过程中，也特别注意到德性到德行的飞跃和转化，如果理论和实践脱节，那么教化也是不成功的。所以，到了明代王阳明那里，他为了纠正现实教育、教化体系中存在的脱节弊端，明确提出了"知行合一"说。结合王阳明的教化实践，我们就可以明白，他所做的一切都是在封建社会后期对孔子开创的知行统一思想的回归与维护。

总之，孔子开创了我国私人讲学的先河，其教育过程中总结的一系列思想、理念、方法都是中国教育史上弥足宝贵的财富，因为其合理性与科学性，而得到了几千年的传承与发扬，启发意义不言而喻。《汉书·艺文志》为此尝言："儒家者流……助人君者顺阴阳，明教化者也。"可见，由孔子开创的儒家学派，最后的指向由后人将其归结为"教化"之学是有道理的。

---

① 《论语·述而》。
② 《论语·学而》。

三 官学的教化特点

官学教化是儒家教化的重要载体和表现形式。总体来说，由于主办方是以儒家思想为指导的大一统中央政府和地方政府，所以意识形态教化的色彩比较浓厚，目的就是培养为政权服务的经学人才，对儒家义理的阐扬是官学教化体系的主要任务。

1. 官学教化体系的建构规律。官学教化体系的建构过程，大体而言体现出以下两条规律：一是随着儒家意识形态地位的巩固和确立，该体系呈现出不断完善、不断扩张、不断下移的趋势。所谓不断完善，是指从汉代董仲舒提出"养士之大者，莫大虖太学；太学者，贤士之所关也，教化之本原也"的思想，而建议"兴太学，置明师，以养天下之士，数考问以尽其材，则英俊宜可得矣"①。汉代中央和地方两级官学体制由此成为中国封建官学制度发展的滥觞，后世官学就是在此形式与格局基础上的继续完善和发展。② 所谓不断扩张，是指后世独立发展出了主管教育的行政部门，而且在儒家主教的基础上，不断将律学、医学、算学等融入中央和地方两级教育体系中，提高了官学教育的整体性。所谓不断下移，是指地方官学不断进步，州、县、乡各级各类教育的专职、专人制度逐次建立，官学发展获得了更多经济支持，为官学体系发挥教化功能提供了后勤保障。二是随着统治者对官学教化体系重要性认识的深入，开始有意识进行官学教育体制改革，在教学架构和内容上不断提升了统治阶级的影响力，从而提高了对士子思想的塑造力。如北宋仁宗时期由范仲淹主导的庆历兴学，"提倡经济实学，力图将学校教学、科举取士和经世治国三者统一起来，形成一个以学校为主体、科举考试为手段、社会需求为目标的新的教育体制。其目标虽未能达到，但这是科举制度创立以来，所面临的第一次来自教育领域的认真挑战，对于改变学校附庸于科举的状况、强化学校的社会功能起到了历史性推动作用"③。总之，封建时期我国的官学教化体系自汉代中央太学和地方郡国各级学校的制度化建构顺利完成以后，除了在王朝更替或者社会动荡战乱时期，中央政府无暇顾及而有所衰败之

---

① 《汉书·董仲舒传》。
② 毛礼锐、沈灌群：《中国教育通史》第二卷，山东教育出版社2005年版，第61页。
③ 同上书，第75页。

外，新政权都会在前朝基础上迅速恢复官学教化制度，大力宣扬儒家义理，从儒家思想中为新王朝的统治提供执政合法性。同时，为王朝统治输送经世致用的人才，以保证官僚政治队伍的发展和稳定，并最终借该体系培养的儒家士子之力，大行教化之道而为社会发展提供可持续的精神动力。

2. 从教学内容看官学教化体系的特点。首先，历代封建官学的教学内容大致没有发生根本改变，均是以儒家传统经典为主，与之伴随的是，各朝各代都或多或少在不断进行着教材和教义的统一，以保证士子们的思想更符合统治阶级的期望。如东汉熹平四年，国家为统一"六经"而刊刻的"熹平石经"就是我国古代由政府统一颁布的第一套标准教材。① 唐代的这种教材统一工作更加浩大。唐太宗专命颜师古与秘书省考定《五经》，后又命孔颖达、颜师古撰《五经》义训，不断加强对经义的统一，而这一活动直接导致前后相沿千年的一个巨大教材统一活动的完成，即"十三经注疏"的形成。其次，发展到明清时期，为了让儒家思想更好地为家天下的统治服务，统治阶级甚至不惜以制度来保证教材的权威性。如明代以八股取士的形式固化科举制，编纂《五经大全》、《四书大全》及《性理大全》等教材，严格按照朱熹等宋儒的思想理念出题、评判，以致学人士子不得不陷落到教条化、僵硬化的枯燥义理中摸爬滚打，导致儒家思想的生命力遭受严重损害和摧残。再次，不可否认的是，官学体系因为受到政府支持和推广而在全社会范围内具备了比较大的影响。在科举制度的引导下，民众对官学教化多持认可态度，从而对于民众道德素养的提升、国家主权的巩固、社会秩序的稳定以及民族团结等都起到了比较好的促进作用。我们从官学教化体系建立到实施的全过程可以看出，统治阶级永远都是作为教化主体出现的，客体就是庶民百姓。其目的诚如一位学者所言："帝国不断地将其意识形态作为文明进行灌输，而被教化的对象则理所应当的全盘接受，直到改造成为帝国所希望的那样的人。"②

---

① 毛礼锐、沈灌群：《中国教育通史》第二卷，山东教育出版社 2005 年版，第 73 页。
② 徐毅：《绥服远人——清帝国治理广西的教化策略》，社会科学文献出版社 2013 年版，第 15 页。

四　私学教化体系的特点和作用

中国古代私学起源何时尚不可考,《左传·昭公十八年》中,孔子言"天子失官,学在四夷"证明在孔子招徒讲学之前,私学就已经存在了。而正是这种私学的发展,有效促进了中国思想文化繁荣。待到汉代独尊儒术以后,民间私学体系也就走上了儒家教化之一路,成为官学以外维护国家稳定、社会和谐、提升民众道德素养的重要补充。具体来说,以儒家义理为核心内容的私学体系在社会教化方面体现出以下几个特点:

首先,私学教化体系分布于民间的特点,成为维系儒家人才链条的重要保障。如前文官学部分所述,官学往往在朝代更替之际衰落颓败,无法担负培养精英人才的重任,这时候散居于田野民间的儒家士子常常能够借助太平一隅潜心教学,承担起接续儒家义理的历史重任。如汉初著名的儒生叔孙通、韩婴、伏生等人就是儒家义理传承的代表人物,如果没有他们的接续之功,董仲舒的儒术独尊思想可能会被迫推迟。正是因为他们在秦汉交替之际对于礼乐精神的发扬,使统治者认识到了儒家治国的先进性,为儒术传承开辟了道路。

其次,私学教化相对比较固定的特点,为学生提供了便捷的受教育途径,有助于乡里社会风气的好转。私学教化第一步就是以启蒙教育为主的家塾、私塾类教育。这类教学场所常由村里没有考取功名的儒生担任,他们开馆设讲,招收村中适龄儿童入学就读,依据自编或较为流行的启蒙类教材,对孩童进行以识字为主的教育。如汉代流行的《史籀篇》、《仓颉篇》、《凡将篇》等识字课本就是这一类教材的代表。发展到后来则有《千字文》、《三字经》、《百家姓》、《弟子规》等相继出现,这些教材在帮助学童识字认书的基础上,较早地灌输了儒家义理,实现了儿童在走向社会之前的儒学启蒙。

再次,私学教化体系完善的特点,推动了民间社会教化,为民族的文明进步提供了精神养料。私学教化除了蒙养教育为主的初级私学教化体系,还有以书院为代表的高级私学教化体系,这种完善的体系,成为传播儒家精义、丰富儒家义理的榜样。书院的发展以宋、明两朝为甚。宋代理学大儒均有在书院讲授的经历,他们从一开始就将培养学子的德行作为书院教育的根本目的予以阐明。南宋孝宗乾道四年(1168年)吕祖谦在《丽泽书院学规》中告诫学子:"凡预此集者,以孝悌忠信为本,其不顺于父母,不友于兄弟,不睦于宗族,不诚于朋友,言行相反,文过饰非者,不在此位。"朱熹则在《白鹿书院揭示》中将"父子有亲、君臣有义、夫妇有别、长幼有序、朋友有信"的儒家五伦作为书院"五教之目",因为在他看来,"古昔圣贤所以教人为学之意,莫非使之讲明义理以修其身,然后推以及人"而已。[1] 可见,一方面理学硕儒们将入学资格限定在道德品质优良之辈,另一方面又强调进到书院以后的根本目的,目的不在于出仕为官,而在于心性的修养、德性的提升。这种传统发展到明代依然没有改变。据统计,明代新建、重建的书院共计1662所,其中977所由各级官员兴建,但是并不表明这些书院就是官办书院,相反大多具有私学性质。其建置意图也都立基于文昌教化一说。如李东阳弘治年间重建首阳书院的目的就是在官学培养人才之外,继续"蒙养蓄锐",以待天下之用。王恕在《学古书院记》中称:"书院乃儒生讲学明论之所,所以化民善俗而成材者也……诚使吾乡复此书院,为有司者延有道之儒以为师,选民间之俊秀以为弟子员,俾之讲学肄业于其中,于以明纲常之道,知修齐之理……"李梦阳在正德六年的东山书院重建碑记中也指出,"盖书院者,萃俊而专业者也……俊不萃则业不专,业专则学精,学精则道明,道明则教化行而人知亲长之义"[2]。综合以上诸位大儒的兴办书院的初衷,我们发现推行儒家私学教化,为国家解忧、为生民立命、为万世开太平的情怀融入其中,因此提升了民众道德素养,促进了社会文明进步,是儒家教化思想和实践在现实层面对修己安人、成己成物目的的回应,也是儒家知行统一理念的最真实表现。

综上所述,官学和私学教化体系作为封建社会儒家践行教化思想的两个主要的教育平台与系统,以内容的完善和规范,以办学目的的鲜明和有力,以办学者的坚持和努力,使儒家义理的传播范围逐渐由小扩大,在社会上的影响由弱渐强。中国民众也因为这样两套并行不悖的教育、教化体系而感受到了文明的力量。儒家的纲常伦理规范通过这样两个平台下沉、渗透到社会的各个角落,最终演变成为整合与控制、发展与构建社会的现实力量。

---

[1] 以上两例参见肖永明、刘平《书院社会教化的实施途径》2003年第3期。
[2] 参见吴宣德《中国教育制度通史》第四卷,山东教育出版社2000年版,第362—367页。

第三节 家训与乡约

作为学校教化的延伸,家训与乡约是儒家在传统农耕社会对人们施行社会教化的两类主要形式。家训是学校教化之前的延伸和补充,乡约是学校教化结束之后的延续,是对社会人道德、品质、行为等的进一步提升与规范,是人们在自身所处的家族、血缘伦理为基础的区域性社会中得以安身立命的基础和保证。

一 家训与人的德行成长

1. 家训发展溯源

"训"字在许慎笔下被注释为"说教也。说教者,说释而教之,必顺其理,引申之凡顺皆曰训"[①]。而"家训"一词则最早见于范晔《后汉书·边让传》,时人蔡邕向何进举荐边让,称其"髫龀夙孤,不尽家训"[②],言下之意是因为边让父母早逝而未接受早期的家庭教育。由此肇始,家训的基本义得以明了并流传下来。"家训"就是指家庭里的德性长者对家庭成员特别是子孙的劝诫、训导、教育,以保证他们能够成才、成德等一系列活动的综合。《辞海》将"家训"一词定义为"父母对子女的训导"和"父祖为子孙写的训导之辞"两层意思,[③]《辞源》则将其定义为"家训言居家之道,以垂训子孙者"。[④] 今人霍松林先生将其看成"中国古代进行家教的各种文字记录,包括散文、诗歌、格言,等等,通常称为家训,它是古人向后代传播修身治家、为人处世道理的最基本的方法,也是我国古代长期延续下来的家长教育儿女的最基本的形式"[⑤]。综合上述意见可见,"家训"历来是从行为活动和名物器用两个角度被解读的。就行为活动来说,"家训"的起源甚早,它是随着血缘伦理家庭的形成而出现的。《尚书·虞夏书》记载尧帝命夔"典乐","教胄子,直而温,宽

---

① 许慎撰,段玉裁注:《说文解字注》,上海古籍出版社 2001 年版,第 91 页。
② 范晔:《后汉书·文苑传下》,中华书局 1965 年版,第 2646 页。
③ 《辞海》,上海辞书出版社 1997 年版,第 1151 页。
④ 《辞源》,商务印书馆 1964 年版,第 1068 页。
⑤ 翟博:《中华家训经典》,海南出版社 2002 年版,第 1 页。

而栗，刚而无虐，简而无傲"的事迹，应该是古代中国关于家训的最早记载了。另外，孔子对孔鲤的教导、孟母三迁教子的故事等，也都是家训起源和萌芽的表现。总之，魏晋南北朝之前所发生的带有家训色彩的教育教化活动只能算是家训发展的早期，尚未实现体系化和制度化，比较零散，难以作为教化的主流承担起儒家义理的传播和人的德性成长的凭借。其真正的飞跃在于名物器用载体的大规模出现和实践。

从名物器用角度讲，家训作为传统社会家庭教化、教育的主要表现形式，由于儒家义理的渗入而逐渐成为儒家推行道德教化的一类主要载体。根据各个时代和地区的表述习惯，一般称为家训，也有叫家规、家诫或家范的。魏晋南北朝时期，"诫子书"一类的早期家训以散文、章句的形式开始出现，最著名的当属诸葛亮的《诫子书》了。以专著形式出现，并在历史上具有巨大影响的家训首推《颜氏家训》，它由南北朝时期著名学者颜之推写就，是中国家训发展史上的开山之作。发展至宋代，家训、家诫得到长足发展，影响较大的有司马光所著之《司马温公家范》和袁采的《袁氏世范》。到明清时期，以《郑氏规范》、曾国藩家书等为代表的家训、家范的影响力已经遍及社会各个阶层。上至皇亲贵胄、世家大族，下至平民百姓、寻常人家都因为统治者的大力提倡与鼓励而造成了家训教化的普遍趋势，这种趋势极大促进了儒家义理的传播，客观上也给统治者在封建社会秩序的维护方面带来了便捷。显而易见，中国古代家训的发展呈现出一个由单方面实践向实践和规范体系相结合的发展过程，也就是说，家训由最初的"训"发展到"训"的体系化和制度化，并最终在全社会弥漫开来，从而成为推动儒家教化的一个重要实践形式。

2. 儒家教化思想在家训中的具体表现

自古流传下来的家训由于大多是儒家士大夫所作，所以，按照儒家精义编纂家训就是所有家训的一个共同特点。他们在家训的字里行间都体现出了儒家所要求的人之为人的根本，也体现出了儒家所期望的人生于天地间立身处世的意义。作为与农耕社会政治、经济、文化发展相适应的一套思想道德教育体系，深刻反映了儒家教化的基本指向。

首先，在对待国家、民族和家庭三者的关系处理上，寄托了长辈对子孙后代须守忠义的寄托和要求。儒家眼里的家国一体思想在家训中得到鲜明体现。长辈的劝诫往往将家族荣誉和国家、民族荣誉放在一起看待，忠、孝、信、义观念被竭力渲染，要求家庭成员务必遵循。此类劝诫常常以讲故事和格言警句的形式，体现在对家庭成员的日常生活的严格要求上。比如针对为官出仕子弟，要求务必做到廉洁忠信，讲究为官一任、造福一方，如果行贪污腐败之举，则不但给家族抹黑，更是对国家的不忠不义。司马光在《与侄书》中告诫子弟道："汝辈当识此意，倍须谦恭退让，不得恃我声势，作不公不法，搅扰官司，侵陵小民，使为乡人所厌苦，则我之祸，皆起于汝辈，亦不如也。"①《司马温公家范》以晋朝名臣陶侃之母湛氏《封鲊返书责子侃》的高洁事迹来告诫家族成员为官、为人，以及对国家大义所坚守的品格。故事讲主管渔业的陶侃在海阳县吏任上时，又一次特地送了一瓶糟鱼给母亲，然而母亲湛氏深明大义，认为此法不妥，遂将原物退还陶侃，并修书一封告诫道："尔为吏，以官物遗我，非惟不能益吾，乃以增吾忧矣。"② 此则故事虽小，但陶侃母亲的深明大义跃然纸上，家国利益孰轻孰重一眼便知，对家族子弟起到了非常好的教化效果。这就和《论语》中季康子问政于孔子所教导的一样，"政者，正也。子帅以正，孰敢不正？"③ 司马光在其家范中秉承儒家道义，说明公私分明是为官第一要义，否则，对国是为不忠，对家是为不孝，与孔孟先贤所强调的原则相去甚远，实乃家族不幸也。

其次，让家族子弟和众成员从小明白自身所处的位置，帮助他们明了自己的过去、现在和未来，准确定位自己，全力做好分内之事，才能造就有意义的生活。《礼记·礼运》言："父子笃，兄弟睦，夫妇和，家之肥也。"即是对家庭秩序意义的强调和彰显。到了董仲舒构建起"三纲五常"的伦理规约之后，儒家对于等级、秩序的要求就愈加严格了，故历代家训对此一方面均有所侧重。《颜氏家训》专辟"兄弟"章，认为兄弟是"分形连气之人"，其感情是父子、夫妻关系之外最为深厚的一种，所以，如果父母过世，兄弟之间"当如形之于影，声之与响；爱先人之遗体，惜己身之分气"，继续保持友悌之情，相互之间的友爱是家族和谐、兴旺的重要保证。为此，颜之推最后以江陵王玄绍兄弟三人的慷慨义举为例，告诫兄弟之间应该认真履行好兄友弟恭之义，对于自己的失责行为不

---

① 参见翟博《中华家训经典》，海南出版社 2002 年版，第 390 页。
② 《司马温公家范·母》。
③ 《论语·颜渊》。

可不察。①

夫妻关系在家庭中的重要性亦为儒家重视。《周易·小畜》曾言："夫妻反目，不能正室也。"意在告诫作为家中长辈，双方必须处理好关系，相亲相敬，举案齐眉，否则家乱人散，无法承担起孩子的教育和成长任务，于国而言，家不齐，则国不治，是为乱邦不可入也。为避免此种危局，《周易·家人卦》建言："夫夫妇妇，而家道正。夫义妇顺，家之福也。"言下之意是说夫妻必须恪守各自本分，受"夫为妻纲"礼教制约，封建社会后期的家训在强调夫妻各自本分基础上，进一步加强了对妻子一方的伦常规约，体现出了不平等性。清人张习孔在其家训中就说："人家不和，每由妇女，吾子孙于新娶时，即喻其妻以礼义，苟非善言，即引家训以教之，务使和顺以安家，克己以睦族，然总以丈夫刚明能制其妻为主。"② 此段告诫充分表明男权社会中女性在家庭中的地位之别，但也从另一方面说明，在"三纲"礼制规约下，封建家庭对女性道德伦理的规定是非常严格的，通常情况下，与封建国家大一统相对应，此种模式有力保证了家庭发展的秩序和有力。父子关系作为家庭伦理中的核心关系，在家训教化中处重要地位，究其原因是因为父子关系与君臣关系相比附。"古来圣贤孜孜于孝悌者，犹植木之先培其根也，为忠臣、为义士、为仁人、为君子，莫不自孝悌始。"③ 如此一来，在家国一体的大环境下，父子关系因为这种比附而被强化，成为判断能否治国齐家的标准。"内则父子，外则君臣，人之大伦也。"④ 对国家而言，为臣者尽忠；对家庭而言，为子者尽孝，而成为儒家一以贯之的传统。孔子曾经告诉季康子"孝慈，则忠"。在历代儒士眼里，忠孝由此一体化，并鲜明体现于家训、家诫教化实践之中。陆游在《放翁家训》中称其家族历代以来"孝悌行于家，忠信著于乡，家法凛然，久而弗改"，字里行间的自豪之情溢于言表。综上可见，对以"三纲"礼法为核心家庭关系的重视是历代家训作者重点关注的议题。这一特点体现了中国封建传统社会家族化、宗族化的社会架

---

① 《颜氏家训·兄弟第三》。

② 张习孔：《〈家训〉丛书集成续编》第60册。参见王瑜《明清士绅家训研究》，博士学位论文，华中师范大学，2007年。

③ 黄严江：《孝弟录序》，夏锡畴：《孝弟录》，《丛书集成续编》第61卷，参见王瑜《明清士绅家训研究》，博士学位论文，华中师范大学，2007年。

④ 《孟子·公孙丑章句下》。

构特色，与以血缘制为基础的宗法制国家统治相吻合，体现的是一种严密的宗族意识，在此力量的作用下，成员角色分明，家庭结构稳定，社会秩序相对安宁，实现了儒家教化所向往的社会有分，万物相宜目标，从这一内在关系角度而言，儒家文化的教化力量在此起了关键性作用。

再次，对家庭子弟成员道德品格的成长要求在家训中体现得最为直接和重要。儒家讲求格物、致知、修身、齐家、治国、平天下的君子尽圣之路，所以，凡流传下来的著名家训最为鲜明的特色就是长辈对家庭成员在道德伦理品德方面的修身要求。这些要求具体来说以儒家所倡导的仁、义、礼、智、信、温、良、恭、俭、让等儒家德目为主。三国时期魏国人王昶在其所著《家诫》中明确"孝敬仁义"乃"百行之首"，"行之而立身之本也。孝敬则宗族安之，仁义则乡党重之，此行成于内，名著于外者矣"。可见其对仁义德目在为人处世方面的重要性。前文说孔孟先贤特别看重学习对人发展的意义。曾子曰："吾日三省吾身：为人谋而不忠乎？与朋友交而不信乎？传不习乎？"[①]后世儒家士子为此秉承这一道德金律，无不将其作为家训、家诫的重点。南宋陆九韶在其《居家正本》里告诫家族成员子弟只有安心研读圣贤之书才可知人间兴替，察春秋之变，明世间万理，行春秋大义。他称："愚谓人之爱之，但当教之以孝悌忠信，所读须先六经论孟，通晓大义。明父子君臣夫妇昆弟朋友之节。知正心修身齐家治国平天下之道，以事父母，以和兄弟，以睦族党，以交朋友，以接邻里，使不得罪于尊卑上下之际。次读史以知历代兴衰，究观皇帝王霸，与秦汉以来为国者，规模措置之方。"[②]

乐天知命，俭以养德在儒家修身德目中是孔子极为看重的。他最为器重的弟子颜回正是因为具备了贫寒不改其乐的品质而深受褒奖，这是孔子教育过程中仅为一见的大事，所以，千百年来，后儒在教育子弟过程中自然将知足常乐、戒骄戒奢等品德作为子弟必须具备的要件，认为只有如此才能于个人善始善终，于家族兴旺长久。《诫子书》中，诸葛亮为此谆谆告诫后人"静以修身，俭以养德，非淡泊无以明志，非宁静无以致远"成为体现君子修身的必备要素而广为流传。著名的《袁氏世范》分为睦

---

① 《论语·学而》。
② 陆九韶：《居家正本制用篇·正本》，《四部备要》本，中华书局1925年版，第62—63页。

亲、处己和治家三卷 187 则，内容涉及子女教育、修身治家、处世交友、德行修养、持家守业等生活的方方面面。纵观全书，无论是睦亲、处己还是治家，一以贯之的主线然是站在个体道德成长基础上的进一步发展。袁采以人的成长为线索，最先提倡"教子当在幼"，为了培养子弟不争不夺，免于外物所役的品德，主张均平如一，不可偏心娇宠，在他看来，父母对待众多孩子"饮食、衣服之爱不可不均一"，因为如果"初不均平，何以保其他日无争"！[①] 这种做法是防患于未然，从个人道德品质而言，是培养孩子的公正无私观念；从家族繁衍发展角度而言，是防患于未然，以免兄弟之间因为财物分配问题而导致家族利益受损。同时，这种公正之举的第三个好处是能够在孩子面前树立起父母良好的道德形象，以实际行动做出表率和榜样，从而形成一种良好的家风遗传。在青少年求学时期，告诫子弟千万不可废学，认为人"命有穷达，性有昏明，不可责其必到，尤不可因其不到而使之废学"，[②] 也就是说，不能因为资质差异，无以成就学问或者致仕就放弃自修和学习。安身立命的道路有很多，无论哪一条道路，孜孜以求的精神和品德是不能放弃的。待到成年立家经世之后，兄弟之间切不可因为分家等事伤害孝悌礼仪，本着"不恤其不知恩；不望其必分惠"的态度消弭兄弟之间可能出现的罅隙。[③] 在与左邻右舍、乡里乡亲的关系相处上，端正态度和品行，切不可以权压人、以富欺贫，须要和睦待人，谦虚恭敬。袁采为此不烦琐细，诸如教育孩子莫要攀折邻里果木、管好自家牛羊、不可损坏他人菜园田圃等均在告诫之列。除此之外，诚信作为儒家倚重的一种重要品德，袁采将之放在经商运营环境下，对当时社会上出现的"贩米加水"、"卖盐杂灰"、"卖漆和油"等造假行为予以抨击，告诫子弟在商业活动中要"存心近厚"，[④] 切不可坑蒙拐骗，坏了社会风气。

综上所述，家训作为儒家教化的主要形式之一，从诞生以来，就承担起了宣扬和践行儒家义理的使命，将它应用于对家庭子弟的教育引导，根据其注重生活化的规训和实践的特点，有效帮助孩童自小就接受了系统的

[①] 袁采：《袁氏世范·睦亲》，天津古籍出版社 1995 年版，第 15 页。
[②] 同上书，第 14 页。
[③] 同上书，第 22 页。
[④] 同上书，第 168—169 页。

儒家精义的熏陶，作为传统的集实践和理论为一体的读物，编纂体例丰富，语言表述符合各地习惯，既有短小精悍的格言警句，也有丰富生动的生活实例，这种"贴近生活，贴近现实，易懂易记"、"剖肺腑、吐真言、动真情"的教育方式方法，因为增加了更多的"亲情实趣"①，比起道德说教式样的、强制的行政命令式的教化更加具有实效性，不失为儒家教化史上一种有效的教化方式。

二 乡约的制度性教化与人的德性成长

有学者言："乡约萌芽于周朝的读法，形成于宋代的吕氏乡约，在明朝开始得到官府的提倡，在清代得到普及。"② 作为一种综合性制度，乡约教化自宋朝吕氏兄弟开启，其间经过元、明、清三代的发展渐趋成熟，由一个旨在维护一地一乡社会治安的归约性文本及实践活动发展成为融涵社会治安、文明教化、地方管理为一体的制度性综合治理、教化体系。而儒家礼义在此规约的实施过程中完全与地方民众的日常生活联系起来，成为儒家知行合一教化理念的又一重要载体和表现形式。具体来说，乡约教化是在家庭、家族教化基础上，儒家教化实践范围扩大化和教化体系的制度化，是对人进行德性教化和礼制规约的时空延续，是儒家教化社会控制力提升的标志之一，也是在思想文化和意识形态教育领域连接个人、家庭与国家之间的一个重要桥梁。

1. 历代乡约及实践概观

中国首部"乡约"出自宋代吕大均、吕大防、吕大忠、吕大临四兄弟之手。他们师从著名理学家张载和程颐，对于儒家义理推崇备至，加之受唐末以来民间社会组织发展的影响，蓝田吕氏兄弟为将儒家教化思想付诸实践，体现士大夫群体"先天下之忧而忧，后天下之乐而乐"的精神，以此弥补社会转变过程中国家权力在乡村的缺失，从为国分忧的立场出发，号召乡绅自觉组织和治理乡村，以实现太平盛世的政治抱负，《吕氏

---

① 王有英：《中国传统家训中的教化意蕴》，《湖南师范大学教育科学学报》2004年第7期。

② 段自成：《清代北方官办乡约研究》，中国社会科学出版社2009年版，第1页。

乡约》由此诞生。①《吕氏乡约》含"德业相劝"、"过失相规"、"礼俗相交"、"患难相恤"四条大纲，纲下有目，"德业相劝"规定乡人须见善必行、闻过必改、治身治家、事父兄长上等；"过失相规"界定酗博斗讼、行不恭逊、言不忠信等违反礼制；"礼俗相交"强调待人接物需要遵循造请拜揖、请召迎送、庆吊赠遗等礼节；"患难相恤"则规定在遇到水火、盗贼、疾病、贫乏等无常灾害时候，乡民当互相帮助，共克时艰。在组织形式和活动方面主要有罚式、聚会、主事三项内容，即乡民公选一名德高望重者担当约正，由其在月中选直月一人，负责"三籍"整理，即将愿入约者、德业可劝者、过失可规者各书于一籍。而所谓罚式就是针对"过失相规"中那些不遵守犯义、犯约、不修之过者给予一定数额的经济处罚，处罚原则是轻过从免，再犯不免，对"累犯重罚而不悛者，特聚众议，若决不可容，则皆绝之"。至于"德业相劝"、"礼俗相交"、"患难相恤"等纲目，《吕氏乡约》侧重于乡绅、乡民的自我道德约束。由此可见，宋代乡约既是民间士人出于经世致用目的在小范围内订立的道德规范，也是根据社会发展实际，维系群众，帮助群众进行互教互助的一个组织体系，纵观乡约发展历史，这两个特质从未改变。

如论文上篇所述，乡约在明代中期逐渐推行开来，著名代表当属王阳明的《南赣乡约》。相较《吕氏乡约》，明代乡约的组织形式渐趋复杂，在前代基础上设立约长一人、约副二人、约正四人、约吏四人、知约二人。约会的主要活动是设告谕牌、宣读圣谕和盟誓，这些都是王阳明的首创。所谓圣谕就是明太祖制订的"孝顺父母、尊敬长上、和睦乡里、教训子孙、各安生理、毋作非为"六条。在上述活动结束之后，紧接着进行彰善纠过。所谓彰善纠过，就是约正要在乡约大会上就某人所行某事是否符合或违反乡约规定，在公众面前予以善恶性质的判定。如果所为之善，则宣布"某为某善事，某能改某过，是能治其身也……使人人若此，风俗焉有不厚。凡我同约，当取以为法"。反之，如果所为之恶，则指出"闻某有某过，未敢以为然，姑书之以俟后图"。本着治病救人的原则，纠过时候主张"辞隐而婉"，否则会激化矛盾，不利于犯错人的思想改造，最好"先期阴与之言，使当自首，众共诱掖奖劝之，以兴其善念，

---

① 金滢坤：《论唐五代宋元的社条与乡约（二）——以吕氏乡约、龙祠乡社义约为中心》，《敦煌研究》2008年第1期。

姑使书之，使其可改"。如果不能悔改，再纠而书之。倘使终不能改，则只能告官纠治，甚至协同官府消灭了。王阳明的乡约实践的目的，诚如在其谕民文告中所说，凡入约乡民，"皆宜孝尔父母，敬尔兄长，教训尔子孙，和顺尔乡里，死丧相助，患难相恤，善相劝勉，恶相告戒，息讼罢争，讲信修睦，务为良善之民，共成仁厚之俗"①。这是对《吕氏乡约》基本特质的继承，也是儒家士人秉承内圣外王，对修己安人思想进行的实践。

及至清代，满洲贵族为了巩固统治，在加强民众思想控制方面，全盘继承了明代流传下来的乡约教化体系。顺治十六年，中央诏令各地"设公所，择善讲人员讲解开谕，以广教化"。此后，全国各地开始纷纷仿照朱元璋的"圣谕六条"，以至于宣讲"圣训六谕"、"上谕十六条"及《圣谕广训》成为乡约活动的重点。康熙皇帝面对"风俗日弊，人心不古"的社会现实，认识到"至治之世，不以法令为亟，而以教化为先。其时人心醇良，风俗朴厚，刑措不用，比屋可封，长治久安，茂登上理。盖法令禁于一时，而教化维于可久。若徒恃法令，而教化不先，是舍本而务末也"。为此，他在全国颁布"上谕十六条"、"以示尚德缓刑，化民成俗之意"②。雍正则将"上谕十六条"演绎成《圣谕广训》，要求"直省各州县大乡大村人居稠密之处，俱设立讲约之所，于举贡生员内，拣选老成者一人以为约正，再选朴实谨守者三四人，以为直月。每月朔望，齐集乡之耆老、里长及读书之人，宣读《圣谕广训》，祥示开导，务使乡曲愚民，共知鼓舞向善"③。通过清代开国初期几位皇帝的努力，基本建成了全国性的乡约教化体系，对巩固清朝在全国范围的统治发挥了重要作用。然而好景不长，宣讲圣谕的形式化和空洞化扼杀了乡约发展的可持续性，加之乡约日渐官役化，与保甲制度相隔离，导致明末建立起来的乡治体系被迫瓦解，乡约也由"明代作为控制乡村社会的吏治工具，变为宣讲圣谕的御用工具"，由此一来，这种缺乏地方性、时效性，无法提升民众参

---

① 王守仁：《王阳明全集》卷十七《别录九·南赣乡约》，上海古籍出版社2011年版，第600页。
② 《清圣祖实录》卷34，中华书局1985年版，第461、466页。
③ 《钦定大清会典事例》卷397《礼部·风教·讲约一》，《续修四库全书》，第804册，第330页。

与积极性的儒家教化实践完全失去了本来意义而走向衰落。①

2. 乡约的制度性教化特色分析

之所以说乡约实践为儒家教化带来了制度性变革，就是因为乡约自建立之日起就以一套完整的规制承担教化职责，这种规制体现了儒家教化的政教和刑教特点，将正己正人和抑恶扬善理念予以制度化践行，由此保证了儒家教化在社会日常生活中的权威和有效。徐复观先生尝言："儒家的政治思想，从其最高原则来说，我们不妨方便称之为德治主义。从其基本努力的对象来说，我们不妨方便称之为民本主义。把原则落到对象上面，则以'礼'经纬于其间。"② 照此看来，乡约实践不啻为一个集德治和民本为一体的综合教化体系。

首先，乡约中规定约正等职务人员必须是乡里饱读诗书，德行优良之耆老一辈，以保证彰善纠过事宜的公平和公正。此一制度设计符合儒家对执政者"政者，正也，子帅以正，孰敢不正"③ 的为政要求，也符合"为政以德，譬如北辰，居其所而众星拱之"④ 的为政规律。

其次，乡约实践发展到后期，教化之责渐趋让位于基层行政管理，从而在功能上对基层政治的巩固和维护起到了积极作用。明代中期开始的乡约行政组织化趋势的表现就是官办乡约开始加入了催粮完税职能。王阳明在《南赣乡约》中规定："寄庄人户，多于纳粮完差之时躲回原籍，往往负累同甲。今后约长等劝令及期完纳应承，如蹈前弊，告官惩治，削去寄庄。"⑤ 发展到清代，这种职能普遍施行于全国各地的乡约。除此以外，由纠过发展而来的稽查职能、调解民间纠纷的基层司法职能，由互帮互助职能演变而来的救灾济困职能，等等，都成为乡约行政组织化的具体表现。总之，明清两代的乡约发展呈现出由单纯教化型乡约向综合管理型乡

---

① 董建辉：《明清乡约：理论演进与实践发展》，厦门大学出版社2008年版，第232—236页。

② 徐复观：《儒家政治思想的构造及其转进》，转引自王曰美《儒家政治思想研究》，中华书局2003年版，第182页。

③ 《论语·颜渊》。

④ 《论语·为政》。

⑤ 王守仁撰：《王阳明全集》卷十七《别录九·南赣乡约》，上海古籍出版社2011年版，第601页。

约转变的趋势，虽然有学者将此趋势看作是乡约教化职能削弱的表现，①但笔者以为这恰好是儒家政教理念具体实践的一种发展，教化形式虽然有所变化，但同样有助于儒家意识形态巩固和安定国家社会秩序。

再次，无论是早期的民办乡约，还是后期的官办乡约，贯穿终始的最大特点就是维护大一统政治的利益诉求非常明显，这可以从乡约在宋、明、清三代被彰显和推广的历史背景得到证明。宋代《吕氏乡约》滥觞的一个最基本社会背景是社会的混乱。北方少数民族的侵扰伴随宋王朝始终，在这个过程中，社会秩序动荡不稳，盗贼频生，文教不昌，民生奸邪。为此，出于维护本乡本地民众生活安乐秩序和弘扬道德文教之目的，吕氏兄弟首倡乡约，试图"用儒家礼教为核心的乡约来教化民众，移风易俗，创造和谐社会，达到儒家思想主导的大同社会的目的，这一出发点顺应了君主专制统治的需要"②，从而在维护民众基本权益的基础上获得了推广的合法性。③ 明代王守仁之所以能做出立德、立言、立功的伟业来，恰与其在乱世之际推广乡约，维护正统是分不开的。南赣地区位于湘赣闽粤四省交界地方，明中期以后，乡邻四省的编户齐民纷纷涌入，与当地土著畲、瑶等族混杂聚居，他们常常聚啸山林，成为威胁社会安定秩序的流寇。《明史》记载，当王阳明在正德十二年（公元 1517 年）抵达该地区时，面对的是"南中盗贼蜂起"，谢志山等绿林草莽占山为王，"攻剽府县"的混乱状况。④ 为消弭匪患，王阳明剿抚并用，一方面全力镇压，另一方面推行十家牌法，将地方庄户人家以连带责任形式约束在政府的控制范围之内。经过他的努力，南赣匪患基本消灭，然而他并不就此停止探讨寻求天下治世的脚步，"以为民虽格面，未知格心"，于是为"破心中贼"，"乃举乡约告谕父老子弟，使相警戒"。在他看来，一些民众走上打家劫舍之途，导致社会走向动乱的原因，并非这些"冥顽者"单方面的原因，"有司抚养之有缺，训迪之无方，均有责焉"。"故特为保甲之

---

① 段自成：《清代北方官办乡约研究》，中国社会科学出版社 2009 年版，第 131—189 页。
② 祁晓庆：《儒学教化中的民间结社——以社条、乡约为中心的考察》，《社会科学家》2010 年第 4 期。
③ 关于乡约在初期合法性的问题，学界有观点认为因为权力来源不同，所以导致乡约在宋代推广不被官方支持甚至阻挠。的确，吕氏兄弟的实践并不一帆风顺，但这丝毫不影响乡约被推广和张扬的历史发展趋势。所以，从这一层意义来说，它逐渐获得政治合法性是成立的。
④ 《明史·列传·王守仁》。

法,以相警戒,连属父老,其率子弟慎行之。务和尔邻里,齐尔姻族,德义相劝,过失相规,敦礼让之风,成淳厚之俗。"① "他之所以倡行乡约,就是要使乡民心存善念,以善念待人处事,最终成为良善之民,从而共成仁厚之俗。"② 待发展到清代,官办乡约纷纷建立,究其原因,主要在于清朝统治者作为后进民族,非常重视"教养结合的安民之术",在老人制度、里甲制度和保甲制度相对衰落,不足以给基层提供足够的稳定保障的时候,就需要"利用教化加强对民众的思想控制","发挥乡约在乡村教化中的积极作用",③ 以保证基层政治统治的稳定。

乡约也是儒家刑教理念的一种实践和体现。儒家在道德法则支配下,认为人人皆可为尧、舜,特别强调"礼"对人成长的重要作用,但这并不代表儒家忽略刑罚惩戒对人品德行为的规约,所谓"出礼入刑"、"以礼入法"就是这个意思。瞿同祖先生曾经就此指出:"儒家虽主张德化,却不曾绝对排斥法律,汉以后的儒者则于法律本体的存在问题已不再怀疑,也不再反对以法为治世之具,自不再作迂而无益的坚持,既把握住支配立法的机会,于是以礼的原则和精神,附以法律的制裁,编入法典中,儒家的目的也就以变通的方式达到,而踌躇满志了。"④《周礼·秋官司寇》对大司寇的职责明确道:"以五刑纠万民:一曰野刑,上功纠力;二曰军刑,上命纠首;三曰乡刑,上德纠孝;四曰官刑,上能纠职;五曰国刑,上愿纠暴。以圜土聚教罢民,凡害人者,置之圜土而施职务、事焉,以明刑耻之。其能改过,反于中国,不齿三年,其不能改而出圜土者,杀。"由此我们也就可以理解荀子为什么言人性恶,而主张"由士以上则必以礼乐节之,众庶百姓则必以法数制之"。另外,就教化和刑罚在国家治理过程中的应用,他以辩证的眼光论述称:"故不教而诛,则刑繁而邪不胜;教而不诛,则奸民不惩,则勤励之民不劝;诛赏而不类,则下疑俗俭而百姓不一。"⑤ 至于失去德性的小人和贼人,则必须"不待教而诛之"了。孟子在和万章的讨论中鲜明表达了这一观点。万章请教孟子:"今有

---

① 王守仁:《王阳明全集下》卷三十三《年谱一》,上海古籍出版社 2011 年版,第 1255—1256 页。
② 董建辉:《明清乡约:理论演进与实践发展》,厦门大学出版社 2008 年版,第 187 页。
③ 段自成:《清代北方官办乡约研究》,中国社会科学出版社 2009 年版,第 43—66 页。
④ 瞿同祖:《中国法律与中国社会》,中华书局 2003 年版,第 349 页。
⑤ 《荀子·富国》。

御人于国门之外者，其交也以道，其馈也以礼，斯可御与？"孟子解惑称："不可。《康诰》曰：'杀越人于货，闵不畏死，凡民罔不譈。'是不待教而诛者也。殷受夏，周受殷，所不辞也，于今为烈，如之何其受之。"① 综上可见，儒家刑教由来已久，后世儒者发明乡约，以完整的制度形式践行刑教理念的确是对儒家教化方式方法的创新和开拓。

严格的组织形式是乡约制度性教化最鲜明的特质，它在发挥"彰善纠恶"功能的过程中，并不是随心所欲，而是严格按照既有规定，以程序正义来保证教化效果。《吕氏乡约》定四纲，纲下有目，对入约之民的权利义务规定的一清二楚，从而为制度性教化奠定了基础。后来朱熹加以增损，又规定约中之人"推有齿德一人为都约正，有学行者二人副之，月轮一人为直月。置三籍，凡愿入约者，书于一籍，德业可劝者，书于一籍，过失可规者，书于一籍"。② 这一"入籍"规定，体现出有据可查、有据可依的特点，保证了乡约内部的规范运行。安徽祁门文堂《陈氏乡约》作为明代的代表性乡约，是乡约制度性教化的代表。《陈氏乡约》包括《文堂乡约家法序》、《圣谕屏之图》、《文堂乡约家会坐图》、《会仪》、《会诫》、《文堂陈氏乡约》、《圣谕演》、《文堂乡约序》、《文堂乡约叙》、《文堂陈氏乡约序》等系列性规制多篇。《陈氏乡约》规定，每月定在朔日于陈氏祠堂举行约会，称之"乡约家会"（正月因与春节冲突而改在望日）。约会召开时，必须按照既定规制各就其位，各司其职。约会进行当中，无论是宣讲圣谕，还是彰善纠恶，在场之人均须严格遵循礼制，衣冠整洁，肃静听讲，不得大声喧哗，无礼无制，更不能恃顽抗法、当会逞凶，否则将记入恶簿，严重者送官查办③。严整的程序设计体现了《陈氏乡约》体系完备，规格严整的特点，是乡约制度性教化效果得以提升的根本原因。由此可见，乡约之所以能在基层社会起到稳固政权，和谐人际关系，提升民众道德修养和水平的作用，重要原因之一就是这种规范化的运行保证了教化效果。入约之民无论是在年初岁尾，还是月中月末，无论是在日常生活，还是在约会堂上，都受到了严密的礼法规约，这种带有刑

---

① 《孟子·万章下》。
② 《五种遗规·训俗遗规·增损吕氏乡约》。
③ 陈氏乡约规定的具体约会仪则，参见董建辉《明清乡约：理论演进与实践发展》216 至 223 页部分。

教色彩的规约有力引导着民众的德性成长方向，从而以外在的强制力推动了民众自我德性品质的提升。

第四节 日用民俗中的儒家教化

儒家教化思想的实践除了学校教化、家庭教化和官方主导下的地方基层治理教化之外，还有一系列更广泛意义上体现知行合一教化特点的教化形式，这个系列形式最主要的变现就是在吃、穿、住、用、行等日用民俗中蕴涵着丰富的儒家伦理教化意蕴。民俗常常在历史长河中通过积习渐染而形成，它常常和风俗联系在一起，在民众生活中具有普遍影响，是判断一个地区社会风尚的重要社会现象，历来为统治阶级所重视。汉代士人贾山言"风行俗成，万世之基定"。南宋士人楼钥认为风俗实乃国家纪纲，称："国家元气，全在风俗；风俗之本，实系纪纲。"明代士人郑晓则言："夫世之所谓风俗者，施于朝廷，通于天下，贯于人心，关乎气运，不可一旦而无焉者。"① 由此可见，民俗的教化意蕴既是儒家出于构造完整的教化环境来增强仁、义、礼、智教化的结果，也是为巩固和维护其所期望的良风美俗而形成的格局。

一 民俗教化功能及本质

陈建宪先生将民俗定义为"一个国家或民族中广大民众所创造、享用和传承的生活文化"。在他看来，民俗形成之后，就成为"规范人们的行为、语言和心理的一种基本力量，同时也是民众习得、传承和积累文化创造成果的一种重要方式"②。作为社会经济关系的产物，其从发生到发展伴随人类生活几千年，从而衍生出了各种形态。目前学界比较一致的观点是将其分为四大部分，即物质民俗，包括生产、商贸、饮食、服饰、居住、交通及医药保健等；社会民俗，包括社会组织、社会制度、岁时节日和民间娱乐等方面；精神民俗，包含民间信仰、巫术、哲学伦理观念和民间艺术；语言民俗，具体为民俗语言（谜语、歇后语、谚语等）和民间

---

① 转引自王利器《风俗通义校注》，中华书局2010年版，"风俗通义校注叙例"。
② 见钟敬文主编《民俗学概论》，上海文艺出版社1998年版，第1—2页。

文学（神话、歌谣、传说、故事等）。① 据此判断，对于这样一种渗透于人们日常生活方方面面的文化现象，姑且可以认定，它既是人们生产实践的产物，同时也是对人们的生产实践具有反作用的一种影响力，这种影响力就是它所承担的教化功能。

民俗的教化功能是指"民俗在人类个体的社会化文化过程中所起的教育和模塑作用"②。因为人作为社会生活环境中的一份子，民俗伴随人生老病死的始终，在人的社会化过程中起着决定性作用。可见，人在日常生活中总是要受到民俗教化的影响。需要在此强调的是，民俗既然作为一定社会条件下人们生产实践的产物，那么，当它形成以后，就同其他社会意识形态或思想文化产品一样，具有了相对独立性，这样就在变迁和发展速度上落后于社会生产实践，③ 如此一来，就需要在理论和实践两方面对不符合社会发展的民俗进行变革，这种变革是以改变民俗环境中成长的人来实现的。换言之，对人进行的教化及成长就会作用于新民俗的形成和发展，这就有了所谓的"化民成俗"和"移风易俗"。由此可知，民俗对人具有教化功能，反之，民俗的发展与进步即改变也需要人的不断参与。就此角度总结而言，民俗的教化功能是人们生产、生活实践与民俗发展相辅相成并共同推进、互助互利的动态过程。在这一相互推进的发展过程中，民俗的教化作用主要表现如下：

首先，民俗中所蕴涵的乐教功能有利于民众德性培养和成长。包括各地独特的绘画艺术等都能在一定程度上承担起这一功能。例如渗透着浓厚儒家精义的民间音乐作为乐教化民的代表，就承担着娱己娱人、陶冶性情、传播真善美的功能。以民歌为例，各地区民众创造的号子、山歌、小调是劳动和生活过程中为缓解疲劳、紧张情绪，调动劳动积极性，对社会中发生的假恶丑等不合礼法现象进行劝说和教导的一类音乐艺术。如广泛流传在甘、青、宁30多万平方公里交界地区，由包括七个少数民族在内共同传唱的"花儿"民歌，内容丰富，意象表达多样，包含了诸多具有儒家伦理色彩的道德劝诫。有首曲子唱道："荞麦三棱豆子圆，胡麻开花

---

① 钟敬文：《民俗学概论》，上海文艺出版社1998年版，第5—6页。
② 同上书，第27页。
③ 张桥贵：《论民俗文化的社会功能与变迁》，《思想战线》1989年第5期。

下瓦蓝；旁人再好是枉然，顶不住自个的老汉。"① 此曲意在告诫女性当以家庭为重，谨守妇道。还有一则曲子唱到"湟水河儿里春潮涨，水线上盖一盘磨哩；过河拆桥的心要想，人人在年轻处过哩"②。这是儒家信义精神的要求，以过河拆桥可能带来的更大困难和损失的意象来表明为人处世必须诚信为本，守义为要，切不可见利忘义。

其次，民俗中蕴涵的儒家礼教色彩对社会发展和秩序和谐与维护起到相当程度的导向作用。儒家所规定的吉礼、凶礼、军礼、宾礼、嘉礼五礼，几乎包含了人们日用生活的方方面面，儒家通过一系列规范化的礼节仪式，意在表明人类自身对天地万物的尊敬，对先祖神祇的追慕，对人伦规范的认识，从而在内心明白自己作为社会一分子，有一个自知之明。如作为嘉礼的一部分，婚姻礼仪的各个环节都渗透着儒家伦理精神，对底层民众的教化功能非常鲜明。《礼记·昏义》开篇即言："昏礼者，将合二性之好，上以事宗庙，而下以继后世也，故君子重之。"此言一语道明婚姻的重要性——传宗接代。因为在儒家礼义中，"不孝有三，无后为大"③，一个人如果不能接续先辈血脉，那么对于家族而言是损失，对于国家而言亦是不敬，忠孝一体的农耕社会中，人口的繁衍对于国家和社会的存在重要性是不言而喻的，人口意味着财富，人口多少、质量高低都关系到一个国家最基本的发展指标，也是判断一个国家和社会富庶的标准，是否能让民众安居乐业的判断标准。如此一来，两人在组成家庭之前的一系列婚姻礼仪就显得顺理成章了。这个过程是由"六礼"组成的，即纳采、问名、纳吉、纳征、请期、亲迎。当男方打算与女方有结亲意愿后，要派媒人前去探询，得到肯定答复后，方"下达纳采。用雁"④。为什么必须规定这一环节呢？因为儒家强调男女有别，"无媒不交"，⑤ "媒氏掌万民之判，凡男女自成名以上，皆书年、月、日、名焉，令男子三十而娶，女二十而嫁"⑥。可见儒家严格遵守古礼，体现的是对社会伦理规约的尊重。接着在问名和纳吉环节，媒人需要把女方的生辰八字拿回男方家

---

① 《中国歌谣集成·宁夏卷》，中国ISBN中心，1996年。
② 滕晓天：《青海花儿话青海》，香港银河出版社2002年版，第163页。
③ 《孟子·离娄上》。
④ 《仪礼·士昏礼》。
⑤ 《礼记·坊记》。
⑥ 《周礼·地官·媒氏》。

里放置在先祖牌位或神灵前,看是否给家里带来祸患,待三日后,如果没有异常,表示男女八字相合,另外也有请算命先生推测两人八字是否相合,如果符合,就意味着婚姻即将步入到纳征阶段。所谓纳征就是男方纳吉往女方家里送出聘礼。孔颖达在《仪礼·士昏礼》的注疏中认为,"纳征者,纳聘财也。征,成也。先纳聘财而后婚成"。言下之意是经过聘礼环节,双方的婚约就被订立下来。随后在迎亲阶段,女方准备嫁妆,娘家亲戚以"装箱"礼表达出阁祝福。迎进新房之后,童男压床,同时撒满大枣、桂圆、莲子、花生等坚果,以表达早生贵子之意,包括宴客待宾、闹洞房等热闹环节,都蕴含着祈求家族兴旺发达的寓意。而婚礼完毕之后,也有拜祠堂、敬祖坟、认亲戚等环节,其意思均表示对家族新成员的接纳,也表示对祖先和宗族的尊重,作为家族成员完成了一件继往开来的重任,反映出儒家忠孝观念对人们婚姻生活的影响。

再次,由于民俗具有规范性和调节性的社会功能,所以,这和儒家所提倡的礼教理念近似,其规范和调节社会关系由此成为教化的一部分。[1] 民俗的规范性功能看似是一种软性控制,实则具有无形的强制力。《礼记·月令》载:"立春之日,天子亲帅三公、九卿、诸侯、大夫,以迎春于东郊。"这就是说,出于农耕社会生产条件的限制,根据时令节气必须在一定时间做好春耕夏播、秋收冬藏的系列工作,诸如祭天、祷神等事关农业生产的祭祀礼法活动必须按照时令来做,不可拖延,显然这是不需要法律强制的,但人们又不得不严格遵守的一种礼制规约,不仅天子要做好万民表率,而且在民间也必须以相类似的祭祀活动拉开一年农业生产的序幕。如果不依据节令要求,违背自然规律,就会出现如"孟春行夏令,则风雨不时,草木蚤落,国时有恐;行秋令,则其民大疫……行冬令,则水潦为败,雪霜大挚,首种不入"[2] 的情况。可见,民俗在其产生之后,因为必须要符合社会生产生活基本规律的需要,在农业社会的生产力条件下,久而久之逐渐成为类似于法规的指导和调节规范而应用于人们生产生

---

[1] 陈建宪先生在其《试论民俗的功能》一文(《民俗研究》1993年第2期)和参编的《民俗学概论》(钟敬文主编,上海文艺出版社1998年版)一书中将民俗的社会功能概括为教化、规范、维系、调节四个方面,其将教化功能单列的做法笔者亦表赞同。但是从广义角度而言,儒家教化不仅仅是礼乐之教,也包括带有强制力的刑罚之教,如此从总体上来说,规范、维系和调节功能均属教化范畴也是成立的。

[2] 《礼记·月令》。

活实践。

综上所述，受制于农耕社会时期的生产力发展水平，为了让自然为人类更好服务，儒家主张顺天应人，不违天时，尊重自然，要求作为天的代表——君王、皇帝必须带领民众敬畏天的神明，赞美天的德性，"与天地合其德，与日月合其明，与四时合其序"①。在此条件下形成的民俗，是根据这些规律发生发展和形成的，反过来，它就具有了指导人们生产生活实践的作用。由此看来，儒家对"礼"的尊重和提倡是民俗形成的主要原因，古人言"礼，履也。国人所践履，定其法式，大而冠昏丧祭，小而视听言动，皆有其节文也"②。由此看来，民俗就是儒家"礼"的社会化、大众化的体现，民俗的本质就是儒家的"礼"，是根据各地实际通过下沉与渗透在民间社会的一种反映。虽然各地方的民俗习惯多少有些差异，但贯穿其中的儒家礼义精神是一致的。当然，需要指出，各地方的一些陋俗并不应该包含在这一规定范围之类，但类似于古代妇女缠脚这样的具有时代性的"陋俗"则恰恰又体现了礼的本质和蕴涵，故我们从一般意义上得出这样一个结论：民俗具有包括教化功能在内的多种社会功能，究其缘由，盖因为其在生成、发展过程中，或发端于礼，或入俗以礼，以礼来移风易俗，从而将民俗打造和转换为儒家进行社会教化的工具。鉴于民俗种类多样，笔者试图以岁时节令和地方民歌为例，就日用民俗的教化功能继续予以解读。

二 岁时节令中的教化思想——以清明节为例③

岁时节令在农耕文明时代对人类生产生活具有重要指导意义，很多日常时令发展为节日成为人们表达一种思想意象的载体，这些时令或节日因

---

① 《周易·乾卦》。

② 此句出处学者皆言其来自《周礼》，然具体篇目却均未注明，笔者查阅亦无所得，只能在此注明以示对杨成志《民俗学之内容与分类》（见《民俗》1942 年第 1 卷第 4 期）等文章的尊重。

③ 有关清明节论述，笔者分别参考有江玉祥的《清明节的来历及文化意义》（《西华大学学报》（哲学社会科学版），2010 年 6 月刊）、柯玲，高倩艺的《和谐身心 道德清明——清明节传统道德内涵赏析》（《中国德育》2009 年第 4 期）、张淑红的《清明节礼俗考述及其当代意义》（《人民论坛》总第 400 期）、江兴龙的《论清明节传统文化的内涵与传承思考》（《凯里学院学报》2008 年 8 月刊）等文章，在此一并致谢。

为融入了更多的儒家伦理道德规约而具有了丰富的教化功能。

　　清明既是二十四节气之一，又是一重要的纪念性节日。这个日子常有祭祀先祖、扫墓垒土等礼仪活动，也有戴柳踏青、荡秋千、放纸鸢等文娱活动，亦有植树造林、栽瓜点豆等农事活动。作为时令和节日相而为一的特殊民俗，其形成过程显现出它是儒家义理与人们生产生活实践相互融合、演化而生成，从而具有移风易俗功能的一个儒家教化载体。

　　据学界考证，清明作为节气名称最早出现于《淮南子·天文训》，"春分后十五日，斗指乙，则清明风至"。明代彭大翼《山堂肆考》转录《岁时百问》（已佚）言"万物生长，此时皆清洁而明亮，故谓之清明"。作为节日，学界一般认为其形成与前后相连的上巳节和寒食节密切相关。上巳节原为夏历三月第一个巳日，在传统文化中，这一天是人们举行"祓禊"仪式的日子，也就是在春天和美的日子里到河边亲水嬉戏的日子，以祛除晦气，含有万象更新之义。同时，在古人看来，这也是青年男女表达爱慕，进一步发展关系的前奏。《周礼·媒氏》所谓"中春之月，令会男女，于是时也。奔者不禁。若无故而不用令者，罚之"。这种按照自然物理规律进行的人事生产说明尊重自然规律，表明春天在古人眼里对于人种繁衍与社会发展的重要性。寒食节在冬至后一百零五日，这天有疾风暴雨，人们禁止生火做饭，俗称寒食。为何禁止生火，只吃冷食，原因是需要"改火"，也就是熄灭旧火，改用新火。笔者以为这可能是原始社会的一种图腾遗存，因为火在原始社会非常珍贵，当人们掌握了取火方法之后，也就产生了一年一度的"尊火"仪式，也是符合天道自然观念的一种表现。但后来与寒食节紧密相关的是晋国忠臣介子推的忠义故事。众所周知，晋文公重耳登基后，忘记了封赏曾经有功、有恩于己的介子推。然介子推并不挂怀，反而不为名利所动，隐居山野，坚辞不授。纵使晋文公命令放火烧山与母亲就义于一棵大柳树下。更令人钦佩的是介子推在死之前留下遗书，劝谏晋文公当秉持仁政，勤政清明复清明。文公感其节义，遂令民众五月五日不得发火，以表纪念感怀。魏晋以后，上巳与寒食已经发展到在时间上开始重叠，而清明紧随其后，于是，上巳、寒食、清明三个节日的习俗发展至唐代已经不甚分明，到宋代以后也就自然合而为一了。

　　至此，我们似乎无法理解的一个问题出现了，那就是清明节作为中国的三大鬼节之一，为什么在这一天既有追慕先祖、慎终追远的庄严祭祀，也有寒食以饭的纪念，以及包括戴柳郊游、嬉戏踏青的文娱活动，甚至在古时候民间也将孩子的成年礼放在这天举行呢？作为一系列相对、相反的文化现象在同一天出现似乎有些不合逻辑，但仔细推究其中的蕴涵则发觉古人之所以将上巳、寒食、清明合而为一的良苦用心了。

儒家讲忠孝节义，将其作为判断人之为仁人、人之为君子的道德标准。清明祭祖体现了儒家所提倡的忠孝伦理，这种尊亲敬祖、崇宗隆嗣的传统观念是孔子关于孝伦理"生，事之以礼；死，葬之以礼，祭之以礼"①的践行，也是儒家"慎终追远，民德归厚"②愿望的实践。因为这种观念的影响，我们就可以理解为什么在庄严祭祀的同时，人们愿意享受春天美好的时光，踏青郊游，戴柳放鸢，因为万象更新的日子，成年礼的举行，本身就意味着对人的繁衍的肯定和期望，青年男女需要在此时节尊重生命的自然规律，到河边清洗旧尘，以鲜活的生命力展现对对方的爱慕，互成姻亲的愿望本身就是对先祖的尊重，是对家族的贡献。而寒食以饭的风俗则显示了人们对高尚节义之士的崇敬，对其品格的褒扬与肯定。至此，我们就可以理解为什么在春季这个重大节日里会出现那么多相对而又相和谐的风情民俗了，我们也可以理解这些民俗背后所具有的的教化意蕴了。

三　地方民歌的教化实践——以西北"花儿"为例③

如前文所述，如果说岁时节令是儒家礼教意蕴的体现，那么民歌则是儒家乐教意蕴在民间教化实践的代表。儒家很早就认识到音乐在人的德性培养过程中所起的重要作用，《礼记·乐记》言："乐也者，圣人之所乐也，而可以善民心。其感人深，其移风易俗［易］，故先王著其教焉。"在他们看来，音乐之所以具有感人化神的作用，是因为音乐的本质就是人对社会生活的一个基本反映和感知。所谓"凡音者，生人心者也。情动于中，故形于声。声成文，谓之音。是故治世之音安以乐，其政和；乱世

---

① 《论语·为政》。
② 《论语·学而》。
③ 参见刘华荣《"花儿"对西北民族地区社会主义核心价值观培育的作用》，《甘肃社会科学》2014 年第 2 期。

之音怨以怒，其政乖；亡国之音哀以思，其民困。声音之道，与政通矣"①。作为民众基本诉求和情感伦理的反映，统治者贤明与否，国家政治清明与否都在民众的歌诗乐曲中有所体现。所以说，"乐者，通伦理者也"，既然音乐与人的内心情感世界相通，那么寓德于音、寓礼于乐就有了感化民众内心精神世界的可能。在此内在机理作用下，为政者当大力传播繁文、简洁、猛起、广贲、廉直、劲正、庄诚、宽裕、和动之音，以培养民众康乐、刚毅、肃敬、慈爱的品行。为此，历代儒家都将这种音乐机理通过自己的努力播扬于民间，使中国民间乐曲艺术获得了非常好的精神滋养，也顺势推进了儒家义理在民间社会的贯彻和落实，此所谓民歌的教化实践在民间社会的实现。

流传于西北甘青宁地区的民歌"花儿"几百年来为汉、回、藏、土等八个民族传唱，其丰富的教化内涵对于该地区社会稳定、民族和谐、民众道德水平提升都起到了促进作用。"花儿"隐含性的民俗事项有四个方面，② 分别是婚丧礼仪习俗、节日及宗教信仰习俗、日常生活风俗、关于"花儿"的民间传说和神话故事等。婚丧礼仪习俗突出反映了儒家传统文化精神的传承，曲子"你把日子查一挂，成了就把婚定下。你的心里有底呢，酒礼要拿多少呢？"就是传统媒妁之言、纳彩、问名等婚姻程式的通俗化。这种传唱在暗含着文化内核的基础上实现了精神的传承，不失为儒家教化大众化的体现。另外，诸如对民间传说、神话故事以及历史人物的传唱都表明对具有高尚品德的英雄人物的敬仰，其中有首曲子直接歌唱孔子，恰好说明了儒家伦理在西北民族地区的影响力。曲子唱道："大山根里的爬腰子树，遍山遍洼的紫草；留下少年的孔圣人，盘古王出世的再早。"该曲子明言"花儿"是孔子流传下来的，这只能说明一个问题，那就是"花儿"民歌的教化功能很早就已为人们所重视和强调。

在此还需要澄清一个重要的疑惑，以便说明民歌"花儿"的教化功能的确是一种正面的存在。民俗有雅俗和陋俗之分，那么民歌也就有雅俗之别。"花儿"中的确存在一些违背儒家人伦规约的各种性暗示成分，而且这种曲子还不少，特别是在"花儿会"召开的时间，男女之间的打情骂俏、段子式样的插科打诨都毫无顾忌的在"花儿"歌手间以对唱的形

---

① 《礼记·乐记》。
② 张君仁：《"花儿"之民俗事象及其文化意蕴》，《民族艺术》2000 年第 2 期。

式出现。很多人据此认为，此类曲子不但不具有教化功能，反而是伤风败俗的体现。但"花儿"流行区的民众为了规避这一问题，要求在什么场合、什么时间不能唱"花儿"，以"花儿"民歌传唱中的禁忌，来作为对其负面影响的调适与中和。

禁唱"花儿"大致有三种情况。一是不准民众在家里和村庄周围唱，二是直系亲属的异性之间不能唱，三是某些旁系血缘的亲戚之间（甥舅）不能唱。① 这种禁忌是为了将违背儒家伦理规约的负面影响降到最低程度的努力。与禁忌生态相对应的则是"花儿"的另一种"狂欢"生态，那就是花儿会上人们性情的自然流露和表达，狂欢程度用花儿曲子表示就是"一年一度莲花山，不唱花儿心不甘。娃娃不引门不关，油缸跌倒也不管"。为此有学者认为，禁忌是因为演唱本身与传统儒家和伊斯兰教理的相悖，当作用于听众以及文化和社会之后，带来的是对传统的稳定和社会的破坏。而狂欢则是打破习俗，解放思维，释放人们某种文化焦虑的通道。所以，"花儿"的禁忌和狂欢二重性及其转换体现的是文化对社会的调适与整合的功能。②

从儒家教化角度可以看出，"花儿"禁忌与狂欢问题恰恰是礼乐统合的体现。儒家承认万事万物本质上具有差异性，并发明出"礼"来显示事物之间的差别，其目的是为求得一个秩序的基本存在，以防止人类文明被破坏，堕入到物的层面去。但儒家同时坚持事物之间具有共通的地方，所以主张通过音乐形式沟通人的感情，使人使人建立起荣辱与共、同舟共济的情感。此所谓"乐统同"是也。《礼记·乐记》为此判断称："乐者为同，礼者为异。同则相亲，异则相敬……礼义立，则贵贱等矣。乐文同，则上下和矣。"可见儒家的这种主张在民歌"花儿"禁忌与狂欢的转换间得到了实现。人类本性的天道自然规律不可违背，但并不代表可以放纵人的本性，所以，农历五月的"花儿会"给人们提供了一个释放本性的机会，在这个特殊的场域中，人们通过"花儿"歌声展现出"乐由中出"、"与天地同和"、"率神而从天"的儒家乐教理念。而在日常生活的

---

① 刘永红：《禁忌与狂欢——浅谈"花儿"的文化特征与社会功能》，《青海民族研究》2006 年第 1 期。

② 同上。刘永红先生从文化人类学角度的探讨间接证明了民俗具备对民众的心理疏导的教化调适功能。

场域中，禁忌规约恰好是儒家所谓的"礼自外作"，"礼者，天地之序也"，如果失去这种差别和尊重，那么社会的混沌与野蛮就会随之而来，而这种与文明治世相背离的景象则是儒家坚决反对的。由此我们明白，儒家所谓"乐者，天地之和也。和，故百物皆化。序，故群物皆别"以及"圣人作乐以应天，制礼以配地。礼乐明备，天地官矣"的意思，就是希望通过疏导与规制相结合的方式，在既不违背人性人情的前提下，又实现一种人伦社会文明的美好理想，此所谓"乐至则无怨，礼至则不争，揖让而治天下者，礼乐之谓也"的深刻含义。行文至此，似乎有一个词是民歌教化功能最佳的写照，这个词就是"顺天应人"。

日用民俗中的儒家教化形式丰富多样，除了本节所介绍的上述内容之外，还包括礼制建筑、百姓民居等空间立体教化形式。总起来看，在知行合一理念的指导下，儒家的教化实践具备非常高的智慧，它从一个人的出生到死亡的纵向时间上，从一个人由家庭到社会的扩展的横向空间中，无时无处体现出儒家教化思想的存在，以多种形式将儒家义理贯穿到生产、生活的方方面面，在悄无声息间，在润物无声中实现了人们德行的培养和品格的提升。这种时空多维一体的教化"都是为着整体地塑造人的心灵"，使中国古人由此"培养起智力上的精审、情感和意志的相互协调、平衡、融洽和化通"[①]。

儒家教化的具体实践形式非常多样，就本章所例举的形式而言，在儒家教化系统中比较具有典型性。它们从教化大环境上给了人以最大范围、最多角度的教化熏陶。在具体实践中，儒家要求秉持知行合一的理念，无论是官学、私学这样的专门性教化系统，还是家训、乡约等社会教化层面，甚至包括日常生活过程中的民俗交往与实践，都蕴涵着教化之意，儒家利用其特点，将儒家精义贯彻其中，由于采取了多样化的形式方法，在教化过程中使用了很多技巧性手段，将整个社会建构成了一个庞大的教化系统，从而保证了教化效果。

[①] 詹世友、栗玉仕：《论中国古代教化的实践智慧》，《南昌大学学报》（人社版）2000年第1期。

下篇　思想对话篇

第一章 教化与教育的区别

思想或理论的魅力取决于它的生命力，其生命力又取决于它是否符合社会历史发展的现实需要。当然，这并不是指思想或理论是无根的存在，因为任何一种思想和理论之所以被建立和构造，就是因为人类社会历史的发展需要。所以说，儒家教化思想虽然是中国古代社会的产物，并且发展到后来由封建统治阶级推动实践，用以维护自身统治的思想理论，但研究它的本质意义在于它本身所具备的合理性。为此，在讨论了它的发展历史、剖析了它的理论内涵之后，将其与中国当代教育特别是思想政治教育进行比较，以求在更为全面与深刻认识的基础上，能为当代中国的教育发展提供一些借鉴。为了让这种借鉴具有可参考性，本书打算从目的、本质、方法三个层面进行对比，并通过对产生差异原因的论述，为当代中国教育的发展提供一些参考。

第一节 目的：成人与成物

儒家教化目的如前文所述，它是以成人为核心的成己成物，[①] 成己成物始终围绕人。人的德性升华与德行操守，人对各种关系的尊重和科学把握，都是因为人具备了君子、贤人的品德，成就仁、义、忠、信等伦理德目，并因此而有圣人的追求与理想，实现大同治世的目标，最终是以人的实现为基础的，从这个关系可见，儒家教化的目的也可以表述为成人。当

---

① 此处关于"成物"的定义，由于儒家对"物"的认知丰富多样，所以，对于儒家教化视域下的"成物"概念，笔者倾向从广义上理解。总括而言就是齐家、治国、平天下。作为一个总括性的定义，对家国天下的关怀，就是对世间万物的关怀，不仅仅包括对可见的自然之物的认知和尊重，也包括对不可见的各种事物发展的规律以及存在于它们之间的各种关系，即对这些规律和关系的认知、尊重、协调，等等。

代中国教育制度起源于清代末期,是以西方现代教育制度、学科设置、学科理念为模板,逐步摸索而建构起来的新式教育制度。新中国成立后,除了坚持以马克思主义理论为指导办教育以外,其他方面变化相对较小。由此可见,为了适应时代变化和社会发展需要而展开的当代教育,两者在目的上存在差异是必然的。

一 当代教育目的

1. 我国当代教育目的的发展演变

当代中国教育的目的问题是学界近二十多年来探讨的一个重要论题,无论学术探讨还是教育实践,比较公认的看法是将国家层面的教育方针作为教育目的看待。[①] 基于此种原因,我国教育目的就呈现出动态发展变化的特点,也就是随着各个时期国家与社会需要的实际,随着教育方针的更新而更新。

社会主义改造完成以后,毛泽东同志在1957年发表的《关于正确处理人民内部矛盾的问题》一文中提出我国的教育方针"应该使受教育者在德育、智育、体育几方面都得到发展,成为有社会主义觉悟的有文化的劳动者"[②]。毛泽东的论述成为后来我国教育方针制定的基准,受教育者在德、智、体等方面实现全面发展的规定,就此获得了法律层面和国家教育长期战略发展规划层面的认可。如1982年我国制定的第四部《宪法》中规定:"国家培养青年、少年、儿童在品德、智力、体质等方面全面发展。"[③] 1986年颁布的《义务教育法》第三条规定:"义务教育必须贯彻国家的教育方针,实施素质教育,提高教育质量,使适龄儿童、少年在品

---

① 关于教育目的与方针的关系,学界意见分歧较大,长时间没有形成统一的意见。学者王枏、肖宗六等人虽在1990年主张必须将教育方针、教育目的和培养目标三个概念区分开来(分别见《教育方针·教育目的·培养目标辨析》,《教育研究与实验》1990年第4期和《简论教育功能、教育目的与教育方针的表述》,《江西教育科研》1990年第4期),但是学界最终仍然将教育方针等同于教育目的,其标志就是由全国12所重点师范大学联合编写的普通高等教育"十五"国家级规划教材《教育学基础》(教育科学出版社2002年版)一书将两者等同看待,算是对此一问题的明晰,故笔者以此观点为准。

② 《建国以来重要文献选编》第十四册,中央文献出版社1997年版,第581页。

③ 关于法律法规和规划纲要类的引述均来自中华人民共和国教育部官方网站"政策法规"专栏中各个法规和规划纲要文件。见 http://www.moe.gov.cn/publicfiles/business/htmlfiles/moe/moe_191/list.html。

德、智力、体质等方面全面发展，为培养有理想、有道德、有文化、有纪律的社会主义建设者和接班人奠定基础。"1995 年颁布的《教育法》第五条也规定："教育必须为社会主义现代化建设服务，必须与生产劳动相结合，培养德、智、体等方面全面发展的社会主义事业的建设者和接班人。"1996 年颁布的《职业教育法》第四条规定："实施职业教育必须贯彻国家教育方针，对受教育者进行思想政治教育和职业道德教育，传授职业知识，培养职业技能，进行职业指导，全面提高受教育者的素质。"1999 年施行的《高等教育法》第四条也规定："高等教育必须贯彻国家的教育方针，为社会主义现代化建设服务，与生产劳动相结合，使受教育者成为德、智、体等方面全面发展的社会主义事业的建设者和接班人。"由此可见，从国家的根本大法到教育领域的各项专门性法律都强调从德、智、体三方面加强对青少年学生的身心教育，以期培养成合格的社会主义建设者和接班人。这些表述与毛泽东的论述没有发生质的变化，是我国教育事业长期坚持的指导方针，也是我国当代的教育目的。

　　1999 年，为了适应新的社会发展需要，规避应试教育的弊端，国家开始实施以素质教育为核心的教育改革，教育目的出现了一些新的变化。当然，这场改革依然在持续深入之中，对教育目的的探索依旧在继续。1999 年 6 月 13 日，《中共中央国务院关于深化教育改革，全面推进素质教育的决定》正式颁布，"决定"指出："实施素质教育，就是全面贯彻党的教育方针，以提高国民素质为根本宗旨，以培养学生的创新精神和实践能力为重点，造就'有理想、有道德、有文化、有纪律'的、德智体美等全面发展的社会主义事业建设者和接班人。"该"决定"与之前对教育目的表述不同的是加入了邓小平同志关于"四有"新人的论述，在德智体发展基础上，增加了"美育"要求，这表明当代教育发展目的开始向人的全面性发展倾斜，相比较之前的规定有了明显进步。

　　进入新世纪之后，根据时代发展需要，国家对教育方针（目的）的表述基本继承了 1999 年素质教育改革的相关"决定"。如"国家中长期教育改革和发展规划纲要"（2010—2020 年）指出，"全面贯彻党的教育方针，坚持教育为社会主义现代化建设服务，为人民服务，与生产劳动和社会实践相结合，培养德智体美全面发展的社会主义建设者和接班人"。2007 年的十七大报告指出："要全面贯彻党的教育方针，坚持育人为本、德育为先，实施素质教育，提高教育现代化水平，培养德智体美全面发展的社会主义建设者和接班人,办好人民满意的教育。"2012 年的十八大报告指出:"教育是民族振兴和社会进步的基石。要坚持教育优先发展,全面贯彻党的教育方针,坚持教育为社会主义现代化建设服务、为人民服务,把立德树人作为教育的根本任务,培养德智体美全面发展的社会主义建设者和接班人。全面实施素质教育,深化教育领域综合改革,着力提高教育质量,培养学生社会责任感、创新精神、实践能力。"值得重视的一点是,十八大报告将"立德树人"看作是"教育的根本任务",与之前不同的是,"德育"目的在此被明确和强调,不得不说这是一种巨大进步,也表现出与儒家教化理念的相通之处,培养德性,提升德行,让学生成人获得了国家层面的倡导,这为今后时期将当代教育目的与儒家教化目的实现互通提供了可能和条件。

2. 当代教育目的的特征

根据上述我国教育目的发展演变轨迹,可以发现内涵其中的几个特点以及贯穿其中的共性。首先,围绕德、智、体(后增加美育)三(四)方面的教育是培养社会主义建设者和接班人的基础。德育是教育的核心,当前阶段的德育主要以培养和树立学生的社会主义道德为主,以社会主义核心价值观为主要参考标准和培养方向,目的是造就具有共产主义理想与高尚道德素养的社会主义建设者和接班人。智育主要围绕人类传统文明积累和现代科技文明成果,培养具有一定知识技能的社会主义建设者,这是当前教育体制运行中考核与选拔学生的主要内容。体育以增强学生身体素质为主,旨在为学生的成长与发展、为社会主义建设提供坚实的身体保障。美育是为适应素质教育改革而增添的内容,"其中心和目标是为了提高人的生存质量,培养和发展人的感性能力,包括感受力、鉴赏力、想象力和创造力等,并且对人性进行塑造和改造,除去人性中卑劣污浊肮脏的成份,发扬光大人性中美好光明崇高的一面,使人变得更加完善,使人的世界变得更加美好"[①]。综合这几个方面,体现的特点就是当代教育目的紧紧结合时代发展需要,期望将学生培养成一个合格与完善的人,体现了全面性与综合性。其次,作为一个动态的发展,教育目的不断顺应时代发展要求,表述愈加完善,"既注重受教育者个体的发展,也注重社会主义事业的建设需要",始终在努力协调个人本位论(个人价值)和社会本位

[①] 徐碧辉:《美育:一种生命和情感教育哲学研究》,《哲学研究》1996 年第 12 期。

论（社会价值）之争①，但是总体上又落脚于社会主义的建设者和接班人，所以，社会本位论倾向依然比较明显。再次，从人的发展角度看，德、智、体、美等素质全面发展是成人的标志，从成人、成才教育指向看，社会主义建设者和接班人是教育的终极目的。但是基于社会现代化的需要，不得不承认对学生是否"成人"的判断过于偏重"建设者"和"接班人"，从而偏重了智育方面的量化考核，而有意无意忽视了德育、美育等其他方面的发展，从而使教育目的由"育才"转向了"制器"②。

3. 通过对当代中国教育目的发展历史的分析，总结和明晰当代中国教育目的蕴涵的主旨，是分析其与儒家教化目的差异性的前提。透过当代教育目的历史发展进程，一个非常显著的指向从来没有发生改变，那就是"培养×××的人"的模式，它从毛泽东同志所希望的"有社会主义觉悟的有文化的劳动者"开始，经过曲折发展到《义务教育法》中规定把人培养成"有理想、有道德、有文化、有纪律的社会主义建设者和接班人"，再到"国家中长期教育改革和发展规划纲要"（2010—2020年）中规定的"培养德智体美全面发展的社会主义建设者和接班人"，等等。在上述不断完善和修正的教育目的表述中，一个方向始终没有改变，那就是必须坚持社会主义和共产主义方向；核心内容基本一致，德、智、体、美四方面品质的培养一直是当代教育最为关注的四点内容。方向和内容保持连续性的事实说明，当代教育始终以培养社会主义道德，为建设社会主义现代化和实现共产主义远大理想，在人才培养和社会成员综合素质的文明进步方面作了长期的积累和准备。就这两点未曾改变的核心来看，它揭示了当代中国教育目的所蕴涵的主旨：成己成物。"成己"的标志是德、智、体、美等道德和才能综合素养的完善与形成，是社会主义新人的必备条件，社会主义新人必须拥有社会主义道德。换言之，"成己"就是社会主义道德内化于社会成员的血液和灵魂之后，所成就的社会主义新人。"成物"与社会主义现代化和共产主义远大理想联系在一起，把社会成员培养成社会主义新人，最终目的在于建设社会主义现代化事业，实现共产主义远大理想。根据马克思的科学社会主义原理，无论是社会主义事业还是

---

① 蒋纯焦：《关于我国教育目的的两点思考》，《上海教育科研》1998年第12期。
② 王北生：《"育才"与"制器"：教育究竟为了什么和应做什么——由"状元风"引发对教育目的的再思考》，《教育理论与实践》2009年第1期。

共产主义理想,都以实现全人类的解放为最终目的,但是,"每个人的自由发展是一切人的自由发展的条件"①,所以说,"成物"其实是包含"成己"的"成物","成己"是"成物"的前提,"成物"是"成己"的目的和旨归。有鉴于此,用具有儒家话语特色的"成己成物"来表达当代教育目的所蕴含的主旨是恰当的。以上通过分析当代教育目的内容及其历史演变轨迹,将当代教育目的主旨归结为"成己成物"也是符合理论实际的。

那么,将当代教育目的所蕴含的主旨归结为"成己成物",是否就表明当代教育目的和儒家教化目的是一致的呢?如果不是,那么它又和儒家教化"成己成物"的目的有何联系与区别呢?

二 儒家教化与当代教育的目的差异及原因

当代中国教育目的事实上包含着德、智、体、美教育,德育占据首位,是核心,十八大报告亦将"立德树人"作为教育的"根本任务"加以提倡。然而,当下的中国,从理论和实践两方面对教育目的出现异化的声讨却连绵不绝。笔者以为,从理论和实践两个层面去寻找当代中国教育的问题本身并没有错,但是如果不顾及问题的原因,或者找错原因,甚至以西方的某些理论生搬硬套中国的现实,无异于头痛医头、脚痛医脚,无异于刻舟求剑、削足适履。为此站在历史纵横对比的角度,回归中国问题自身,才能发现当前中国教育的问题所在,也才能以平和的心态借鉴中国儒家传统教化理念的优秀因子。

1. 儒家教化和中国当代教育目的比较。首先,儒家教化和当代教育在目的上的相似性和关联性均表现为"成己成物"。就两者的施教主体而言,儒家教化和当代教育都要求施教主体具备相当的综合素养。以老师为例,作为师长的道德品质、实践能力等均需要经过专门的训练。儒家教化时期,主要通过长期艰苦的经学学习,十年寒窗苦读,修心养性才能获得教化天下的资格。当代教育体系下,则设置了师范教育体系以专门培养师资,"德高为师,身正为范"就是对教育主体的根本要求。就双方各自针对的客体而言,无论是儒家教化主张培养圣人君子,还是中国当代教育培养社会主义建设者和接班人,相似之处都在于围绕人而展开,没有人的成

---

① 《马克思恩格斯选集》第一卷,人民出版社1995年版,第294页。

长，一切都是空中楼阁，而人的成长标志也都聚焦于道德品质等精神性因素。就具体内容而言，当代教育所包含的德育、美育、智育、体育都能在儒家教化中能找到相类似的科目。德育、智育自不待言，美育和儒家的礼乐教化非常相似，均是为了培养人的高尚情操。体育则关系到人的发展基础，儒家教化要求学生掌握的"六艺"中，有关"射"、"御"之术即与此相似。就双方所处环境而言，儒家教化和当代教育的主阵地均是由政府主持和兴办的各级各类学校，上至中央，下至地方，体系完备，几乎将全国的学子全部纳入其中。

其次，两者的差异性在于具体内涵的不同。儒家教化目的所指的"成人"是主体和客体两方面的成人，主体的成人是针对自我的反思式教化，通过各种手段提升自己的道德修养。曾子"吾日三省吾身"的方式就是典型的自我教化。客体意义上的成人就是针对教化对象而进行的引导性教化和规约。所以说，儒家教化并不是一方针对另一方的单向度教化，也包含针对自我的主客一体式教化。与当代教育相比，两者的目的都指向人的德性培养，但是德性的内涵是不相同的。儒家教化的德性是封建社会的道德，是私有制基础上发展起来的道德，是围绕"三纲五常"来阐释和传播的道德。而当代教育培养的道德则是社会主义新道德，是公有制基础上发生发展起来的，是为现代化建设事业和实现共产主义理想而阐释和弘扬的道德。这种内涵的差别，导致儒家教化的"成人"目的和当代教育的"成己成物"目的本质上是不同的。

2. 当代教育和儒家教化目的产生差异的最根本原因在于两种模式是不同社会条件下的具体思想和实践。两种模式建构之初，因为所处时代条件不同，根本上导致目的指向出现差异。一方面，儒家教化理念肇始于上古，农业生产作为人们主要的生产生活方式，一切人文思想和社会经验的总结提升都需围绕农业生产发展规律，而农业生产又必须围绕自然规律。受困于当时的认知水平，中华民族先祖无法充分认识自然社会运行规律，从而使得他们从心底里对生命、自然产生了不可避免的敬畏之情。当我们的祖先受困于技术与手段，无法在人之外找到答案，且自然与人的矛盾又不得不解决的时候，人们开始从自身找原因，于是"顺天应人"的理念应用而生。"顺天应人"是周公德治思想的重要部分，其逻辑思路如下：周公总结商亡周兴的规律，提出天命无常的观点，意思是天命并非固定不变，如果君主德行不彰，就会被民众推翻，所以君主需要仁爱天下，敬德保民，"保民"、"康民"、"息民"、"裕民"等措施皆乃顺天之道，也就是顺应民意之道。为了实现保民的目的，就要树立明德慎罚的思想，治国者当做民众的榜样，以德示范，教化天下。[①] 在古人看来，这是一种让天地万物各得其所的大善之举。所以，《大学》开篇即言："大学之道，在明明德，在亲民，在止于至善。"它没有提任何与外在改造有关的目的，就像"子以四教，文行忠信而已"，只是从人本身出发，实现对人的回归。所以说，儒家教化是力求在天、地、人一体的逻辑框架下，围绕人的德性成长，通过改变人，特别是期望在成就人的德性的基础上，以高尚的德行保证"成物"，最终实现人的自我价值升华。

另一方面，当代中国教育承担着为社会主义现代化培养接班人的重任。在世界文明大发展的条件下，在中国走向民族复兴的过程中，将广大年轻学子培养成为德、智、体、美各方面素质综合发展的优秀人才，是中国发展现代文明的必然要求。所以说，当代中国教育的目的根本上也是成人成物的统一。我国各阶段教育方针始终都在强调"德智体美全面发展"，始终都不忘什么是合格的社会主义建设者和接班人的标准，等等，所有这些均是当代教育目的中看重人的价值的实现的表现。但是，这个"成人"目的和儒家教化的"成人"是有区别的。当代中国教育目的希望培养具备社会主义新道德的人，如果实现德智体美的全面发展，那么就能够为社会主义现代化建设事业作出巨大贡献，也能为实现共产主义远大理想准备条件。但是由于社会发展阶段的差异，两种模式培养出的人在目的指向上显然有所区别。儒家教化的成人理想是为了朴素的安天下之治，当代教育的成人理想是在科学社会主义理论指导下的社会主义建设，是全人类的共产主义理想之实现。总而言之，由于所处历史环境的差异，导致儒家教化和当代中国教育在人的培养目的方面存在一些内涵的差异，同时也有许多相似的地方，这些差异和相似离不开两种模式所处的社会条件，理解了这一点，我们就可以用更为合理审慎的态度对待两者在具体实践中的各种差异了。

综上所述，中国当代教育目的自新中国成立以来，始终与时代发展要求相统一，总是根据现实发展的实际作必要的、但又没有离开社会主义性质的调整。培养社会主义合格的建设者和接班人，既需要大力培养社会主

---

① 冯建科：《周公德治思想及其与儒家文化的渊源》，《北京社会科学》2002年第1期。

义新道德，也要在智育、美育、体育等方面为人的全面发展做好准备。可见，中国当代教育也是围绕人的发展和成长来建构教育模式的，社会主义现代化事业和中华民族的伟大复兴，直至共产主义理想的实现，都是培养高素质社会成员的初衷，所以说，将中国当代教育目的概括为成己成物也是合理的。但是，它与儒家教化所说的成己成物目的既在一般意义上存在一些相似性，但由于所处社会时代和发展要求的不同，而在诸如德性内涵等方面存在一些具体的不同。

第二节 本质：生命实践与智性活动

如果说教育目的提出了教育为什么的问题，那么教育本质就提出了教育是什么的问题。认清当代中国教育本质及其特征表现，分析其与儒家教化本质及其特征表现之间的区别，是深刻理解儒家教化和当代教育的前提，也是推动当代教育不断进步发展，转向科学、合理、有效方向的必要准备。

一 当代教育本质的认识[①]

自20世纪90年代开始，我国学界对教育本质问题的探讨持续不断，就何为教育本质前后出现了多种论断。根据冯建军先生主编的《教育基本理论研究20年（1990—2010）》一书的归纳总结，前后共计有"上层建筑说"、"生产力说"、"交往说"、"自我建构说"等17种以上的论断。各个时代的学者们从各自角度质疑、批判前人学说，建构自己的理论概念，同时也被后人继续批判和质疑。直至目前，该讨论尚未结束，仍然有新的学说出现，对教育学的发展具有极强的促进意义。但是，不得不说，截至目前，理论探讨热烈的背后，理论界和实践界仍然没有就教育本质形成统一的认识。模糊的理论可能造成偏颇的实践，因为理论无法指导实践，无法被实践验证，实践也可能会因为缺乏权威性理论的指导，而无法

[①] 由于冯建军先生在其主编的《教育基本理论研究20年（1990—2010）》（福建教育出版社2012年版）中就20年来教育本质的各种学说进行了详细的归纳和总结，所以，本部分在尊重各位原作者理论观点基础上，参考了冯建军先生的一些概括性观点，在此向原作者和冯建军先生均表谢意。

提供更优质的教育服务。

现实虽然如此,但是必须肯定学界在这一问题上的贡献,在此将一些具有代表性的观点概述如下。

教育本质的"上层建筑说"认为教育具有阶级性,教育为统治阶级服务,培养为统治阶级服务的人。此观点看到了政治经济制度对教育的决定作用,在把教育当作政治工具的同时,对教育自身发展的规律和独立地位认识不够。① 教育本质的"生产力说"认为经济属性是教育的永恒属性,社会属性则是相对的,教育本质上就是生产力。教育人、培养人等提高劳动力素质的手段就是发展生产力的表现。以此为基础,学界继续提出了"生产力之母说",该说认为教育作为生产力大系统之下的子系统,教育是发展人的"社会性综合生产线",是将科技转化为生产力的中介,所以是生产力之母,是基础的生产力。② 综合"上层建筑说"和"生产力说"发展出的"双重属性说"意在寻求两者的统一,认为作为上层建筑的教育既属于上层建筑也属于生产力。③ "多重属性说"则认为教育的本质是社会性、生产性、阶级性、文化性等的有机统一,其实现方式就是强化劳动主体,满足社会发展的需要。④ "生产说"则认为教育实质上是一种人才和劳动力的生产,培养和造就人既包括生育为主的物质生产,也包括教育为主的社会和精神生产。这两种生产后来又被学者冠以"生产实践说"和"精神实践说",前者以物质生产为宗,后者以社会性质为主。⑤

20 世纪 90 年代中期以后,学界在"上层建筑说"和"生产力说"

---

① 参见孟民义《教育本质和功能的再探讨》,《中国青年政治学院学报》1992 年第 2 期;余立《再论教育的属性》,《上海高教研究》1990 年第 2 期。

② 参见赖宇辉《重新认识教育在生产力系统中的作用》,《贵州社会科学》1990 年第 1 期、刘长明《教育也是生产力》,《教育研究》1992 年第 11 期、《教育是生产力之母——浅论教育优先发展规律》(《山东师范大学学报》(人文社科版)1994 年第 3 期)以及刘伯彬《教育是生产力之母》(《中国教育学刊》1996 年第 5 期)等文章。

③ 参见吴七一的《折光论——"教育本质"论争中的障目之叶》,《上海高教研究》1991年第 2 期。

④ 参见左林瑞《关于"教育本质"问题的几点思考》,《山东大学学报》(哲社版)1995年第 2 期;卢自良《劳动主体论:教育本质新探》,《求索》2009 年第 11 期;《人的全面发展与教育本质》,《当代教育论坛》(综合版)2010 年第 1 期。

⑤ 参见瞿葆奎《教育基本理论之研究(1978—1995)》,福建教育出版社 1998 年版,第 176—179 页。

基础上又形成了"培养说",该观点认为:"'立足于培养人来解决人的发展与社会发展之间的矛盾,是教育的根本主题和永恒课题,也是教育的发生与发展的根本依据'","教育本质是培养人的活动,教育目的就是把人培养成为对自己本质占有的人,具有完美人性的人"。"由于'人是个体生命与社会生命的统一,实然与应然的统一',因此,'教育本性在于发挥人的潜能,发现人的价值,通过文化使个体社会化,引导完备人性的建构和发展",也就是通过特定组织化形态,"根据社会的性质和需要,去实现该社会成员与之相适应的主体发展和素质后天性的补偿提高"。"简言之,教育本质在于树才育人,素质更新"[1]。另外,有些学者主张的"个体社会化说"认为,教育是一种培养人的社会活动,是个体社会化的过程,教育的本义、教育的特殊性以及教育的独特作用等三个方面的因素,使得个体社会化成为教育的本质。[2] "社会实践说"在 20 世纪 90 年代影响较大,很多学者从各个角度论证和支持"社会实践说"[3]。学界首先从教育的特殊矛盾——传递与接受系统经验的矛盾角度出发,认为"教育就是一种有组织地传递系统经验以便为社会系统生产输送人力的实践活动,或是为生产劳动服务和为社会生活服务的需要,是有目的地培养人的社会实践活动"。还有人为了解决"学生个体发展的应然与实然状态之间的矛盾","在教育活动中把一个实然的人按一个应然的目的来改变",从而得出教育本质"是以发展学生为目的的实践活动"的结论。其次,从人的本质角度而言,"人的发展实际上就是人使用和制造工具的主

---

[1] 参见柯闻秀、胡弼成《人性的规定性与教育的本性》(《云梦学刊》2001 年第 3 期)以及刘和平《教育本质论新辟》(《普教研究》1996 年第 3 期)等文章。

[2] 参见孙喜亭《关于教育的本质与功能的探讨》(《江西教育科研》1991 年第 4 期)以及王汉澜《教育是促使个体社会化完善化的活动过程》(《河南大学学报》1992 年第 6 期)等文章。

[3] 参见钟祖荣《论教育的本质及定义》(《教师教育研究》1991 年第 1 期);陈正夫《教育本质论的哲学思考》(《江西社会科学》1995 年第 3 期);于建福《人的本质与教育》(《山东师大学报》(社科版)1995 年第 6 期);张德祥《试论教育的本质及其属性》(《沈阳师范学院学报》1995 年第 3 期);张治平《教育本质新探——兼论人的本质及其与教育的关系》(《西南师范大学学报》(哲社版)1997 年第 5 期);朱佳生、孙绍荣《论教育与社会实践相结合》(《上海高教研究》1997 年第 11 期);冯建军《试析教育活动的结构与矛盾》(《江西教育科研》1998 年第 2 期)以及李蓓春《教育:创新主体协同建构的实践活动》(《教育导刊》2003 年第 2 期)等文章。

体性的发展。'教育的目的就在于开启人的主体潜能，培养人的主体生产力素质，以达到人们认识和改造世界的目的。'教育本质就是'人类以传承文化精神和知识技能为手段，培养、建构人的主体素质，发展人的主体性，完善其本质的一种社会实践'"。学界探讨的第三个角度是从本质本身角度的切入，认为"教育的本质是按照一定的社会要求，有目的、有计划地对受教育者施加影响，发展其参与社会生活所必要的素质和能力的社会实践活动"。总之，"社会实践说"在一定程度上对于教育本质争论问题具有终结性色彩，因为把培养人的社会实践作为教育本质，能够在很大范围内回答"教育是什么"的问题，应该说，此种观点在教育界具有相当的说服力。

关于教育本质到底何为的讨论，除了上述几种传统观点之外，近几年又产生了"交往说"、"自我建构说"、"生命说"、"指导学习说"、"生活说"、"自由说"、"存在方式说"、"文化传承说"以及"教育就是教育说"等观点，① 丰富多样，不胜枚举，限于篇幅不再一一阐述了。总起来说，此一系列的探索和认识是一种进步，有利于教育回归人本身，而不单纯将其看作是一种适应社会、面向社会发展的工具性活体。也从一定程度上为改变将人当成工具来培养的异化的教育实践提供了理论支持。但是，如何在坚持使人成为人本身的教育本质观的同时，顾及人的社会属性，平衡教育在人的社会性和价值性之间的关系，是教育界又该思考的问题了。

总起来看，对当代中国教育本质问题的探讨，并没有形成权威而为各方一致接受的结论，"但是这些争论都离不开教育与社会发展和教育与人的发展这个三边关系"，如果对这三组关系有明确的认识，那么可以说教育是一种极普通又极复杂的活动，这种普通和复杂的原因是"教育就是造就人的社会活动。教育的功能就是为社会培养各种人才，使人在推进社会发展中发挥主力作用"。"教育是社会生活的永恒的和普遍的范畴，这是教育的普遍性，它与社会共存，与人同在，是各个社会所共有，人所必需。教育又是历史的范畴，教育具有历史性，在阶级社会中，一定的教育具有一定的阶级性，这是教育的特殊性。"②

---

① 参见冯建军《教育基本理论研究20年（1990—2010）》，福建教育出版社2012年版，第172—188页。

② 黄济：《对教育本质的再认识》，《中国教育学刊》2008年第9期。

二 当代教育本质的异化及原因

人们对当代教育本质问题的探讨其实是对教育应然性的讨论，无论哪一种学说界定，从积极方面看，我们都应该看作是人们在一定时期内根据当时教育现象和社会发展需要而做出的历史判断。之所以这么说，是因为到目前为止，学界尚没有就教育本质问题形成统一意见，此种状况显然不利于教育实践和教育理论的发展，其中最显著的表现就是教育本质的模糊理解带给教育实践的负面影响，导致教育本质讨论并没有获得理论界和实践界所期望的结果，教育本质的"异化"现象依然比较严重[1]，结果导致对教育本质将其归纳为一种智性活动的集合。也就是说，当代中国教育总是围绕学生而展开的一系列智性活动，这些智性活动旨在为帮助他们适应社会需要，但是即使当下学界疾呼素质教育，提出"生活说"、"生命说"等符合社会发展趋势和要求的理论，也无法改变"异化"态势。那么，为什么会出现这种理想和现实的偏差呢？

一方面，从理论本身的演变角度分析，不合理的理论会带来实践的偏差，即主要表现为，理论的建构与实践的发展之间存在差距，导致理论或者落后于实践，或者没有正确指导实践。纵观以往具有代表性的教育本质学说，它们虽然均从各自角度被论证，但这些理论存在一种共性，那就是不自觉间已经把当代教育看成智性活动来认识。智性活动特征在五花八门的教育本质学说中都有所体现。试看对以下几种代表性学说的分析。

教育本质的"上层建筑说"认为"教育属于上层建筑，在阶级社会中，它具有阶级性"[2]，"教育的阶级性是指教育为哪个阶级所掌握，培养

---

[1] 关于教育异化的问题，本书并不打算就"异化"理论予以详细阐述，在此借鉴学界已有观点，将教育异化试做以下说明。有学者认为，假若出现以下三种情况，就表明产生了教育异化。第一，"教育现实偏离与背弃了其天性的价值追求"；第二，"教育现实背离了教育客观发展规律，从而导致教育者与受教育者异己化"；第三，"教育目的与教育手段错位，以致把目的当手段，拿手段当目的，舍本逐末"。其后果就是教育"远离了理想"、"走向了功利"、"迷失了信仰"、"缺失了真爱"。(蒋笃运：《当前教育异化现象辨析》，《教育研究与实验》2009年第5期)据此论证，笔者对教育本质的异化简写为：教育并没有按照教育发展的应然性规律前进，教育本质在偏差性实践中没有得到真正体现，最终在育人的各个环节中出现失误。

[2] 孟民义：《教育本质和功能的再探讨》，《中国青年政治学院学报》1992年第2期。

为哪个社会服务的人"①。有鉴于此,"因为一定社会的教育同其他的上层建筑一样,是由经济基础所决定,而不是由生产力直接决定的。生产力的发展对教育的发展提供条件和提出要求,但在多大程度上利用生产力所提供的条件,又在多大程度上使教育的发展适应生产力发展的需要,则是由经济关系所决定的"。所以,"任何社会的统治阶级都要根据他们的阶级利益,利用教育来培养为自己服务的人"②。

当今世界,根据各自国家政治实际,有资产阶级作为统治阶级的国家,也有无产阶级作为统治阶级的国家。作为一个阶级,其代言人以政党形式出现,作为阶级利益的代言人,政党为了维护作为一个整体意义上统治阶级的利益,从社会发展角度而言,需要全力发展经济、繁荣社会、保障民生,否则就会丢掉统治阶级的地位。因此,在阶级斗争相对缓和的当代,统治阶级为了维护统治地位,发展社会经济、文化教育事业就成为统治阶级的主要任务之一了。由此一来,以智性活动为主要特征的教育,在推动社会、经济、文化发展方面就具有不可替代的作用。因为若想发展社会民生,必须提高民众科学文化素质,在科技成果不断推动社会前进的有力证据面前,提高科学文化素质就意味着必须进行以科技文化知识学习为主要内容的教育活动。所以说,当代教育在本质上体现出了鲜明的智性活动特征。

教育本质的"生产力说"意思是指"教育既具有经济属性或生产性,也具有上层建筑属性或社会性"。但是"经济属性是永恒属性,是绝对的,社会属性是相对的,因此,教育本质是生产力"③。"教育是形成和发展现代劳动力的源泉和动力","是科学技术发展的源泉和动力",职业技术教育甚至是"联系潜在生产力与现实生产力的结合点"④,在教育属于生产力范畴的逻辑前提下,发展和促进这种特殊"生产力"的最好办法就是培养出有知识的人,推动科学技术更快发展。为此,促进特殊"生产力"质的提高的办法是要么提高劳动者生产力水平,要么改进生产工

---

① 冯建军:《教育基本理论研究 20 年(1990—2010)》,福建教育出版社 2012 年版,第 152 页。
② 孟民义:《教育本质和功能的再探讨》,《中国青年政治学院学报》1992 年第 2 期。
③ 冯建军:《教育基本理论研究 20 年(1990—2010)》,福建教育出版社 2012 年版,第 153 页。
④ 赖宇辉:《重新认识教育在生产力系统中的作用》,《贵州社会科学》1990 年第 1 期。

具效率，要么扩大劳动对象范围，改善劳动对象效能。[①] 不得不说，"生产力学说"将教育看作一种智性活动的特征是非常明显的。因为将人的教育作为生产力的一部分，其实就是将人降格为工具的过程，教育不过就是将这个有血有肉的"工具"通过知识灌输变成有用的"工具"，只不过有人的智力参与其中而已。所以说，教育本质的"生产力说"蕴涵的智性活动特征是非常明显的。

另一方面，社会发展的现实要求总是作为一种无形的力量改变着教育本质，造成理想和现实的偏差，这与教育目的在当代社会发展大环境下，无法规避人被当作工具来培养是一个道理。从乐观的角度而言，随着人们对教育本质认识的逐渐深入，在对"上层建筑说"和"生产力说"等理论批判基础上，人们开始意识到必须对当代教育异化为智性活动有所规避，以走出将人当成工具培养和训练的漩涡。例如教育本质"培养说"理论认为，培养人是教育的本质，反对智育高于一切，尽力摆脱市场经济和社会大环境的影响，"把人培养成一个具有完美人性的人，一个对自己本质真正占有的人"，从而"发挥人的潜能"，"发现人的价值"，"通过文化的传递、内化、融合和创新使个体社会化"，"引导完备人性的建构与发展"。[②] 而类似"生命说"、"生活说"、"自我建构说"等教育本质的探讨，也都在努力实施消减智性活动特征的尝试，但是不得不承认，由于社会生产实践大环境的制约，当代教育一直无法完全摆脱智性活动的特征，就像马克思说的那样，"要改变一般人的本性，使它获得一定劳动部门的技能和技巧，成为发达的和专门的劳动力，就要有一定的教育或训练"[③]。这种教育和训练，必须与时代要求相吻合，为了适应社会化大生产的需要，在培育专门性人才来尽力掌握自然科学技术的现实面前，当代教育对人作大量的智性训练看来是无法避免的一件事情。由此可见，当代教育之所以体现出比较鲜明的智性活动特征，既有理论发展不足的原因，也有现实社会客观要求的制约，两者共同造成当代教育始终主要以智性活动的面貌呈现在世人面前。

[①] 刘长明：《教育也是生产力》，《教育研究》1992年第11期。
[②] 柯闻秀、胡弼成：《人性的规定性与教育的本性》，《云梦学刊》2001年第3期。
[③] 《马克思恩格斯选集》第二卷，人民出版社1995年版，第174页。

三　当代教育本质与儒家教化本质的差异

因为理论和现实两方面的原因造成当代教育本质异化为智性活动，使得其与儒家教化本质——生命实践形成了鲜明对比。为什么说儒家教化本质上是一种生命实践活动呢？这也要从理论和时代现实出发去寻找原因。

首先，儒家教化本质上作为生命实践活动，是儒家教化理论对自身提出的要求。《大学》开篇即言："大学之道，在明明德，在亲民，在止于至善。"、"明明德"之第一个"明"，与"亲民"之"亲"皆是对人的实践要求，追求至善之性当从具体实践做起，这就是儒家教化提倡的知行合一之本义。如果缺乏了具体实践，人的德性养成无以凭借，最后只能落入空谈，而这与儒家教化在本质上体现为生命实践活动的根本要求是相违背的。所以，在接下来的"八条目"论述中，儒家教化的生命实践特征即被凸显出来。格物、致知、诚意、正心、修身、齐家、治国、平天下等皆贯穿着生命实践的基本要求，终其一生也都无法改变。作为修身之学，一个"修"字，内涵相当丰富，表现也是多种多样，儒家在教化思想和实践中为此积极贯彻本质要求。孔子说："践其位，行其礼，奏其乐，敬其所尊，爱其所亲，事死如事生，事亡如事存，孝之至也。"① 修身的要求在此从生活细节的各个方面都有所体现，如果不能认真贯彻践履，那么是不符合"修身"之义的。除此之外，相对于知识性的学习，儒家从理论上首先更看重行动践履的道德修养模式。"子曰：'弟子入则孝，出则弟，谨而信，泛爱众，而亲仁，行有余力，则以学文。'"② 儒家在此将"行"放置于"学"之前，与《中庸》"博学之；审问之；慎思之；明辨之；笃行之"。将学习落脚于"笃行"的论说实为一个道理，可见儒家理论对践行意义的重视，从儒学肇始之际就具备了一以贯之的品格。如此，当哀公问孔子谁是好学之人的时候，孔子毫不犹豫认为颜回为好学之才，就是因为其"不迁怒，不贰过"，因为"迁怒"与"贰过"是道德修为达不到要求的表现。同理，颜回德行高尚还表现在他能够安贫乐道，以正确的态度对待生活的不如意，虽"一箪食一瓢饮，然回也不改其乐"。反过来说，颜回之所以具备了乐天知命的修养，盖因其德行淳厚，更在于其

---

① 《礼记·中庸》。
② 《论语·学而》。

行为符合儒家义理的相关要求,因此才会受到孔子的厚爱,这是对其用生命践行儒家义理的褒扬和肯定。

儒家教化本质上作为一种生命实践活动,最重要的特征是制定了一整套详细绵密的、可操作性比较强的礼制规约,从而为保证教化的生命实践本质特征提供了制度支持。代表性的礼制规约如《礼记》,其中包含有大量的关于如何践行忠、孝、仁、义等德目的指导意见。由此可见,为了体现实践性,首先,儒家在论述中提前指出德性养成并非止于知道德性为何而已,而是进一步深入论说德性之成长必须依赖于身体力行。所以,礼制规约不可或缺,所谓"道德仁义,非礼不成。教训正俗,非礼不备。纷争辩讼,非礼不决……是故圣人作,为礼以教人,使人以有礼,知自别于禽兽。"① 此段论述之所以强调礼的重要性,根本原因是因为礼是人践行道德仁义的保证。如为了培育人的孝德,《礼记》将各种情况予以细化。《曲礼上》中记载,假如父母生病,儿女在此期间当"冠者不栉,行不翔,言不惰,琴瑟不御,食肉不至变味,饮酒不至变貌,笑不至矧,怒不至詈"。此类细致规约在儒家其他典籍中也都有所体现,以至于后世儒者在教化过程中,特别提倡实践的重要性,无论是在家训、家诫中,还是在乡规民约中;无论是国家的祭祀,还是平常人家的婚丧嫁娶,德性教化始终融涵在各种礼仪、规约的举手投足之间。总之,儒家教化从一开始就已经将生命实践的特性融涵在其自成一体的理论和规范之中,如此一来,就保证了实践操作过程中能够按照既定教化理论和及其理论指导下的规范行教化之道,明教化之义,最终成就君子、仁人。

其次,国家选拔、考核制度注重德行合一、知行合一的人才,政策导向使得儒家教化提倡和坚持以一生的行动践履和坚持儒家精义,也就是一个学习到老、践行到老的完整过程。德性与德行相伴于人的一生。儒家讲积极入仕,但他有个原则,就是为政者当成为道德榜样,否则没有资格或者会失去资格。例如《尚书》中记载的尧选舜为接班人的故事,就充分说明了"听其言而观其行"的主张,用几年的时间考验舜的道德执行力,从其齐家、敬人等行为表现中看其能否承担起治国理政的重任。所以,《论语》中常有"正己正人"一类的论证以说明国家在选拔人才方面的态度。这种理念在历代王朝的人才选拔、考核机制中都得到了充分体现。汉

---

① 《礼记·曲礼上》。

代的"举孝廉"制度得人之盛的景况,为当时其他选拔制度所不可比。入选者皆为孝子廉吏,因品行良好而为地方民众所尊所重,德性优良是入选的第一条件,最为重要的是必须以相符合的行为实践为自身的高洁品性做注脚,否则即使入选也会被再次剔除出去,举荐职官亦要担负察举不力的连带责任。所以"四科取士"中极为重视对行为能力的考察。"丞相故事,四科取士……及刺史两千石察举茂才、尤异、孝廉之吏,务尽实核,选择英俊、贤行、廉洁、平端于县邑,务授试以职。有非其人,临计过署,不便习官事,书疏不端下,不如诏书,有司奏罪名,并正举者。"[1]这种"以德取人,以能试用"的特点充分说明儒家教化为了保持本质和目的在实践和操作过程中不被改变甚至异化。可见这套制度对人的考察是用人的一生为时间节点的,在此期间若要违背基本的道德要求和伦理规约,将会以遗臭万年的面目不容于世,不容于史。这就是我们翻遍二十四史发现的一个有趣现象,历朝历代都在各自史书中专辟一章,选取那些高洁品行的普通官吏作为榜样立传扬名,这种荣誉盖因为他们用自己的一生来践行儒家道德精义。综上可见,儒家教化为了保持生命实践的本质特征,不但在一个人的生前用相关的制度要求人们知行合一,而且在考核评价策略的选择制定方面,采用事后评价的方式,检验一个人的一生,这种考核评价机制,对于长期接受儒家精义熏陶的官员来说,影响显然是非常巨大的,所以这也是"立德、立功、立言"以及"为天地立心,为生民立命,为往圣继绝学,为万世开太平"等重德力行思想广泛流传的原因。

再次,古代社会生产生活实际注定儒家教化本质上是一种生命实践活动,社会大环境为儒家士人用一生去实践儒学精义提供了条件。从政治、经济、文化三个角度来说:就儒家教化所处的政治环境而言,封建社会的治国理政以儒为宗,儒家传统中的"经世致用"思想成为儒家教化尊崇的一个基本理念之一,使儒家人士特别注重培养自己的经世致用精神,即以"'入世'为前提,'致用'为旨趣,引导人们在此岸世界'立德、立功、立言',治理世界的秩序,谋求民众的安宁,实现自己的价值,达到'三不朽'的人生境界"[2]。在此精神指导下,儒家教化要求在治国理政中

---

[1] 《续汉书·百官志》注引《汉官仪》,转引自张俊《从"举孝廉"看官吏选举》,《人民论坛》2010 年第 6 期。
[2] 韩星:《儒家人文精神》,陕西人民出版社 2012 年版,第 175 页。

须以身体力行的态度推行安人、安百姓之大务。孔子为此曾经"狂言"称:"苟有用我者,期月而可也,三年有成。"① 孟子不甘其后,亦改平日温文尔雅之状,发出了"如欲平治天下,当今之世,舍我其谁也"的豪言。儒家两位先哲在此表明的态度其实就是用生命去践行儒家理想的态度,由此为后世儒者在如何为政方面做出了榜样,那就是必须将自己的全部托付给实现大同治世的路途上来。

从经济角度而言,封建农业时代生产生活的实际,决定了儒家教化的生命实践本质特征是这种经济基础条件下的必然产物。封建时代生产力落后,人作为生产要素中的主导者,既是生产活动的规划者,也是实践者,亲力亲为是生产活动的主要特征。儒家学人在其学习、发展与成长过程中常常经历着多重角色的变换,"朝为田舍郎,暮登天子堂"是对平民百姓身份转换的生动写照,在这背后蕴藏的则是儒家士人参与生产生活实践的逻辑。所以,人能否成为知行合一的人,能否成为思想与行动相符合的君子仁人,从这个角度来说,其实就是当时生产力条件下的必然。此外,中国普通民居大门上常常悬挂"耕读之家"、"耕读传家"一类的匾额,这是儒家教化本质之生命实践特征在民间社会下沉与渗透之最为鲜明的表征,因为并不是每一个儒士都能进阶到社会统治的顶层;相反,在选拔任用机制极为苛刻的条件下,更多儒者不得不走向民间,以普通劳动者的生产生活方式去践行儒家精义。至此,学行合一,以学导行,以行践学,学行共举的儒家教化理路得以在封建小农生产条件下完全铺陈开来。

从文化角度来说,儒家教化之所以体现为一种生命实践活动,除了前文所述的必须与国家政府层面的选拔、考核、评定机制相符合之外,更多是受到儒家自身理论发展的影响。孔孟在此方面的影响再不赘言,荀子在《儒效》篇曾说过"儒者在本朝则美政,在下位则美俗","美政"之"美"在于定礼仪、正法度;"美俗"之"美"在于修身明德、导民向善、化民成俗。在此理论教义影响下,儒学的实践性格"从汉唐儒者到宋明理学家那里都有不同程度的体现"②。汉代循吏如文翁辈者,以实际行动教化地方民众,为中国儒家文化传播与社会文明进步做出了卓越贡献;东汉太学生群体在维护国家大义方面,坚决同阉党宦官等奸佞作大无

---

① 《论语·子路》。
② 韩星:《儒家人文精神》,陕西人民出版社2012年版,第179页。

畏的斗争。这种为家国大义慷慨赴死的精神和行为作为传统一直到明朝仍然被真正的儒家士人所推崇,明代东林党人前赴后继与祸国阉党勇敢斗争的事实就是最鲜明的表现。儒家士人之所以能够形成这样的传统,是因为它是儒家文化本身不断发展积累的结果。宋明理学的建立是对魏晋南北朝以来佛、道"虚空"之学的纠正,虽然形而上理论色彩有所加重,"但他们仍然是把实践放在学说最根本的位置。上达天理虽然是理学家追求的终极目标,然而也必须从下学做起,上达与下学不能分为两截,上达天理与下学洒扫、应对、进退之事是不可分的,甚至强调只有从洒扫、应对、进退之事做起,才能达到明天理的圣人之事"①。王阳明看到理学堕入虚妄,起而提倡功夫实践论,以恢复践履传统,知行合一说作为其代表自此成为儒家学说发展史上重要的一个里程碑。王阳明后,黄宗羲、顾炎武、王夫之、全祖望接续之,王夫之甚至在批判"知行合一"基础上进一步张扬重实践的精神,提出"行先知后"说。可见儒家教化本质上体现出来的生命实践活动特征贯穿儒家学说发展始终。韩星先生就此特征认为"儒家以道德为核心的实践精神其本质是康德知识论中所谓的'实践理性'",为此他援引高晨阳先生的观点,称儒家的这种"实践理性","'即主体对道德意识、人生原则或实践经验的内心体验,关注的是主体自我的践履问题……旨在通过对道德意识的体认和道德规范的实践,以成就圣人与圣人之境,成为道德完美的人'"。"这种'实践理性'影响到中国文化,就形成了注重所谓的'实用理性'特征。正如李子厚所说:'这特征是一种我称之为实践理性论或实用理性的倾向或态度。它构成儒学甚至中国整个文化心理的一个重要的民族特征……'"② 可见文化大环境对儒家教化之生命实践活动本质特征的形成有着巨大而可见的影响,在这种文化氛围下,为了实现成己、成人、成物之目的,教化作为生命实践的一种活动,其本质特征是不会轻易发生偏差的,这样就有利于保证教化目的的顺利实现。

综上所述,儒家教化和当代教育的本质在外在特征的表现上是不一样的,这种差异是教化和教育在发展历程中,因为各种各样条件的不一致,因为时代条件和要求的不同,也因为两种学说成长土壤不一样,使儒家教

---

① 韩星:《儒家人文精神》,陕西人民出版社2012年版,第179页。
② 高晨阳:《中国传统思维方式研究》,山东大学出版社1994年版,第276页。

化和当代教育在树才育人的同一大方向上体现出了不同的面貌,我们所要做的就是认识清楚之所以不同的缘故,并借此期望找到一种可以有利于当代教育发展的路径。

第三节 方法:总体性与专业性

方法是在成就事物发展目标过程中,按照事物本质与规律制定出来的,为实现既定目的而有所依靠和凭籍的手段的集合。对于教育和教化而言,方法的适当与否直接关系到其效果的好坏,也关系到教育、教化目的的实现质量。将儒家教化与当代教育的方法予以比较,是进一步认识两者关系的必要步骤,也有利于当代教育方法愈加科学合理与完善。

一 当代教育方法的专业性特征分析

概而言之,当代中国教育实践方法具有非常鲜明的专业性特征,专业性特征的表现与当代教育的目的和本质相适应,是从对社会主义建设者和接班人的职业发展与承担使命出发的,也是参照西方教育制度设计的标准,在学校教育的大环境下,进行持续性考核与训练的一种写照。具体而言,当代教育方法的专业性特征主要表现在以下三个方面:

首先,教育、教学课程设计方面,注重专业讲授、专业分科和学习,提前为学生成长划分出既定发展轨道。当代教育在教学课程设计方面因为专业门类的差别,而将整个教育划分为不同的学科,数目众多,界限明显。学科门类是对具有一定关联学科的归类,是国家授予学位的学科类别所参考的标准。从该角度观察,我国当前总计有理、工、农、医、文、法、艺术、军事、管理、哲学、经济学、教育学、历史学13个学科门类。而按照学科研究对象、研究特征、研究方法,学科的派生来源、研究目的、目标等五方面进行的学科分类就更加复杂和细致了。根据我国1992年颁布的《中华人民共和国学科分类与代码国家标准》,学科门类有自然科学、农业科学、医药科学、工程与技术科学、人文与社会科学五大类,五大类下又分为58个一级学科、573个二级学科以及近6000个三级学科,可见,我国当代学科划分细致前所未有。除此之外,随着人类对未知世界认识程度的深入,新兴学科和交叉性的学科层出不穷,在可以预见的形势下,学科专业化的分类设置只会越来越多、越来越细。由于学科是相对独立的知识体系，所以，随着分类的细致，学科的独立性只会增强，由此导致当代教育的专业性特征愈发明显。

在学科分类提前规定的条件下，我国当代学校教育从高中第二学年起，即进行文、理分科安排，这样的设置，有其科学性，但不可否认的是，学生在选择文、理科的时候，总是根据自己的兴趣爱好。同时，文理基础学科的成绩也是一个最重要的参考标准，根据避难就易的一般心理，无论哪一科的学生，多少都存在非选学科学习热情不高的实际，久而久之，人为造成的偏科情况就会出现。待上大学以后，这种分化就会越加严重。一个比较常见的现象就是，理、工、农、医等学科的学生一般情况下不知魏晋、难晓三皇，对时代发展脉搏知之甚少，把握不准，人类历史发展轨迹模糊不清；而人文社会科学学生则大都不识人类科技发展现状，对事物微观特性的认识比较肤浅，依旧停留在原子、质子时代，对于高新科技可能带给人类社会改变的认识也比较模糊，难以跟上世界科技文明发展潮流。各个学科之间，由于各自特性的差异，也存在"老死不相往来"的现象。当代教育的专业性特征在教育实践中的表现如此深刻，是古代儒家教化占统治地位的时期所不可想象的，也是西方国家在两三百年之前无法想象的。在此学科划分前提下，学生接受教育的过程其实就是接受专业训练的过程，某一领域研究越深入，学科划分越细致，专业性特征越明显。学生从高中时代开始的专业训练，一直持续到其就业和工作的全过程中。至于其他学科，由于时间和精力有限，逐渐与学习个体相脱离，以致当代教育的最终结果就是专才的出现。当然，不能否认实践中有些特别优秀的人才，上知天文，下知地理，因为各种条件的优势，在成为高精尖专业人才的同时，也像达·芬奇、爱因斯坦那样具备全面发展的能力与素质，但这的确是少数，并不能改变当代教育在实践方法上的专业性特征。

其次，根据社会发展需要，国家在教育政策制定和引导方面，开辟了专向发展空间，受教育者于是被人为分割到相对应的领域，加剧了学科的专业性特征。因为社会分工越加细化的原因，人的劳动就像机器人流水线一样被碎片化，该背景下的产品生产，从原材料的生产到半成品的加工，一直到成品的出现，最终流通到消费者手里的过程，完全区别于理论上和传统上简单的生产、分配、交换、消费过程，因为这个过程是被完全细化和分割的过程。打个比方，在传统时代，一个铆工工人可能也掌握着良好的钳工技术，甚至也可以做电工的活，但是，在以机器人流水线为生产方式的时代，这样的全能工人就比较少见了。一般情况下，铆工只可能是铆工，钳工只可能是钳工，铆工只能安心做好铆工，钳工只能安心做好钳工，这是人的意志无法控制的，而只是适应当代机器化大生产的要求的结果。换言之，人作为劳动者不再参与类似于传统产品生产的全过程，仅仅将自己蜷缩至某一个小环节中，这个小环节小到可以令铆工、钳工吃惊的程度，因为它可能是安装某一部位的小螺丝，也可能只是打个产品包装，甚至可能是作为叉车司机将货物从流水线搬至车间门口而已。这种简单、重复、单调的工作对人才的需求直接产生了影响。根据上述生产实践的变化，导致国家和政府在政策层面不得不根据社会化大生产的实际出台相关的引导性政策，来培养适合社会化生产的劳动者。于是，职业教育应用而生。所谓职业教育，联合国教科文组织将其定名为"技术和职业教育与培训"（TVET），经过多年的发展，该教育模式"无论是在技术复制再生产，还是在培养规定职业所需要的专门劳动者、促进社会经济发展、科技的进步以及职业进化的道路上都做出了必要的贡献"[1]，之所以能有如此成绩，与其专业性特征密不可分。于是，政府在政策层面加大了该教育模式的投入，以期能够为现代化生产提供更多的人力资本。1996 年颁布的《中华人民共和国职业教育法》亦从法律上明确其专业性特色，该法第四条规定："实施职业教育必须贯彻国家教育方针，对受教育者进行思想政治教育和职业道德教育，传授职业知识，培养职业技能，进行职业指导，全面提高受教育者的素质。"此条规对职业教育的专业特征从法律上予以明确，从一个层面体现了当代教育的专业性特征，这也就是为什么在九年义务教育结束之际，国家鼓励更多无法升入普通高中的学生进入中等职业教育学校，接受职业专项培训；高中学业结束之际，鼓励更多学生接受高等职业教育政策的主要原因。由此可见，中国当代教育实践方法的专业性特征不但体现在学科的讲授与划分之中，而且也因为社会的需要，而体现在政策法规层面。

再次，教育者和受教育者必须按照既定的学科专业要求走完教育过程，否则无法获得社会固有评价机制的认可，导致当代教育的专业性特征愈加巩固与强化。承接上述两个基本的现实，学科的分类设置要求教育者——教育主体必须是专业人才，否则无法讲授专业知识，这种先天规定

---

[1] 李霄鹏：《对职业教育发展困扰的价值探析》，《教育理论与实践》2009 年第 5 期。

决定了教育方法的专业性特色。按照国家和社会的需要，要求教育必须输送专业人才，否则无法满足当代社会化大生产。在此双重条件制约下，若想保证教育过程的顺利完成，教育者必须做到专业讲授，受教育者必须在专业学科范围内学习和应用，否则学习就失去了价值。与之相应，社会对受教育者的认可机制，职能考核部门对教育者的评价机制，都以专业性学习与讲授的成果为标准，如此就更加巩固和强化了教育方法上的专业性特征。

关于当代教育实践方法的专业性特征，理论界就此问题的认识主要分为两个方面。积极态度者主要肯定专业性教育为当代社会发展提供了大量人力资本，普遍意义上提高了劳动者素质，极大推动了科技和经济发展水平。持批判态度的学者主要从专业性教育的弊端入手。以职业教育为例，许多学者针对其偏重工具理性，把人当作工具看待和产品生产的做法嗤之以鼻。文辅相先生在此方面的质疑比较具有代表性。他认为，"以单一专业教育基本取代人格整体教育"的做法是东西方文化教育衰弱的表现之一，导致大学生人文素养降低，可持续发展能力减弱，"'对口式'的专业教育"、"'处方式'的知识、技能教育"以及"'划一式'的教育管理"等职业教育模式，"过分强调与社会部门对口、专业教育中工科与文理科截然分割"，"难以培养出'有高度才能'的人才"，"'划一式'的教学进程和刚性的教育管理办法，抑制了学生创造性的发挥"[①]。实事求是地讲，当代中国教育在实践方法上的专业性特征，的确对于教育目的和教育本质形成了一定的负面影响，专业化切割对于学生人文素养的培育造成了很大阻碍，培养德智体美全面发展的合格的社会主义建设者和接班人于教育而言本来是能够承担起这一任务的，但是当学科被割裂之后，一个显而易见的后果是人文学科与科学技术学科的分道扬镳，将一个整体被迫两分，造成人的培养与全面发展沦为口号，以至于无法实现科学合理的教育目的。所以，继续深入挖掘当代教育方法专业性特征产生的原因，才可能为教育目的和教育本质回归正轨提供条件。

[①] 贾永堂：《反思专业教育 倡导素质教育——文辅相先生的大学教育思想述要》，《高等教育研究》2010 年第 9 期。

二 儒家教化与当代教育在方法上的差异及原因

中国古代儒家教化与当代教育在方法上的差异比较明显，根据前文已有论述，整体性和专业性是两者最明显的差别。整体性是指儒家教化在实施过程中，注重教化环境的整体熏陶，能够调动起教化主体、客体的积极性，充分利用介体和环体的各种有利条件，在遵循教化规律前提下，实施教化活动。如礼、乐、刑、政教化方法是从方法本身的性质角度划分的，作为几种主要方法长期占据主导地位。除此以外，儒家教化方法若要从具体实践角度划分的话，其整体性的特征更加明显。之所以呈现整体性特征，究其原因是儒家教化所处的时代与现当代的环境截然不同。其一，当时的学科分类不明显，社会化大生产尚未出现，传统农业文明没有提出细致的学科划分要求，加之学科本身也没有发展深入到当今这个程度。其二，中国古代学科划分最早的要数《周礼·保氏》中记载的"养国子以道，乃教之六艺：一曰五礼，二曰六乐，三曰五射，四曰五驭，五曰六书，六曰九数"。此"六艺"作为儒家倡导的六种学科，虽有分类，但人文色彩非常浓厚，而且在学习过程中皆有相关"礼数"予以规约，这样的教育是一种以人文综合素养培育为目的的教育，具有人文化成的意蕴，所以，这也是儒家教育在很大程度上被称为"教化"的原因之一。其三，手工作坊式的生产模式不需要专业性训练，在此不是说不需要训练某一种技能，而是说不需要造就一种职业模式来培养专才，相反，人的成长、成才必须面面俱到。以技术型的工匠为例，铁匠不但要掌握炼铁技术，也要掌握工艺技术，甚至还需具备一定的美学素养，否则铁器的成品是无法生产出来的，即使生产出来，也不一定有广阔市场。对于木匠在各方面的要求就更多了。中国古代的木匠不但要掌握精湛的操作技能，较高的美学素养，更要掌握礼数规矩。以民居建筑为例，士人和普通百姓的建筑规格必须明确有分，高低、阔窄等都有限制。而礼制建筑的规定更为复杂，如北宋时期编修的《营造法式》对此规定非常详尽。建筑师们与其说在学习专业技术，不如说更是在学习儒家提倡的各种伦理规约，因为没有伦理规约内涵的建筑是不被批准和认可的。由此可见，儒家教化实践方法的总体性特征与其所处时代有着密切的关系，是学科自身发展轨迹的自然呈现。相比较而言，当代教育在实践方法上之所以呈现专业性特征，也有其深层次的原因。

首先，实施以专业性为特征的教育方法是为了保证培养合格的、适应社会分工发展要求的专业人才。当代中国教育起源于西方，而西方工业文明的发展对适合工业化大生产条件的专门性人才需求量大，按照社会发展要求培育人是教育的基本逻辑，让人成为工业化生产线上可以制造产品的机器或工具就是基本目的之一。为此，法国社会学家涂尔干就认为，"教育对社会而言只是一种手段，只是社会为了在儿童内心形成自身存在所必需的基本条件而采取的手段"。"教育是成年一代对社会生活方面尚未成熟的年轻一代所施加的影响。其目的在于，使儿童的身体、智力和道德状况都得到激励与发展，以适应整个政治社会在总体上对儿童的要求，并适应儿童将来所处的特定环境的要求。"[①] 涂尔干以社会需要为参考，强调教育的社会价值没有什么不对，但为了社会需要而把教育从成就人为目的的价值理性，变成以成就人为手段的工具理性，导致人仅仅作为手段的存在，从而失去了人之为人的意义，不啻为另一种极端。然而，不得不承认，涂尔干的理论为现代教育的专业生成提供了理论支持，因为我们无法避免社会发展的现实要求，如果违背这种要求，教育的目的就会打折扣，教育的价值亦无从体现；而如果适应这种要求，则有可能出现专业性过强，削弱人文性的一面，教育目的同样会打折扣，看来这的确是一个两难的问题。所以，面对这一悖论，如何成就两者，既突出社会需要的专业性，又让学生具备深厚的人文素养，对于当代教育而言，借鉴儒家教化方法应该是不错的选择。

其次，实施以专业性为特征的教育方法是教育大环境的要求。如前文所述，细密的教育学科分类要求当代教育在教育教学实践中必须以专业化的素养来完成专业性的要求。人类文明，特别是科技文明积累已经非常深厚，对未知世界的探索越发深入，这种发展形势必然要求教育在培养人才过程中必须就某一领域实施专门攻关，对人员的专业素养要求之高远非近代科技起步阶段能够相比，何况遥远的古代呢？所以说，与社会发展同步的教育学科分类大环境的生成，是当代教育方法呈现专业性特征的一个重要原因。以专业性特征鲜明的职业教育模式为例，它在中国发展的历史渊源也决定了这种教育大环境是必须正视的问题。中国对职业教育的提倡肇

---

① 转引自张人杰、王卫东《20世纪教育学名家名著》，广东高等教育出版社2002年版，第25页。

第一章 教化与教育的区别

始于 20 世纪初,民国六年即 1917 年,教育和实业界的知名人士蔡元培、马良、严修、伍廷芳、张元济等在上海发起成立了中华职业教育社,从其宣言书中表明的成立缘由来看,它是要解决高等学校无法完全吸收基础教育完成者,而导致国民生计出现困难以及生活艰辛的问题。简言之,创办职业教育初衷就是为了解决无法升入高等学校的学生的生计问题,黄炎培将此目的总结为"使无业者有业,使有业者乐业"①。职业教育的发展虽然经历了曲折,但由于其适应时代发展要求,最终作为一种重要的教育模式被保留下来。黄炎培在新中国成立后,依然大力提倡职业教育,在他看来,这是"增加生产、繁荣经济的国策实施时所必要采取的措施",也是"建设人民民主国家的重要条件",其平民化的特点适合于任何社会的任何时候。②综合上述两个方面,我们发现当代教育实践方法的专业性特征并不是凭空出现的,而是有着深厚的现实和历史渊源,这是人类教育发展进步的必然结果,也是人类走向美好未来而对教育提出的要求之一。

再次,实施以专业性为特征的教育方法是诸多教育理论指导下得到发展的表现,如前文黄炎培有关职业教育思想即是其中之一。而改革开放以来理论界对教育本质、教育目的、教育功能等方面的分析,为当代教育方法的专业性特征形成也提供了理论依据。

以教育本质的探讨为例,20 世纪 80 年代,有学者提出了"生产说"的教育本质论,称"教育实质上也是一种生产,是一种人才的生产,劳动力的生产,即生产人,培养与造就人"。有意思的是,基于"生产说"而衍生出的"生产实践说"和"精神实践说"则相互对立,前者强调教育本质上是物质性的实践活动,是人类自身的生产实践,后者主张教育本质上是传递人类的精神财富,教育是培养承担社会职责的人,担当的成效如何不取决于生物属性,而取决于社会属性,所以教育本质上是人的精神生产。③ 通过分析"生产说"的教育本质论,特别就"生产实践说"而言,学界认为该理论无法应对时代面临的精神危机,以专业性教育方法为

---

① 转引自张人杰、王卫东《20 世纪教育学名家名著》,广东高等教育出版社 2002 年版,第 765 页。

② 同上书,第 775 页。

③ 瞿葆奎:《教育基本理论之研究(1978—1995)》,福建教育出版社 1998 年版,第 176—179 页。

特征的工具性教育无法促进人的真正发展和实现。① 另外，在笔者看来，"精神实践说"也必然会导向人的工具化生产理路上去，因为"精神实践说"仍然秉承教育目的的社会倾向论，就像涂尔干说的那样："教育乃使年轻一代有条不紊地社会化。"② 所以精神生产的完成与否，取决于人的社会属性，如此一来，现代化大生产的专业化分工现实就决定了教育方法的专业性特征，满足社会发展的需要最终战胜了人本意义上的人的精神成长，具体的教育实践于是也就无法摆脱专业化训练的窠臼。

关于教育目的与教育方法专业性特征生成的关系，由于本章第一节已有论述，在此就一些教育功能理论对教育方法专业性特征生成的影响予以论述。何为教育功能，学界的观点一方面是从教育对社会和个人的价值、意义及作用这样的有用性角度予以认识，此类观点主要强调教育的积极影响。另一方面，学界认为教育在满足主观价值需要的同时，也产生了一种客观的实然结果，这种实然结果可以分为"贡献"性的正面价值和"损害"性的负面价值。通俗讲，就是"教育活动不仅具有促进社会与个人发展的作用，还具有与人们良好的主观期望相悖的阻碍性影响"③。基于对教育功能的此种认识，按照教育功能作用的层次，学界将教育功能划分为本体功能和工具功能。这些认识如将教育最本质的功能看成是培养人的认知技能，也有些则认为教育是发展经济的工具，④ 等等。不得不说，这些细化教育功能的研究为分层次认识教育本质提供了极大帮助，同时，此类理论的专业化特点的确对教育实践方法专业性特征的形成产生了极大影响。理论在一定时期内被认可，那么接下来的结果就是理论被应用于实践、指导实践，至于检验理论的合理科学与否，则不是一个短时间内能够得到答案的问题。因此，在这种情况下，我国当代教育实践方法上的专业性特征就获得了一定的理论根据，由此也在一定范围和时间内得到了

---

① 参见冯建军《教育基本理论研究 20 年（1990—2010）》，福建教育出版社 2012 年版，第 159 页。

② 转引自张人杰、王卫东《20 世纪教育学名家名著》，广东高等教育出版社 2002 年版，第 25 页。

③ 参见吴康宁《教育的负向功能刍议》，《教育研究》1992 年第 6 期；冯建军《教育基本理论研究 20 年（1990—2010）》，福建教育出版社 2012 年版，第 266—267 页。

④ 参见冯建军《教育基本理论研究 20 年（1990—2010）》，福建教育出版社 2012 年版，第 270—271 页。

巩固。

三 当代专业化教育的合理性与局限性

据前文所述，当代教育的专业化特征只会加强，因为它与社会发展实际相匹配，社会分工的加剧、社会结构的变化、社会阶层的分化等现实客观上要求当代教育必须适应社会发展的需要，如果不顾这些实际情况，那么不符合学科发展规律，也不利于社会的文明进步。从这层意义而言，当代教育方法的专业化特征不断加强具有其合理性和必要性。

首先，专业化特征能够满足大工业、信息化条件下不断加剧的社会分工要求。由于技术进步，生产力不断进步的原因，大工业社会的物质文化生产强调分工前提下的综合协调，这种分工宏观上体现为地区、国家和行业之间的分工，微观上体现为劳动者及其职能与角色的分工。对于后者而言，一个国家、地区和行业在某一物质文化产品生产领域中处于何种地位，决定了该国家、地区和行业内劳动者的职能和角色，按照此种被规约了的职能和角色，发展劳动者相应的能力，是当代教育走专业化道路的必然选择。其次，当代教育方法的专业性特征也与当代社会结构变化有密切关系。"社会结构，主要是指一个社会中社会地位及其相互关系的制度化和模式化了的体系。"[1] 改革开放以来，生产力、生产关系的改变和进步，对于当代社会结构产生了重要的甚至决定性意义的影响。由此给社会结构带来的变化和转型也体现在方方面面。以人们的就业身份属性的改变为例，改革开放打破了计划经济体制下社会成员拥有的干部、工人、农民三种类型的就业身份，在这种结构中，人们的就业身份及其社会地位自始至终很难发生改变，流通也是有限的，行政力量的规制非常严格。[2] 随着改革开放的深入，人们的就业身份随着城市化进程发生了巨大改变。之所以如此，是因为城市化对专业劳动力的需求数量和质量两方面急剧扩大和提高，由此吸引农村地区的大量劳动力涌向城市，但农民进城的前提是必须掌握城市化所要求的各种技能，也就是说社会发展趋势给当代教育提出了要求，其要求就是必须培养技能型的专业化人才。为顺应这一趋势，当代

---

[1] 郑航生、洪大用：《当代中国社会结构转型的主要内涵》，《社会学研究》1996年第1期。

[2] 同上。

教育在方法上专业化特征逐步增强就是顺理成章的事情了。再次，当代教育方法的专业化特征也是符合当代社会阶层结构细化趋势的表现。"城镇化使中国社会由原来简单的两个阶级一个阶层（工人阶级、农民阶级和知识分子阶层）向多阶层发展，中国社会阶层结构的大变迁逐渐显现出来。"[1] 具体来说，社会阶层结构呈现出多元化趋势，而且并没有停下来的意思。按照普遍共识，当代中国社会分化为十个阶层，分别是国家与社会管理阶层、经理人员和私营企业主阶层、专业技术人员阶层、办事人员阶层、个体工商户阶层、商业服务人员阶层、产业工人阶层、农业劳动者阶层和城市失业、半失业人员阶层。[2] 对于各阶层人员的发展而言，他们会根据自己所处阶层的位置、自身能力水平、家庭状况以及未来发展的可能性等实际问题，经过综合考量选择接受不同的教育模式，其中，职业教育作为专业化特征最为明显的教育模式，就成为很多学生选择的路径；与此同时，国家也会根据社会成员的上述实际，鼓励和引导学生走符合自身实际的教育模式。所以说，在社会阶层日趋分化的现实面前，当代教育的专业化特征符合社会发展要求，有其存在的合理性，更有其存在的必要性。

虽然当代教育方法的专业化特征有其合理性和必要性，但是，也必须看到其不足。首先，从个人成长角度而言，突出教育方法的专业性特征一定程度上终究不利于人的全面成长，因为"教育的总目标既包括满足社会发展需求，又涵盖实现个人的全面发展，即两种教育价值取向的平衡"[3]，如果单独突出一个方面，那么教育的整体性目标就难以实现，对于人的成长发展自然有负面作用。其次，从国家社会文明进步角度而言，当社会成员因为长期接受专业化训练而造成负面影响之后，国家社会的发展就必然面临人力资源综合素质不能适应社会全面发展进步的要求，虽然这种影响由于周期长，不易被人们发现，但影响却是长远的。

总而言之，当代教育之所以在方法上呈现出专业性特征，是为了适应

---

[1] 秦玉友：《社会阶层变迁背景下教育结构调整的宏观思路》，《教育发展研究》2005 年第 4 期。

[2] 陆学艺：《中国社会结构的变化及发展趋势》，《云南民族大学学报》（哲学社会科学版）2006 年第 9 期。

[3] 李霄鹏：《对职业教育发展困扰的价值探析》，《教育理论与实践》2009 年第 5 期。

社会发展要求而产生的客观结果，其存在具有合理性，也具有必要性，当代教育不可能避免，也不可能不采用体现专业性特征的教育方法，虽然它在一定程度上对个人成长与社会发展带来不利的影响。

综上所述，我国当代教育在实践方法上的专业性特征的确是当代社会发展现实在教育理论与实践领域的一种基本反映，专业性特征的生成就像儒家教化方法整体性特征的生成一样，反映的是社会存在与社会意识、理论与实践相对应的逻辑关系，那就是社会意识是社会存在的基本反映，理论来自于实践又反作用于实践。如此，我们就明白了儒家教化与当代教育在实践方法上呈现不同特征的根本原因，认清产生差异的原因，可能会为解决当下教育的现实困境提供一些思路。

儒家教化和当代中国教育在目的、本质、方法等几个方面存在差异的确是鲜明而巨大的。通过分析发现，其各自特征的生成均为当时社会发展实际的产物，没有凭空出现的理由，而且在各自所处的时代，都或大或小、或多或少，在某一领域或某几个领域，甚至对国家和民族层面都起了相当积极的作用，成为人类文明发展史上具有一定历史意义和作用的成果积淀。自20世纪末以来，有关素质教育的呼声越发响亮，相应的实践也在努力展开，虽然这个过程中依然有许多不如意，甚至仍然发生背离素质教育的做法，但是，儒家教化理论可以为我们克服当代教育的局限提供有益的启迪，所以，作为生活于具体时代的具体人，只能在最大可能的范围内，鉴古知今，回归教育本真，尽最大可能消弭各种负面影响，让人成为完善的人，成为有道德的人，有关怀的人，有抱负的人，有独立人格的人，能够成就他人的人，能与人和谐相处的人，能与天地万物相参相并的人。

第二章 中西教化理论的比较

中国儒家教化诞生于人类"轴心时代",与之相对应,古希腊苏格拉底也提出了"美德即知识"、"美德可教"等相似性命题,他"试图在德性与教化之间搭建一座金桥,为城邦政治提供伦理基础"[①]。当代西方语境下的"教化"则始于中世纪,其间经过赫尔德尔、康德、黑格尔等人的持续建构,获得了一定程度的发展。20世纪60年代伽达默尔在《真理与方法》一书中提出"Bildung"概念,为"教化"的当代发展提供了新的讨论场域。由于"Bildung"是德语词汇,英文无法找到一个合适的语词来翻译,伽达默尔为此依英译版直呼其为"Bildung"。我国在80年代引进版权后,商务印书馆、上海译文出版社及辽宁人民出版社等中译本则将其翻译为"教化",概缘于该词"具有教育、培养、文化、修养等方面的含义"[②]。自此,中国学界对于伽达默尔的"Bildung"(教化)开始了两个向度的讨论。一个向度是探讨"教化"对启蒙理性的批判和超越,进而探讨理查德·罗蒂的"教化哲学"(实践哲学)对"系统哲学"的超越。代表性观点认为,伽达默尔是从建构性角度反思启蒙,"面对技术理性的极度膨胀和科学主义的泛滥已极","着力挖掘所谓'精确科学'以外的线索,寻索欧陆古典人文主义的传统,特别是近代德国由黑格尔、狄尔泰等人开启的'精神科学'之遐思,试图为已经被启蒙后果所边际化或遮蔽掉的心灵世界寻找回失落的家园。在重整人文主义传统、确立精神科学的合法性和哲学诠释学的建构当中","教化"具有"基石般的作用",因为"它是整个人文学的原点,与启蒙理性的逻辑科学相对比,精

[①] 桑东辉:《美德与教化——基于中西比较的视域》,《孔子研究》2013年第4期。
[②] 张颖慧:《"Bildung"和"教化"概念辨析》,《中南大学学报》(社会科学版)2012年第2期。

神科学在本质上便是教化的哲学"①。另一个向度是将其与中国传统儒家教化作比,通过对二者共同点的分析,为中国儒家教化找到了呼应现代世界的根据,该向度的目的在于通过反思当下中国唯理性主义教育的危害,为中国未来教育模式、教育目的以及指导思想等提供可以参考的建设路径。据此,笔者打算以苏格拉底和伽达默尔的教化理论为例,将他们的理论与儒家教化思想作一对比,以科学认知双方的异同。

第一节 苏格拉底教化思想评析

苏格拉底生活于古希腊城邦伦理生活崩溃时期,古希腊由于伯罗奔尼撒战争的失败,国家急剧衰弱,德性伦理遭遇空前危机。苏格拉底以其高度的历史使命感和社会责任感,为了古希腊的未来,以特有的方式大声疾呼,直到最后一刻大义凛然接受"民主"的判决。他的一生述而不作,与孔子类似,其主要活动就是走进各色人群中间去辩难、演讲、对话,他常常以社会道德教师的身份出现在人面前,他用德菲尔阿波罗神庙的"认识你自己"的神谕警醒世人,"希望人们能通过对心灵的思考来追求德行"②,并最后以慷慨赴死的行动来诠释善和德的意义。终其一生,他都是在以特有的教化方式努力引导人们走向道德理性,为构建新的伦理秩序,推动社会生活与文明进步贡献力量。

一 苏格拉底的教化思想

"道德,是苏格拉底哲学的精髓。他把研究道德看作是哲学的主要任务,从崇尚自然转向追问人生幸福,建立了伦理学,开启了哲学思想上的'苏格拉底转向'。'苏格拉底第一次将哲学从天空召唤下来,使它立足于城邦,并将它引入家庭之中,促使它研究生活、伦理、善和恶。'"③ 苏格拉底教化思想以培养人们的善和美德为目的,站在人是可以教化的理论

---

① 景海峰:《从诠释学看儒家哲学的教化观念》,《深圳大学学报》(人文社会科学版) 2011 年第 11 期。

② [古希腊] 苏格拉底:《苏格拉底的教化哲学》,唐译编译,吉林人民出版社 2013 年版,前言第 1 页。

③ 贾廷秀:《苏格拉底的道德哲学与道德实践》,《湖北社会科学》2009 年第 2 期。

前提下，从"认识你自己"出发，围绕"美德即知识"的核心思想，提出了以正义、节制、智慧、勇敢为主要内容，以"精神助产术"为主要方法的教化思想体系。

苏格拉底以"美德即知识"作为教化思想的核心，提倡人必须认识、提升自己的德性，通过把握住自己所具有的灵魂，即"理智"，把握住"真正的我"。在他看来，只有灵魂或者理智才能使人明辨是非，当一个把自己的灵魂或者理智看得至高无上的人，自然知道什么是"善"，什么是"恶"，从而做一个有道德的人。由此可见，苏格拉底伦理道德教化是以人的知识学习为基础的生发，这就是"美德即知识"教化核心的基本逻辑。

首先，苏格拉底教化思想中的美德包含正义、节制、智慧和勇敢四项主要内容。"美德"（有些著作将其翻译为"德性"）用希腊文表示为arete，其内涵相当丰富，不仅指人所具备的高尚德性与品质，也指任何事物所具备的优点、长处。苏格拉底认为人应该将自己培养成为具有正义感、自制力，集智慧与勇敢于一身的人，他说："正义和其他一切德行都是智慧。因为正义的事和其他一切道德的行为都是美而好的；凡认识这些事的人决不会愿意选择别的事情；凡不认识这些事的人也决不可能把他们付诸实践；即使他们试着去做，也是要失败的……既然正义的事和其他美而好的事都是道德的行为，很显然，正义的事和其他一切道德的行为，就都是智慧。"[①]

其次，当一个人拥有正义、节制、智慧和勇敢这些优秀品质和能力之后，他就能分清善恶，趋利避害，如此就表明人具备了智慧之德。这就说明，教给人知识的过程其实就是教给人智慧，教给人智慧就是让人拥有了美德，所以说美德是可教的。当然，即便在苏格拉底看来，美德与知识一样，是人天生能够拥有的一种东西，但它不会自发显现出来，所以需要"教"，例如启发和引导，这就是他自认为应该承担的使命。基于此，他摒弃了早期智者时代那些教书匠的传统，通过自身的独特的对话式的"助产术"教育方法，让人在获得智慧的基础上，启迪和挖掘人所先天就有的，潜藏于内心深处的善，从而进一步引导人们走向德性的殿堂。这种"把道德和知识合二为一，认为道德行为必须奠基于知识，产生于知识"

[①] ［古希腊］色诺芬：《回忆苏格拉底》，吴永泉译，商务印书馆1984年版，第117页。

的做法，是苏格拉底伦理学说的"根本之点"，这种"把知识（一般概念）放在道德的首位，也就是以理性作为判断道德行为的标准"，就"是理性主义的伦理学说"①。

"善"作为苏格拉底德性期望的最高目标，被置于其哲学体系的最高位阶，作为人生最高目的来追求。他说："善是一切行为的目的，一切事物皆为此目的而行事，而非善以其他一切事物为目的。"就像快乐应该以善为目的，而不是善以快乐为目的。② 在他心目中，雅典城邦的政治和公民生活的最高价值就是每个人都能确立善和美德，实现人性"善"的升华是一个人道德品质所能达到的最高境界。为了确保这一境界能够实现，也就是说为了确保道德可教、能教，苏格拉底提出了类似于儒家"人性本善"的假设，也就是美德可教的观点。在苏格拉底看来，"人的灵魂不朽。灵魂在某些时候会死亡，在某些时候会再生，但绝不会彻底灭绝"③。"如果灵魂能把关于美德的知识，以及他曾经拥有过的知识回忆起来，那么我们没有必要对此感到惊讶。一切自然物都是同类的，灵魂已经学会一切事物，所以当人们回忆起某种知识的时候，用日常语言说，他学了一种知识的时候，那么没有理由说他不能发现其他所有知识，只要他持之以恒地探索，从不懈怠，因为探索和学习实际上不是别的，而只不过是回忆罢了。"④ 从这段论述中发现，苏格拉底对人的先天德性是承认的，这就是他主张美德可教的原因。除此之外，他还提出"无人有意作恶"的观点来进一步论证。他始终认为，"没有一个聪明人会相信有人自愿犯罪，或自愿作恶，或实施任何邪恶的行为。他们非常明白，一切恶行都是不自愿地犯下的"⑤。那么，又该如何解释人的"恶"呢？苏格拉底认为这是由于对"善"的无知导致的，如果一个人知道"善"的益处，他是不可能作恶的，换言之，人的智性被蒙蔽的时候，作恶其实是无知的"恶"，不是有意的恶。由于"趋善避恶"是人的本性，所以，成就"善"其实就是成就"美德"，成就"美德"就需要让自己变得智慧起来，让自己变得

---

① 贾廷秀：《苏格拉底的道德哲学与道德实践》，《湖北社会科学》2009年第2期。
② ［古希腊］柏拉图：《柏拉图全集》第一卷，王晓朝译，人民出版社2002年版，第392页。
③ 同上书，第506页。
④ 同上书，第507页。
⑤ 同上书，第470页。

智慧起来的方法就是学习，即"认识你自己"。

再次，为了帮助人们"认识你自己"，苏格拉底经常前往空阔的广场、嘈杂而拥挤的集市等公共场所，滔滔不绝地发表演讲，与人进行激烈的辩论。他常常说自己唯一知道的就是自己一无所知。他总是以虔诚、正义、勇敢、善良等德目作为演讲和对话的主题，他期望通过演讲、对话甚至辩难的方式帮助人们获得知识，充满智慧，认识自己，提高德性，实现"善"的德性养成。为此，他创造出独特的"倾听—质问—引向新知"的教化方式，引导人们摒恶向善。这种教化方式被人们称为"精神助产术"。为了说明这个方法，在此以他和美诺关于人的"美德"是否可教的谈话为例，来了解"精神助产术"的教化艺术。

美诺：请你告诉我，苏格拉底，美德能教吗？或者说，美德是通过实践得来的吗？或者说，美德既不是通过教诲也不是通过实践得来的，而是一种天性或别的什么东西？

苏格拉底：……实际上，我根本不知道美德是否能教，也不知道美德本身是什么……我根本没有关于美德的知识。如果连什么是美德都不知道，又如何能知道它的性质呢？……你认为有这种可能吗？

美诺：回答这个问题并不困难。男人的美德是管理国家，女人的美德是管理家务……不管男女老少、奴隶还是自由人，都各有不同的美德。

苏格拉底：我问的是"美德"是什么，你回答的却是各种不同的美德。就好像问你什么是"蜂"的一般本性，而你回答各种不同蜂之间的区别一样。"蜂"作为蜂，彼此之间有区别么？

美诺：没有。

苏格拉底：那么，不论"美德"有多少种，要回答的是它们的共同本性是什么，你明白吗？

美诺：开始有点明白了。我还没有像我所希望的那样把握这个问题。

苏格拉底："美德"作为美德，男女老少都一样吗？

美诺：我感到不一样。

苏格拉底：你不是说男人管理国家，女人管理家务么？

美诺：是这样说过。

苏格拉底：不论家务、国家或别的什么，若不施以节制和正义能管理么？

美诺：不能。

苏格拉底：你认为"美德"是什么呢？

美诺：美德是支配人类的力量。

苏格拉底：小孩子能够支配他的父亲吗？奴隶能够支配主人吗？

美诺：不会。

苏格拉底：你说美德是"支配力量"，你不加上"正义的和并非正义的"吗？

美诺：是的，应加上。因为正义是美德。

苏格拉底：你说是"美德"，还是"一种美德"？

美诺：是的，除了正义以外，还有勇敢、节制、智慧、豪爽之类美德。

苏格拉底：但我们还没有找到贯穿在这一切美德中的共同美德啊！

美诺：甚至现在我也还不能照你的意思去得出一个"美德"的共同概念，像发现别的东西的共同概念一样。

苏格拉底：别惊讶！如有可能，我将设法去接近这种概念。因为你已经知道一切事物都有一个共同概念……（再议圆作为"一种图形"与"图形"概念之别）

苏格拉底：那么，"美德"是什么呢？

美诺：现在，我赞成诗人的说法：美德是对高贵事物的想望和获得这种事物的能力。①

上述对话是苏格拉底"助产术"教化方式的典型应用。从这段对话中可以发现，他总是在不间断的质问和引导中，循循善诱，让人们在不断否定自我固有传统认识的基础上，接受他所主张的观点，从而认识到美德、正义的本质。黑格尔认为，苏格拉底的这种"精神接生法"，就是

---

① [古希腊]柏拉图：《美诺篇》，《西方古代教育论著选》，人民教育出版社1985年版，第5—15页。

"帮助已经包藏于每一个人的意识中的思想出世"①。为此，他在《哲学史讲演录》中对苏格拉底的这种教化方法作了中肯分析。黑格尔首先认为，苏格拉底"生活在对于道德问题的无休止的讨论中"，但这个过程作为一种"道德的说教"，并不是"讲道、训诫、讲授或枯燥的道德说教"，而是"保持着阿提卡的文雅风度的特点，不自以为是，不好为人师，不强人从己，充分保证并尊重他人的自由权利，避免一切粗暴无礼的态度"②。其次在问答环节，他的辩论对象被称为"可塑的青年"，"他们对于问题只是以一定的方式作答，而问题也提得使他们很易于回答，使一切任意的回答成为不可能。这种方式本身之中就含有陶铸的成分"，他提出问题的目的不是别的，"乃是要从我们表象、经验中的特殊成分引导出朴素地存在于我们意识中的某种普遍的东西。苏格拉底为了使人认识这种普遍形式的善和正当，他是从具体的事例出发的，是从他的谈话对方所认可的事例出发的"③。经过这样一种铺垫，到了第三步，苏格拉底开始揭露对方的矛盾，迫使对方承认之前的认识错误，否定原来肯定的东西，引导学生探索更高层次的真理和美德，用这种方法"唤醒人们的见识、羞耻、意识，使人们知道我们以为是真的东西并不是真的，相反地却是动摇的。由此便发生了认真努力求知的要求"④。发展到最后，在否定了固有认识，帮助人们认识到错误所在等前提条件下，和盘托出自己的认识。所以说，"精神助产术"的教化方法具体分为四个步骤，一是讥讽，二是助产，三是归纳，四是定义。⑤ 苏格拉底就此非常自豪，将自己比喻为"智慧的接生者"，原因就在于能够引导人们走向知、善和美的境界。

来自丹麦哲学家克尔凯郭尔也对此方法作了比较抽象的总结。在他看来，苏格拉底的"助产术"教化方法的第一步"使自以为知者知其不知"，即退一步承认自己无知，当对方自以为知的时候，反复诘难而让对方自知不知，进而引导而达成教化目的；第二步是"使自以为不知者知其所知"，即"苏格拉底从别人可能比自己聪明、比自己知道得多的假设

---

① [德] 黑格尔：《哲学史讲演录》第2卷，商务印书馆1983年版，第57页。
② 同上书，第52页。
③ 同上书，第58—59页。
④ 同上书，第60页。
⑤ 参见苏格拉底《教化哲学》，唐译编译，吉林人民出版社2013年版，第196页。

出发，才主动找人谈话，当谈话对象从自以为知到知其不知时，他也未失去对参与谈话者能够解决问题的信心，鼓励对方'别惊讶'，暂时还未解决这个问题不足为怪，'如有可能，我将设法接近这个概念'。在对方承认不知道'美德'是什么时，他把话题转入比'美德'问题更简单的'图形'，使谈话对象触类旁通，其实也正是他自己谋求触类旁通；当对方意识到美德是'对高贵事物的想望'时，他又把话题引入'善'与'恶'。与其说他存在'美德即知识'的先入之见，才这样引导，毋宁说他是按照问题本身的逻辑，自然地转入'善'与'恶'的话题，才逐步达到'美德即知识'的结论"[①]。据黑格尔和克尔凯郭尔的看法，我们发现，苏格拉底的"助产术"教化方法类似于儒家的启发式教化方法，即教化主体注重引导，一步步将教化客体引入自己所设置的伦理思想话语场，从而使其自然而然接受伦理德性的教化。

除此之外，为了达到"善"的教化目的，苏格拉底也提倡人必须自制。在他看来，"不能自制就不能忍饥、耐渴、克制情欲、忍受瞌睡，而这一切正是吃、喝、性交、休息、睡眠之所以有乐趣的原因；在经过了一段期待和克制之后，这些事才能给人以最大的快乐，而不能自制则恰恰阻碍了人们对于这种值得称道的最必要和最经常的乐趣的享受。惟有自制能使人忍受我所讲的这一切，因此，惟有自制才能使人享受我所提到的这些值得称道的快乐"[②]。为此，他总是带头做出榜样，始终以饱满的热情和积极的态度参与到教化人性的实践活动中去，自觉承担起雅典城邦复兴的历史使命。所以，当没有人比苏格拉底更聪明的神谕传下来的时候，他开始寻找各色人等去找寻答案，即使后来被控诉"腐蚀青年人的灵魂，相信自己发明的神灵，而不相信国家认可的诸神"而带上法庭时，他仍然慷慨陈辞，践行他的"马虻"精神，用大无畏的勇气"唤醒、劝导、指责你们中的每一个人"，以激发起人们心中美德的火花。虽然法庭最终判决他死刑，但他依然无悔，并陈辞道："我以为我碰到的这件事是一种福气，而我们极为错误地认为死亡是一种恶。我这样想有很好的理由，因为我做的事情若非肯定会有好的结果，那么我习惯了的灵异不会不来阻止

[①] 陈桂生:《孔子"启发"艺术与苏格拉底"产婆术"比较》,《华东师范大学学报》（教育科学版）2001年第3期。

[②] ［古希腊］色诺芬:《回忆苏格拉底》,吴永泉译,商务印书馆1984年版,第172页。

我。"当灵异没有出现时,他认为他的死是正确的,"我们离开这里的时候到了,我去死,你们去活,但是无人知道谁的前程更幸福,只有神知道"①。

综上所述,我们看到了一个将善与德性作为人的教化的最高目的的苏格拉底,他以无悔的实践,去发掘人的内心的本已存在的善,以"助产士"自居,通过"精神接生术"帮助人们摆脱愚昧,虽然现实是那样的险恶,并最终为此送了命,但苏格拉底的"马虻"精神,使得后人除了对其历史使命感和责任感表达钦佩之外,更是给后人在"认识你自己"的生命实践中以深邃的思考。

二 苏格拉底教化思想与孔子教化思想比较

通过上述对苏格拉底教化思想的宏观分析,我们可以发现孔子教化思想与之相比在某些地方存在相似之处,但也有一些明显的区别,现就两者异同分述如下。

两者的相似性主要体现在以下几个方面。

首先,两种思想的社会背景与出发点相似。儒家教化思想是孔子在"礼崩乐坏"的大环境下,以高度的使命感和责任感,自主承担起删诗书、兴私学、定礼乐,以期望有用于世,改变社会的混乱局面,培养出仁者、君子、贤人,从而普遍提升民众德性,推动社会文明向化。苏格拉底生活的时代与孔子相似。当时的雅典,由于伯罗奔尼撒战争和白里克里斯的逝世,使其进入"历史上的阴暗时期",诸多城邦被摧毁,雅典城急剧衰落,"战争使雅典人变得凶顽而暴虐",他们可以惨无人道地将梅洛斯岛服兵役年龄的男子全部屠杀,也可以将其他居民掠为奴隶。在思想文化方面,雅典城邦的民主、德性等理念被摧毁,战争结果使斯巴达人在雅典建立了史称"三十僭主"的寡头政府,他们的统治不得人心,即使民主制在不到一年后又被恢复,但却是"一个江河日下的民主制"②。所以说,苏格拉底面对的雅典,是靠抽签决定城邦命运的雅典,是过头了的民主制度下的雅典,这样的统治无法给民众带来幸福。以至于人们守法风尚消

---

① [古希腊] 柏拉图:《柏拉图全集》第一卷,王晓朝译,人民出版社 2002 年版,第 42 页。

② [英] 罗素:《西方哲学史》上卷,商务印书馆 1982 年版,第 115—116 页。

逝，社会奢靡之风渐长，人们因为一味追逐物欲而动摇了信仰。加之那些秉持相对主义、个人主义观点，鼓吹"人是万物的尺度"的智者们在思想上的惑乱，雅典城邦无论是社会风气还是伦理道德都走在日渐败坏的路途上。所以，苏格拉底面对的雅典城邦危机与孔子面对的春秋乱世是一样的。有鉴于此，苏格拉底为了提振雅典城邦的生命力，为了提升雅典人的德性，勇敢迈出了教化天下的步伐，以"美德即知识"为核心，以"马虻"精神为动力，到处去作"精神接产"的活动。虽然因此献出了宝贵的生命，但是，苏格拉底的"道地的道德学说"在其努力实践中就此诞生，在成就自己圣贤形象的同时，最重要的是为古希腊的文明进步，甚至从更深远意义上来说，为西方文明的发展作出了巨大贡献。所以说，苏格拉底和孔子的教化思想在社会背景和出发点上存在相似性。

其次，两种教化思想都将目标指向人的德性与美德的弘扬，并期望通过改善人们的德性达到改变社会风尚的目的。孔子期望成就"仁"，苏格拉底希望成就"德性"和"善"。"仁"和"德性"有着"原则上的相似性"①。关于此点，赵敦华借助冯友兰先生关于儒家提倡的"仁道"就是"忠恕之道"的论证，说明"忠"和"恕"是"仁"在肯定和否定意义上的两个面相。也就是说："'仁'的意义不仅是'恕'的否定性表达，而且也是'忠'的肯定性表达。"② 所以说，苏格拉底的"德性"就像孔子的"仁"一样，作为一个总的"道德行为的本质的名称"，与智慧的本质是相等同的，于是，德性的统一性被表述为："一个人是有德性的，当且并仅当且他是有知识的。"③ 总之，在赵敦华先生看来，苏格拉底和孔子共同指向德性的美好，"他们关于道德原则的陈述虽然不同，但两者的功能是相同的，这就是，把各种不同的德目统一起来，并以德目的统一性来解释日常道德行为的共同本质"④。

再次，二者在教化方法上也存在一些相似之处。如前所述，苏格拉底将自己比喻为"助产士"，他开展的"精神接生"主要体现为他与别人的

---

① 赵敦华：《孔子的"仁"和苏格拉底的"德性"》，《北京大学学报》（哲学社会科学版）2003年第7期。

② 同上。

③ 同上。

④ 同上。

对话式交流方式。这种"使自以为知者知其不知,再以自以为不知者知其所知"的规则应用①,有效地提升了教育、教化活动的效果,以至于发展到最后被当作惑乱青年思想的罪证之一被批判。"助产术"方法与孔子提倡的"不愤不启,不悱不发"之"启发"式教化方法在原理上相似。陈桂生先生对此进行过详细讨论,笔者在此不再赘述,借用他的观点总结双方的共同点就是:"它们都属于互动式交谈","都属于伦理谈话","孔子也像苏格拉底一样,深知自己无知,并对强不知以为知异常反感",是轴心时期"个别施教"方法的典型表现。②

最后,苏格拉底的教化思想和孔子教化思想都认可"善"与"仁"的核心地位。同时,关于人性的探讨,苏格拉底和孔子也有一些相似之处。苏格拉底认为"善"(agathon)是最高的哲学范畴,是至高无上的宗教,"不仅是人们指导思想时必须根据的基本的东西,而且是唯一的东西"③,此观点与孔子所提倡的"仁"及其在儒家学说中的地位相一致,也就是说在各自教化思想中处于核心与原则的地位。"善"与"仁"之所以具有相似性,与苏格拉底和孔子对"善"和"仁"的理解有关系。苏格拉底认为"善"符合事情本质的"秩序"与"规则","主要是从人的行为方面,或从世界的总的最终目的方面,来理解善的"。善在他眼中是"普遍的最高准则",而且不应当具有"惰性","不应当是只是思想,而应当作为特定的东西、现实的东西出现,作为有实效的东西出现。善只有通过主观性,通过人的能动性,才能是这样一种东西"④。仔细分析苏格拉底的这些主张,我们发现注重实践,注重应用,将"善"作为法则予以遵守是他所要强调的重点。如此一来,就和儒家提倡的"仁"具有异曲同工之妙。我们已经从前文的多处论述中看到,儒家的"仁"不是抽象的,也是需要实践的;不是特殊的,而是具有普世性的;不是想象就能得来的,而是需要身体力行的。苏格拉底讲"认识你自己",儒家讲"格物、致知、诚意、修身";苏格拉底表现出的强大的"自制力",他能够

---

① 陈桂生:《孔子"启发"艺术与苏格拉底"产婆术"比较》,《华东师范大学学报》(教育科学版) 2001 年第 3 期。

② 同上。

③ [德] 黑格尔:《哲学史讲演录》第二卷,商务印书馆 1983 年版,第 67 页。

④ 同上。

节制过分的欲望,规范好自己的行为,不至于使自己偏离正规的生活而走向极端;孔子则坚持"非礼勿视,非礼勿听,非礼勿言,非礼勿动"[①],一切按照礼的教化和规矩教导人们遵守秩序,而保证社会的和谐。可见,两者的自制从一定意义上都具有榜样的作用。

关于人性的探讨,两者也有一些契合的地方。苏格拉底超越智者学派关于"人是万物的尺度"的境界,从"认识你自己"入手,凭借理性、智慧和知识,在理智活动中确立道德价值和社会生活准则,深入人的灵魂,认识灵魂中的理性部分,才算是认识到了真正的自己。由此可见,苏格拉底的人性本质在于理性,是一种道德理性,"在苏格拉底看来,人只有通过接受良好教育,认识到自己内心的道德理性,才算明白了人之为人的特性,从而为道德培养确立了一种人性根据"。这说明他的"人性论是一种人文主义人性论,这种人文主义人性论又为其道德主义政治思想奠定了坚实的基础"[②]。黑格尔也就此分析认为,苏格拉底把善看成是现实的东西,通过主观性和人的能动性才能实现的一种东西。由此可见,苏格拉底并没有就人性到底是善还是恶作出判断,这一点与孔子关于人性问题的看法类似,但他强调人必须发挥理性的能动性,以提升自身的道德,成就人之为人的善。与此同时,他也清醒指出,不能过于相信人的善良,依靠理性的自律,依靠法治的约束,等等,否则就像他在《理想国》中说的,"即使是一名年轻英明的统治者,权力也能把他变成暴君"。当然,最后必须说明的是,由于苏格拉底深深热爱着他的祖国,所以他总是充满理想,希望雅典能够成为善与德性的城邦,这与儒家所期待的大同治世理想没有根本的区别,这也是伟大先哲共同的追求和向往。关于苏格拉底和孔子在教化思想上的相似之处还有许多,在此笔者仅就主要的几点予以明晰,总之,我们从他们的理论主张中,看到了一代人的苦心和理想,作为东西方的两位先哲,孔子和苏格拉底"不但分别启迪了中华民族和希腊人的道德自觉意识,而且更重要的是,他们对全人类的共同目标和道德精神的形成作出了重大的贡献"[③]。

---

① 《论语·颜渊》。
② 参见苏格拉底的《教化哲学》,唐译编译,吉林人民出版社2013年版,第196页。
③ 赵敦华:《孔子的"仁"和苏格拉底的"德性"》,《北京大学学报》(哲学社会科学版)2003年第7期。

就两种教化思想的不同之处而言，主要体现在以下几个方面。

首先，围绕"善"和"仁"，苏格拉底与孔子的教化思想虽然在"道德价值的确立，道德普遍性的发现及道德神圣性的高扬"等方面存在一致性和相似性，但毕竟还有一些具体的不同。一方面，苏格拉底将善看成是自由、自主、自制的表现。他指出：自由对于个人和城邦都是高贵而且美好的财富，从事善的活动意味着自由，反之，如果受到阻碍无法行善也就失去了自由。对于自制力强的人而言，一般因为不会受到阻碍而能够获得自由，而自制力软弱之人则可能受到阻碍而不能行善，甚至被迫作恶，那么这就是不自由的，强迫人作恶的人则是最坏的人。所以，在苏格拉底看来，自主的智慧、健全的理智是保证善能够被一个人自主、自制地获得的前提，失去它也就失去了善。他说："智慧就是最大的善……不能自制就使智慧和人远离"，并驱使人走向相反的方向，由于"不能自制使人对于快乐流连忘返，常常使那些本来能分辨好坏的人感觉迟钝，以至他们不但不去选择较好的事，反而选择较坏的事"，所以，"健全理智和不能自制两者的行为是恰好相反的"①。从苏格拉底的这些论述中可以见到，在他以善为核心的德性体系中，善不仅仅指秩序的安排，也包含人的自由、自主在其中，他的自制不完全等同于孔子教化思想中所说的"克己"之道，也不和孔子所讲的伦理秩序相一致。儒家教化希望人能够处理好自身和天地万物的关系，找寻自己所处的最佳位置，自由、自主、自制的蕴涵相对不多，更多是将自己放在一个大环境中去思考。如仁者爱人先要从孝亲开始，而仁政万民则是对国家社会治理从各自所处合理位置的思考，概言之，追求大系统的平衡是儒家教化的重点，这和苏格拉底的自主、自由显然是不一样的善。

另一方面，苏格拉底将善、德性与拥有智慧（知识）联系得更为紧密，这是孔子教化思想所没有充分体现出来的。苏格拉底把实际生活中的各种美德同智慧联系在一起。他说："正义和一切其他德行都是智慧。因为正义的事和一切道德的行为都是美而好的；凡认识这些事的人决不会愿意选择别的事情；凡不认识这些事的人也绝不可能把它们付诸实践；即使他们试着去做，也是要失败的。所以，智慧的人总是做美而好的事情，愚昧的人则不可能做美而好的事，即使他们试着去做，也是要失败的。既然

---

① ［古希腊］色诺芬：《回忆苏格拉底》，商务印书馆1984年版，第171页。

正义的事和其他美而好的事都是道德的行为,很显然,正义的事和其他一切道德的行为,就都是智慧。"① 苏格拉底在此指出,一切美德都是真、美和善的,真美善都对人有益,因此无人有意为恶,而无知就是恶。② 也就是说,苏格拉底在全方位看待道德时,已经把道德的基础归结人所共有的理智本性,从而得出了美德即知识的观点。所以他说,德行在于洞见。要获得美德,要行善,必须具备相应的知识,只有拥有智慧才能获得道德的最高升华。在《普罗太戈拉篇》中,苏格拉底和智者领袖普罗太戈拉就美德和知识有一场著名的讨论。讨论中显现出了两种根本对立的道德观,一种观念认为,不是人拥有的知识支配人的行为,而是激情、快乐、痛苦、爱或恐惧等情感支配人的行为;另一种观念认为,知识是最能支配人的行为的美好的东西,因为它能使人辨别善恶,智慧是人最需要的援助。前一种观点被称为情感道德论,后一种观点被称为理智道德论。苏格拉底为此对情感道德论作了有力批判,以证明"美德即知识"的理智道德论观点。他指出,人的生活不能满足于情感道德论所导致的知善而不为、知恶而故犯,浑浑噩噩地得到快乐和避免痛苦。为此,道德行为需要选择,面对各种现实的和可能的快乐和痛苦,人们总是选择较大分量或程度的快乐,较小分量或程度的痛苦;当面对痛苦和快乐交叉的事情时,总选择快乐超过痛苦的事情而避免痛苦压倒快乐的事情。人们对快乐和痛苦作出选择时必须对它们加以衡量和测度,这种测度本身就是知识,只有知识才能保证作出正确的选择,保证我们获得善的生活。因此恰恰是知识支配快乐和痛苦等情感,知识构成了美德的基础。

"美德即知识"是苏格拉底道德哲学的主题,也是其至善人生境界理想的基础。美德(arete)在他眼中既包含人所具有的各种优秀品质,主要表现为节制、理性、正义、勇敢、孝敬父母、友爱兄弟、取信朋友,也指事物所具有的优点和良好的本性。如果人不能掌握知识,那么就会陷入无知即恶的地步,具体可能表现为主观任意的武断,或者道听途说,被一些坏意见所左右,也可能陷入传统的一些不良习惯却不能走出。比如他以大力神赫拉克雷斯为例,讲他在追求幸福的道路上,应该坚守善行还是步入恶行的故事,对于步入恶行一途,虽然能享受人间富贵,但却得不到神

---

① [古希腊]色诺芬:《回忆苏格拉底》,商务印书馆1984年版,第117页。
② 参见人可野、汪丽华《论苏格拉底的善的原则》,《四川大学学报》1992年第3期。

明的器重和人们的尊敬；反之，假如一生行善，则会获得真正的幸福。这个故事背后隐藏的其实是一个理性战胜诱惑的逻辑。苏格拉底意图通过这个故事，让人们明白德性需要理性支撑，理性需要知识保障。简言之，人的美德的建成，是因为建立在理性本性之上的，或者说是以知为基础的。所以，在苏格拉底看来，在通向人生最高境界的善的道路上，关键在于获取知识。要对虔诚、适宜、公道、明智、刚毅、怯懦等有明晰的判断与认识，通晓这些就可以让自己成为一个高尚的人，否则就会因为一窍不通而连奴隶都不如。

通过上述分析，我们发现苏格拉底教化思想以求知而求善的路径思考与孔子教化思想的求善、求仁路径显然也是有差别的，至少在对智慧（知识）的态度上是不完全一样的。孔子教化也重知，孔子周游列国讲学四夷的实践，以及他所说的"知之为知之，不知为不知，是知也"；"不患人之不己知，患不知人也"等均表达了对知识的重视。发展到后来，董仲舒甚至将"智"列入五常之目。但是所有这一切都不能表明在德性教化的标准上，获得智慧与知识是等同的。相反，从内圣角度看，儒家教化关于德性修养的判断标准颜回那样的安贫乐道修养似乎更为接受，而从外王角度看，齐家、治国、平天下，立德、立言、立功则是所期望的。所以说，儒家教化思想中，美德不完全就是知识，知识和智慧也不就是唯一的美德。

其次，虽然苏格拉底充当"助产士"展开的"精神接生术"教化方法与儒家启发式教育方法存在相似性，但仍然有些差别，同时，相比较苏格拉底的教化方法，孔子的教化方法显得丰富了许多。

以两位圣贤的谈话交流方式为例，苏格拉底的谈话、辩难，较少拘束，形式上显得格外自由。如《理想国》第一卷所载，谈话对象有四人。谈话对象除同苏格拉底对话外，间或相互交谈，较少约束，甚至经常出现看似有"额外"插话表达意见的情形。而根据《论语》的记载，孔子在与弟子对话的时候，即使围坐着好几位弟子，也都是以孔子与弟子一对一交流为主要形式的。如根据"季氏将伐颛臾"一章的记载，该篇对话涉及子路与冉有两位弟子，孔子批评他们的行为不足之后，冉有作了自我辩解，子路从始至终没有表达意见（《论语·季氏》）；同样的情形也出现在《宪问》篇中，子路与子贡两人对管仲的看法显然与孔子不符，孔子在谈话的时候，子路也未发表意见，完全是由子贡一人表达。相反，孔子对于相类似观点，也在和几个弟子分别进行的谈话中表达出来，显示出一对一教化的特点。如关于忠恕之道的讨论，《卫灵公》篇与子贡探讨，《里仁》篇中与曾参再议，《公冶长》篇与子贡继之。

就苏格拉底教化方法丰富程度而言，显然与孔子教化方法的多样性无法相比。苏格拉底的教化主要就是和人谈话，去广场等人流密集的地区演讲，以他的热血和激情去激发雅典的精神，试图唤醒雅典人的迷思，重新走向荣光。他自己坚持以身作则，保持高尚的德操品行，化身理想的榜样，就连醉酒这样的事情都没有发生过，即使他经常喝酒，但他以理智战胜感性，用行动追求卓越，他在古希腊的命运转折时期所作的贡献毋庸讳言，但似乎仅此而已。相反，孔子开创的儒家教化思想有关方法问题，在历代儒士的接续中，不断在方法上取得突破，呈现出理论到实践，再反哺理论，再推动实践的路径特点，这与中国传统农业生产特点及封建统治长期存在等有着密切关联。孔子教化思想除了坚持类似于苏格拉底那样的以身作则之外，包括礼乐教化等在内的教化方法和形式显然是苏格拉底教化方法所无法相比的。

总而言之，苏格拉底的教化方式与孔子教化方式呈现出诸多不同的镜像，两者在宏观和微观的各个方面都表现出不同的侧重，也体现出不同的特点。综合本节全部内容来看，苏格拉底作为古希腊一位伟大的哲学家，因为历史的感召和爱民的情怀，而走上了教化雅典民众的求善之路，他极力宣扬人的道德理性的伟大，以演讲和辩论的方式给民众以智慧和善的启迪，在诸多方面与儒家教化思想存在一致性。但是，他对教化核心概念的认识及其希求途径，对教化方式方法的应用都与以孔子为代表的儒家教化存在明显的不同，这些相似与不同是中西教化思想史上的宝贵财富，对今天教育教学方法和理念都有重要启发，应该将二者继续细化研究才是最为合适的事情。

第二节　伽达默尔教化思想评析

伽达默尔在《真理与方法》一书中将"教化"概念看作超过了启蒙运动至善论，并为19世纪历史人文科学奠定了基础的18世纪最伟大的思想。如此一来，这个产生于中世纪神秘主义，原意上旨在"使人性通过不断的精神转变达到神性的完满"的概念，在经过了赫尔德尔、洪堡、席勒、黑格尔、托马斯·曼的相继接力之后，终于在伽达默尔这里实现了理论的突破，并自此受到了学界的重视和讨论，成为现当代人文社会科学中的一个重要议题。

一 伽达默尔的教化思想

伽达默尔在《真理与方法》一书中指出："这概念意味着一种极其深刻的精神转变"，它与古代时期所谓的"自然教化"不同，经过几代人的发展，已经从宗教走向了人文，现在"最紧密地与文化概念连在了一起，而且首先表明了造就人类自然素质和能力的特有方式"，这个任务是在康德和黑格尔之间的赫尔德尔那里完成的，即"达到人性之完满教化"。

从构词法角度来说，据学界已有的研究，"Bildung"由"Bild"加上后缀"ung"而构成。"'Bild'意为'形象，图像'，既有VorBild（范本、模本）之意，又有NachBild（摹本）之意。'Bild'加上'ung'就变成了名词'Bildung'。"由于德文后缀"ung"、"通常意味着一个动作，一个过程或者一件事情的结果"，所以，"Bildung"的意思就是"按照VorBild（范本）进行摹写（Nach-Bilden），也就是按照某种典型的、有意义、有价值的形象，使其印刻入个人的心灵，即按某种既定的理想进行教化或陶冶。因此，从总体上来说，'Bildung'意味着按照某种理想的形象，进行自我塑造或陶冶的具体行为；也意味着个体进行自我塑造的整个过程及其结果，即他或她所向往的理想形象"[①]。这种考察是符合伽达默尔的本意的，因为抓住了对人的精神性"塑造"这一核心问题。如他所言，教化"更多的是把从原本到摹本的这种演化过程的结果描述为过程本身，这一点现在是与这种演化不断地对存在所发生的影响相适应的。这种影响在教化那里尤为可理解，因为教化的结果并不是完成了某种技巧上的目的，而是超出了塑形和教化的内在过程"，于是，"某人于此并通过此而得到教化的东西，便完全被把握了，在这一点上，所把握的一切东西都是在教化中发生的。但是，所把握的东西在教化中并不是一个丧失其功能的手段，宁可说，在所获得的教化中没有什么东西是丧失了，而是一切东西都被保存了"[②]。"保存"即是塑造，塑造意味着被教化和陶冶，这是

[①] 许环环:《什么是"Bildung"》，《湖南师范大学教育科学学报》2013年第11期。
[②] [德] 伽达默尔:《真理与方法》，王才勇译，辽宁人民出版社1987年版，第13页。

一种人的自我完善和成长的过程。

　　从词语发生的比较意义而言，伽达默尔称"Bildung"在拉丁语中对应formation（成型），而在英语里则对应form（形式）和formation（成型），在德语中则与形式（forma）同源的词Formierung（塑形）和Formation（成型）长久地处于"竞争"之中，但即便如此，"教化"一词依然包含"塑像"的概念，而"塑像"则具有摹本和原本的双重含义。如此一来，我们就明白了在"Bildung"诞生于中古神秘主义的时期，"神秘主义者将它用于神学领域，意为按照一定规则或方式塑造，最初宗教上的意义是按照上帝的形象塑造人"来使用的原因。这种宗教意义一直被延续到了18世纪中期，斯帕尔丁和欧亭阁将英国道德哲学家沙夫茨伯里伯爵的《论人、风俗、舆论和时代的特征》一文翻译成德文，他们将该文中道德哲学的核心概念如"Inward form"翻译成"innereBildung"；"Formation of a genteel character"翻译成"Bildung"；"Good breeding"翻译成"selbstBildung。至此，"Bildung"完成了从宗教向世俗人文意义的转变。①

　　赫尔德尔、康德、黑格尔都对教化从宗教向人文的转变作出了巨大贡献。赫尔德尔指出："大自然一步一步地抛弃低劣的东西，培植与之相反的精神事实，把美好的东西引导得更加美好，并且我们从她那艺匠的手里可以希望，我们人道的幼蕾在那种未来的存在之中将成为固有的、真正的、神圣的人类形态。"②康德虽然并未使用过"教化"，但他有关"实践理性"的论述其实已经表明人应该走向理性与道德的提升。他说："幸福无疑总是对享受幸福的人是适意的，可是不是本身是好的，不是一切方面都是好的"，而"只有在一个人的行为与道德律相符合这个条件下才是好的"③。黑格尔无疑是对教化转向作出转变的关键人物。如伽达默尔所述，在黑格尔那里，"哲学'在教化中获得了其存在的前提条件'"。"人之作为人最明显的特征就在于，他脱离了直接性和本能性的东西，而人之所以能脱离直接性和本能性的东西，就在于他在本质上具有精神的理性特

---

　　① 许环环：《什么是"Bildung"》，《湖南师范大学教育科学学报》2013年第11期。
　　② 转引自康德《历史理性批判文集》，商务印书馆1991年版，第40页。
　　③ [加拿大] 约翰·华特生：《康德哲学原著选读》，韦卓民译，商务印书馆1963年版，第247、256页。

质,'根据这个特质,人就不是出自天性而成了其应是的人'——因而,人就需要教化"。黑格尔认为"教化之严格本质的东西是以人的普遍性为基础的",所以说"谁沉湎于个别性,谁就是未收到教化的","教化作为向普遍性的提升,因而就是人类的一项使命"。① "当然这普遍性不是人的异己物,相反它在其自身的发展中不断克服了异己物而回到其自身,'与自己融合了'。因而,教化实际上是人不断塑造自己的活动,是人通过对自己的精神改造使自己真正成为一个人的活动。"② 可见伽达默尔之前的传统教化思想,总体特征可以概括为四点。第一,"教化是一种人性的自我完善";第二,"教化是对比当下的自我更高,更完美的东西的追求活动";第三,"教化是精神内部的活动,它不同于外在的教育、引导外在的教育、引导只有通过受教育者的内部精神活动才能转化为教化,它只不过是教化的一个条件而不是其本身";第四,"教化是一个历史的概念"③。

伽达默尔在黑格尔的基础上,从解释学角度给予教化一个新的含义和理解。他指出,"精神科学'是随着教化一起产生的',因为精神的存在与教化在本质上是分不开的:精神是教化的产物,没有教化就没有精神,精神离不开教化的孕育和培养,因为精神不是个别的,而是普遍的,这种普遍性是在教化中达到和实现的,因此,精神科学是从教化中获得自己存在的前提的。值得注意的是伽达默尔提到了黑格尔将教化分为'实践教化'(praktische Bildung)和'理论教化'(theoretische Bildung)的说法,尤其强调了黑格尔谈到的劳动实践在教化中的作用"④。在黑格尔那里,教化首先被看作是一种"实践教化",它是指劳动生产或者职业活动行为,在这些生产生活实践活动中,人的欲望无法自由或者任意被满足,在此条件下,人自身获得了普遍性的提升,超越了单一的自我,为人的精神境界升华和人的心理意识发展提供了可资利用的机会。当然,黑格尔所说的实践从某种意义上更多是唯心主义色彩的精神性活动,区别于马克思笔下的物质生产活动,这对伽达默尔的教化思想带来了思想启迪。黑格尔所

---

① [德] 伽达默尔:《真理与方法》,王才勇译,辽宁人民出版社1987年版,第14、15页。
② 陈华兴:《教化和教化哲学》,《复旦学报》1994年第6期。
③ 同上。
④ 何卫平:《伽达默尔的教化解释学论纲》,《武汉大学学报》(人文科学版)2011年第3期。

说的"理论教化"侧重于人的教养、教育以及思想文化类的教化，是人在直接、个别的经验之上的超越，是对异己的、普遍的认识或知识的认可。综合上述两点，我们发现，黑格尔笔下的两种教化思想，其目的最终指向人在普遍意义上的生成或者说提升，人的认识能力、理论视野的发展是由于理论兴趣发展的结果，简言之就是人在认识方面的进步和发展。

伽达默尔在黑格尔基础上就此有了新的拓展，其教化思想据此有了层次上的不同表现。伽达默尔认为，"实践教化"是人成长的基础，它与人的实践性活动，无论是个体的还是集体性的，都具有直接而紧密的关系。相对应的"理论教化"则是思想文化、意识形态领域的，包括教育、教养等在内的一些活动。两种教化的差别在于前者具有本体论意义，对人的生存发展有着决定性，后者具有认识论意义，对人走向何种有意义的生活具有指导性，两者都是人获得普遍性意义的必需，统一于人能够成为人，成长为真正的人的一条不断进步的路径上。这就是伽达默尔为什么是西方教化理论方面的具有突破性意义的代表人物的原因，他超越了西方前辈，我们也从这里看到，他所主张的思想与儒家教化理念的差别所在。当伽达默尔强调人的共同体的存在或社会实践活动的意义的时候，我们应该明白，他的教化思想既是精神科学的出发点和基础，也是人类的一切理解活动得以可能的根本条件。总起来看，就像他所说的，"如果我们用我们的语言去表述教化，那么，我们用此所指的同样就是一些更高级的东西，即品性，这种品性从知识以及整个精神和道德所追求之情感出发，和谐地贯彻到了情操和个性之中。在此教化就不再是指文化，而是指对能力和才能的培养。教化这个概念的发展实际上是唤醒了古老的神秘主义传统，根据这传统，人类就在心灵上架起了他据此被创造的神像，而且人类应在自身中去创造这神像"[1]。也就是说，教化"是一个存在的概念、历史的概念和发展的概念——教化意味着不断教化和进一步教化，教化传统就是人文传统"[2]。

伽达默尔之后，另一位思想家理查德·罗蒂继续提出了教化哲学理论，限于篇幅不再赘述，但为了将教化理论发展的脉络予以完整呈现，在

---

[1] ［德］伽达默尔：《真理与方法》，王才勇译，辽宁人民出版社1987年版，第12页。
[2] 何卫平：《伽达默尔的教化解释学论纲》，《武汉大学学报》（人文科学版）2011年第3期。

此将其概述如下。罗蒂的教化哲学是针对系统哲学提出的，旨在改变系统学科将自己变成终极真理的做法，改变那种认识论为核心的认知性学科存在的偏见，以及那种自以为是的终极真理式的傲慢。所以，教化哲学就是反本质主义，以避免"使人们陷入对虚妄理想和目的的不懈追求的'自欺'行为中"。为此，教化哲学主要以解释活动和"诗"的活动不断进入生疏的情境，用"反常"话语去履行杜威的所谓"击破习惯外壳"的社会功能，从而实现"推进人类谈话的持续进行"的目的。[①]

二 伽达默尔教化思想与儒家教化思想比较

为什么要将伽达默尔的教化思想与儒家教化思想作比较呢？一个确定的事实是：前文的叙述中不仅仅指出了伽达默尔的教化思想，恰恰相反，还有相当甚至在更多意义上包含了伽达默尔之前，特别是黑格尔的教化思想。之所以将伽达默尔教化思想与儒家教化思想作比，原因在于伽达默尔在西方教化思想发展史上具有承前启后之功，他是中世纪以来西方教化理论的集大成者，而且对后代理查德·罗蒂教化哲学理论的诞生提供了直接的理论来源，所以，他的教化思想具有典型性，是西方教化思想理论的代表，故在此将他的教化思想与儒家教化思想作比，以便更好发现中西教化的异同。

一方面，以伽达默尔为代表的西方教化思想与儒家教化思想存在一些相似性，主要表现在以下两个方面：

第一，两者在目的指向上具有相似性。伽达默尔处于人类重新呼唤理性的时代，他主张人们在教化的转化中放弃欲望的直接性、放弃个人需求和私有利益的直接性，以获得某种普遍性的提升。这种普遍性，是一种从审美经验出发的理性，它是用来寻求人类的普遍精神的，是从感性出发而又从感性中获得的理性，追求一种体验的共通感受，根本目的在于促进人内在的自我完善，是对自然性的一种扬弃。儒家教化也是在此一方面有着共同的指向。无论是礼、乐、政、刑教化方法的使用，还是忠、信、仁、义教化原则的坚守，都是为人的德性成长、人的德行优良、推动人走向文明而准备的条件。身心修养始终处在儒家教化的第一位，没有身心的完备，不可能做到内圣外王，也不可能立言、立功，所以立德是首要。他们

---

① 陈华兴：《教化和教化哲学》，《复旦学报》1994年第6期。

二者都希望通过人的道德的完善，改变社会的浮躁与不理性。伽达默尔想在感性中追求一种普遍的精神性，并希望通过教化把这种普遍性变成自身的东西，以彻底改变西方人重理性、轻感性的倾向，从而回归到人性的本源；而儒家则创造性地采用"以仁释礼"的方式，把外在的、强制性的"礼"变为人内心主动追求的"仁"，实现了"礼"和"仁"的统一，塑造了完美的人性。所以，人性完美的目的最终都指向了社会的文明与进步。

第二，两者在教化手段的应用上具有相似性。为了实现上述目的，伽达默尔眼中的教化手段和过程完全体现于对艺术精神的把握和理解中，始终围绕着对共通感的培养和教化而展开。在共通感里，他强调的是它的感觉特性，认为"共通感在此显然不仅仅是指那种存在于一切人之中的普遍能力，而且它同时又是指导共同性的感觉"。这就表明在艺术经验中的"理解"活动是在感觉中与对象构成共同体的，是在感觉中与对象达到一致的。按照康德的看法，共通感的发生应该由审美判断力来决定，因为审美判断力的活动是在个别中见出一般的活动，这个判断力的活动又是以趣味的方式进行的，也就是说，它没有按照某个普遍的准则，而是内在地以反思判断力的方式完成的。所以说，伽达默尔的教化其实就是艺术经验的理解、交融过程，在这个过程中提升了人的主体性精神，实现了艺术真理的存在。

以孔子为代表的儒家教化，主要方式之一也有以礼乐形式为代表的艺术教化，其中对艺术精神的把握无疑是礼乐教化的一部分。《尚书·舜典》中：舜帝命令夔以乐教胄子的故事就体现了这样一种教化理念。因为它能使人做到"直而温，宽而栗，刚而无虐，简而无傲。诗言志，歌永言，声依永，律和声。八音克谐，无相夺伦，神人以和"，甚至达到"百兽率舞"的程度。孔子对此主张实施礼乐教化以修身，具体步骤就是"兴于诗，立于礼，成于乐"，即人的成长感兴于诗，立身于礼仪，成熟于乐舞，在这个过程中，诗可以兴观群怨，如观察施政之得失的认识作用，还有团结民众、凝聚人心的沟通作用，泄导怨气的净化作用，对培养人的认识能力、沟通能力和审美能力都有帮助，并在此基础上，有益于伦理政治的发展和成型。除了这种感染教化之外，儒家提倡的"礼"则进一步对人的成长起到形塑和规约的作用，所谓"不学礼，无以立"，那么在这里"立"的是什么呢？立的是"仁"，意思是通过"礼"的外在教化，培养"仁"的德性。但做到这些还不够，"乐统同，礼辩异，礼乐之说，管乎人情"。"乐者，天地之和也；礼者，天地之序也。和，故百物皆化；序，故群物皆别。"① 所以，人的教化不仅需要理智的外在强制性，而且需要感性的内在感化力量，毕竟乐侧重于矛盾的和谐与统一，礼侧重于矛盾的差别和对立。乐偏重于治心，它以情感人、以德化人，潜移默化地使人和顺，礼则侧重于给人们的行为做出外在的规范，从理智上、制度上强制人们去遵守，令人顺和地按照礼仪和道德法规去行动。

另一方面，二者在一些地方又存在明显的差异。具体来说，主要体现在以下两个方面：

第一，虽然两种理论的目的都指向了社会的文明进步，但两者的出发点多少有些不同。这与他们所处的社会环境不同有关。伽达默尔处在一个非理性主义躁动的年代，也就是说他处在一个人们重新呼唤理性的年代。"非理性主义是以强调个性、感性、偶然性来对抗理性主义的共性、理性和普遍性，以便打破理性主义所建构的完整的社会秩序。非理性主义认为人的意志、生命冲动、直觉、本能、潜意识等是人的本质性的东西，这些非理性能力恰恰是人的生命力的源泉，因此像叔本华、尼采、弗洛伊德等都极力赞扬人的意志、生命冲动、本能和潜意识。但是随着二次世界大战的结束，人们开始反思人的非理性能力，认为脱离理性约束的非理性能力是很多悲剧事件的制造者。于是人们又重新呼唤理性，渴望建立一个理性与感性和谐统一的人类社会"②。在这样的环境中，伽达默尔的教化思想对西方思想界无异于是一次极大的震撼，他希望能改变被扭曲了的理性，恢复人的被膨胀了的感性。也就是说，伽达默尔想要解决的是这个时代由于科技理性在社会生活中占据主导地位而导致的人更加严重的异化，试图对愈加突出的人性的分裂现实有所改变，他希望改变人逐渐成为一个个机械人、单面人的危险局面，用审美艺术的教化来弥合现代人的异化、人的感性与理性的分裂，进而恢复完美的人性，减轻人类的痛苦。而儒家教化的出发点则与此不同。儒家讲内圣外王，讲格致诚正、修齐治平，虽然面对的也是类似于非理性主义躁动的时代，礼崩乐坏，人心不古，但儒家教

---

① 《乐记·乐论》。
② 戴孝军：《和谐人性的塑造——加达默尔和孔子"教化"理论之比较》，《中国海洋大学学报》（社会科学版）2012 年第 5 期。

化起于人而超于人，着力点在社会的和谐，这种和谐不仅仅是依靠人的理性，而且需要人明白自己的社会位置，需要的是秩序，希望能够从改变秩序的角度出发，讲礼、乐、政、刑，力行王道，以追求君子人格与圣贤之治，让国家能够在此过程中变得仁义起来，为百姓福祉作出更多贡献显然是儒家教化的出发点。就这一点而言，对于生活于资本主义时代的伽达默尔来说，显然不是他所考虑的范围了。

　　第二，双方所依托的教化凭借或者说具体的内容方面显然也是不一致的。"Bildung"作为人塑造自己本身的一个过程，它是一个人在与世界的互动中走向自我完善的，但是，这种互动主要是有助于自由的知识或经验，并没有什么具体的或者规约性的特殊规定，因为它们更有助于心灵的解放和精神境界的提升。赫尔德尔认为审美的经验可以让人达到有教养的状态。"通过美，感性的人被引导形成理性；通过美，精神世界的人能回到物质世界。"在伽达默尔看来，黑格尔的教化主要依靠劳动来获得。"劳动意识的自我感就包含着构成实践性教化的一切要素，即放弃欲望的、个人需求的和私人功利的直接性以及对普遍性事物的追求。"[①] 康德则强调知识与理性，康德在《答复这个问题：什么是启蒙运动？》一文中指出理性对培养人的重要性，只要是有助于自我完善的经验和知识，都是"Bildung"可资凭借的重要资源，而儒家教化显然与此是大不一样的。儒家教化所凭借的既有一整套完整的知识性教化教材，也有一整套详细的、甚至有些烦琐的，用来引导人自我教化和教化他人的礼制性规约。前一个系统以儒家圣贤的主要理论主张被编辑成册，并不断被后世儒者所注解，这就形成了中国文化史上蔚为壮观的儒学发展轨迹。同时，在这个过程中，不断有横向性的新教材不断加入，从而使该系统不断扩充，教化范围也不断扩大。后一个系统伴随封建社会发展而有所修正和调整，但所遵循的道理和伦理在几千年的实践中并没有改变多少，其功能指向依然如初。两个教化思想所凭借的内容之所以出现这样的不同，也是中西方文化传统带来的。中国自儒家教化思想施行之后，随着儒家思想社会地位特别是政治地位的巩固，其几千年来的目的并没有多少改变，社会制度的大环境决定了这种内容发生变化的可能性是比较小的。而西方教化思想则并没有这样深厚的历史传统，即使从古希腊时代算起，苏格拉底的教化显然与中世

[①] [德]伽达默尔：《真理与方法》，王才勇译，辽宁人民出版社1987年版，第15页。

纪神秘主义语境下的教化是没有关系的。当"Bildung"从宗教意义转向人文意义之后，显然，它所凭借的内容再次发生转变。而无论是康德还是黑格尔，抑或其他人，资本主义世界的急剧改变也为"Bildung"的无所凭借提供了产生的土壤。每个时代都有每个时代所呼应的，近现代以来，西方社会文化及思想的急剧转变的确是人所不可操控的。在这种情况下，伽达默尔所提倡的教化内容不如儒家教化内容那样固定就是必然发生的事情了。

综上所述，儒家教化与西方以苏格拉底和伽达默尔为代表的教化思想作为人类文明史上重要的一个推动性力量，它们之间既有理论的一致性，也有各自的特点。一致性来源于各位历史先贤对人类社会的大爱情怀，也来源于人类文明发展的一种共同期待。它们各自所表现出来的特点和不同，则是理论在各自所处环境条件下的一种自然表现与发展，这是历史先贤所无法决定的。各位先贤只有根据自己所处的时代和环境来做出他们所能够作的判断，回答他们所能够回答的问题。虽然相互之间有所差别，但内含的那种对历史和人类发展的认真与负责态度，则又是我们全人类所应该庆幸并希望看到的。所以，从这个意义上来说，假如用现在的眼光去判断这些理论的优劣，则显得庸俗、呆板和无趣了。

第三章 功过得失与新生

通过总结辨析儒家教化思想的内涵、目的、本质等理论性问题，一个可感知、可把握、具有深层次、厚重感的思想立体地呈现在了我们面前。然而，如果将某一种理论视作一个鲜活的生命，那么，为了保持对该生命的最大尊重，仅有以上这些是远远不够的。所以，应该站在一个公正、公平的立场上，对这个伴随中华民族不断成长、进步的生命，从其价值性角度对其过去的功过，对其在中国未来发展过程中如何定位并有效承担起自己能够承担的任务予以观照，是活在当下时代的人们必须拥有的科学态度。

第一节 穿越历史时空的文明光芒

儒家教化思想和实践自其产生时候起，就因为理论体系建构的合理性、可操作性、与社会发展的相适应性，而在政治、经济、文化、社会、生态等领域的文明进步发挥了重要作用。它为中华民族文明进步，为人类文明繁荣发展贡献出了自己的力量。它是穿越历史时空的，是为中华民族乃至全人类前进提供方向和保障的一座灯塔。

一 儒家教化对中国政治文明的贡献

儒学作为一门具有积极入世特点的学问，其教化指向总是与国家政治文明进程联系在一起。儒家教化抓住了政治文明发展中最为关键的要素——人，通过设计完整的礼乐政刑制度寻求国家的长治久安，通过培养人的仁德品行追求仁民爱物的治国实践，将点滴教化之功渗透于人生成长的每一个阶段，以期待大同治世理想目标的最终实现。在这样一种理念指导下，中国政治文明发展平稳有序。

首先，儒家教化强调有德之治，为政在人。国家政治清明与社会秩序和谐取决于为政之人，为政群体德性高尚、德行良厚与否事关一国政治安定、国家发展与民众福祉。对于国家政治而言，只有正己才能正人，所以说，没有榜样的教化不是教化，于国于民没有任何益处，反而会将国家带向相反的方向。榜样德行首先要表现在遵守大道秩序。在礼崩乐坏的时代，孔子重礼，讲求秩序，所以，为政者不能违背礼制规约、行僭越之事，君臣当各守其道，以德服人，用仁义之治安人、安天下。如"季氏将伐颛臾"之时，孔子对两位弟子的态度就充分说明了这一观点。对季氏征伐颛臾一事，冉有、季路遇孔子而告知实情，孔子站在春秋大义的角度，特别批评季氏有此愚蠢之举实乃冉有之过。面对冉有的自辩，孔子进一步批评他不懂为臣之道，亦不懂治国之方。在孔子看来，"有国有家者，不患寡而患不均，不患贫而患不安"，"故远人不服，则修文德以来之，既来之，则安之"。"谋动干戈于邦内"，实乃祸起萧墙之举啊。① 这个故事一方面从表象上揭示了为臣之人对一国之政的好坏有重要影响作用，另一方面也暗含着孔子对治国理政中遵礼守法的重视态度。因为颛臾乃国家社稷之臣，肆意讨伐有违礼制规约，实为不义之举，会给社会正常发展造成负面影响，所以孔子对冉有的批评显得比较激烈。而后他又说："天下有道则礼乐征伐自天子出；天下无道，则礼乐征伐自诸侯出……天下有道，则政不在大夫。天下有道，则庶人不议。"虽不一定是紧承讨伐颛臾一事而发的议论，但从一个侧面说明了对为政治国之人遵礼、循礼的要求，作为基本原则问题，失去对礼的遵守，政治不成为政治，类似于大夫之家而出现"八佾舞于庭"的乱了秩序的政治，"是可忍也，孰不可忍也"②。

其次，儒家教化在政治实践中注重人的道德品行，以"仁"为核心的道德要求是为政治国的基本前提。"仁"在儒学理论中的地位，不仅仅只是类似于信、义、孝、悌那样的具体德目，它具有一种总括性，儒家教化所培养的"仁者"在为官入仕之后，必定是依照圣人品德为人做事，以实现圣人之治。"儒学的政治道德论，极为重视仁政、德治，这是儒家政治伦理的核心，亦是正心、修身、齐家、治国、平天下思想的体现。"③

---

① 《论语·季氏》。
② 《论语·八佾》。
③ 姜国柱：《儒学官德与政治文明》，《中国社会科学院研究生院学报》2004年第6期。

所以，儒家教化在实践中力图以儒家圣人之教培养、熏陶学生，以"仁者"情怀为政天下，德被四方，以求大同。孔子说"为政以德，譬如北辰，居其所而众星拱之"。为官为政之人，如果拥有了众人公认的高洁品性，那么他就像北极星一样，给混沌宇宙以方向和榜样。在这里，官德的榜样性被儒家所重视，而德的表现就是仁民爱物。孟子倡导的仁政之仁始终是教化推崇的榜样。儒家教化秉持"民为贵，社稷次之，君为轻"的理念①，要求行仁政不能徒有"仁言"，且须"仁声入人"，入人之深方可人和，而不依赖于山川之险，兵革之利，人和之所以多助，实为以德感人而天下固。所以，儒家教化要求国君、人臣等治国理政当从修身做起。孟子为此说，"天下之本在国，国之本在家，家之本在身"②，原因就在于"身修而后家齐，家齐而后国治，国治而后天下平"，"自天子以至于庶人，壹是以修身为本"③。如果说遵礼而行侧重于儒家教化对君王人臣的外在行为要求，那么修身育仁则侧重于对人的内在心性修养，一种外显，一种内求，互为表现，互为条件，缺一不可。教化所重自此为历代士人一再践行于生活工作的方方面面。清代中兴名臣曾国藩在其家训中对子嗣的要求为此专门提到"仁"之德目。他说："凡人之生，皆得天地之理以成性，得天地之气以成形。我与民物，其大本乃同出一源。若但知私己而不知仁民爱物，是于大本一源之道已悖而失之矣。至于尊官厚禄，高居人上，则有拯民溺、救民饥之责……孔门教人莫大于求仁，而其最切者莫要于'欲立立人，欲达达人'数语。立者，自立不惧，如富人百物有余，不假外求。达者，四达不悖，如贵人登高一呼，群山四应。人孰不欲己立、己达？若能推以立人、达人，则与物同春矣。后世论求仁者，莫精于张子之《西铭》，彼其视民胞物与宏济群伦，皆事天者性分当然之事。必如此，乃可谓之人；不如此，则曰悖德，曰贼。诚如是说，则虽尽立天下之人，尽达天下之人，而曾无善劳之足言。人有不悦而归之者乎？"④ 在这里，曾国藩继承孔子忠恕之道，发扬张载民胞物与之人人平等理念，要

---

① 《孟子·尽心下》。
② 《孟子·离娄上》。
③ 《礼记·大学》。
④ 曾国藩：《曾文正公家训·日课四条》，李瀚章编撰，李鸿章校刊，中国书店2011年版，第74—75页。

求子孙为官理政当立人、达人，行儒家圣贤教诲，切不可失了人间大道，否则于国无益。

再次，儒家教化讲求知行合一，所以，在政治实践过程中，不但要知晓遵礼、育仁的道德要求，更为重要的是在日常生活、学习工作中必须体现出与这些要求相适宜的德性，以德行感化天下和万民，这样一来，儒家教化指导下的政治文明最为看重的也就是如何彰显仁义忠信等德性了，在此，笔者将其称为"守德"。守："官守也。从门，寺府之事也。"《说文》云："寺，廷也；府，文书藏也。"言下之意是为官当依则行事，引申而言当是保持一分仁心，守住一条底线，做好一份职责。儒家在教化过程中为了训练人的这种操行，从生活、学习的各个角度入手，通过各种各样的方法加强对人的知行训练。如前文所述的，自小以家训、家诫、训蒙读物来培养孩子的心智，让他们获得基本的认知。父母的一言一行都在教育孩子如何立人、达人，又如何树大志、行大节。苏轼作为我国古代著名的政治家，仕途虽然坎坷，命运甚至多舛，但他自始至终以高尚德行践履为官之德，虽然宦海沉浮，但坚守一分忠心，以求无愧于天地万物、父母万民。他之所以具备这种品行，与其自幼接受的良好家教不无关系。据苏辙记载，其母程氏乃眉山望族大理寺卿程文应之女，自幼聪慧过人，家学渊源颇为深厚，读书识理，对家国社会的盛衰兴亡常有独到的认识。程夫人在苏洵考学外出期间，承担着苏轼、苏辙两兄弟的教育任务。她秉承儒家教化之道，言行间给两兄弟以名节操行之教。有一次程夫人教苏轼学习《后汉书·范滂传》一节，讲到范滂遭遇党锢之祸，但他节义天地，诀别之时劝母亲不要过分悲伤，割不忍之恩。范滂之母亦知晓大义，以名节为重，对儿子说道"即有令名，复求寿考，可得兼乎？"对这个显示范家母子高尚的义利观和名节观的故事，程夫人感慨唏嘘，苏轼亦受感染。他问母亲假如自己有一天做了范滂，母亲会怎么办？程夫人以范滂之母自励，回答苏轼称："汝果能死直道，吾无戚焉！"[①] 苏轼在母亲讲述的榜样故事的习染中，不知觉间完成了德性的升华，儒家教化之点滴积累之功亦可从中见出一二。中国历史上这样的直臣义士不胜枚举，历代接续，节义操行从未中断，仁人义士作为一个群体形象，在中国政治发展史上之所以彪炳

---

① 苏辙：《栾城集》，转引自马斗成《宋代眉山苏氏的家庭教育》，《文史杂志》2005年第6期。

千秋，在富贵、名誉等物质诱惑面前，在明争暗斗、剑拔弩张的斗争环境中，能够守住灵魂深处最为可贵的品德，说到底是与儒家教化的传承之功密不可分的。

综上所述，儒家教化对中国政治文明的贡献主要体现在关于为政治国主体方面的培养和塑造，他们既是儒家教化培养的对象，又是儒家教化推行教化实践可资依靠的力量，儒家教化视域下的政治治理，"根本目的不仅是使用权力和暴力建立一定的秩序，解决人的生计问题，更是如何将各有其欲、因而必然冲突的众人联合成一个和谐的、持久的有机整体"，儒家教化以此为基点，从培养人的德性成长出发，"通过养成人的第二天性、发展人的德性潜能，来改变人的行为方式和确立共同体的规范"①，从而对中国古代政治文明进步作出了卓越贡献。遵礼、育仁、守德作为儒家教化对政治实践中治国理政者的三个基本要求，都指向了政治环境中的教化主体。遵礼重外，育仁重内，守德将二者完美结合，在这个过程中，遵礼是德，践仁是德，守德亦是德。儒家教化视域下，德者乃是秉持忠、信、仁、义等德性集于一身者，治国理政群体倘人人皆为德者，教化岂能缺失、无效？天下大同焉有不至不达之理？

二 儒家教化与诚信商业伦理的兴起

中国古代士、农、工、商的阶层划分，"重农抑商"的治国传统，使经济贸易活动及其职业在儒家精义中不被重视，儒士阶层始终推崇"学而优则仕"，因为在儒家看来，商贾阶层"言无常信，行常无贞，唯利所在，无所不倾，若是则可谓小人也"②。可见，商贾阶层从事职业的逐利性，在讲求仁、义、忠、信的儒家面前，始终是不合其思想理念的，由此对商人群体造成一种偏见和歧视也就是显而易见的社会现象了。但是我们能否据此推断出儒家士人阶层与商贾阶层就是一种对立性的存在呢？或者说我们能否据此判断儒家教化在商贾经贸领域就是缺位的呢？答案显然是否定的。因为我们通过历史上大量的事实确实看到了商贾阶层所具有的"儒性"，因为商人内含的这种"儒性"，我们也就看到了历史上一个"儒

---

① 张汝伦：《作为政治的教化》，《哲学研究》2012 年第 6 期。
② 《论语·颜渊》。

商"群体的崛起①，由此我们得出了儒家教化在商贾阶层推广和实践是成功的结论。所以说，作为儒家教化社会影响中的一部分，围绕诚信教化理念而建构和发扬光大的商贾伦理成为繁荣我国古代经济社会，助力文明发展的重要因素。下面就以历史上著名的徽商和晋商群体为例，分析儒家教化思想在经贸商业领域的影响和贡献。

晋商和徽商作为我国封建社会后期出现的两大贸易团队，在中国历史上留下了浓墨重彩的一笔。他们为什么能够在重农抑商的大环境中，获得富可敌国的财富？又为什么能够获得普遍的历史赞誉？简单概括就是：儒家教化在商贾阶层的作用力，有助于引导他们主动接受儒家所倡导的以"信德"为主的伦理规范，在经商实践中，两者相互作用，逐渐培养和发展了商贾阶层的精神文明素养，从而最终实现了商业经营和儒家义理的有机结合与贯通，培养出了中国历史上特有的"儒商"群体。

首先，面对经商之道的危机感、紧迫感，根据社会大环境的现实要求，商贾阶层必须主动向化，自觉接受儒家教化及儒家义理的指导和规约，走出一条"以儒术饰贾事"的经商之道。余英时认为，"士人如何运用他们从儒家教育中所得来的知识以治理国家，商人便运用同样的知识来经营他们的商业"②。通俗来讲，商贾群体秉承的是以儒治商之道。以儒治商中的"儒"内涵非常丰富，但最主要的还是以"信德"为核心的儒家道德，它作为一种灵魂贯穿于商贾阶层经营贸易活动的始终。商贾阶层的经商活动充满各种风险，他们为了把商号做成"百年老店"，以利福泽延绵子孙，通过对传统经验和社会发展要求的综合考量，将"信德"放在经商之首，要求每一代人恪守之、发扬之、流传之。为此，他们将目光聚焦于儒家的"信德"，在商贸经营领域是非常看重的。商贾阶层对孔、孟、荀等圣哲先贤的教化义理丝毫不敢忘却。孔子说："人而无信，不知

---

① 所谓儒商，是指"受以儒家为代表的中国传统文化的影响，具有良好的文化道德素养和优秀的经营才能，其经营理念和行为方式体现出儒家文化特色的东方商人"。参见唐凯麟、罗能生《论传统儒商精神与现代中国市场理性建构》，《湖南师范大学伦理研究所》，《伦理文化的当代求索——逻辑·历史·现实·中》，湖南人民出版社2001年版，第574页。

② 转引自李琳琦《"儒术"与"贾事"的会通——"儒术"对徽商商业发展的工具性作用剖析》，《学术月刊》2001年第6期。

其可也。"① 孟子也说："诚者天之道也,思诚者人之首也。"② 荀子也讲："君子养心莫善于诚,致诚则无它事矣。"③ 在这样一种大环境的熏陶和影响下,商贾阶层作为社会的一分子,如何在社会中安身立命,获得社会的认可是他们需要迫切解决的难题。所以说,商贾阶层遵循诚信经商的原则既是自身发展的需要,也是满足社会大环境要求的表现。在这方面比较鲜明的例子是晋商群体的关公信仰现象。

关公经过不断演绎和流传,在民间最终凝结为信义的代表和化身,具备"以忠事主、以信接人、以勇立功、以义待友的完美道德形象"④。山西商人之所以对其产生崇拜,原因复杂,总体上是为寻找"个体精神的内在依托",他"具有忠信义勇的人格特质与道德修为,体现着中国传统价值观的理性要求,也符合商业主体异域创业的人际交往需要"。所以说,晋商为满足现实需要,推动了崇拜的速度和广度。是时,坐地经营者专设供养,外出经商者亦携带画像加以供奉,既有祈求保佑之义,也有彰显自身经商理念的意蕴。不仅如此,每一地方,众多商人还筹款建祠,开设专门的地方加以供奉,最为关键的是每有重大事宜,地方商会之类的组织会把关帝庙作为议决场所。类似乡约劝善惩恶的教化方法,商贾阶层也会对那些商业欺诈等不符合商业伦理的行为,由地方德高望重的商业领袖出面,在关帝庙进行裁决和惩罚。这种以关公信仰为载体,大规模、长期性、固定性的崇拜活动,彰显了教化特色,从而实现了关公精神对晋商群体的伦理指导。关公信仰的这种道德教化作用,"以特有的精神风格、文化内涵,直接影响到晋商的行为范式和合作理念,塑造了明清晋商以信义为核心的理性主义的行为特质"⑤。关公信仰氛围下的晋商群体,总是坚持"首重信、次讲义、最后才是利"的价值取向,"以诚信重义号令天下",最终为其发展壮大获得了最为坚实的精神滋养,这也就是他们能够纵横商场数百年的根本原因。

其次,为了获得进一步发展,也为了在传统的比较固定的阶层社会中

---

① 《论语·为政》。

② 《孟子·离娄上》。

③ 《荀子·不苟》。

④ 崔俊霞、薛勇民:《以关公信仰为载体的明清时期晋商精神探析》,《云南财经大学学报》2013年第5期。

⑤ 同上。

获得更高的社会地位，商贾阶层不得不以儒治商。因此，该阶层在获取更高社会地位的过程中，主动进行自我教化、自我提升。也就是说，古代商贾阶层的一个重要特点，一方面，是主动学习儒家精义，主张"学而优则商"；另一方面，在诚信经商基础上，以符合儒家精义的行动为自己获得更多的社会认可提供砝码，以践行所学之儒家仁爱等道德义理，笔者将此特点概括为"商而优则仁"或者"商而优则善"，以总结商贾群体反哺社会的现象。商贾阶层自我发展和进步的这种良性循环，不仅有利于商业贸易的进一步壮大，更重要的是形成了浓厚的儒家义理规范下的商业氛围，促进了中国古代商业贸易活动的规范和有序。

"学而优则商"突出表现于晋商群体。该群体让子弟先接受儒家启蒙教育，成绩优良、资质优异者方可准许入行经商，而对资质平庸、成绩欠缺者则主张继续学习，知书明理，再行他途。"学而优则商"的观念造就了一大批商业人才，在儒学氛围和义理的教化作用下，"学为商用，学商结合"的形式培养出了兼具开拓创新精神和诚信经营品质的模范儒商人才队伍。所以，从根本上来说，这种"学而优则商，学与商一脉相承"的模式，"其核心作用是架设一道儒学思想与经商之道的桥梁，将儒家优良传统的精髓融入到具体的经商谋略与家族事业发展中"。在此条件下，晋商精神乃成，具体而言就是："'以义制利'是逐利的道德制衡，'诚信为本'是经济往来的道德准则，'勤俭持业'是生财之路的道德导向，'积极治世'是家累万金的道德追求。"[①] 晋商通过此一途径将儒家义理与商业活动完美结合起来，用儒家精义指导商业行为，经商之道不知觉间演化为为人之道，当单纯的商业贸易加入了儒家教化的伦理规约色彩之后，所谓的商业求利行为也就自然涵容了儒家义利伦理观念，在此氛围之中的商业经营活动，自然也就转变成了商贾群体追求儒家崇高道义与自身基本利益的综合性活动。儒商群体自此有了"以利济世"的进一步愿望和要求，这就为"商而优则仁"或"商而优则善"打下了坚实的思想基础。

"商而优则仁"作为儒家教化在商贾阶层教化结果的体现，是指商贾群体实现自我壮大之后，以儒家所倡导的仁爱精神为指导，反哺社会、让利于民的行为。据学者考证，儒商群体的"济世利民"传统起于子贡和

[①] 王舒琳：《试论晋商文化中的"学而优则商"观念》，《太原师范学院学报》（社会科学版）2013年第5期。

范蠡。司马迁曾说子贡家累千金，历史上所谓"使孔子名布扬于天下"的意思就是指子贡依靠其财力支持，推广孔子仁学，促进了仁学在全社会的认可度，从而有助于推动社会文明向化。同理，范蠡助勾践称霸后，转而经商治业19年，成为名动一时的陶朱公，但他"再分散与贫交疏昆弟"，彰显其富而有德的优良品质。[①] 由此可见，商贾群体这种"济世利民"的价值观是有深厚和久远的历史传统的。具体来说，这种价值观在较低层次上表现为商人群体助益地方各项公共事业建设等公益性资助活动，或修桥铺路，或捐资助学，等等，不一而足。超越这一层面的表现就是很多巨商大贾同样以家国天下为己任，忧国忧民，所谓经邦济世、经国济民等宏图伟业常常会在这些大商人群体身上展现出来。如郑国商人弦高犒师退秦兵的行为就是"商而优则仁"的典范。清代末年，以张謇为代表的一大批儒商人士倡导"实业救国"其实也是这种价值观的延续。

总之，无论是"学而优则商"还是"商而优则仁"，都是商贾阶层将儒家思想和教化实践应用于商业贸易活动的典型表现。在这种良性循环中，中国商人获得了高尚的道德规约支持，他们也在充满儒家伦理规约的氛围中实现着自身的价值，使儒家教化不自觉间变成了商贾群体的自我教化，最终推动了我国古代以诚信为核心内容的商业伦理的发展，有力保证了传统农业社会市场秩序的稳定和谐，从而为国家和民众带来了看得见的福祉与利益。

三　儒家教化与中国传统文化的昌盛

有学者称"儒学是中华文化的主流"[②]，就是因为看到了中华文明的发展进步，离不开儒学文化因子那种强大的生命力和创造力，历代儒家士人通过在儒学及其教化方面的不断创新，挖掘它们二者在民族文化传承、创新方面的内在潜力，来推动中国文化的整体进步。这个集思想创新和具体实践为一体的历史活动，在推动儒家学说发展的同时，又为中国传统文化提供了更多可以繁荣兴盛的机遇和力量。

第一，儒家教化对儒学传播的推动之功，有助于中国传统文化的繁荣

[①] 参见郑群、张炎荪《论儒商的社会价值观》，《苏州大学学报》（哲学社会科学版）2009年第6期。

[②] 刘蔚华：《儒学，传统文化与现代文明》，《孔子研究》1998年第3期。

发展。儒家士人为了将儒家思想学说推广开去，从儒家学说开创建构之日起，就施行了积极的传播推广活动。孔子年逾五十周游列国，讲学宣教，希望自己的学说能有益于世，即便其间常常面临如丧家之犬的困厄，也始终矢志不渝，直至年近古稀才返回故乡。孔子周游讲学前后总计14年，回到家乡后讲学宣教事业亦未停歇，在当时学不在野的严苛社会环境下，孔子的讲学宣教为中华民族从蒙昧走向文明提供了巨大动力。孟子继承孔子志向，以积极入世的态度游说诸国，推广仁政思想，希冀以儒家理论为流离于乱世的民众带来福祉。虽然在列强争雄的年代屡屡碰壁，学说不用于世，但历史的天空最终给充满仁民爱物情怀的思想种子提供了足够的水分和阳光，将它浇灌成为中华民族传统文化发展史上那棵有着极强生命力的参天大树，从而为我们民族的发展和进步提供着持续的能量。诸子百家争鸣的时代，既是儒家学说建构和起步的时代，也是儒家思想推广和宣扬的时代，孔子及其众多弟子、再传弟子都是教化工作的参与者和实践者。从这个角度而言，儒家学说之所以能够发展成为中华传统文化的主流，从其理论学说建立之初的实践特征已经决定了其未来发展的高度。

第二，儒家后世继承者通过教化实践不断将儒家思想发扬光大，为中华民族传统文化的可持续丰富提供了支持。董仲舒根据封建大一统的政治需要，推动儒家思想政治化、社会化，建构起"三纲五常"的伦理规范，为封建大一统提供理论支持，此时的儒家教化在历史上呈现出两面性。一方面，在后人看来，儒家思想的伦理纲常自此成为中国文化中消极的、扼杀人的自由与理性的牢笼；另一方面，儒家教化却又为中国政治文化注入了秩序的因子，为国家社会秩序和谐稳定提供了保障。杜维明先生对此作出了以下诠释，他说："将儒学当作社会掌控机制，对于汉王朝来说，犹如一把双刃剑。确立君权、父权、夫权固然可能是在君主独裁制和父权家长制的支配下保证社会稳定的一种有效方法。但是，儒家意识形态强调言传身教和相互间的责任感，同时也要求君象理想之君、父象理想之父、夫象理想之夫。儒家知识分子在特定意义上通常被视作看家狗，不仅要看住王室，也要看住平民百姓。他们能够帮助少数统治者在社会中维持法律与秩序，拥有某种矫枉为正的强制力量。一般情况下，他们会以教师身份通过道德说教施展影响。同时，他们也会代表人民，向上级官员申冤。当他们认为王朝的过失尚可弥补时，就充当批评者和监察；假如他们觉得当今朝代的腐败过程不可扭转,也会预言新王朝的诞生。"① 透过此言,我们发现,儒家入世传统和教化实践确立了儒学在中国古代最基本的政治地位,上可教王室,下可化万民,虽然教与化在不同时期因为各种原因不一定全部实现所期望的理想,但毫无疑问的是儒家就此确立了自身的合法性地位,使得自己走出了诸子百家时代固守一隅的窘境,最终为以自家思想为主流,促进中华传统文化繁荣准备了条件。

第三,儒家教化之所以推动了中国传统文化繁荣发展与社会的文明向化,根本原因在于其开放兼容的特性符合时代发展潮流。"理论在一个国家实现的程度,总是取决于理论满足这个国家的需要的程度。"② 儒家教化能在不同时期根据国家社会发展实际,做到理论的"圆融"和方法的"变通",从而有利于其保持中国传统文化的主流地位。从表面上看,儒家精义中诸如仁、义、礼、智、信五常之德从未发生改变,但历史发展却并不是显得那样平静。一个显著的例子是:自汉以降,魏晋玄学、宋明理学等先后登上历史舞台,特别是魏晋玄学对儒家义理的冲击,在历史上不可谓不大,但不得不承认的是,魏晋时期的炽盛玄风并没有中断儒学的发展流变,相反,它却为改变汉末以来儒学的衰微起到了正面推动作用。此种情形就像有些学者指出的,当时"传统儒家的伦理教化原则以及人生处世政治规范,并非衰竭无所作为,而是与玄学风度共同存在于知识分子意识形态世界,指导他们或进或隐、或有为或无为的出处立身选择,实现玄儒融合。不仅如此,这一过程进而丰富充实了旧的儒家思想体系,玄学作为新道家的发挥形式为孔孟之道维护封建统治提供了独特的理论论证,为士大夫坚守的传统儒家阵地创造了更大的生活回旋空间。简而言之,通过士大夫玄儒兼治的理论探索与生活实践,在汉末陷入困境的儒学重新再次焕发生机"③。

第四,儒家教化思想秉持了儒家学说所特有的包容情怀、"和而不同"的文化精神,从而有利于吸收其他思想理论的精华,完善和丰富自己,使自己在各种思想文化交流争锋的历史长河中,通过自身的努力,巩固了儒家主流文化地位的同时,也起到了抟和、涵容其他思想文化的作

---

① 杜维明:《中国古代儒学知识分子的结构与功能》,《开放时代》2000年第3期。
② 《马克思恩格斯文集》第一卷,人民出版社2009年版,第12页。
③ 秦跃宇:《魏晋士大夫玄儒兼治研究》,博士学位论文,扬州大学,2005年。

用。此一特点映照在宏观层面的表现就是,中国传统文化在总体上呈现出一种开放性和流动性,从而保持了中国传统文化的生命力。中国历史上出现的儒、佛、道三教思想文化的交流互动,并最终各安其位、各得其所的历史证明了儒家教化在这一过程中的积极作用。牟钟鉴先生指出:"儒、佛、道三教之教,非宗教之教,乃教化之称,当然也包括宗教之教化。盖起因于中国古人重视化民成俗,习惯于从社会教育功能的角度去认识和评价儒、佛、道三家学说,并不太看重其中神道与人道的差异,即使是神道,也着眼于'神道设教',类似于今人的社会学角度,故有三教之称。"[1] 言下之意即是儒、佛、道三教皆将辅助王道、化民成俗的社会教化功能放在了首位,这和神学意义上的宗教显然是有差异的,即使间或有这样的倾向,但也并不影响"教化"之主体功能,这样一来,三家教化就在各自理论基础上获得了对话交流的前提。这个前提就是儒、佛、道三家之教均以"人"的发展和完善为核心与旨归。以"人"的发展为核心的三教互动,充分体现出了以儒家教化为主干,佛、道为辅翼的向心性特点,从而形成了以礼义文化为主,"仁爱、重礼、尚德、中和、入世"五大精神为代表的中国传统文化主干和基础;也体现出了"容许异质思想文化存在和发展"的多元性特点,形成了"以人文化为特征的儒家和以返璞归真为特征的道家、以慈悲解脱为特征的佛教等三家都有自己合法存在和发展的空间",以及包含中国伊斯兰教文化、中国基督教文化等多种文化共同发展的格局,有助于推动中国文化的平衡发展和繁荣。[2] 三教融合之所以出现多元性和互动性,根本原因就在于儒家具备了"和而不同"的人文精神和理论包容情怀,当儒、佛、道三教在互动过程中都将目的指向"人"的发展和完善的时候,形成一种以儒家圣人君子人格为基础和原型的新人格就成为儒、佛、道三教共同的目的。当代学人洪修平先生在总结三教融合发展过程之后,认为这种人格特点具体体现为"天人合德,物我一体"、"内圣外王、修身治国"、"人皆可圣,自觉觉他"、"重义轻利,克己奉公"、"阴阳互补,刚柔相济"等五个方面的特征。[3] 仔细分析

---

[1] 牟钟鉴:《儒、佛、道三教的结构与互补》,《南京大学学报》(哲学·人文科学·社会科学) 2003 年第 6 期。

[2] 同上。

[3] 洪修平:《中国儒佛道三教关系研究》,中国社会科学出版社 2011 年版,第 42 页。

这些特征不难发现，这些人格特征其实就是修己安人为核心、成己成物为目标、忠信仁义为原则的儒家教化在人的发展角度目标的实现。总之，儒家教化秉承儒学核心义理，将人的发展作为其最高目标的特质，推动了儒学与佛、道等思想文化的交流互动进程，获得了比较理想的结果，为中国文化交流融合、繁荣兴盛作出了积极贡献。换言之，该局面其实也是儒家教化成己成物的一个表现。

第五，中国儒家士人通过前赴后继的教化努力，建构起了光耀世界的民族精神和人文传统，为人类文明进步贡献了一个民族最具智慧的力量。儒家教化在其千百年来的实践中，以人的发展和完善为核心与目标，成己、成人、成物互为一体，力求三者的共同实现，逐渐形成了以爱国主义为核心的民族精神，发展出了一系列具有参考标准的社会公德、职业道德、家庭美德和个人品德，为当代社会主义先进文化建设提供了理论资源，是"富强、民主、文明、和谐"，"自由、平等、公正、法治"，"爱国、敬业、诚信、友善"等社会主义核心价值观的思想源泉。儒家坚持忠、信、仁、义的教化原则，公忠体国作为社会人对自己所处国家与民族大环境的认可，是爱国主义精神生成的表现。讲信守义是处理好人际关系的基本前提，是规范人与人之间关系的基本道德要求，国家、社会及人们相互之间各种关系的平衡发展需要这些道德规范的支撑。培养仁者情怀，爱人爱己、爱亲爱物是人走向真、善、美人格的准备。儒家教化所采取的礼、乐、政、刑等教化方法从各方面有效提升了中国人的人文素养，知礼晓义、明德察美，知所为知所不为等品德，以润物无声、潜移默化的方式给予我们精神的滋养，从而培育出了一大批"仰无愧于天，俯无愧于地"的仁人君子，星汉灿烂，数不胜数，他们是中国优秀传统文化的继承者，也是弘扬传统文化精神的实践者，他们以自己的模范行动承担起了为天下教化的责任，从根本上推动了中国人文精神的进步，从而为以儒家义理为主干的中国文化源远流长提供了动力和保障。

综上所述，儒家教化在各个方面为中国传统文化发展提供了支持，无论是促进政治大一统，还是培养仁人君子群体；无论是以海纳百川的胸怀接受自我的挑战，还是主动跟随时代节拍求变自新，儒家教化思想都体现了儒家民胞物与的仁爱情怀。作为一种思想体系，它的创造者和继承者都将其教化实践作为思想体系自我发展与完善的动力和手段，这种特质在巩固自身传统主流地位的同时，客观上愈加促进了一个民族文化的繁荣和进步。

四　儒家教化与社会的和谐友善

儒家教化思想与实践因为直接指向人的德性成长，所以它在社会凝聚力、民族向心力、人与人之间关系的协调性等方面都起着重要的整合促进作用，是千百年来中国社会发展的抟和剂，之所以具有这种能力，与其本身理论建构的特殊性和有效科学的实践方法及策略分不开的。

首先，儒家教化思想从人性善、恶角度出发的理论假设，为其教化民众的实现提供了必要性与可能性的支撑。儒家学说对人性思考主要集中在孔、孟、荀三位圣贤的论述中，不论三位圣贤主张的人性论有多大不同，但对于教化一途而言，却没有本质的影响；反之，他们从各自不同的人性论假设出发，都找到了可以让人德性升华的统一路径，这就是教化之道。孔子对人性善恶并没有明确的论证，但他坚持主张人必须向"仁"、成"仁"，以爱亲、爱人、爱物之忠恕之道努力将自己培养成仁者。所以他告诫弟子，当学习"君子无终食之间违仁，造次必于是，颠沛必于是"的操守，循孔颜乐处之道，如果一个人达到这样的要求，就会做到"谋道不谋食"、"忧道不忧贫"。在这一大前提下，孔子主张"克己复礼为仁"，言下之意是谨守忠恕之道，克服自私自利之心，多为别人着想，"己所不欲，勿施于人"，己立立人，己达达人，人们在这样一种相互平等、互为前提与条件的公平环境中，人与人之间的利益关系就会实现平衡，进而促进相互间的协调融洽。总之"'仁'的伦理本质，那就是'爱人'和'相互性'（reciprocity）。不论社会关系和社会角色如何，'爱人'和'相互性'这两个本质不变"[①]。从这层意义上来说，作为儒家的开山鼻祖，孔子的仁学主张并没有纠结于人性善恶的论争，但却在为后人提供了一个基本导向的同时，也为后儒的教化实践开辟了道路。

在孔子基础上，孟子从正面提出"人性善"的理论假设，试图为人之所以能够成为"仁者"提供理论根据。孟子说"人皆有不忍人之心"，即都具备仁、义、礼、智四端，恻隐、羞恶、辞让、是非等心皆为仁、义、礼、智的外在表现，如果失去这些，皆为"自贼者也"，而扩充这些内心之善端，则上可以保四海，下可以事父母。为此，有学者认为，"道

---

① 杜崙：《"仁学"体系概述》，《中国哲学史》2011年第2期。

德意识培养的关键是，在日常生活中通过不断的学习和反省去体验和发扬光大人内在的道德意识的萌芽，做到孟子所说的'求则得之'。换句话说，'人性善'并不是说人人都会自动成为有德性之人。人有善端，只是人能产生仁、义、礼、智等道德意识而成为君子的必要前提，而不是足够的条件。相反，只有后天的努力才能使人最终成为君子。孟子提出'人性善'和保存'本心'的观点，一方面，是为了强调培养道德意识和情感不难，是每个人都能做到的，所谓'为仁不难'；另一方面，它使人为什么能产生和发展'仁'等道德意识的问题得到了理论解释，从而为'仁学'的继续发展建立了基础"①。据此，从教化角度来说，在人人皆有成为君子的潜在可能下，教化所要做的就是帮助人们极力扩充善端，存心养性，如此则可使人趋善向化矣。孟子总是将这种理论应用于政治实践，他在论证国家间交往当以仁为基础的时候，称："惟仁者为能以大事小，是故汤事葛，文王事昆夷；惟智者为能以小事大，故大王事獯鬻，勾践事吴。以大事小者，乐天者也；以小事大者，畏天者也。乐天者保天下，畏天者保其国。"② 将此道理运用于人与人之间的交往，其原理并没有什么不同，都是讲人当存本心，以心养性，如此方能"求仁而得仁"，人与人之间的友善和谐也就自然生成了。

孟子的教化侧重人的自我扩充之道，荀子则讲"隆礼重法"之道，因为荀子将人性定位为"恶"，所谓"今人之性，生而有好利焉"、"生而有疾恶焉"、"生而有耳目之欲，有好声色焉"的事实存在③，那么只有依靠教化才能将人的性恶之恶规制起来。在实现这一点之前，其内涵的前提必须有人能够被教化的可能性，为什么性恶之人能够被教化呢？荀子认为这是由"人能群"的特征决定的，换句话说，这是人的社会性本质决定的。他说："夫贵为天子，富有天下，是人性之所同欲也。然则从人之欲则势不能容，物不能赡也。故是先王案为之制礼义以分之，使有贵贱之等，长幼之差，知愚，能不能之分，皆使人载其事而各得其宜，然后使悫禄多少厚薄之称，是夫群居和一之道也。"④ 荀子在此将人的社会性本质

---

① 杜崙：《"仁学"体系概述》，《中国哲学史》2011 年第 2 期。
② 《孟子·梁惠王下》。
③ 《荀子·性恶》。
④ 《荀子·荣辱》。

予以揭示,"群分"之因使人在这个社会中必须找到各自适合的位置,这是教化的现实性,同时也是必要性的体现,因为只有让人在社会中各得其宜、各守其分,秩序性社会才能建构成功。为此,讲求礼制,施行法治,发挥教化功能的规范性作用,是维护社会秩序和谐的最后步骤。荀子主张一方面,国家要引导"尚贤使能,等贵贱,分亲疏,序长幼"[1];另一方面,人们的日常人伦修为皆要遵礼而行,主张"凡用血气、志意、知虑,由礼则治通,不由礼则勃乱提僈;食饮、衣服、居处、动静,由礼则和节,不由礼则触陷生疾;容貌、态度、进退、趋行,由礼则雅,不由礼则夷固僻违,庸众而野。故人无礼则不生,事无礼则不成,国家无礼则不宁"[2]。如此,人和人之间的关系处理就有了可资遵循的法则,即使人性为恶,但规则的保障有利于社会的和谐稳定,有利于人们之间的利益平衡。

其次,儒家教化在整合社会关系过程中,特别注重因地制宜、因时制宜、因人制宜的策略与方法的选择,通过"生活教化"来提高教化效果,增强国家的凝聚力,推动社会稳定与和谐。以民族关系处理为例,儒家教化在民族地区的展开可以说是人类社会发展史上非常成功的一种思想推广。之所以说它成功,是因为在这个过程中,儒家教化在坚持儒家基本理念基础上,教化方法应用得当,没有激起非常严重的民族仇恨,有效黏合了民族间差异,其所宣扬和推广的道德理念均被广泛认可和接受,提高了整个中华民族向心力和凝聚力。历史上这方面的成功案例比比皆是,在此略举一二。

壮族是我国少数民族人口最多的民族,与汉族交往较其他民族为早,可追溯至秦汉之交时期。中原王朝对壮族地区的教化早在秦代就已开始,当时的教化主要由镇守地方的汉族官员推动,依靠以儒为宗的礼乐教化政策来进行。例如秦朝南海郡大将赵佗乘乱世建立南越王国,在他称位期间,尊崇儒道,以和为贵,推行"和集百越"、"南北交欢"的民族和解政策,各民族互通有无,社会稍安,以至汉高祖赞其"甚有文理"。《安南志略》也记载他"稍以诗礼化其民";《越鉴通考总论》也讲他在该地

---

[1] 《荀子·君子》。
[2] 《荀子·儒效》。

区"以诗书而化训国俗,以仁义而固结人心"①。如果说南越国的独立性,限制了儒家教化在此地的影响力,那么,待到国家一统,儒学作为一种整合社会的力量,被中央政府以教化实践的形式全力推广之后,壮族地区的教化实践和影响就立即变得强大起来了。其代表性的教化群体就是前文论述过的汉代循吏。他们针对壮族地区民俗落后、民众文化水平低下、文化精神领域荒芜的现象,大力振兴儒学,集合礼乐政刑等各种方法实施教化,以求改变落后地区的人文风貌,促进壮族地区的社会进步,最终为国家一统贡献力量。据《后汉书·循吏传》记载,该地区的民众在儒家教化推行之前,"无嫁娶礼法,各因淫好,无适对匹,不识父子之性,夫妇之道"。《后汉书·南蛮传》也说这地区"人如禽兽,长幼无别"。为此,汉代中央政府派出具有儒家背景的循吏队伍专治岭南,例如交趾太守锡光、九真太守任延等人,均以儒学精义为宗,认真履行教化之责,"教其耕稼,制为冠履,初设媒娉,始知姻娶,建立学校,导之礼义"。以传播中原地区先进的生产技术和文明生活习惯为己任,为壮族地区进步打下了坚实基础,史书赞其功绩是:"岭南华风,始于二守焉。"我们在此可以看到,汉代循吏的教化是以壮族同胞的生活习惯为突破口的,这种着重改变生活陋习,试图从人伦日用角度实现潜移默化的思想与行为改造的方法的确是有效的,是"生活教化"的典型表现。当然因为资料的缺乏,虽然不能进一步看到儒家教化是如何在壮族地区落地生根而为岭南地区广大壮族及其他少数民族同胞接受的,但从现在壮民族群众汉、壮两种语言通用,以及汉壮两族民众和谐相处的现实来看,和谐民族关系与儒家"生活教化"的实践和推广的确是无法割裂开来的。

另外一个比较典型的例子,前文曾经讨论过的"花儿"民歌对西北地区少数民族的教化意蕴。由于内容上很多曲目与儒家义理相通相容,所以,无论是政府还是民间,都将这些曲目作为教人向善、导人向化的重要手段,以期借助这种广为流传的艺术形式,引导社会文明进步。"花儿"中的绝大多数曲目,作为儒家精义的载体,通过一种语言在八个民族之间传唱,儒家精义从而能够在民众喜闻乐见的艺术表达形式中被宣传推广开去,其教化效果可以想见。究其原因,根本在于此种教化方式符合儒家乐

---

① 转引自何成轩《儒学在壮族地区的传播》,《孔子研究》1995年第3期。

教思想原理，将教化与民众的生活习惯相结合，符合儒家教化实践的基本发展逻辑，是儒家乐教传统在少数民族地区的传承。所以，笔者在此愿意将儒家教化的这种理念和方式称为"生活教化"，原因就在于它始终根植于民众的普通生活，而又指导民众的普通生活。

总而言之，儒家提倡的诸如忠恕之道、仁民爱物等义理，既在国家层面为政府推动仁政提供了理论支撑，有利于社会建设和民众福祉，也在个人交往层面，为人与人之间关系的处理与利益的平衡提供了参考的准则。当这种品格被发扬运用于社会治理过程中的时候，不但对一个地区是有效的，对各个民族之间的和谐友善也是有效的。总体上来看，无论儒家教化所坚持的理论品格还是科学有效的教化策略，都为中华民族统一、进步提供了积极保障，值得当今时代借鉴。

五 儒家教化与天地万物的和合与共[①]

儒家教化思想不但体现在政治、经济、文化和社会建设等方面，而且也渗透进生态文明建设领域，依据儒学中所主张的和合伦理，在家国、社会和个人层面要求谨守天人合一的观念，尊重自然发展规律，以仁民爱物的情怀，顺天应人，处理好人与自然的共存关系，以求万物和合并育，共生共荣。

中国人很早就具备了天地万物一体的科学意识，而且将这种意识转化为一种仁者情怀，通过人内在修养的提升，实现与天地万物的和合并育，和处共生。古人在对《周易》"乾"、"坤"的解释中，分别说明了这个问题的重要性。他们对天地流行规律的认识是非常清楚的。《易传·象传上·乾》讲："大哉乾元、万物资始，乃统天。云行雨施，品物流形。大

[①] 本段行文中借用了张立文先生"和合学"中的很多术语，在此表示感谢。"和合"一词乃张先生所创，并由其最终建构成为"和合学"思想体系。本书在此借用，是因为"和合"虽然最初是用来解释人与人之间关系的范畴，但发展至后期，成为协调解决"人与自然、社会、人际、心灵，以及国家与国家、民族与民族冲突的设想和指导思想"，目的在于，"一是要熟悉天地自然和社会矛盾冲突所在，依据对象的本性，加以协调，达到和谐；二是要顺其自然，尊重天地自然和社会的运行规则，达到和谐；三是万物有高下，有高下而有差分，有差分而各得其所，各安其位。万物并育而不相害，和乐繁荣生长；四是增强人类的生产能力，播种百谷，培育蔬菜，丰衣足食，人人富裕；五是提升人的道德水平、文明程度，百姓和睦，皆得保养，以建构和合的社会"。参见张立文《和合、和谐与现代意义》，《江汉论坛》2007年第2期。

明终始，六位时成，时乘六龙以御天。乾道变化，各正性命，保合太和，乃利贞。首出庶物，万国咸宁。"《易传·象传上·坤》讲："至哉坤元，万物资生，乃顺承天。坤厚载物，德合无疆。含弘光大，品物咸亨。牝马地类，行地无疆，柔顺利贞。君子攸行，先迷失道，後顺得常。西南得朋，乃与类行；东北丧朋，乃终有庆。安贞之吉，应地无疆。"上述对"乾"、"坤"概念的两段解释说明，中国古人非常尊重天地自然的固有运行规律，人类社会的活动当符合这种规律变化，各安其位、各守其责方可各得其所，"保合太和"、"柔顺利贞"等顺天应人之道当是人应该秉持的基本态度。

孔子作为儒家鼻祖，虽未在此一方面有比较丰富的论证，但从其可见的论述中都表明他对天地自然运行和人在其中所应遵循的基本态度。子曰："天何言哉？四时行焉，百物生焉，天何言哉？"① 虽然此论述本来是针对如何做学问问题而发的，但是他以天地作比，同时也说明了对天地自然运行的尊重，所以他又说："君子有三畏：畏天命，畏大人，畏圣人之言。"朱熹对此解释称："天命者，天所赋之正理也。"② 那么，为了适应这种天理流行，人类在现实生产生活实践过程中，当严格遵循天理规律。比如治国理政的实践需要的是"敬事而信，节用而爱人，使民以时"③。就像《周易·乾文》中所说的："夫大人者，与天地合其德，与日月合其明，与四时合其序，与鬼神合其吉凶。先天而天弗为，后天而奉天时。天且弗违，而况于人乎，况于鬼神乎！"

孟子将孔子尊天、节用、使民以时的观念具体应用在治国理政实践活动中，他对此的重要论述就是按照天地规律置恒产，养民心，扩充人的善端，以保证社会、自然与人类的祥和有序。他认为施行王道，遵从规律可以给民众带来福祉。所谓"不违农时，谷不可胜食也；数罟不入洿池，鱼鳖不可胜食也；斧斤以时入山林，材木不可胜用也"④。讲的即是这个道理。如此，民众"养生丧死"当无憾、无忧，此所谓王道也。据此可以发现，孟子的生态教化伦理显然是站在人的幸福角度出发的，儒家在后

---

① 《论语·阳货》。
② 朱熹：《四书章句集注》，中华书局2011年版，第161页。
③ 《论语·学而》。
④ 《孟子·梁惠王上》。

世推行这种生态伦理教化过程中，依然保持了这种传统，应该说，孟子对此具有不可创先之功。此种论证的好处在于，它有利于民众接受生态平衡的理念，提升教化效果，因为普通民众从自身利益出发考量一个理念的科学性往往是比较常见的，而儒家教化恰好抓住了民众的这种"趋利性"，所以古代生态文明建设在农耕时代取得了非常完美的成就。

儒家在开展生态伦理教化中，不仅仅将目光聚焦于国家社会这样的高一级层面，而且他们认识到生态伦理的培育更多需要落实在个体，否则没有什么好的效果。荀子就此曾说，"水火有气而无生，草木有生而无知，禽兽有知而无义，人有气、有生、有知，亦且有义"①。在此他讲人是万物之灵，其本质在于有"义"，为什么要强调"义"呢？《中庸》称："义者，宜也。"《礼记·表记》中也说："义者，天下之制也。"也就是说，人生在世凡事要讲求正当、合宜，孔子所要求的君子标准之一就是人须有义。他所说的"君子义以为质，礼以行之，孙以出之，信以成之，君子哉"！②就将义放在了非常重要的位置，一个人行为的合宜、正当是品德修养的标准。从这个角度而言，一个人在处理与外界自然关系时，如何保证自身行为的正当、合宜就显得非常重要而具有意义。

为了保证人类行为的合宜与正当，董仲舒就从天人相副的角度来告诫人们当遵循天理规律，将人与自然利益共同体的逻辑以天人合一思想演绎出来，从而促进了生态伦理的教化实践。董仲舒为了论证天人一体，称"人之人本于天，天亦人之曾祖父也"③，说明人出自于天，在此基础上，人和天地四时、五行相对应，"天以终岁之数，成人之身，故小节三百六十六，副日数也；大节十二分，副月数也；内有五脏，副五行数也；外有四肢，副四时数也；乍视乍瞑，副昼夜也；乍刚乍柔，副冬夏也；乍哀乍乐，副阴阳也；心有计虑，副变数也"④。而人所表现出来的喜怒哀乐等情绪，也是与天相对应的，所谓"人之好恶，化天之暖清；人之喜怒，化天之寒暑；人之受命，化天之四时。人生有喜怒哀乐之答，春夏秋冬之

---

① 《荀子·王制》。
② 《论语·卫灵公》。
③ 《春秋繁露·义证》，中华书局1992年版，第318页。
④ 同上书，第356—357页。

类也"① 就是指这个意思。不仅如此,人的道德伦理同样与天理相对应,称"行有伦理,副天地也"②,"人之血气,化天志而仁;人之德行,化天理而义"③。这种天人相副的论证给人以强大的心理暗示,有助于树立人们的生态伦理道德观念,是儒家教化理念的一个鲜明特点。

当儒家将天人揉捏于一体之后,生态伦理的教化活动就顺理成章而变得比较容易了,因为人类所为所行符合天理流行获得理论支撑以后,接下来需要做的就是将这种观念推广和传播开去。此一方面的教化实践主要体现在两个方面。

第一,国家层面展开的天地山川类的祭祀教化活动是生态伦理教化的主要载体。天地山川祭祀本身就是统治者用来"神化王权"、"威弱服远"、"维护宗法制度"、"控制诸侯"、"教化百姓",树立统治合法性的一个重要手段,其政治功能相当突出。④ 山川祭祀之所以具备了教化功能,一方面是因为由政府主持和推动的祭祀,凸显以民为本的治国理念,无论是祭祀文稿,还是祭祀礼仪,都将民众的实际利益放在第一位。这样一来,就在彰明天地之德的过程中,抓住了普通民众最为关切的利益诉求,帮助民众懂得了尊重自然就是福佑自身,从而体现出生态伦理教化的特色。另一方面是天地山川祭祀礼仪和制度包含着天人合一的文化意蕴。⑤ 由于此类祭祀围绕的主题是"敬天"和"亲人","敬天"的目的是"亲人",导致的结果便是人亲而尊天,尊天、尊自然不是单一的心理尊重,更多发展内化为人们的伦理道德和具体实践。如此一来,天地山川类祭祀活动就完成了对人们的生态伦理教化,为天地万物和谐与共准备了条件。

第二,家庭教化作为一种重要的形式在生态伦理推广中扮演了重要角色。根据对家训内容的分析,家庭生态伦理教育、教化主要集中在理念和实践两个方面。儒家士人针对家庭子弟展开的日常生态伦理教化集中表现于订立家训、家诫之时。他们秉承儒学有关精义,将生态伦理观糅合进家

---

① 《春秋繁露·义证》,中华书局1992年版,第318页。
② 同上书,第357页。
③ 同上书,第318页。
④ 张怀通:《周代山川祭祀的民本精神与政治功能》,《殷都学刊》1994年第4期。
⑤ 林少雄:《天人合一:中国祭祀礼仪的文化意蕴》,《社会科学》1996年第2期。

训体系中，成为指导家族成员健康成长的重要组成部分。比如南宋袁采编订的《袁氏世范》就凸显万物平等思想，告诫子孙当爱物如己，不可随意杀生，因为"飞禽走兽之于人，形性虽殊，而喜聚恶散，贪生畏死，其情则与人同"。所以说，"物之有望与人，犹人之有望于天也"。在天寒地冻之时，照顾好家里的牲畜家禽实乃"仁人之用心，见物我为一理也"之仁爱、平等理念的表现。正因为万物平等，因此讲究少杀、慎杀，切不可为满足人之口腹之欲而滥杀。明代名臣高攀龙在《高子家训》中为此告诫子弟："少杀生命最可养心，最可惜福。一般皮肉、一般痛苦，物但不能言耳。不知其刀俎之间何等苦恼，我却以日用口腹，人事应酬，略不为彼思量，岂复有仁心乎？"据此我们发现，儒家士人已经将生态伦理与人之德性高低联系在了一起，这可以看作儒家教化走向深入的表现。在万物平等理念基础上，儒家教化在家训中进而体现出珍惜有度、不可铺张浪费的观念。康熙皇帝在《庭训格言》中教导子弟称："世之财物天地所生以养人者有限，人若节用自可有余，奢用则顷刻尽耳，何处得增益耶？朕为帝王，何等物不可用，然而朕之衣食毫无过费，所以然者，物为天地所生有限之财而惜之也。"[①] 最后，作为生态伦理观念的最高要求，诸多家训都将落脚点归结于人类发展当顺应自然规律，与自然和谐相处的要求上来，即实现所谓的万物"和处"。如《袁氏世范》对农业生产活动遵从自然规律的认识就非常深刻。其中强调"池塘、陂湖、河埭，蓄水以灌田者，须于每年冬月水涸之际，浚之使深，筑之使固，遇天时亢旱，虽不至大稔，亦不至于全损"。但是如果违背这一天时地利的条件，"于亢旱之际，方思修治"，而"至收刈之后，则忘之矣"。就像谚语中所说的"三月思种桑，六月思筑塘"实在是没有远见的想法，势必导致农业歉收，追悔莫及。[②]

在帮助子弟践行生态伦理方面，据学者已有研究，儒家教化非常重视各种科学方式方法的应用，主要分为"规范引导与严格践行相结合的方法"，"填写'功过格'知非改过，涵养道德情感"的方法，"注重家风的熏陶"之法以及"通过家庭聚谈会以及福报、因果等劝喻手段引导家

[①] 康熙：《康熙教子庭训格言》，中国社会科学出版社 2004 年版，第 143 页。
[②] 《袁氏世范·治家》。

人子弟向善，融洽人与自然关系"的方法等。① 这些方法的特点在笔者看来集中于日常生活点滴的理念培养和锻炼，"功过格"法带有一定的强制性，家风熏陶则注重潜移默化之功，日常因果故事的聚会闲谈则是以亲情传递的关爱方式取代了严格的教育规训，而给子弟带来了伦理道德教化的高效率。

综上可见，儒家的生态伦理教化思想和实践作为儒家教化的重要组成部分，依据儒家"天人合一"为特征的生态伦理思想，经过儒家历代士人的发挥和助力，在社会生活实践和理论的各个方面都进行了深入论述和推广，对于中国古代民众树立生态伦理道德观起到了重要作用。面对当今环境恶化、生态失衡、能源危机等重大生态问题，儒家有关天地万物和合与共的伦理教化为我们当代生态文明建设提供了非常好的参考和借鉴。

第二节 面向未来世界的变革重构

当我们就儒家教化在历史上对中国社会发展的价值从几个方面予以总结之后，一个根本性的问题突然出现，那就是我们可否就此判断儒家教化思想的完美无缺呢？或者说就此坚持用它来解决现时代人们遇到的相关问题呢？站在辩证唯物主义和历史唯物主义的角度，答案当然是否定的。为此，出于对儒家教化及儒学理论本身的尊重，思考和分析儒家教化及儒学理论的不足，发现其中值得讨论和推敲的地方，其实也就是对其理论生命可持续发展所提供的最好支持。毕竟，事物的发展总是会遇到许多内部和外部的矛盾，正视这些矛盾，既是时代的要求，也是解决自身发展困境，健康走向未来的前提条件。

一方面，就个人成长角度分析，儒家教化在引导人们德性不断升华的过程中，不可避免地遭遇到教化的外在规约和人的自我完善，两者本身就是一对矛盾的存在，为了解决这个问题，儒家教化最后总是采用外部的力量试图实现对人们德性的引导，但历史证明结果并不乐观。儒家教化主张人应该具备类似于君子、贤人、圣人一样的仁者品德，以自身的德性感化周边的人和事，以自己的良知为社会的良风美俗尽一分力，"己立立人，

---

① 陈延斌、孟凡拼：《儒家传统家训中的生态伦理教化研究》，《东南大学学报》（哲学社会科学版）2010年第3期。

己达达人", 天下万物各安其分, 各得其所。为了实现这个目标, 则要求人们按照儒家义理所规定的标准去做好心、性、行、形的实践, 也就是儒家所说的遵礼而行, 循礼而为。《礼记·礼器》尝言"经礼三百, 曲礼三千", 由此可以想见, 先秦时期, 儒家教化为推动人的德性成长, 其规定是多么繁密, 由此给教化带来的益处也是显而易见的, 就像前文中多次讨论的那样, 生活中各个角落的礼制规矩形成了一个严密的儒家义理教化之网, 人们在这样的环境中, 容易获得成长与进步。但是, 这是一种理想情况下的假设, 或许自从这张网络建构起来之后, 理想的教化情景始终都没有出现。因为这个网络是建构在人性可知逻辑基础上的, 不论它是善还是恶。假如人性是善的话, 这张网络不过起一个扩充善端的作用, 保护性更强; 假如人性是恶的话, 这张网络的礼法规约也是可以实现对人的道德性成长的引导的。然而, 现实的发展和各种可能存在的偶然性因素, 都导致理想的结果无法实现, 如此一来, 这张看似绵密而细致的教化网络, 其实时时处处都存在漏洞和不足。显然, 这和儒家教化的初衷相违背, 更严重的是无法实现封建统治阶级所期望的效果。于是, 这个矛盾导致儒家教化在人的发展层面上出现了第一个悖论——人的发展与人的戕害。

人的发展是就儒家教化的理想而言, 人的戕害是指在实现理想过程中而出现的变异。封建大一统思想指导下的儒家教化, 其政治目的是明显的, 维持社会等级的分明, 保证各项工作按部就班地施行, 对统治阶级自身及其执政合法性的维护, 等等, 所以, 与之相配套的"三纲五常"理论、等级有差思想均是围绕封建统治阶级自身的利益来运作和规定的。当一种理想模板被渗透进现实的利益考量的时候, 理想也就变异为掺杂了利益的"理想", 为了实现掺杂了利益的"理想", 旧有的"模板"也就不再是理想的模板了。儒家教化思想和实践发展到后期, 就变异为这样一种掺杂了利益考量的模板。比如儒家对父慈、子孝, 兄良、弟悌, 夫义、妇听, 长惠、幼顺, 君仁、臣忠等仁义德目的提倡, 本身有助于人的成长和完善, 出于提升人格品质的目的, 围绕这些德目, 建构起了一套完整的礼仪化程式, 以鼓励、引导人们自化而化人。政府在这方面的主导性是不容忽视的, 但是, 当这些礼仪化的程式规范被简单理解为是对政治稳定与社会安宁的维护的时候, 发展人、成就人的理想目标就此退隐, 现实功利化的色彩凸显, 于是, 人们的自我塑造和成长就变得庸俗起来。久而久之, 当这样的流毒传播开来之后, 成就人、发展人的初衷就被湮没在历史的尘埃和现实的喧嚣、浮躁与功利中了。最终的结果，想必大家已经从为中国现代化鼓与呼的知识分子对儒家所谓"纲常礼教"的批判中看到了答案。如果用一个具象化的表征来显示儒家教化的这种变异的话，江淮地区至今仍然可见的贞节牌坊或许就是最好的诠释吧。

另一方面，从社会管理角度而言，儒家教化坚持依靠人的德性成长和自觉自律，以期达到社会的美善和谐，认为成就人的圣贤品格是可能的，也是现实的，但人的德性成长始终与社会可期望的现实存在差距，这就导致儒家教化必须思考用制度的硬性约束来弥补德性教化软性约束的不足。于是"隆礼重法"作为德性教化的有益补充登上历史舞台。然而，这种补充充其量仍然只是补充，就像《唐律疏议·名例》篇所说的，"德礼为政教之本，刑罚为政教之用"。由此导致的后果是对于社会导向性制度建设的不足和欠缺。这种几乎完全依靠道德伦理规约指导下的礼制，来成就社会的有序，从今天的角度审视，显然是不足以适应社会发展要求的。原因在于，礼制规约视角下的社会或者说生活世界"是以血缘家庭为基础、以宗法原则和礼乐文化原则为依据而渐次在家庭—国家—民族伦理同质同构的空间里展开的世界"，"在这个世界里的个人，被嵌定在伦理空间的网络上，总是以伦理的角色出现"[①]。当儒家教化围绕伦理角色展开教化活动的时候，一个不容忽视的问题就是儒家教化可能会在一些情形下犯"刻舟求剑"式的错误，即它忽视了人作为社会性动物，除了伦理社会之外，还有与之相并存的其他社会，人的社会角色也会依据交往关系的不同而发生角色转换，也就是说伦理角色不是唯一角色，这时候如果套用儒家伦理教化，则会导致教化效果的弱化与偏向。其实，封建统治者并不是没有认识到这一问题，只不过他们将此问题的解决之道简单化了，简单到以不变应万变。也就是说，儒家教化不变，变的是将每一个人生拉硬扯进某一伦理血缘圈子，建立起宗法等级制的严密控制体系。如此一来，旨在推动人的成长和完善的教化异化为统治者为了严整的社会秩序，而将人限定在了依靠国家外部力量生成的有违人伦教化初衷的伦理圈子中，人于是变成了只为秩序而生的人，个性与自由的成长被扼杀。"八股取士"盛行之后，明清两代士人举子的创造性严重退化，社会活力下降，面对逐渐萌芽

[①] 崔大华：《儒学的现代命运——儒家传统的现代阐释》，人民出版社 2012 年版，第 114 页。

的资本主义生产关系和生产力发展的现实,儒家教化无力应对,反而变成了抱残守缺的代表,从而最终走向了衰弱。究其根本原因,这是儒家教化单求一利而罔顾其他造成的结果,从这个意义上来说,它本身已经失去了早期应时而变的能力和海纳百川的胸怀。

当我们今天站在历史的瞭望台上面向未来的时候,儒学及以其为宗的儒家教化如何在新的时代走出新的路途,这是一百多年来新儒家一直思考的问题。学界将此问题的讨论归结为"儒学第三期发展说"。牟宗三和杜维明等当代新儒家代表建议抓住时代发展的现实机遇,依靠儒学注重教育和团体忠诚等一系列特质来回应当代世界发展的问题。有关"儒学第三期发展"的问题,笔者在此尚没有能力予以进一步的阐释。另外,儒家教化在新时期到底又该如何与时代发展要求相适应,继续为中华民族发展提供力所能及的动力(虽然儒家教化并没有承担当下时期思想道德教育的主要任务,而且儒学也失去了其作为国家、社会发展指导思想的地位),笔者也并不打算给出详细的路径,但最后需要表明的基本态度是:儒家教化若想继续为民族发展提供能量,那么,就必须面对中国现代化过程中产生的一系列问题,返本开新,兼容并蓄,去粗取精,用大无畏的勇气和科学的态度实现理论的创新,这样才有可能在日新月异的中国继续其理想的使命,为中国话语、中国智慧、中国道路、中国未来提供新的动力。

结　语

再次梳理全书的思路，儒家教化思想的整体面貌隐约可见。作为中华民族的智慧产物，从其发生、发展、完善、衰落，以至即将可能被重新唤醒的趋势来看，该思想体系中的每一部分都不是凭空产生的，也不是无缘无故消失的，它总是与我们民族的成长相伴随，其间有高峰，也有低谷，我们从其生长、发展、壮大以及衰落过程中发现它具备以下四个特点：

首先，儒家教化思想体现出了鲜明的系统性特征。所谓系统性一方面表现在理论的逻辑架构上环环相扣，既有理论的科学论证，也有实践的逆向检验，所谓实践是"检验真理的唯一标准"，用在儒家教化思想的逻辑发展上也是合适的。比如孔子关于教化没有提出人性论的假设，但这并不影响他对教化万民的提倡，而孟子和荀子为了论证人何以被教化，分别提出了"人性善"与"人性恶"的命题，以此来表明教化的必要性与可行性。董仲舒则更进步一步提出"性三品说"，指出人性有"圣人之性"、"中民之性"和"斗筲之性"的区别，以此来表明教化是必要的。韩愈在坚持董仲舒"性三品说"的基础上又提出了"情三品说"，与"性三品"相对应，这些喜、怒、哀、惧、爱、恶、欲等人之"情"需要通过教化引导来使人走上合乎伦理道德规范的成长之路。回顾这些不同时期的教化理论，我们发现内在逻辑的一致性和延续性。比如荀子的性恶论假说是对性善论假说的补充，因为时代的发展使荀子看到了仅有性善论假说是无法支持儒家教化思想的继续发展的。而董仲舒和韩愈的"性三品说"，虽然两者相隔近千年，但他们却共同回应了孔子所讲的"惟上智与下愚不移"的论断，在不失去思想体系的延续性基础上，保证了教化可行、可教、可发展的合理性。由此看来，儒家教化思想的系统性既体现在历史发展的纵向联系上，也体现在理论建构的横向联系上，理论内部的这种呼应感保证了理论是一个完整系统的存在。

另一方面，儒家教化思想的系统性还包括制度设计上的连续性和互补性。自从制礼作乐的活动被作为国家政府层面的一项重要制度设立之后，官方教化体系也就被建立起来并得以延续，即便朝代更迭，政权易主都没有发生过大的改变，相反，还获得了进一步发展和创新，这在本书已有官学教化发展历程的叙述中已经清晰可见。除了官学教化，在私学教化活动兴起的同时，国家亦将其作为教化的重要补充，提供各种支持和保障，为全国性教化和各领域教化提供服务。至此，在宏观层面，国家、社会、家庭等建立起了完整的教化系统，各个微观层面，比如考试制度、人才选拔机制等也都建立起了相应的标准，士、农、工、商等阶层的人们也在各自生活领域获得了教化思想的滋养，于是一个宏大的以儒家义理为指导的教化时空形成了，生存于其间的人们也因此在不知不觉间走向了更加文明与高尚的一途。

其次，儒家教化思想为了保证其效果，注重实践，注重养成，注重日常生活细节的点滴积累和熏陶，这也是其之所以能够渗透进人们社会生活各方面的根本原因。为了最大可能发挥思想给人进步带来的力量，儒家教化秉持知行合一理念，针对教化四要素创设了一系列的相关要求和标准。对于教化主体（国家相关职能部门、师长、君子、长辈、官员等榜样类、引导力的机构和人群）而言，要求他们创造出丰富的、具有可行性的软硬环境，以便为教化客体的精神和生产实践提供保障，具体表现如专门针对孩童的训蒙读物，编纂的家训、家范，以供家庭教化使用，针对各行业特点编纂、设计的教化载体等，如楹联、戏曲艺术、通俗小说等。这些教化介体非常具有可操作性，便于教化客体的学习和实践。纵观儒家教化思想发展流变的几千年，从一定的意义说，它的发展其实就是不断在塑造一个超大的教化时空，在这个超大时空范围之下，教化主体、教化客体作为教化的双方，其实已经消灭了相互之间的界限，更多是一种相互、多向的、交叉式样的教化，因为实践性给双方都带来了教化和被教化的机会。因此，没有人处在绝对的地位上一成不变，也没有人固守一种角色扮演生活中的单向人，这就是实践性教化环境带给人的改变，人的精神性成长由此也获得了更多的滋养，孔子所谓"三人行必有我师焉"成为现实。

再次，儒家教化思想不但具有实践性，更重要的是在实践过程中具有浓厚的务实色彩，是实事求是的典范，也是杜绝和避免思想教化陷入假、大、空的典范，对当代意识形态教育和思想政治教育具有启示意义。儒家教化注重实效，实事求是精神始终贯穿在教化制度的设计方面，所以，政府职能部门在制定相关政策时候，特别根据不同年龄、性别、不同地域、不同民族、不同阶层人群的特点制定相应的教化措施。例如针对孩童的启蒙教化，无论官方还是民间的教材，均充分利用孩童的语言天赋和敏锐的感知能力，将仁、义、忠、信、谦、恭、孝、敬等道德概念用体验、感知等实践性方式予以传播和宣扬。针对少数民族的教化也是采取实事求是的态度，会根据各民族特点与实际情况采取不同的教化方针，其目的旨在巩固国家主权的统一和领土完整，旨在为华夏各民族同胞提供一个可以休养生息的和谐家园。除此之外，儒家士人秉持教化精义，也特别在实践过程中注意地方实际，在充分发挥出自身主观能动性的同时，提高了教化效果，促进了社会的文明进步。例如王阳明的赣南乡约教化，他在宋代《吕氏乡约》教化基础上，针对赣南实际制定了相关政策和制度，保证了教化效果。两汉循吏也都围绕导民向善，移风易俗的宗旨，在各自地区任上施行不同的教化方针，其效果亦非常显著。总而言之，儒家士人总是根据时代发展要求和地区发展实际不断践行和验证着教化思想和理念，走出了一条独具特色的教化之路，这对当代思想教育实践的确有着重要的启发意义。

最后，儒家教化思想也体现出了鲜明的包容性和开放性，此种特征成就了它的辉煌，也为它生命的延续和复兴提供了条件。儒家教化思想在其发生之初就具备了包容性和开放性的特质。早在夏朝诞生之前，有关导民向善、以民为本、忠信孝慈等伦理思想就已经形成，经过夏、商两代的发展流变，待到周公时期，伦理道德教化思想已经蔚为大观，周公制礼作乐的过程其实就是总结创新的过程，而这些精神文明成果是随着中华民族早期各个部落的发展而发展并诞生的，这就从根本上决定了中华文化因子的多样性和广泛性，它是生活于华夏大地各部落民族集体智慧的结晶和产物，所以，它在后来的发展中一直没有改变这种特质，这才有了孔子、孟子、荀子、董仲舒、"二程"、张载、朱熹、王阳明等历代儒家的接续发展和薪火相传。除此之外，更有广大名不见经传的广大儒士，他们与历代圣贤一样，都为理论的融合创新贡献了巨大力量。

儒家教化思想在发展过程中也融合了其他思想，这与儒学本身的包容性和开放性是有密切关系的。比如历史上，儒家与佛家、道家、法家、黄老学派等都有理论和思想的交锋，但总起来看，最终儒家思想更多吸收了其他学说的营养，在交锋与互动之中，完成了吐故纳新、自我创新的工作。这就使儒家教化思想也与儒学一道，不但没有在理论的争鸣中式微，反而获得了更多的动力。其在魏晋南北朝时期的曲折发展就是一个明证。说到底，儒家教化思想的开放性并不是凭空而来的，这也与它所具有的系统性、实践性等特征具有密切关系。如果不注重系统全面的发展和建构，其理论胸怀就会变得狭隘，如果缺少了实事求是的艰苦实践，那么就缺少了理论创新的动力。因为"理论是灰色的，而生活之树常青"。儒家教化思想恰好通过其生活化的教化时空构建，从真切的生产生活那里获得了巨大的理论财富，由此支撑它不断走向辉煌，这是他成功的原因。相反，当它脱离生产生活的实际发展历史趋势之后，它也就像中断了乳汁的婴幼儿一样，不可避免地走向了衰落。就像文章中论述的那样，由于中国传统农业文明未能适应近代工业化潮流带来的洗礼和冲击，儒家教化思想也没有从这种剧变种去挖掘自己的历史使命，于是，它被当作历史的包袱被近代国人遗弃。此等现实，于儒家教化思想本身而言，这不得不说是理论发展的遗憾，于中华民族发展而言，却是不折不扣的文明损失。面对此种情况，当代中国该如何重新找到其思想发展的助力点，换言之，如何在现代化时空环境中，继续挖掘儒家教化思想的价值，为中国文化自信，乃至"四个自信"全面提供源动力，而不是简单地抛弃和否定，这是一个值得深思的问题。有关这一点，限于时间和篇幅，笔者暂时无法论述更多，这应该是未来研究需要继续解决的问题。

参考文献

著作类（古代部分）

程颢、程颐：《二程集》，王孝鱼点校，中华书局 2004 年版。
董仲舒：《春秋繁露》，中华书局 1992 年版。
杜佑：《通典》，中华书局 1988 年版。
《二十四史》（简体字本，第 1—63 册），中华书局 2000 年版。
黄宗羲原著，全祖望补修：《宋元学案》（全四册），陈金生等点校，中华书局 1986 年版。
焦循：《孟子正义》（上、下），沈文倬点校，中华书局 1987 年版。
黎靖德：《朱子语类》，王星贤点校，中华书局 1986 年版。
李学勤主编：《十三经注疏》（标点本），北京大学出版社 1999 年版。
欧阳修：《欧阳修全集》，中华书局 2003 年版。
《清圣祖实录》，中华书局 1985 年版。
司马光：《资治通鉴》，中州古籍出版社 2003 年版。
司马迁：《史记》，韩兆琦评注，岳麓书社 2012 年版。
《四书五经》，中华书局 2009 年版。
王利器校注：《风俗通义校注》，中华书局 2010 年版。
王守仁：《王阳明全集》（上、下），上海古籍出版社 2011 年版。
王阳明：《传习录》（上、中），中国画报出版社 2012 年版。
许慎撰，段玉裁注：《说文解字注》，上海古籍出版社 2001 年版。
《荀子校释》（上、下），王天海校释，上海古籍出版社 2005 年版。
颜之推：《颜氏家训》，檀作文译注，中华书局 2007 年版。
袁采：《袁氏世范》，天津古籍出版社 1995 年版。
曾国藩：《曾文正公家训》，李瀚章编撰，李鸿章校刊，中国书店 2011 年版。

张载：《张载集》，章锡琛点校，中华书局1978年版。
朱熹：《四书章句集注》，中华书局2011年版。
朱熹：《朱熹集》，四川教育出版社1996年版。

著作类（近现代部分、当代部分）

蔡仁厚：《宋明理学》（北宋篇、南宋篇），吉林人民出版社2009年版。

蔡元培：《中国伦理学史》，吉林人民出版社2013年版。

陈德荣：《甘棠集：历代循吏汇编》，新中国建设学会1935年版。

陈独秀：《独秀文存》，安徽人民出版社1987年版。

陈多旭：《教化与工夫——工夫论视域中的阳明心学系统》，巴蜀书社2010年版。

陈戍国：《中国礼制史·先秦卷》，湖南教育出版社2011年版。

陈旭麓：《近代中国社会的新陈代谢》，中国人民大学出版社2012年版。

陈寅恪：《唐代政治史述论稿》，生活·读书·新知三联书店2001年版。

崔大华：《儒学的现代命运——儒家传统的现代阐释》，人民出版社2012年版。

丁伟志、陈崧：《中西体用之间》，中国社会科学出版社1995年版。

董建辉：《明清乡约：理论演进与实践发展》，厦门大学出版社2008年版。

段自成：《清代北方官办乡约研究》，中国社会科学出版社2009年版。

冯秀军：《教化·规约·生成——古代中华民族精神化育研究》，中国社会科学出版社2009年版。

冯友兰：《中国哲学史新编》（中册），人民出版社1998年版。

高晨阳：《中国传统思维方式研究》，山东大学出版社1994年版。

葛兆光：《中国思想史》第2卷，复旦大学出版社2001年版。

龚杰：《张载评传》，南京大学出版社1996年版。

顾明远：《中国教育大系·历代教育制度考》（二），湖北教育出版社2004年版。

韩星：《儒家人文精神》，陕西人民出版社2012年版。

洪修平：《中国儒佛道三教关系研究》，中国社会科学出版社2011年版。

胡适：《胡适文集》第36卷，北京大学出版社1998年版。

黄济：《教育哲学通论》，山西教育出版社2007年版。

黄书光：《中国社会教化的传统与变革》，山东教育出版社2005年版。

《建国以来重要文献选编》第十四册，中央文献出版社1997年版。

蒋梦麟：《西潮与新潮》，人民出版社2012年版。

金春峰：《汉代思想史》，中国社会科学出版社1987年版。

瞿葆奎：《教育基本理论之研究（1978—1995）》，福建教育出版社1998年版。

瞿同祖：《中国法律与中国社会》，中华书局2003年版。

康有为：《我史》，中国人民大学出版社2011年版。

孔繁：《荀子评传》，南京大学出版社1997年版。

李大钊：《李大钊文集》（上、下），人民出版社1984年版。

李国钧：《清代前期教育论著选》（中册），人民教育出版社1990年版。

李渊庭、阎秉华：《梁漱溟》，群言出版社2009年版。

梁满仓：《魏晋南北朝五礼制度考论》，社会科学文献出版社2009年版。

梁漱溟：《中国文化要义》，上海人民出版社2011年版。

刘振东：《中国儒学史：魏晋南北朝卷》，广东教育出版社1998年版。

卢连章：《程颢、程颐评传》，南京大学出版社2001年版。

《马克思恩格斯文集》第一卷，人民出版社2009年版。

《马克思恩格斯选集》第一、二卷，人民出版社1995年版。

毛礼锐、沈灌群：《中国教育通史》第一、二卷，山东教育出版社2005年版。

牟钟鉴：《儒学价值的新探索》，齐鲁书社2001年版。

钱穆：《孔子传》，生活·读书·新知三联书店2002年版。

钱穆：《论语新解》，巴蜀书社1985年版。

钱穆：《中国学术思想史论丛》（卷三），安徽教育出版社 2004 年版。
任继愈：《中国哲学发展史：先秦卷》，人民出版社 1983 年版。
任强：《知识、信仰与超越——儒家礼法思想解读（增订本）》，北京大学出版社 2010 年版。
汤一介、李中华主编，陈来等：《中国儒学史·宋元卷》，北京大学出版社 2011 年版。
汤一介、张耀南、方铭：《中国儒学文化大观》（6），北京大学出版社 2001 年版。
王永祥：《董仲舒评传》，南京大学出版社 1995 年版。
王曰美：《儒家政治思想研究》，中华书局 2003 年版。
吴宣德：《中国教育制度通史第四卷》，山东教育出版社 2000 年版。
吴虞：《吴虞集》，四川人民出版社 1985 年版。
吴毓华：《中国古代戏曲序跋集》，中国戏曲出版社 1990 年版。
萧祥剑：《群书治要心得》，中国华侨出版社 2012 年版。
熊月之：《西学东渐与晚清社会》，上海人民出版社 1994 年版。
徐复观：《两汉政治思想史》第二卷，华东师范大学出版社 2001 年版。
徐复观：《中国艺术精神》，商务印书馆 2010 年版。
徐茂明：《江南士绅与江南社会（1368—1911）》，商务印书馆 2006 年版。
徐毅：《绥服远人——清帝国治理广西的教化策略》，社会科学文献出版社 2013 年版。
徐征等：《全元曲》，河北教育出版社 1998 年版。
杨伯峻：《孟子译注》，中华书局 2012 年版。
杨国荣：《成己与成物——意义世界的生成》，北京大学出版社 2011 年版。
余英时：《士与中国文化》，上海人民出版社 1987 年版。
翟博：《中华家训经典》，海南出版社 2002 年版。
詹世友：《道德教化与经济技术时代》，江西人民出版社 2002 年版。
张岱年：《中国哲学大纲》，中国社会科学出版社 1982 年版。
张福清：《女诫——妇女的枷锁》，中央民族大学出版社 1996 年版。
张立文：《朱熹评传》，南京大学出版社 1998 年版。

张人杰、王卫东：《20世纪教育学名家名著》，广东高等教育出版社2002年版。

张祥浩：《王守仁评传》，南京大学出版社1997年版。

张学智：《中国儒学史·明代卷》，北京大学出版社2011年版。

张耀灿等：《现代思想政治教育学》，人民出版社2006年版。

赵吉惠等：《中国儒学史》，中州古籍出版社1991年版。

郑大华：《晚清思想史》，湖南师范大学出版社2005年版。

钟敬文主编：《民俗学概论》，上海文艺出版社1998年版。

著作（期刊）类（国外文献）

[古希腊]柏拉图：《柏拉图全集》第1卷，王晓朝译，人民出版社2002年版。

[德]黑格尔：《哲学史讲演录》第2卷，商务印书馆1983年版。

[德]伽达默尔：《真理与方法》，王才勇译，辽宁人民出版社1987年版。

[德]康德：《历史理性批判文集》，商务印书馆1991年版。

[韩]梁承武：《论儒家仁教的内涵及其实践方向》，《杭州师范学院学报》（社会科学版）2002年第4期。

[美]林毓生：《中国意识的危机》，穆善培译，贵州人民出版社1986年版。

[英]罗素：《西方哲学史上卷》，商务印书馆1982年版。

[美]芮玛丽：《同治中兴：中国保守主义的最后抵抗（1862—1874）》，房德邻等译，中国社会科学出版社2002年版。

[古希腊]色诺芬：《回忆苏格拉底》，吴永泉译，商务印书馆1984年版。

[古希腊]色诺芬：《回忆苏格拉底》第3卷，商务印书馆1984年版。

[古希腊]色诺芬：《回忆苏格拉底》第4卷，商务印书馆1984年版。

[古希腊]《苏格拉底的教化哲学》，唐译编译，吉林人民出版社2013年版。

[加拿大]约翰·华特生：《康德哲学原著选读》，韦卓民译，商务印

书馆 1963 年版。

期刊论文类

安柏鸿：《罗蒂新实用主义与儒家教化思想的比较》，《中国文化研究》2011 春之卷。

白奚：《儒家礼治思想与社会和谐》，《哲学动态》2006 年第 5 期。

卞利：《明清时期徽州的乡约简论》，《安徽大学学报》（哲学社会科学版）2002 年第 11 期。

曹德本：《中国传统义利文化研究》，《清华大学学报》（哲学社会科学版）2005 年第 1 期。

曹国庆：《明代乡约推行的特点》，《中国文化研究》1997 年春之卷（总第 15 期）。

曹国庆：《王守仁的心学思想与他的乡约模式》，《社会科学战线》1994 年第 6 期。

陈桂生：《孔子"启发"艺术与苏格拉底"产婆术"比较》，《华东师范大学学报》（教育科学版）2001 年第 3 期。

陈国强：《清朝对高山族教化政策述评》，《厦门大学学报》（哲社版）1993 年第 2 期。

陈汉才：《略论孔子的诗教》，《华南师范大学学报》（社会科学版）1985 年第 2 期。

陈华兴：《教化和教化哲学》，《复旦学报》1994 年第 6 期。

陈开先：《孔子仁学思想及其现代意义》，《孔子研究》2011 年第 2 期。

陈延斌：《试论明清家训的发展及其教化实践》，《齐鲁学刊》2003 年第 1 期。

陈延斌、孟凡拼：《儒家传统家训中的生态伦理教化研究》，《东南大学学报》（哲学社会科学版）2010 年第 3 期。

陈宗章：《"道德的政治"抑或"政治的道德"——先秦儒家"教化"思想的本质辨析》，《河南师范大学学报》（哲学社会科学版）2011 年第 11 期。

陈宗章：《"教化"：一个需要澄清的概念》，《河海大学学报》（哲学社会科学版）2011 年第 12 期。

崔俊霞、薛勇民：《以关公信仰为载体的明清时期晋商精神探析》，《云南财经大学学报》2013年第5期。

戴孝军：《和谐人性的塑造——加达默尔和孔子"教化"理论之比较》，《中国海洋大学学报》（社会科学版）2012年第5期。

邓洪波：《元代书院及其发展特点》，《内蒙古社会科学》（文史哲版）1994年第6期。

杜道明：《传统"信"观念探微》，《中国文化研究》2010年秋之卷。

杜崙：《"仁学"体系概述》，《中国哲学史》2011年第2期。

杜维明：《中国古代儒学知识分子的结构与功能》，《开放时代》2000年第3期。

段自成：《试论清代乡约的政治职能》，《河池师专学报》（社会科学版）1998年第8期。

范正宇：《"忠"观念溯源》，《社会科学辑刊》1992年第5期。

方慧：《明代云南刑法原则和刑罚手段的变化》，《云南民族大学学报》（哲学社会科学版）2005年第5期。

龚小峰：《清代江苏督抚对地方的教化》，《东南大学学报》（哲学社会科学版）2008年第9期。

龚延明：《论宋代皇帝与科举》，《浙江学刊》2013年第3期。

郭娅：《宋代童蒙教育兴盛的原因及意义》，《湖北大学学报》（哲学社会科学版）2003年第1期。

郭燕华、詹世友：《存养扩充：孟子道德教化思想之理路》，《南昌大学学报》（人文社科版）2006年第7期。

何成轩：《儒学在壮族地区的传播》，《孔子研究》1995年第3期。

何卫平：《伽达默尔的教化解释学论纲》，《武汉大学学报》（人文科学版）2011年第3期。

胡发贵：《人无信不立》，《学海》2007年第6期。

黄煌：《"垂衣裳"与儒家礼制》，《周易研究》2011年第4期。

黄立：《刑罚的伦理作用》，《贵州社会科学》2007年第1期。

黄书光：《论儒家教化思想的理论特征》，《社会科学战线》2008年第5期。

黄小洲：《伽达默尔教化解释学与古代实践智慧》，《武汉大学学报》（人文科学版）2012年第9期。

黄小洲：《论"Bildung"在伽达默尔解释学中的地位》，《广西大学学报》（哲学社会科学版）2007年第10期。

贾廷秀：《苏格拉底的道德哲学与道德实践》，《湖北社会科学》2009年第2期。

姜国柱：《儒学官德与政治文明》，《中国社会科学院研究生院学报》2004年第6期。

蒋纯焦：《关于我国教育目的的两点思考》，《上海教育科研》1998年第12期。

金景芳、吕绍纲：《释"克己复礼为仁"》，《中国哲学史》1997年第1期。

金滢坤：《论唐五代宋元的社条与乡约（二）——以吕氏乡约、龙祠乡社义约为中心》，《敦煌研究》2008年第1期。

景海峰：《从诠释学看儒家哲学的教化观念》，《深圳大学学报》（人文社会科学版）2011年第11期。

黎小龙：《义门大家庭的分布与宗族文化的区域特征》，《历史研究》1998年第2期。

李存山：《秦后第一儒——陆贾》，《孔子研究》1992年第3期。

李景林：《本虚而实——儒家教化理念的立身之所》，《吉林大学社会科学学报》2004年第4期。

李良品：《试论元代书院的特征》，《黑龙江民族丛刊》2005年第1期。

李良玉：《五四新文化运动与全盘反传统问题——兼与林毓生先生商榷》，《南京大学学报》（哲学·人文·社会科学）1999年第2期。

李琳琦：《"儒术"与"贾事"的会通——"儒术"对徽商商业发展的工具性作用剖析》，《学术月刊》2001年第6期。

李凭：《魏晋南北朝时期的移民运动与中华文明的整体升华》，《学习与探索》2007年第1期。

李翔海：《五四新文化运动与中国文化传统三题》，《齐鲁学刊》2009年第6期。

李霄鹏：《对职业教育发展困扰的价值探析》，《教育理论与实践》2009年第5期。

李晓英：《儒家的成己思想》，《商丘师范学院学报》2008年第4期。

李亚彬：《孔、孟、荀义利观研究》，《哲学研究》1997 年第 11 期。

林存光：《五四新文化运动与孔子观念的根本转折》，《孔子研究》2004 年第 3 期。

林乐昌：《张载礼学论纲》，《哲学研究》2007 年第 12 期。

林志强：《说信》，《福建师范大学学报》（哲学社会科学版）1997 年第 2 期。

刘海峰：《"科举"含义与科举制的起始年份》，《厦门大学学报》（哲学社会科学版）2008 年第 5 期。

刘奎杰：《宋明理学知行观的道德内涵》，《中国社会科学院研究生院学报》2008 年第 6 期。

刘铁芳：《技术主义与当代大学的命运》，《大学教育科学》2007 年第 1 期。

刘蔚华：《儒学，传统文化与现代文明》，《孔子研究》1998 年第 3 期。

刘永红：《禁忌与狂欢——浅谈"花儿"的文化特征与社会功能》，《青海民族研究》2006 年第 1 期。

刘周堂：《汉初儒学演进史略》，《江西社会科学》1998 年第 2 期。

陆正林：《继汉开唐：魏晋南北朝时期的教育简述》，《涪陵师范学院学报》2006 年第 11 期。

罗志田：《科举制废除在乡村中的社会后果》，《中国社会科学》2006 年第 1 期。

马斗成：《宋代眉山苏氏的家庭教育》，《文史杂志》2005 年第 6 期。

马镛：《我国古代的乡约道德教育》，《道德与文明》1992 年第 4 期。

马云志：《论儒家政治文明》，《兰州大学学报》（社会科学版）2005 年第 7 期。

孟民义：《教育本质和功能的再探讨》，《中国青年政治学院学报》1992 年第 2 期。

孟文科、程森：《左宗棠与西北民族地区儒家认同的建构——以同治回民起义后书院重建为中心》，《贵州民族研究》2012 年第 3 期。

牟钟鉴：《儒、佛、道三教的结构与互补》，《南京大学学报》（哲学·人文科学·社会科学）2003 年第 6 期。

宁可、蒋福亚：《中国历史上的皇权和忠君观念》，《历史研究》1994

年第 2 期。

牛京辉：《论忠》，《道德与文明》1995 年第 5 期。

欧阳军喜：《五四新文化运动与儒学：误解及其他》，《历史研究》1999 年第 3 期。

彭正梅：《德国教化思想研究》，《教育学报》2010 年第 4 期。

祁晓庆：《儒学教化中的民间结社——以社条、乡约为中心的考察》，《社会科学家》2010 年第 4 期。

钱国旗：《民族融合的良性发展模式——论南迁拓跋鲜卑与汉族的融合》，《民族研究》1998 年第 4 期。

邱久荣：《魏晋南北朝时期的"大一统"思想》，《中央民族学院学报》1993 年第 4 期。

人可野、汪丽华：《论苏格拉底的善的原则》，《四川大学学报》1992 年第 3 期。

任继愈：《寿命最短的黄老学派，效应长久的黄老思想》，《齐鲁学刊》2006 年第 1 期。

桑东辉：《美德与教化——基于中西比较的视域》，《孔子研究》2013 年第 4 期。

鄯爱红：《试论荀子乐教与成人之道》，《孔子研究》1999 年第 4 期。

邵龙宝：《董仲舒思想的基本特征及其精华》，《齐鲁学刊》2011 年第 4 期。

申绪璐：《论先秦儒家的教化思想》，《江淮论坛》2011 年第 4 期。

唐明贵：《魏晋南北朝时期〈论语〉学的发展及其原因》，《齐鲁学刊》2006 年第 5 期。

王柏中：《试论传统祭祀的社会功能——以两汉国家祭祀为例》，《社会科学战线》2005 年第 5 期。

王北生：《"育才"与"制器"：教育究竟为了什么和应做什么——由"状元风"引发对教育目的的再思考》，《教育理论与实践》2009 年第 1 期。

王国良：《从忠君到天下为公——儒家君臣关系论的演变》，《孔子研究》2000 年第 5 期。

王有英：《宋代日常读物与社会教化》，《西华师范大学学报》（哲社版）2004 年第 6 期。

王有英：《中国传统家训中的教化意蕴》，《湖南师范大学教育科学学报》2004 年第 7 期。

乌兰察夫：《关于儒家在元代历史地位的探讨》，《内蒙古社会科学》1990 年第 2 期。

吴光：《人本礼用——儒家人学的核心观念》，《文史哲》1999 年第 3 期。

吴小红：《论元代的书院官学化与社会教化》，《江西社会科学》2003 年第 60 期。

武卉昕：《苏格拉底之德性的教化》，《兰州学刊》2006 年第 7 期。

肖永明、刘平：《书院社会教化的实施途径》，《教育评论》2003 年第 3 期。

谢长法：《宋元时期书院的教化功能刍议》，《山西师范大学学报》（社会科学版）2008 年第 1 期。

谢维俭：《仁、义的本义与演变》，《社会科学》2007 年第 11 期。

徐少锦：《中国古代商贾家训对商德建设的价值》，《审计与经济研究》1998 年第 3 期。

许环环：《什么是"Bildung"》，《湖南师范大学教育科学学报》2013 年第 11 期。

许家星：《略论儒学的教化之道》，《南昌大学学报》（人文社会科学版）2009 年第 1 期。

严家炎：《五四新文化运动与传统文化》，《鲁迅研究月刊》1995 年第 9 期。

杨朝明：《刍议儒家的教化文化》，《孔子研究》2008 年第 6 期。

杨建宏：《〈吕氏乡约〉与宋代民间社会控制》，《湖南师范大学社会科学学报》2005 年第 9 期。

杨锦芳：《秩序——刑罚的伦理价值目标》，《云南民族大学学报》（哲学社会科学版）2011 年第 5 期。

杨明：《中国传统文化中的"中和"思想及其现代价值》，《南京社会科学》2006 年第 2 期。

杨齐福：《清末废科举的文化效应》，《中州学刊》2004 年第 3 期。

杨赛、洪艳：《乐从和》，《人民音乐》2007 年第 7 期。

杨胜良：《论儒家"成物"思想》，《孔子研究》2009 年第 3 期。

姚培锋、齐陈骏：《魏晋南北朝选举用人制度述论》，《兰州大学学报》2006年第1期。

余治平：《"仁"字之起源与初义》，《河北学刊》2010年第1期。

曾令斌、刘铁芳：《城邦：教化之舟——古希腊城邦与教育的关系探讨》，《当代教育论坛》2013年第1期。

詹世友：《教化：荀子伦理思想的本质》，《南昌大学学报》（人文社会科学版）2005年第3期。

詹世友、栗玉仕：《论中国古代教化的实践智慧》，《南昌大学学报》（人社版）2000年第1期。

展明锋：《论王阳明"知行合一"的道德修养学说》，《道德与文明》2003年第3期。

张白茹、李必友：《魏晋南北朝家诫论略》，《安徽史学》2002年第3期。

张承宗：《魏晋南北朝妇女的贞节观念与性生活》，《学习与探索》2008年第1期。

张君仁：《"花儿"之民俗事象及其文化意蕴》，《民族艺术》2000年第2期。

张俊：《从"举孝廉"看官吏选举》，《人民论坛》2010年第6期。

张立文：《和合、和谐与现代意义》，《江汉论坛》2007年第2期。

张桥贵：《论民俗文化的社会功能与变迁》，《思想战线》1989年第5期。

张汝伦：《义利之辨的若干问题》，《复旦学报》（社会科学版）2010年第3期。

张汝伦：《作为政治的教化》，《哲学研究》2012年第6期。

张瑞泉：《略论清代的乡村教化》，《史学集刊》1994年第3期。

张素玲：《孔子与苏格拉底道德教育思想之比较研究》，《河南大学学报》（社会科学版）2006年第1期。

张锡勤：《试论儒家的教化思想》，《齐鲁学刊》1998年第2期。

张颖慧：《"Bildung"和"教化"概念辨析》，《中南大学学报》（社会科学版）2012年第2期。

张元城：《西汉的儒生郡太守与儒学教化》，《河北师范大学学报》（哲学社会科学版）2007年第7期。

张中秋：《乡约的诸属性及其文化原理认识》，《南京大学学报》（哲学·人文科学·社会科学）2004年第5期。

张自慧：《"克己复礼"的千年聚讼与当代价值》，《河北学刊》2011年第3期。

赵敦华：《孔子的"仁"和苏格拉底的"德性"》，《北京大学学报》（哲学社会科学版）2003年第7期。

郑大华：《西学东渐：晚清从封闭走向开放的桥梁》，《河北学刊》2006年第6期。

郑群：《论儒商的社会价值观》，《苏州大学学报》（哲学社会科学版）2009年第6期。

郑也夫：《西学东渐与近代新型知识分子的产生》，《浙江学刊》1994年第4期。

钟肇鹏：《孔子的教化思想》，《江西社会科学》2000年第12期。

周扬波：《宋代乡约的推行状况》，《浙江大学学报》（人文社会科学版）2005年第9期。

周永健：《论朱熹的社会教化思想》，《重庆师范大学学报》（哲学社会科学版）2013年第4期。

朱克良：《试论中国教化思想的萌芽》，《琼州大学学报》（哲社版）1994年第2期。

学位论文类

陈明全：《中国传统家训研究》，博士学位论文，华东师范大学，2005年。

陈志勇：《唐宋家训研究》，博士学位论文，福建师范大学，2007年。

董柏林：《乡野精英与教化威权——明清士绅的教化图示研究》，硕士学位论文，南京师范大学，2007年。

付元琼：《汉代家训研究》，硕士学位论文，广西师范大学，2008年。

韩素荣：《孔子对西周贵族教育的改革》，硕士学位论文，陕西师范大学，2008年。

江静帆：《空间中的社会教化——以喜洲白族传统民居为例》，博士学位论文，西南大学，2010年。

焦成举：《论我国古代思想道德教化方法及其现代启示》，博士学位论文，西南大学，2007 年。

李相宁：《北朝文化政策研究》，硕士学位论文，青岛大学，2010 年。

李学娟：《两汉教化研究》，博士学位论文，山东大学，2009 年。

梁加花：《魏晋南北朝家训研究》，硕士学位论文，南京师范大学，2011 年。

刘宏章：《科举制度的政治功能探析》，硕士学位论文，湖南师范大学，2009 年。

刘静：《走向民间生活的明代儒学教化研究》，博士学位论文，华东师范大学，2004 年。

刘欣：《宋代家训研究》，博士学位论文，云南大学，2010 年。

孟彦：《汉代循吏初探》，硕士学位论文，山东师范大学，2012 年。

潘伟娜：《宋代新编童蒙读物初探》，硕士学位论文，四川大学，2005 年。

秦跃宇：《魏晋士大夫玄儒兼治研究》，博士学位论文，扬州大学，2005 年。

苏力：《元代地方精英与基层社会——以江南地区为研究中心》，博士学位论文，中央民族大学，2007 年。

唐文胜：《论儒家教化思想》，硕士学位论文，安徽大学，2003 年。

田张霞：《康熙年间江南地区社会教化研究》，硕士学位论文，南京师范大学，2006 年。

王赛艳：《董仲舒教化思想研究》，硕士学位论文，华南师范大学，2007 年。

王有英：《清前期社会教化研究》，博士学位论文，华东师范大学，2005 年。

王瑜：《明清士绅家训研究》，博士学位论文，华中师范大学，2007 年。

熊瑜：《朱熹伦理教化研究》，博士学位论文，四川大学，2003 年。

杨建宏：《宋代礼制与基层社会控制研究》，博士学位论文，四川大学，2006 年。

张亮：《先秦两汉循吏与儒家文化传播》，硕士学位论文，陕西师范大学，2007 年。

张雪红：《传播与转型：走向生活世界的宋代社会教化研究》，博士学位论文，华东师范大学，2010年。

张延昭：《下沉与渗透：多元文化背景下的元代教化研究》，博士学位论文，华东师范大学，2010年。

郅美丽：《宋代蒙学教育研究》，硕士学位论文，南京师范大学，2004年。

周春兰：《董仲舒教化哲学思想——儒家教化体系的确立及其在大一统社会的实践开端》，硕士学位论文，上海师范大学，2009年。

周文佳：《从家训看唐宋时期士大夫家庭的治家方式》，硕士学位论文，河北师范大学，2008年。

朱良璞：《循吏与两汉政治》，硕士学位论文，渤海大学，2012年。

朱明勋：《中国传统家训研究》，博士学位论文，四川大学，2004年。

其他参考文献来源

人民论坛"特别策划"组［EB/OL］。共识网 http://www.21.com.net/articles/sxwh/shsc/article_ 20140318102571.html。

中华人民共和国教育部官方网站"政策法规"专栏［EB/OL］。http://www.moe.gov.cn/publicfiles/business/htmlfiles/moe/moe_ 191/list.html。

邹小站：《西学东渐与近代中国的文化转型》，北京社科规划网（http://www.bjpopss.gov.cn），2005年4月21日。

后　　记

　　本书是在博士毕业论文基础上修改而成的。自从 2014 年 6 月毕业之后，囿于家庭琐事，除了看书思考之外，并没有就此问题发表更多的文字，对于这种偷懒行为，想来非常惭愧。此次幸运入选母校重点马克思主义学院基金资助序列，与三年前金城入夏的当口，获得论文匿名评审通过的消息时一样，有着一种难以言表的激动和忐忑，写下致谢的文字，于我而言，确实是一种幸福。

　　2011 年，我有幸进入兰州大学马克思主义学院，师从马云志教授攻读思想政治教育专业的博士研究生。读博期间，在各位老师、同学、朋友、家人的关怀与支持下，幸运女神总是眷顾我，使我获得了人生之中最可值得回忆的三年。儒家教化问题作为一个集合思想政治教育、教育学、历史学、政治学、伦理学、社会学以及中国哲学在内的大问题，对于半道出家的我来说，不啻是一项艰巨的任务。限于学科背景和自身能力，缺乏知识的积累，更缺乏生活的沉淀，以至于长时间不能获得思想上的突破。迷茫、彷徨，悲观和沮丧总是一次次侵袭我，以至于一度有了打退堂鼓的想法。面对困难，让我备受鼓舞，并最终坚持下来的力量来自于业师对学生学业的鼓励和生活方面最亲切的关怀。

　　开题阶段，马老师利用课上课下的各种机会在论文架构和写作思路方面予以指导。针对开题中的各种问题，又在论文大纲和逻辑层次方面给予设计与优化，可以说，毕业论文从一开始就注入了她对学生最深沉的关爱和心血。论文写作过程中，她不仅关心写作进度，而且总是在不经意间帮助我化解理论架构与逻辑推演的各种困难，以至于使我感到写作不是一种痛苦，而是一种享受。然而，由于理论水平的限制，论文初稿并没有达到导师的期望，这是我至今依旧忐忑的根本原因。大爱无声，厚爱无形。马老师看到这种情况，并没有对我有过一句指责。她夜以继日，连续工作数十天，针对论文的不足和瑕疵，提出了详备而有见地的修改意见，前后总计批注6万余字。修改过程中，每当看到批注旁边显示的时间总是凌晨5点多甚至6点多的时候，我都深感自责，同时又深受感动。作为对学术的负责和敬仰，即便每天熬夜到拂晓，也必须全力以赴，认真梳理和修改导师指出的各种问题，才能回报她对学生的慈母般的厚爱。马老师不止一次说过，一件事能否获得成功，只有首先感动自己，才能感动上帝。或许是上帝真的看到了导师对学生所给予的那份关爱，被她那种精神和情怀所感动，所以，这才有了匿名评审顺利通过后的激动……

回想兰州大学六年的研究生生活，是我一生最为宝贵的时光，因为在这里遇到了视学生如自家孩子一般的最好的老师。感谢张新平教授、王学俭教授、刘先春教授、杨恕教授、王维平教授、汪金国教授、丁志刚教授、倪国良教授、杨宏伟教授、蒙慧教授以及其他各位老师对学生曾经的教导和本书出版的资助。感谢王开学书记、陈彦通书记、蔡文成书记、赵泽斌书记、佟春明副院长、蒋慕群老师、李燕老师、边耀军老师等对本书出版的支持。虽然工作已经两年有余，但我将继续带着各位老师对我的祝福和信任，勇敢迎接未来的每一次挑战。风正高远，晨钟鸣响，真正的勇士必将属于那些最后站在高山之巅的人们。

先贤有言，人当三十而立，然而十多年来对高堂二老未有一丝一毫之回报，亦未有一餐一饭侍奉于桌前。特别是汶川地震发生之后，不顾家中老屋已成危房之实际，只做简单维修便狠心负笈北上，以致多年以来，每到夏天雨季来临，祖屋实在难以抵挡狂风暴雨之侵袭而到了难以为继之窘境，这该是怎样的一种不孝啊！因此要感谢妻子给家庭带来的活力和付出，感谢女儿的出生带给大家庭的幸福和幸运！感谢姐姐、姐夫们多年来对弟弟的全力支持。正是因为你们的无私，才帮助我们这个大家庭走到今天，同时也成就了我的学业；正是因为你们的包容，才成就了我的自私，没有你们的付出，就没有我的今天，在此，请你们接受弟弟最真挚的感谢，谢谢你们！在此，我更要感谢爷爷、奶奶的护佑！感谢二叔、三叔、三妈、姑姑、姑父以及诸位兄弟姐妹的帮助，谢谢你们的支持和鼓励，即将开始新的生活，作为家中长孙，亏欠已经太多，在此同样祈求上苍，护佑各位亲人健康和顺，我也唯有继续前行，才能回报你们最坚定的支持。

处女作即将出版之际，父亲永远离开了我，他没有看到儿子的书到底长什么样，虽然博士论文已经翻了好几遍，虽然他在朋友面前将不成熟的作品展示了好多次。父亲从生病到去世，两年多的时间里，始终乐观豁达，或关注天下，心忧黎元百姓，常与友人纵论中国时代，展望中国未来，表现了一名老共产党员的基本素养和精神；或读书读经，从儒、释、道诸家的经典中参悟人生，体悟真理，与病友在至公堂前，与亲朋在朝晖夕阴之间，讲他对人生、社会的理解，讲真假对错、得失功过，像古代乡村士绅那样，言传身教，化育一方，贡献生命里的最后一丝力量……弥留之际，他很勇敢，即使病痛将他折磨到三天三夜无法休息，他也没有大声喊叫；他很镇定，即使胃部翻江倒海般难受，引发多次呕吐，他也没有将床单被套沾染上一滴污渍；他很坚强，为了能看一眼孙女，他让自己在病痛中坚持了整整一个晚上……因此在这里我要感谢您，感谢您给予我的一切，您的所有，我都将铭记于心！愿天堂没有病痛……

感谢多年来陪我一起走过青春年代的各位同窗好友、兄弟姐妹，由于帮助我的人实在太多，在此恕不一一具名表示我的感激之情了。一个人能走多远，身边的朋友是一个晴雨表。我想说，遇上你们是我的幸运，我将珍视这份友谊，用一生的信任和支持去浇灌属于我们的未来。

最后，我必须感恩生活。感恩生活中所经历的幸福与苦难，感恩生活赐予的各种挑战与磨砺；感恩生活中遇到的美好与丑恶，感恩生活中遇到的诚实与欺骗；感恩生活中的点点滴滴，感恩生活中流淌开去的日日月月；感恩生活中的每一次泪水，感恩生活中的每一次欢乐。总之，感恩生活中的每一次成长。现在的我是过去的历史的我的总和，没有过去，就没有今天，把握不住今天，也就不能奢望明天。所以，回首过往，我应该感到庆幸，展望未来，我应该感到不足……

科研生活是枯燥的，生活之树常青！业师经常勉励学生，只有自己长成大树，才能给世界带来清凉。所以，唯有继续扎扎实实于大地，竭力吸取阳光和雨露，才能让自己的茁壮给爱我的人们和我爱的人们带去绿色的希望。"雄关漫道真如铁，而今迈步从头越"，"一万年太久，只争朝夕"，卸掉过去的所有，怀着感恩的心再次上路……

二〇一七年九月三日于知恕斋